Rechtsschutzbeschränkungen im Insolvenzeröffnungsverfahren

Schriftenreihe des Centrum
für Deutsches & Europäisches
Insolvenzrecht

Herausgegeben von Stefan Smid, Silke Wehdeking
und Mark Zeuner

Band 23

PETER LANG

Berlin - Bruxelles - Chennai - Lausanne - New York - Oxford

Darman Shahid

Rechtsschutzbeschränkungen im Insolvenzeröffnungsverfahren

Justizgewährungsanspruch und Rechtsschutzinteresse

PETER LANG

Berlin - Bruxelles - Chennai - Lausanne - New York - Oxford

Bibliografische Information der Deutschen Nationalbibliothek
Die Deutsche Nationalbibliothek verzeichnet diese Publikation in der Deutschen Nationalbibliografie; detaillierte bibliografische Daten sind im Internet über http://dnb.d-nb.de abrufbar.

Zugl.: Kiel, Univ., Diss., 2023

D 8
ISSN 2194-4881
ISBN 978-3-631-91681-0 (Print)
E-ISBN 978-3-631-91691-9 (E-PDF)
E-ISBN 978-3-631-91692-6 (EPUB)
DOI 10.3726/b21695

Verlegt durch: Peter Lang GmbH, Berlin, Deutschland

info@peterlang.com http://www.peterlang.com/

Vorwort

Die vorliegende Arbeit wurde im Sommersemester 2023 von der Rechtswissenschaftlichen Fakultät der Christian-Albrechts-Universität zu Kiel als Dissertation angenommen. Literatur und Rechtsprechung sind bis Mai 2023 berücksichtigt worden.

An dieser Stelle bedanke ich mich aufrichtig bei meinem sehr verehrten Doktorvater, Herrn Prof. Dr. Stefan Smid, der zur Entstehung dieser Arbeit in fachlicher und menschlicher Hinsicht einen erheblichen Beitrag geleistet hat. Seine fördernde Haltung gegenüber mir als Person hat stets und insbesondere in den zähen Momenten des wissenschaftlichen Wirkens seine positive Wirkung entfalten können. Ferner danke ich Herrn Prof. Dr. Michael Stöber für die zügige Erstellung des Zweitgutachtens. Der Inhalt seines Gutachtens wird mir besonders in Erinnerung bleiben, da er neben seiner fachlichen Bewertung die Bedeutung dieser Arbeit für gesamtwirtschaftliche und -gesellschaftliche Bereiche besonders gewürdigt hat.

Zur erfolgreichen Fertigstellung dieser Arbeit haben viele weitere Personen meines Umfeldes mitgewirkt, denen ich zum Dank verpflichtet bin. Dies betrifft auch meine Kolleginnen und Kollegen in meiner Kanzlei, die meinen persönlichen Blick im Insolvenzrecht geschult haben, sodass diese Perspektive aus der Insolvenzpraxis ebenfalls in der vorstehenden Arbeit Berücksichtigung finden konnte.

Größter Dank gebührt in jedem Fall meiner Familie und meiner Freundin Demet. Sie haben mich unaufhörlich in meinem Wirken unterstützt und neben der Entstehung dieser Arbeit ganz wesentlich zu meiner bisherigen Persönlichkeitsentwicklung beigetragen. Diese Arbeit widme ich

Demet und meiner Familie.

Flensburg, November 2023
Darman Shahid

Inhaltsverzeichnis

Einführung

Die letzte Dissertation, welche schwerpunktmäßig das Rechtsschutzinteresse im Insolvenzeröffnungsverfahren behandelt hat, liegt nunmehr etwa 20 Jahre zurück.[1] *Lang* schloss seine Ausarbeitung mit dem Ergebnis ab, dass weite Teile der Insolvenzpraxis das Fehlen des Rechtsschutzinteresses zu extensiv auslegten und dies eine „zu weitgehende Rechtsschutzsperre" auslöste.[2] Seine Dissertation stellte einen wertvollen Beitrag zum Umgang mit dem Rechtsinstitut des Rechtsschutzinteresses im Insolvenzverfahren dar. Dennoch ist aus heutiger Sicht festzustellen, dass im Insolvenzrecht nachhaltige Änderungen im Umgang mit dem Rechtsschutzinteresse nicht erfolgt sind. Noch immer weisen diverse Entscheidungen der Insolvenzgerichte Tendenzen auf, die Anforderungen an das Rechtsschutzinteresse im Insolvenzeröffnungsverfahren zulasten der Antragsteller[3] zu streng auszulegen.[4] Vor dem Hintergrund der Exklusivität des Insolvenzverfahrens stehen solche Gerichtsentscheidungen aus verfassungsrechtlicher Sicht vor erheblichen Bedenken. Für den Fall der Insuffizienz des schuldnerischen Vermögens sieht der Staat das Insolvenzverfahren unter seiner Aufsicht nämlich als ausschließliche Befriedigungsmöglichkeit an.[5] Verweigert er dem Rechtsschutzsuchenden den Zugang zum Insolvenzverfahren, versteht sich die Zurückweisung des Insolvenzantrags faktisch als absolute Rechtsschutzverweigerung. Diese Rechtsschutzverweigerung durch den Staat steht wiederum im Konflikt mit seiner eigenen Pflicht zur Gewähr wirkungsvollen Rechtsschutzes gegenüber dem Rechtsschutzsuchenden. Letzterer verfügt nämlich über einen

---

1 *Lang*, Rechtsschutzinteresse; ferner *Lutz*, Der Vorwurf missbräuchlichen Verhaltens, S. 18, dessen Forschungsgegenstand sich allerdings schwerpunktmäßig auf den Missbrauch der Sanierungsinstrumente der InsO richtet.

2 *Lang*, Rechtsschutzinteresse, S. 196.

3 Aus Gründen der Lesbarkeit wird bei Personenbezeichnungen und personenbezogenen Begriffen grundsätzlich die maskuline Form verwendet. Im Sinne einer Gleichbehandlung gelten diese Begrifflichkeiten für sämtliche Geschlechter. Die Verkürzung des sprachlichen Ausdrucks enthält keine Wertungen.

4 Ein aktuelles Beispiel aus der Rechtspraxis ist der nachstehend aufgeführte Fallkomplex zu Erledigungserklärungen von antragstellenden (öffentlichen) Gläubigern im Insolvenzeröffnungsverfahren nach vollständiger Forderungsbefriedigung.

5 *Haarmeyer/Frind*, Insolvenzrecht, Rn. 16; *Frege/Nicht*, in: Keller, Zwangsvollstreckungsrecht, Kap. 6 Rn. 2.

umfassenden Justizgewährungsanspruch gegenüber dem Staat,[6] aus dem ein richterliches Verbot der Rechtsverweigerung resultiert.[7]

Aktualität gewinnt dieser Missstand durch eine Entscheidung des BGH zur Handhabung übereinstimmender Erledigungserklärungen von antragstellendem Gläubiger und Insolvenzschuldner im Insolvenzverfahren nach vollständiger Forderungserfüllung.[8] Bis zur Entscheidung des BGH wurde diese Erledigungspraxis in der Rechtsprechung und Literatur unterschiedlich ausgelegt[9] und die entsprechenden Insolvenzanträge der Gläubiger teilweise als unzulässige Druckanträge eingeordnet.[10] In diesem Zusammenhang steht der seit dem Jahr 2017 geltende § 14 Abs. 1 S. 2 InsO in seiner aktuellen Fassung, welcher nach gesetzgeberischer Intention das Gläubigerantragsrecht stärken sollte.[11] Allerdings brachte auch diese Vorschrift anstatt der intendierten Rechtssicherheit[12] einen mehrjährigen Zustand der Rechtsunsicherheit.[13] Erst die Entscheidung aus Karlsruhe vermochte diesen Zustand zu beseitigen. Der BGH stellte fest, dass alleine in der Erledigungserklärung des antragstellenden Gläubigers nach vollständiger Forderungserfüllung durch den Insolvenzschuldner keine

6 *Schmidt-Aßmann*, in: Dürig/Herzog/Scholz, GG, Art. 19 Abs. 4 Rn. 16 ff., nach dem die „staatliche Pflicht zur Justizgewährung unverbrüchlich mit dem Wesen des modernen Staates verbunden" ist.

7 *Papier*, in: HStR Bd. VIII, § 176 Rn. 19.

8 BGH, Beschl. v. 24.9.2020 – IX ZB 71/19, NZI 2020, 1043.

9 *Guski*, WM 2011, 103 (104), der eine insgesamt unübersichtliche Kasuistik moniert.

10 AG Hamburg, Beschl. v. 27.9.2011 – 67c IN 74/11, NZI 2011, 859 (859 f.); LG Köln, Beschl. v. 24.8.2016 – 13 T 87/16, BeckRS 2016, 17805; Beschl. v. 5.3.2018 – 1 T 5/18, ZIP 2018, 1610; AG Köln, Beschl. v. 18.11.2017 – 72 IN 171/17, BeckRS 2017, 144449 Rn. 16; LG Ulm, Beschl. v. 15.10.2018 – 2 T 21/18, BeckRS 2018, 26969 Rn. 10 f.; LG Wuppertal, Beschl. v. 5.5.2020 – 16 T 94/20, ZIP 2020, 1528; *Frind*, NZI 2017, 417 (420); a.A. AG Leipzig, Beschl. v. 5.9.2017 – 403 IN 1109/17, NZI 2017, 846 (848); AG Göttingen, Beschl. v. 9.1.2018 – 74 IN 210/17, NZI 2018, 159 (160); AG Hannover, Beschl. v. 28.12.2018 – 908 IN 538/18, BeckRS 36169 Rn. 9 ff.; *Sorg*, in: Braun, InsO, § 14 Rn. 37; *Pape*, in: Kübler/Prütting/Bork/Jacoby, InsO, § 13 Rn. 244a; *Foerste*, ZInsO 2017, 1263 (1265 f.); *Foerste/Helte*, ZInsO 2017, 2723 (2725); *Harder*, NJW-Spezial 2018, 277 (278); *Waltenberger*, ZInsO 2017, 2690 (2691 f.); *Spiekermann*, ZIP 2019, 749 (754).

11 BT-Drs. 495/15, S. 2.

12 Das Gesetz trägt den Titel „Gesetz zur Verbesserung der Rechtsunsicherheit bei Anfechtungen nach der Insolvenzordnung und nach dem Anfechtungsgesetz".

13 *Brzoza*, jurisPR-InsR 1/2019 Anm. 4; *ders.*, NJW 2019, 335 (335 f.); *Schmerbach*, Anm. zu AG Fulda, Beschl. v. 13.10.2017 – 92 IN 69/17, VIA 2018, 21.

unzulässige Druckintention zu erblicken ist.[14] Trotz des Vorliegens der Zulässigkeitsvoraussetzungen wurden Insolvenzanträge diverser Antragsteller bis zu dieser Entscheidung mit dem Vorwurf des fehlenden Rechtsschutzinteresses zurückgewiesen. Im einschlägigen Schrifttum finden sich weitere Fallgruppen, denen dieser Vorwurf gemacht wurde,[15] wobei sich diese Zuordnung teilweise als unzutreffend erwiesen hat.[16]

Die nachstehende Arbeit untersucht die einzelnen Fallgruppen des fehlenden Rechtsschutzinteresses im Insolvenzeröffnungsverfahren im Lichte der staatlichen Pflicht zur Gewährung wirkungsvollen Rechtsschutzes. Dafür wird zunächst auf den verfassungsrechtlichen Ausgangspunkt und die inhaltliche Ausgestaltung der staatlichen Justizgewährungspflicht eingegangen. Da sich die Gewähr wirkungsvollen Rechtsschutzes als ein Mosaik verschiedener Prozessgrundrechte und -grundsätze versteht,[17] wird die Justizgewährungspflicht des Staates – und spiegelbildlich der Justizgewährungsanspruch des Grundrechtsträgers – gemeinsam mit den sie flankierenden Verbürgungen dargestellt.

Anschließend wird auf die gesetzgeberische Umsetzung der staatlichen Justizgewährungspflicht im Allgemeinen und im Rahmen des zivilprozessualen Zwangsvollstreckungswesens eingegangen. Da sich das Insolvenzverfahren – und damit die InsO als seine Verfahrensordnung – als verfassungsrechtliche Garantie zur Rechtsverwirklichung darstellt,[18] wird näher untersucht, wie es dem Antragsteller zur Forderungsbefriedigung verhilft und seiner Gewährleistungsfunktion gerecht wird. Dabei wird auf unterschiedliche Rechtsinstrumente und -mechanismen eingegangen, die den insolvenzrechtlichen Regelungen zu ihrer Durchsetzung verhelfen sollen. Sodann werden Einschränkungsmöglichkeiten der staatlichen Rechtsschutzgewährung untersucht und im Hinblick auf das Rechtsschutzinteresse tiefer erörtert. Die unterschiedlichen Verfahrenszwecke der InsO, in deren Dienste das Merkmal des Rechtsschutzinteresses steht, werden herausgearbeitet. Ausgehend von dieser Feststellung widmet sich die Untersuchung in ihrem Schwerpunkt den unterschiedlichen Fallgruppen des (vermeintlich) fehlenden Rechtsschutzinteresses im Insolvenzeröffnungsverfahren. Diese

---

14 BGH, Beschl. v. 24.9.2020 – IX ZB 71/19, NZI 2020, 1043 Rn. 20.

15 *Wegener*, in: Uhlenbruck, InsO, § 14 Rn. 70 ff.; *Sternal*, in: Kayser/Thole, InsO, § 14 Rn. 33 ff.; *Pape*, in: Kübler/Prütting/Bork/Jacoby, InsO, § 14 Rn. 146 ff.; *Kexel*, in: Graf-Schlicker, InsO, § 14 Rn. 6 ff.

16 *Lutz*, Der Vorwurf missbräuchlichen Verhaltens, S. 75.

17 *Uhle*, in: HGR Bd. V, § 129 Rn. 3 ff.

18 *Stürner*, in: MüKo, InsO, Einleitung Rn. 77.

Fallgruppen werden im Lichte der staatlichen Pflicht zur effektiven Rechtsschutzgewährung zu würdigen sein. Die Bearbeitung schließt mit einer Zusammenfassung der wesentlichen Ergebnisse und Anregungen an die Rechtsprechung.

Teil 1: Justizgewährungspflicht und staatliches Gewaltmonopol

I. Allgemeines und Rechtsgrundlage

Die Pflicht des Staates zur Gewähr eines wirkungsvollen Rechtsschutzes durch unabhängige Gerichte gehört zu seinen zentralen Grundaufgaben.[19] Sie ist unverbrüchlich mit dem Wesen des modernen Staates verbunden und bildet als staatliche Pflicht und individuelles Recht zugleich die Kehrseite der bürgerlichen Friedenspflicht, des Selbsthilfeverbots des Einzelnen und zuletzt des staatlichen Gewaltmonopols.[20] Die Justizgewährungspflicht ist dabei freilich keine Errungenschaft des GG.[21] Sie korreliert mit dem staatlichen Gewaltmonopol, welches auf eine jahrhundertelange Geschichte zurückblickt und seine Geburtsstunde bereits weit vor dem im Jahr 1495 beschlossenen Ewigen Landfrieden auf dem Wormser Reichstag erlebt haben dürfte.[22] Die Existenz des staatlichen Gewaltmonopols ist der des GG somit vorgelagert. Das GG greift auf das Gewaltmonopol zurück und setzt es als bestehend voraus.[23] Dogmatisches Fundament der staatlichen Justizgewährungspflicht ist nicht eine einzelne Bestimmung des GG,[24] es liegt vielmehr im Rechtsstaatsprinzip gemäß Art. 20 Abs. 3 GG begründet.[25]

---

19 *Uhle*, in: HGR Bd. V, § 129 Rn. 1; *Papier*, in: HStR Bd. VIII, § 176 Rn. 1.

20 *Schmidt-Aßmann*, in: Dürig/Herzog/Scholz, GG, Art. 19 Abs. 4 Rn. 16.

21 *Schmidt-Aßmann*, in: HStR Bd. II, § 26 Rn. 70; *Leisner*, JZ 2005, 809 (812 f.), der das staatliche Gewaltmonopol und die damit korrespondierende Friedenspflicht der Bürger auch „vordemokratischen" Regimen zubilligt.

22 *Becker*, NJW 1995, 2077 (2079), der auf den am 20.4.1083 beschworenen Gottesfrieden im Kölner Dom verweist und hierin selbst ein – wenn auch zeitlich befristetes – Gewaltmonopol annimmt. So auch *Baumbach*, in: Handbuch Frieden in Europa, S. 799, der auf befristete Bestimmungen Bezug nimmt, die seit dem Jahr 1467 von der Reichsversammlung verkündet wurden.

23 *Isensee*, in: HStR II, § 15 Rn. 22.

24 *Papier*, in: HStR Bd. VIII, § 176 Rn. 2 f.; insbesondere zu Art. 103 Abs. 1 GG auch *Baur*, AcP 153, 393 (396 ff.).

25 *Schmidt-Aßmann*, in: Dürig/Herzog/Scholz, GG, Art. 19 Abs. 4 Rn. 16; *Voßkuhle/Kaufhold*, JuS 2010, 116 (118); *Detterbeck*, AcP 1992, 325 (328); *Schmidt-Jortzig*, NJW 1994, 2569 (2571).

Das Rechtsstaatsprinzip verlangt dem Staat als Ausgleich für dessen Gewaltmonopol sowie für das Selbsthilfeverbot und der allgemeinen Friedenspflicht der Bürger ab, dass er seinen Bürgern lückenlosen Rechtsschutz gewährt.[26] Da sich die bürgerliche Friedenspflicht sowohl auf das horizontale Verhältnis zwischen den Bürgern untereinander als auch auf das vertikale Verhältnis zwischen Bürger und Staat bezieht, ist sie umfassend.[27] Konflikte, die sich in diesen Beziehungen ergeben, sind durch die Auferlegung der Friedenspflicht selbstredend nicht aus dem gesellschaftlichen Leben verbannt. Sie werden lediglich in staatliche Verfahren übergeleitet und durch staatliche Richter entschieden. In der staatlichen Gerichtsbarkeit prägen sich das innerstaatliche Gewaltverbot und das staatliche Gewaltmonopol aus.[28] Als Ausgleich für die umfassende Friedenspflicht verfügen die Bürger gegenüber dem Staat über einen umfassenden Justizgewährungsanspruch.[29] Dieser Anspruch hat für bestimmte Sektoren Präzisierungen erhalten[30] und wird durch weitere Prozessgrundrechte und -grundsätze vervollständigt. Trotz teilweise unterschiedlicher sachlicher und zeitlicher Anwendungsbereiche der einzelnen Bestimmungen sind Abgrenzungen nicht immer klar möglich.[31] Sie sind aber auch nicht nötig.[32] Denn sie alle enthalten allgemeine Rechtsschutzstandards, die ihren Ursprung im Rechtsstaatsprinzip haben[33] und demselben Ziel dienen: der Gewährung eines umfassenden Rechtsschutzes.[34]

II. Anspruch auf wirkungsvollen Rechtsschutz

Da dem Bürger unter der Geltung des GG gegenüber dem Staat ein Anspruch auf umfassenden und wirkungsvollen Rechtsschutz zusteht, bedürfen die

---

26 BVerfG, Plenarbeschl. v. 30.4.2003 – 1 PBvU 1/02, BVerfGE 107, 395 (407).

27 BVerfG, Plenarbeschl. v. 30.4.2003 – 1 PBvU 1/02, BVerfGE 107, 395 (401); *Isensee*, in: HStR II, § 15 Rn. 90, 93; *Voßkuhle*, in: v. Mangoldt/Klein/Starck, GG, Art. 96 Rn. 3.

28 BVerfG, Plenarbeschl. v. 11.6.1980 – 1 PBvU 1/79, 54, 277 (292).

29 *Isensee*, in: HStR II, § 15 Rn. 93; *Schmidt-Aßmann*, in: Dürig/Herzog/Scholz, GG, Art. 19 Abs. 4 Rn. 16, 17a.

30 *Papier*, in: HStR Bd. VIII, § 176 Rn. 6; *Detterbeck*, AcP 1992, 325 (328 f.).

31 *Nolte/Aust*, in: v. Mangoldt/Klein/Starck, GG, Art. 103 Rn. 87; *Papier*, in: HStR Bd. VIII, § 176 Rn. 4; *Uhle*, in: HGR Bd. V, § 129 Rn. 35.

32 BVerfG, Beschl. v. 11.2.1976 – 2 BvR 652/75, NJW 1976, 747; Beschl. v. 4.5.1977 – 2 BvR 616/75, NJW 1977, 1233; Beschl. v. 29.11.1989 – 1 BvR 1011/88, BVerfGE 81, 123 (129); Beschl. v. 27.10.1999 – 1 BvR 385/90, BVerfGE 101, 106 (129).

33 *Voßkuhle/Kaufhold*, JuS 2010, 116 (118); *Uhle*, in: HGR Bd. V, § 129 Rn. 10.

34 *Bethge*, in: Schmidt-Bleibtreu/Klein/Bethge, BVerfGG, § 90 Rn. 275.

verschiedenen verfassungsrechtlichen Verbürgungen einer genaueren Betrachtung. Dies dient zunächst dazu, das Operationsfeld der nachstehenden Untersuchung abzustecken. Ferner ist ein diesbezügliches Grundverständnis bezüglich des sachlichen und persönlichen Schutzbereiches dieser verfassungsrechtlichen Position notwendig, um im Rahmen der nachstehenden Prüfung der einzelnen Fallgruppen des fehlenden Rechtsschutzinteresses im Insolvenzeröffnungsverfahren präzise Aussagen treffen zu können.

1. Rechtsweggarantie des Art. 19 Abs. 4 GG

Gemäß Art. 19 Abs. 4 GG steht jedem der Rechtsweg offen, der durch die öffentliche Gewalt in seinen Rechten verletzt wird. Bei dieser Vorschrift handelt es sich um eine spezialgesetzliche Normierung des Justizgewährungsanspruchs.[35] Sie ist persönlich anwendbar auf sämtliche natürliche Personen ungeachtet ihrer Staatsangehörigkeit sowie auf inländische juristische Personen des Privatrechts. Art. 19 Abs. 4 GG ist ein Jedermann-Grundrecht.[36] Während die persönliche Anwendbarkeit des besonderen Rechtsschutzanspruchs unumstritten ist, steht die Reichweite seiner sachlichen Anwendbarkeit im rechtswissenschaftlichen Diskurs. Ausgangspunkt ist dabei das in der Literatur und Rechtsprechung vertretene einengende Verständnis des Begriffes der „öffentlichen Gewalt" gemäß Art. 19 Abs. 4 GG.[37] Nach den Vertretern dieser einengenden Auffassung beschränkt sich der Wortlaut der „öffentlichen Gewalt" im Rahmen dieser Vorschrift nur auf die vollziehende Gewalt, zu der weder die gesetzgebende[38] noch die rechtsprechende[39] Gewalt zählten. Namentlich das BVerfG ist in seinem Plenarbeschluss vom 30.4.2003[40] mithilfe von grundlagenmethodischen

35 *Schenke*, in: HGR Bd. III, § 78 Rn. 1; *Huber*, in: v. Mangoldt/Klein/Starck, GG, Art. 19 Rn. 356; *Schmidt-Aßmann/Schenk*, in: Schoch/Schneider, VwGO, Einleitung Rn. 51.

36 *Sachs*, in: Sachs, GG, Art. 19 Rn. 113.

37 *Graßhof*, in: Graßhof, Nachschlagewerk BVerfG, GG, Art. 19 Abs. 4 Nr. 3, einengendes Verständnis des Begriffs der öffentlichen Gewalt in Art. 19 IV GG.

38 BVerfG, Beschl. v. 25.6.1968 – BVerfGE 24, 33 (49); Beschl. v. 23.4.1969 – 2 BvR 552/63, BVerfGE 25, 352 (365).

39 In diesem Zusammenhang findet sich auch der vielzitierte, prominente Ausspruch des BVerfG, nach dem Art. 19 Abs. 4 GG Rechtsschutz *durch* den Richter, nicht aber *gegen* Richter gewähre, vgl. BVerfG, Beschl. v. 5.2.1963 – 2 BvR 21/60, BVerfGE 15, 275 (280 f.); Beschl. v. 20.6.1967 – BVerfGE 22, 106 (110); Beschl. v. 11.10.1978 – 2 BvR 1055/76, BVerfGE 49, 329 (340); Beschl. v. 16.6.1987 – 1 BvR 1113/86, BVerfGE 76, 93 (98); zum Streitstand weitergehend *Sachs*, in: Sachs, GG, Art. 19 Rn. 118 ff.

40 BVerfG, Plenarbeschl. v. 30.4.2003 – 1 PBvU 1/02, BVerfGE 107, 395 (401).

Ausführungen zu dieser einengenden Auffassung gelangt und hat damit seine bisherige Rechtsprechungstendenz gehalten. Trotz der aus der Literatur aufgekommenen Kritik,[41] die im Wesentlichen Argumente des offenen Wortlauts sowie eines systematischen Vergleichs zu den gleichlautenden Begriffen der „öffentlichen Gewalt“ in den Art. 1 Abs. 3, 20 Abs. 2, 93 Abs. 1 Nr. 4a GG – diese umfassen in den dortigen Anwendungsbereichen alle drei Staatsgewalten – für sich in Anspruch nimmt, hat sich dieses einengende Verständnis des Art. 19 Abs. 4 GG behaupten können. Demgemäß ist nach derzeitiger Auffassung der Rechtsprechung und Teilen der Literatur der Anspruch auf effektiven Rechtsschutz gemäß Art. 19 Abs. 4 GG auf die Tätigkeit der vollziehenden Gewalt beschränkt.[42]

Damit ist allerdings nicht gesagt, welches Verständnis dem Begriff der „vollziehenden“ Gewalt zugrunde gelegt wird. Nach Auffassung des BVerfG beschränkt sich dieser Terminus nämlich nicht nur auf den Begriff der Exekutive im (staats)-organisationsrechtlichen Sinne.[43] Vielmehr sind hierunter auch alle weiteren hoheitlichen Maßnahmen zu subsumieren, die sich aus funktionaler Betrachtung als Ausübung vollziehender Gewalt darstellen.[44] Während Maßnahmen der Rechtspfleger hierunter fallen,[45] ist bei der Einordnung der Maßnahmen von Berufsrichtern eine differenzierte Betrachtung geboten. Entscheidend ist nämlich, ob die Richter bei der konkreten Maßnahme „außerhalb ihrer spruchrichterlichen Tätigkeit auf Grund eines ausdrücklich normierten Richtervorbehalts tätig werden.“[46] Demnach werden richterliche Maßnahmen unter anderem im Bereich der Anordnung von strafprozessualen Ermittlungsmaßnahmen oder im Strafvollzug als Akte der vollziehenden Gewalt aufgefasst.[47] Diese Maßnahmen

---

41 *Huber*, in: v. Mangoldt/Klein/Starck, GG, Art. 19 Rn. 435, 441 f.; *Schulze-Fielitz*, in: Dreier, GG, Art. 19 Abs. 4 Rn. 48 ff.; *Voßkuhle*, in: NJW 2003, 2193 (2196 ff.); *Uhle*, in: HGR Bd. V, § 129 Rn. 12.

42 *Uhle*, in: HGR Bd. V, § 129 Rn. 13.

43 BVerfG, Plenarbeschl. v. 30.4.2003 – 1 PBvU 1/02, BVerfGE 107, 395 (405 f.).

44 *Sachs*, in: Sachs, GG, Art. 19 Rn. 120a; *Huber*, in: v. Mangoldt/Klein/Starck, GG, Art. 19 Rn. 446.

45 BVerfG, Beschl. v. 10.10.1978 – 1 BvR 475/78, BVerfGE 49, 252 (256 f.); Beschl. v. 18.1.2000 – 1 BvR 321/96, BVerfGE 101, 397 (407).

46 BVerfG, Plenarbeschl. v. 30.4.2003 – 1 PBvU 1/02, BVerfGE 107, 395 (406).

47 BVerfG, Beschl. v. 30.4.1997 – 2 BvR 817/90, 2 BvR 728/92, 2 BvR 802/95, 2 BvR 1065/95, BVerfGE 96, 27 (39); Beschl. v. 05.12.2001 – 2 BvR 529/99, 2 BvR 1337/00, 2 BvR 1777/00, BVerfGE 104, 220 (231); vgl. mit weiteren Beispielen *Schmidt-Aßmann*, in: Dürig/Herzog/Scholz, GG, Art. 19 Abs. 4 Rn. 100.

sind dadurch gekennzeichnet, dass „die Gerichte zwar in voller richterlicher Unabhängigkeit, aber nicht in ihrer typischen Funktion als Instanzen der unbeteiligten Streitentscheidung“[48] tätig sind. Ist die richterliche Maßnahme hingegen auch materiell Ausdruck rechtsprechender Gewalt, handelt es sich also anders ausgedrückt um eine spruchrichterliche Tätigkeit, die sich dadurch auszeichnet, dass sie typischerweise eine „letztverbindliche Klärung der Rechtslage in einem Streitfall im Rahmen besonders geregelter Verfahren“[49] herbeiführt, so ist der sachliche Anwendungsbereich des Art. 19 Abs. 4 GG nicht eröffnet.[50]

Auch für Entscheidungen der Insolvenzrichter im Insolvenzeröffnungsverfahren gebietet sich eine differenzierte Betrachtung. Unter Zugrundelegung seiner obigen Differenzierungskriterien ging das BVerfG bei der Frage der Justiziabilität der Insolvenzverwaltervorauswahl davon aus, dass diese nicht Ausdruck materiellen richterlichen Handelns sei, weil der Insolvenzrichter nicht als Instanz der unbeteiligten Streitbeilegung tätig werde.[51] In seinem nachfolgenden „Insolvenzverwalter“-Beschluss hat das BVerfG entschieden, dass sogar die Insolvenzverwalterbestellung selbst – so sie auch gemeinsam mit der Eröffnungsentscheidung bekanntgegeben wird – kein Akt der rechtsprechenden Gewalt sei.[52] Anders beurteilt es hingegen die Entscheidung über die Eröffnung des Insolvenzverfahrens selbst. Ihr geht die gerichtliche Prüfung in der Sache voraus, ob die Eröffnungsvoraussetzungen vorliegen. Dies umfasst unter anderem das Vorliegen eines zulässigen Insolvenzantrags des Antragstellers.[53] Die Entscheidung über die Eröffnung ist demgemäß als Akt der rechtsprechenden Gewalt zu qualifizieren.[54] Somit ist für ihre Justiziabilität nicht der sachliche Anwendungsbereich des Art. 19 Abs. 4 GG eröffnet. Da es sich um rechtsprechende Gewalt auch im materiellen Sinn handelt, gewährt das GG den Rechtsschutzsuchenden bei Sachverhalten, denen fehlerhafte Entscheidungen über Insolvenzanträge im Insolvenzeröffnungsverfahren zugrunde liegen, stattdessen Rechtsschutz über den allgemeinen Justizgewährungsanspruch.[55]

---

48 BVerfG, Plenarbeschl. v. 30.4.2003 – 1 PBvU 1/02, BVerfGE 107, 395 (405 f.).

49 BVerfG, Urt. v. 8.2.2001 – 2 BvF 1/00, BVerfGE 103, 111 (138); Beschl. v. 2.12.2014 – 1 BvR 3106/09, BVerfGE 138, 33 (40).

50 *Schmidt-Aßmann*, in: Dürig/Herzog/Scholz, GG, Art. 19 Abs. 4 Rn. 99.

51 BVerfG, Beschl. v. 3.8.2004 – 1 BvR 135/00, 1086/01, NJW 2004, 2725 (2727); *Smid*, DZWIR 2001, 485 (490).

52 BVerfG, Beschl. v. 23.5.2006 – 1 BvR 2530/04, BVerfGE 116, 1 (10).

53 *Busch*, in: MüKo, InsO, §§ 27–29 Rn. 7 ff.

54 BVerfG, Beschl. v. 23.5.2006 – 1 BvR 2530/04, BVerfGE 116, 1 (10 f.).

55 *Schmidt-Aßmann*, in: Dürig/Herzog/Scholz, GG, Art. 19 Abs. 4 Rn. 99.

2. Allgemeiner Justizgewährungsanspruch

a) Rechtsgrundlage

Der allgemeine Justizgewährungsanspruch ergibt sich spiegelbildlich aus der staatlichen Justizgewährungspflicht.[56] Diese wiederum ist Bestandteil des Rechtsstaatsprinzips gemäß Art. 20 Abs. 3 GG.[57] Zur Subjektivierung der Justizgewährungspflicht des Staates in einen Justizgewährungsanspruch des Bürgers behilft sich das BVerfG in ständiger Rechtsprechung mit einem Rückgriff auf die Grundrechte. In der Regel wird hierbei das Grundrecht auf allgemeine Handlungsfreiheit gemäß Art. 2 Abs. 1 GG als Transportgrundrecht herangezogen.[58] Zwar besteht in der Literatur dahingehendes Einvernehmen, dass sich aus Freiheitsgrundrechten nicht ohne Weiteres Leistungsrechte gegenüber dem Staat – dies nicht zuletzt im Hinblick auf die Auszehrung des Staatshaushaltes – begründen lassen.[59] Demgemäß sind die meisten Grundrechte klassischerweise Abwehrrechte des Einzelnen gegenüber dem Staat.[60] Allerdings ist ebenfalls anerkannt, dass die Herleitung eines Leistungsanspruchs ausnahmsweise dort möglich ist, wo der Staat zur Realisierung von Rechten und Grundrechten Inhaber eines Monopols ist. Bei der Rechtsschutzgewährung ist dies geradezu der Fall, da der Staat insoweit über ein gesichertes Gewaltmonopol verfügt.[61] Der Bürger ist zur Durchsetzung seiner Rechte darauf angewiesen, die staatlichen Institutionen, vornehmlich seine Gerichte, in Anspruch zu nehmen.[62] Demgemäß lässt sich im Rahmen der staatlichen Justizgewährungspflicht ein

---

56 *Huber*, in: v. Mangoldt/Klein/Starck, GG, Art. 19 Rn. 357; *Uhle*, in: HGR Bd. V, § 129 Rn. 27; *Detterbeck*, AcP 1992, 325 (328).

57 Teil 1 I.

58 BVerfG, Beschl. v. 20.6.1995 – 1 BvR 166/93, BVerfGE 93, 99 (107); Plenarbeschl. v. 30.4.2003 – 1 PBvU 1/02, BVerfGE 107, 395 (401); Beschl. v. 23.10.2007 – 1 BvR 782/07, BVerfGE 119, 292 (295); Beschl. v. 15.1.2009 – 2 BvR 2044/07, BVerfGE 122, 248 (271); Beschl. v. 24.6.2014 – 1 BvR 2926/13, BVerfGE 136, 382 (393).

59 *Starck*, in: v. Mangoldt/Klein/Starck, GG, Art. 1 Rn. 189; *Voßkuhle/Kaiser*, JuS 2011, 411; *Uhle*, in: HGR Bd. V, § 129 Rn. 27.

60 *Jarass*, in: HGR Bd. II, § 38 Rn. 15; *Voßkuhle/Kaiser*, JuS 2011, 411; BVerfG, Urt. v. 15.1.1958 – 1 BvR 400/51, BVerfGE 9, 198 (204); Urt. v. 1.3.1979 – 1 BvR 532/77, 1 BvR 533/77, 1 BvR 419/78, 1 BvL 21/78, BVerfGE 50, 290 (337).

61 Teil 1 I.

62 BVerfG, Plenarbeschl. v. 11.6.1980 – 1 PBvU 1/79, 54, 277 (292); *Musielak*, in: Musielak/Voit, ZPO, Einleitung Rn. 6.

subjektivierter Leistungsanspruch des Bürgers grundrechtlich begründen.[63] Konsequenz der Subjektivierung als Grundrecht ist die Möglichkeit des Bürgers, Rechtsverletzungen im Rahmen seines Justizgewährungsanspruchs im Wege der Verfassungsbeschwerde vor den Verfassungsgerichten geltend zu machen.[64]

b) Anwendungsbereich

Der allgemeine Justizgewährungsanspruch kommt dort zur Anwendung, wo gegenüber dem Bürger – das einengende Verständnis zugrunde gelegt – keine „öffentliche Gewalt" gemäß Art. 19 Abs. 4 GG ausgeübt worden ist.[65] Die beiden Rechtsschutzgarantien stehen demnach in einem Spezialitätsverhältnis.[66] Ursprünglich wurde der allgemeine Justizgewährungsanspruch zur Schließung von Rechtsschutzlücken in zivilrechtlichen Streitigkeiten herangezogen.[67] Im Laufe seiner Entwicklung wurde der sachliche Anwendungsbereich auf weitere Fälle ausgedehnt, in denen eine gerichtliche Überprüfung ebenfalls geboten ist. Hiervon betroffen ist die erstmalige Verletzung von Verfahrensrechten durch das Gericht.[68] Auch hier duldet das Rechtsstaatsprinzip keine Rechtsschutzlücken.[69] Vor diesem Hintergrund hat der Gesetzgeber den Rechtsbehelf der Anhörungsrüge in die verschiedenen Prozessordnungen[70]

---

63 *Graf von Kielmannsegg*, JuS 2009, 216 (217); *Voßkuhle/Kaiser*, JuS 2011, 411; *Voßkuhle/Kaiser*, JuS 2014, 312 (313); *Uhle*, in: HGR Bd. V, § 129 Rn. 27; *Starck*, in: v. Mangoldt/Klein/Starck, GG, Art. 1 Rn. 189.

64 *Degenhart*, in: HStR Bd. V, § 114 Rn. 8; *Bethge*, in: Schmidt-Bleibtreu/Klein/Bethge, BVerfGG, § 90 Rn. 275; *Zuck*, NJW 2013, 1132; *Voßkuhle/Kaiser*, JuS 2014, 312 (313).

65 *Uhle*, in: HGR Bd. V, § 129 Rn. 4, 14, 26; *Fischer*, in: Münchener Handbuch des Gesellschaftsrechts VII, § 136 Rn. 102; *Jarass*, in: Jarass/Pieroth, GG, Art. 20 Rn. 129.

66 BVerfG, Plenarbeschl. v. 11.6.1980 – 1 PBvU 1/79, BVerfGE 54, 277 (292); Beschl. v. 9.1.1991 – 1 BvR 207/87, BVerfGE 83, 182 (194); Beschl. v. 13.6.2006 – 1 BvR 1160/03, BVerfGE 116, 135 (150); *Ernst*, in: v. Münch/Kunig, GG, Art. 19 Rn. 101; *Ernst/Kerkemeyer*, in: v. Münch/Kunig, GG, Art. 19 Rn. 184.

67 *Papier*, in: HStR Bd. VIII, § 177 Rn. 16.

68 BVerfG, Plenarbeschl. v. 30.4.2003 – 1 PBvU 1/02, BVerfGE 107, 395 (407); *Schmidt-Aßmann/Schenk*, in: Schoch/Schneider, VwGO, Einleitung Rn. 51; *Degenhart*, in: HStR Bd. V, § 114 Rn. 9. Eine solche erstmalige Rechtsverletzung durch das Gericht nimmt das BVerfG bei der gerichtlichen Planbestätigung gemäß § 248 InsO an, vgl. BVerfG, Beschl. v. 28.10.2020 – 2 BvR 765/20, DZWIR 2021, 488.

69 *Papier*, in: HStR Bd. VIII, § 176 Rn. 17.

70 Vgl. insoweit die auf Grundlage des Anhörungsrügengesetzes vom 9.12.2004 (BGBl. I, S. 3320) eingeführten Anhörungsrügen in den § 321a ZPO, § 33a StPO, § 152a VwGO sowie § 78a ArbGG.

eingeführt.[71]

Dass der allgemeine Justizgewährungsanspruch nicht ausdrücklich im GG verankert ist, wirkt sich nicht auf seine Gewährleistungen aus. Er unterscheidet sich in seinem rechtsstaatlichen Kerngehalt nämlich nicht wesentlich von der spezielleren Rechtsweggarantie des Art. 19 Abs. 4 GG.[72] Lediglich ihre Anwendungsbereiche sind unterschiedlich. Insoweit ist es dogmatisch unsauber, inhaltlich allerdings nicht schädlich, wenn das BVerfG entgegen seinen eigenen Abgrenzungskriterien im Rahmen von zivilrechtlichen Streitigkeiten nicht den allgemeinen Justizgewährungsanspruch gemäß Art. 20 Abs. 3 i.V.m. Art. 2 Abs. 1 GG, sondern Art. 19 Abs. 4 GG als Rechtsschutznorm zugrunde gelegt hat.[73]

c) Inhalt

Das Rechtsstaatsprinzip verlangt gemäß den bisherigen Feststellungen auch für bürgerlich-rechtliche Streitigkeiten die Gewährleistung wirkungsvollen Rechtsschutzes.[74] Dieser Rechtsschutz ist umfassend. Im Rahmen des allgemeinen Justizgewährungsanspruchs ist es anerkannt, dass seine Verbürgungen sowohl den erstmaligen Zugang zur Gerichtsbarkeit als auch die inhaltliche Ausgestaltung des Verfahrens betreffen.[75] Demgemäß ergeben sich bei systematischer Betrachtung zwei Gewährleistungsebenen, die sich in das „Ob“ und das „Wie“ des Rechtsschutzes differenzieren lassen.[76]

aa) „Ob“ des Rechtsschutzes

Auf der ersten Bezugsebene umfasst der allgemeine Justizgewährungsanspruch das Recht auf effektiven Zugang zum Rechtsschutz.[77] Als Korrelat des staatlichen

---

71 *Papier*, in: HStR Bd. VIII, § 176 Rn. 17.

72 BVerfG, Beschl. v. 8.11.2006 – 2 BvR 578/02, 2 BvR 796/02, BVerfGE 117, 71 (122); *Zuck*, NJW 2013, 1132 (1133); *Voßkuhle*, NJW 2003, 2193 (2196); *Bethge*, in: Schmidt-Bleibtreu/Klein/Bethge, BVerfGG, § 90 Rn. 276; a.A. *Huber*, in: v. Mangoldt/Klein/Starck, GG, Art. 19 Rn. 358.

73 BVerfG, Beschl. v. 26.4.2004 – 1 BvR 1819/00, NJW 2004, 2583; *Bethge*, in: Schmidt-Bleibtreu/Klein/Bethge, BVerfGG, § 90 Rn. 276.

74 BVerfG, Plenarbeschl. v. 11.6.1980 – 1 PBvU 1/79, BVerfGE 54, 277 (291).

75 BVerfG, Beschl. v. 12.2.1992 – 1 BvL 1/89, BVerfGE 85, 337 (345); Beschl. v. 2.3.1993 – 1 BvR 249/92, BVerfGE 88, 118 (123); Beschl. v. 7.10.2003 – 1 BvR 10/99, BVerfGE 108, 341 (347); Beschl. v. 25.1.2005 – 2 BvR 656/99, 2 BvR 657/99, 2 BvR 683/99, BVerfGE 112, 185 (207); *Remmert*, in: Dürig/Herzog/Scholz, GG, Art. 103 Abs. 1 Rn. 31.

76 *Uhle*, in: HGR Bd. V, § 129 Rn. 2.

77 *Uhle*, in: HGR Bd. V, § 129 Rn. 4, 28.

Gewaltmonopols verlangt er nicht zwingend die Streitentscheidung durch ein Gericht.[78] Insoweit wäre es mit der Ausgleichsfunktion des allgemeinen Justizgewährungsanspruchs vereinbar gewesen, bestimmte Rechtstreitigkeiten auch anderen nichtgerichtlichen Streitentscheidungsinstanzen zu übertragen.[79] Dass es sich bei diesem Anspruch dennoch um einen Gerichtsschutzanspruch handelt, ist auf das in Art. 92 GG verfassungsrechtlich angelegte Rechtsprechungsmonopol zugunsten der Richter zurückzuführen.[80] Denn diese sind ausnahmslos zur Wahrnehmung der rechtsprechenden Gewalt berufen. Insoweit kann dem allgemeinen Justizgewährungsanspruch nur dann genügt werden, wenn die Rechtsschutzgewährung *durch einen Richter* erfolgt. Dieser muss freilich den Anforderungen der Art. 97, 98 GG genügen.[81] Rechtsschutz kann effektiv nur durch einen Richter, der organisatorisch selbstständig, persönlich und sachlich unabhängig, neutral und distanziert, d.h. als „unbeteiligter Dritter" gegenüber den Verfahrensbeteiligten, gewährt werden.[82] Dies ist immanenter Bestandteil der rechtsstaatlichen Justizgewährungspflicht.[83]

„Effektiver Zugang" in diesem Sinne meint aber nicht, dass der Zugang zum gerichtlichen Rechtsschutz ohne jegliche Voraussetzungen und zeitliche Einschränkungen offenzustehen hat.[84] Vielmehr bedarf der verfassungsrechtlich gewährleistete Justizgewährungsanspruch der einfachgesetzlichen Ausgestaltung durch die Legislative.[85] Der Regelungsspielraum umfasst Ausgestaltungen in Bezug auf die jeweiligen Prozessordnungen und Gerichtszuständigkeiten, die Gerichtsbesetzungen und den konkreten Verfahrensablauf. Der Gesetzgeber ist

---

78 BVerfG, Beschl. v. 10.6.1958 – 2 BvF 1/56, BVerfGE 8, 174 (181 f.).

79 *Papier*, in: HStR Bd. VIII, § 176 Rn. 8.

80 *Papier*, in: HStR Bd. VIII, § 176 Rn. 8.

81 *Schmidt-Aßmann/Schenk*, in: Schoch/Schneider, VwGO, Einleitung Rn. 51; *Papier*, in: HStR Bd. VIII, § 176 Rn. 8.

82 BVerfG, Urt. v. 8.2.2001 – 2 BvF 1/00 – BVerfGE 103, 111 (139 f.); *Papier*, in: HStR Bd. VIII, § 176 Rn. 8.

83 BVerfG, Beschl. v. 29.4.1954 – 1 BvR 328/52, BVerfGE 3, 377 (381); Urt. v. 19.3.2013 – 2 BvR 2628/10, 2 BvR 2883/10, 2 BvR 2155/11, BVerfGE 133, 168 (203); *Papier*, in: HStR Bd. VIII, § 176 Rn. 8.

84 *Uhle*, in: HGR Bd. V, § 129 Rn. 31.

85 BVerfG, Beschl. v. 2.3.1993 – 1 BvR 249/92, BVerfGE 88, 118 (123 f.); Beschl. v. 20.6.1995 – 1 BvR 166/93, BVerfGE 93, 99 (107); *Uhle*, in: HGR Bd. V, § 129 Rn. 30; *Papier*, in: HStR Bd. VIII, § 176 Rn. 16; *Degenhart*, in: HStR Bd. V, § 114 Rn. 12; *ders.*, in: HGR Bd. III, § 61 Rn. 29; *Schmidt-Aßmann*, in: Dürig/Herzog/Scholz, GG, Art. 19 Abs. 4 Rn. 17.

befugt, sachlich nachvollziehbare und zumutbare Zulässigkeitsvoraussetzungen für die Rechtsschutzerlangung zu normieren, insbesondere Regelungen über Form und Frist, Partei-, Prozess- und Postulationsfähigkeit, Gerichtskostenregelungen sowie Rechtsschutzinteresse zu treffen.[86] Dabei ist es möglich, dass sich Begrenzungen des Rechtsschutzes ergeben. Solche Rechtsschutzbeschränkungen sind grundsätzlich auch zulässig.[87] Unzulässig sind hingegen solche Regelungen, die sich als vollständige Rechtsschutzverweigerungen darstellen oder den Zugang zu den Gerichten zumindest „in unzumutbarer, aus Sachgründen nicht mehr zu rechtfertigender Weise“[88] erschweren. Demnach verlangt die Effektivität des Rechtsschutzes in Bezug auf die Ebene des Zugangs, dass der verfassungsrechtliche Justizgewährungsanspruch durch das einfache Recht weder gänzlich ausgeschlossen wird, noch eine nur theoretische Möglichkeit des Zugangs verbleibt.[89]

bb) „Wie“ des Rechtsschutzes

Das Attribut der Effektivität wirkt sich nicht nur auf den Zugang zum Rechtsweg, sondern auch auf die verfahrensrechtliche Ausgestaltung und demgemäß auf die Ebene des „Wie“ des Rechtsschutzes aus.[90]

(1) Umfassende Prüfung des Streitgegenstandes

Daher entspricht es der ständigen Rechtsprechung des BVerfG, dass die Rechtsschutzgarantie des Justizgewährungsanspruchs neben dem Zugang zu den Gerichten eine „grundsätzlich umfassende tatsächliche und rechtliche Prüfung des Streitgegenstandes“[91] beinhaltet. Dies verlangt nicht die Einrichtung von

---

86 *Papier*, in: HStR Bd. VIII, § 176 Rn. 16.

87 BVerfG, Beschl. v. 20.6.1995 – 1 BvR 166/93, BVerfGE 93, 99 (107 f.), Beschl. v. 13.6.2006 – 1 BvR 1160/03, BVerfGE 116, 135 (154 ff.); *Grzeszick*, in: Dürig/Herzog/Scholz, GG, Art. 20 VII Rn. 136; *Schulze-Fielitz*, in: Dreier, GG, Art. 20 (Rechtsstaat) Rn. 212.

88 BVerfG, Beschl. v. 3.10.1979 – 1 BvR 726/78, BVerfGE 52, 203 (207); Beschl. v. 14.5.1985 – 1 BvR 370/84, BVerfGE 69, 381 (385); *Grzeszick*, in: Dürig/Herzog/Scholz, GG, Art. 20 VII Rn. 137; *Papier*, in: HStR Bd. VIII, § 176 Rn. 16.

89 *Uhle*, in: HGR Bd. V, § 129 Rn. 28.

90 *Remmert*, in: Dürig/Herzog/Scholz, GG, Art. 103 Abs. 1 Rn. 31; *Uhle*, in: HGR Bd. V, § 129 Rn. 53.

91 BVerfG, Plenarbeschl. v. 11.6.1980 – 1 PBvU 1/79, BVerfGE 54, 277 (291); Beschl. v. 12.2.1992 – 1 BvL 1/89, BVerfGE 85, 337 (345); Plenarbeschl. v. 30.4.2003 – 1 PBvU 1/02, BVerfGE 107, 395 (401); Beschl. v. 25.1.2005 – 2 BvR 656/99, 2 BvR 657/99, 2 BvR 683/99, BVerfGE 112, 185 (207); *Seiler*, in: Thomas/Putzo, Einleitung I Rn. 29;

Instanzenzügen.[92] Der Gesetzgeber darf für bestimmte Angelegenheiten auch eine einzige gerichtliche Instanz vorsehen. Ist dies der Fall, so reicht eine bloß auf Rechtsfehler beschränkte Kontrolle – als eine Art Revisionsinstanz – allerdings nicht aus. Die Effektivität des Rechtsschutzes verlangt nämlich, dass sowohl Tatsachen- als auch Rechtsfragen grundsätzlich vollumfänglich aufgearbeitet und der Entscheidungsgewalt des Richters unterworfen werden.[93] Entscheidet sich der Gesetzgeber demgegenüber für die Einrichtung weiterer Instanzen, müssen diese sich freilich an den rechtsstaatlichen Verfahrensgrundsätzen messen lassen. Auch insoweit muss die Effektivität des Rechtsschutzes gesichert sein.[94]

(2) Zeitangemessene Verfahrensdurchführung

Ferner bedarf die effektive Rechtsschutzgewährung einer Durchsetzung des rechtlichen Begehrens innerhalb einer angemessenen Frist. Dies ist sowohl in der verfassungsgerichtlichen Rechtsprechung[95] als auch in der Literatur anerkannt.[96] Dem liegt die Betrachtung zugrunde, dass Rechtsschutz regelmäßig nur effektiv gewährt werden kann, wenn dessen Erreichung sich noch in tatsächlicher Hinsicht auswirken kann. Erfolgt die Erreichung des Rechtsschutzzieles zu spät und damit nicht zeitangemessen, so fehlt es an der Effektivität.[97] In diesem Fall ist eine Verletzung des allgemeinen Justizgewährungsanspruchs

---

Gärditz, in: Herdegen/Masing/Poscher/Gärditz, Handbuch des Verfassungsrechts, § 13 Rn. 102; *Schmidt-Aßmann*, in: Dürig/Herzog/Scholz, GG, Art. 19 Abs. 4 Rn. 17.

92 BVerfG, Beschl. v. 21.10.1954 – 1 BvL 9/51, 1 BvL 2/53, BVerfGE 4, 74 (95 f.); Beschl. v. 22.6.1960 – 2 BvR 37/60, BVerfGE 11, 232 (233); Beschl. v. 18.2.1970 – 1 BvR 226/69, BVerfGE 28, 21 (36); Plenarbeschl. v. 11.6.1980 – 1 PBvU 1/79, BVerfGE 54, 277 (291); *Graßhof*, in: Graßhof, Nachschlagewerk BVerfG, GG, Art. 20 Abs. 3 (Rechtsstaatsprinzip) Nr. 136; *Schulze-Fielitz*, in: Dreier, GG, Art. 20 (Rechtsstaat) Rn. 215.

93 BVerfG, Plenarbeschl. v. 11.6.1980 – 1 PBvU 1/79, 54, 277 (291); *Papier*, in: HStR Bd. VIII, § 176 Rn. 18.

94 BVerfG, Beschl. v. 15.1.2009 – 2 BvR 2044/07, BVerfGE 122, 248 (271). Dogmatisch zwar unrichtigerweise der Rechtsschutzgarantie des Art. 19 Abs. 4 GG zugeordnet aber inhaltlich bestätigend ferner BVerfG, Beschl. v. 25.1.2005 – 2 BvR 656/99, 2 BvR 657/99, 2 BvR 683/99, BVerfGE 112, 185 (208).

95 BVerfG, Beschl. v. 30.7.2009 – 1 BvR 2662/06, BeckRS 2009, 36669 Rn. 20; Beschl. v. 2.9.2009 – 1 BvR 3171/08, BeckRS 2009, 38687 Rn. 22; Beschl. v. 23.6.2010 – 1 BvR 324/10, BeckRS 2010, 51311 Rn. 5; Beschl. v. 17.11.2011 – 1 BvR 3155/09, BeckRS 2011, 56801 Rn. 7; Beschl. v. 2.12.2011 – 1 BvR 314/11, BeckRS 2012, 45683 Rn. 6.

96 *Papier*, in: HStR Bd. VIII, § 176 Rn. 21; *Voßkuhle/Kaiser*, JuS 2014, 312 (314); *Uhle*, in: HGR Bd. V, § 129 Rn. 64.

97 *Kloepfer*, JZ 1979, 209 (211); *Huber*, in: v. Mangoldt/Klein/Starck, GG, Art. 19 Rn. 484.

zu bejahen.[98] Die Rechtsschutzverzögerung steht der Rechtsschutzverweigerung nämlich gleich („justitiae dilatio est quaedam negatio").[99]

Wesentliche Bedeutung kommt der Gewährung zeitangemessenen Rechtsschutzes insbesondere in eilbedürftigen Verfahren, so auch im Insolvenzverfahren,[100] zu.[101] Daneben dient die Rechtsschutzgewährung innerhalb einer angemessenen Frist auch dem Gebot der Herstellung von Rechtssicherheit, welches ebenfalls dem Rechtsstaatsprinzip entspringt. Dieses Bedürfnis rechtfertigt die Existenz von Rechtsschutz-, Prozesshandlungs- sowie Rechtsbehelfsfristen.[102]

Der dem allgemeinen Justizgewährungsanspruch zu entnehmende Anspruch auf zeitangemessenen Rechtsschutz besteht neben dem Recht auf ein faires Verfahren gemäß Art. 6 EMRK, dem gemäß Art. 59 Abs. 2 GG in der innerstaatlichen Rechtsordnung der Rang eines einfachen Bundesgesetzes zukommt.[103] Gemäß Art. 6 Abs. 1 S. 1 EMRK ist Rechtsschutz „innerhalb angemessener Frist" zu gewähren. Für die Bestimmung der Angemessenheit existieren nach Rechtsprechung des EGMR keine starren Fristen.[104] Der EGMR hat zur Bestimmung der Angemessenheit einzelne Kriterien entwickelt, welche er in ständiger Rechtsprechung im Rahmen einer Einzelfallbetrachtung heranzieht. Vornehmlich stellt er auf die Bedeutung der Sache für den Beschwerdeführer, auf die Komplexität des zugrundeliegenden Sachverhaltes und ferner auf das Verhalten des Beschwerdeführers einerseits und der staatlichen Gewalt andererseits – dies schließt auch die (Un-)Tätigkeit der Gerichte ein – ab.[105] Auch das BVerfG verfügt zur Bestimmung der Angemessenheit über keine starren Kriterien.[106]

98 *Uhle*, in: HGR Bd. V, § 129 Rn. 66.

99 *Stern/Sachs/Dietlein*, in: Stern, Staatsrecht, § 123 V. 3. g).

100 BVerfG, Beschl. v. 26.11.2009 – 1 BvR 339/09, NZI 2010, 57 (58); BGH, Beschl. v. 17.12.2009 – IX ZB 124/09, NZI 2010, 226 (22 7.4.2011 – IX ZB 170/10, NJW-RR 2011, 1069 (1070).

101 *Huber*, in: v. Mangoldt/Klein/Starck, GG, Art. 19 Rn. 484.

102 BVerfG, Beschl. v. 20.4.1982 – 2 BvL 26/81, BVerfGE 60, 253 (269); Beschl. v. 20.6.1995 – 1 BvR 166/93, BVerfGE 93, 99 (107 f.).

103 BVerfG, Urt. v. 4.5.2011 – 2 BvR 2365/09, 2 BvR 740/10, 2 BvR 2333/08, 2 BvR 1152/10, 2 BvR 571/10, BVerfGE 128, 326 (367); Beschl. v. 20.6.2012 – 2 BvR 1048/11, BVerfGE 131, 268 (295); Urt. v. 12.6.2018 – 2 BvR 1738/12, 2 BvR 1395/13, 2 BvR 1068/14; 2 BvR 646/15, NVwZ 2018, 1121 (1125) Rn. 126); *Lechner/Zuck*, in: Lechner/Zuck, BVerfGG, Einleitung Rn. 20.

104 *Meyer-Ladewig/Harrensdorf/König*, in: Meyer-Ladewig/Nettesheim/v. Raumer, HK, EMRK, Art. 6 Rn. 199.

105 *Grabenwarter/Pabel*, in: Grabenwarter/Pabel, EMRK, § 24 Rn. 82 ff.

106 BVerfG, Beschl. v. 23.5.2012 – 1 BvR 359/09, BeckRS 2012, 51735.

Nach dessen Auffassung bedarf es zur Ermittlung der „Angemessenheit" der Frist einer Gesamtbetrachtung unter Berücksichtigung aller einzelfallrelevanten Umstände, wobei ähnliche Kriterien wie die des EGMR einbezogen werden.[107] In diesem Zusammenhang seien auch die Besonderheiten der verschiedenen Verfahrensordnungen und ihrer anzuwendenden Verfahrensgrundsätze miteinzubeziehen.[108]

Dennoch begegnet die Bestimmbarkeit der Angemessenheit in der Rechtspraxis erheblichen Schwierigkeiten.[109] So ist es vor dem EGMR in den letzten Jahren wiederholt zu Verletzungen gegen den Art. 6 EMRK durch die Bundesrepublik Deutschland gekommen, da es ihr nicht gelungen ist, Rechtsschutz in angemessener Zeit zu gewähren. Allein im Jahr 2009 hat der EGMR die Bundesrepublik Deutschland in 13 Fällen verurteilt. Im darauffolgenden Jahr 2010 waren 55 Verfahren, welche die Verletzung des Art. 6 EMRK zum Gegenstand hatten, vor dem EGMR rechtshängig.[110] Bereits mit seinem Urteil vom 8.6.2006 hat der EGMR in der „Sürmeli"-Rechtssache festgestellt, dass Verletzungen des Art. 6 EMRK in der Bundesrepublik Deutschland aufgrund ineffektiver Rechtsschutzgewährungen nicht rechtzeitig und effektiv gerügt werden könnten.[111] Zusätzlich ergaben sich daher Verstöße gegen Art. 13 EMRK, der bei der Verletzung von Freiheiten der EMRK – so auch Art. 6 EMRK – ein Recht auf wirksame Beschwerde vorsieht.

Trotz dieses Appells aus Straßburg und ihrer ohnehin bestehenden Umsetzungspflicht gemäß Art. 46 Abs. 1 EMRK ist es der Bundesrepublik Deutschland nicht gelungen, einen entsprechenden Rechtsbehelf auf den Weg zu bringen und weitere Rechtsverletzungen zu verhindern. Nicht verwunderlich ist es daher, dass der EGMR mit weiterem Urteil vom 2.9.2010 in der „Rumpf"-Rechtssache – diesmal unter Festlegung einer einjährigen Umsetzungsfrist – erneut auf die Einrichtung eines nationalen Rechtsbehelfs hingewirkt

---

107 *Meyer-Ladewig/Harrensdorf/König*, in: Meyer-Ladewig/Nettesheim/v. Raumer, HK, EMRK, Art. 6 Rn. 209.

108 BVerfG, Beschl. v. 17.11.2011 – 1 BvR 3155/09, BeckRS 2011, 56801; Beschl. v. 2.12.2011 – 1 BvR 314/11, BeckRS 2012, 45683. Am Beispiel eines beamtenrechtlichen Disziplinarverfahrens wird – unter dem dort anzuwendenden Beschleunigungsgrundsatz – die unangemessene Verfahrensdauer betont, vgl. BVerfG, Beschl. v. 4.10.1977 – 2 BvR 80/77, BVerfGE 46, 17 (29).

109 *Uhle*, in: HGR Bd. V, § 129 Rn. 66.

110 EGMR, Urt. v. 2.9.2010 – 46344/06Rumpf/Deutschland, NJW 2010, 3355 (3357 f.) Rn. 64, 69.

111 EGMR, Urt. v. 8.6.2006 – 75529/01Sürmeli/Deutschland, NJW 2007, 2389 (2390 ff.).

hat.[112] Diese eindringlichen Worte haben schließlich Früchte getragen. Die Bundesrepublik Deutschland hat mit dem Gesetz über den Rechtsschutz bei überlangen Gerichtsverfahren und strafrechtlichen Ermittlungsverfahren am 3.12.2011[113] für den Fall der zeitineffektiven Rechtsschutzgewährung eine Verzögerungsrüge und einen Entschädigungsanspruch eingeführt. Diese findet ihren gesetzlichen Niederschlag in den §§ 198–201 GVG. Eine Präventivrechtsschutzmöglichkeit zur Vermeidung von künftigen Verletzungen des allgemeinen Justizgewährungsanspruchs ist seitdem möglich.[114]

(3) Rechtzeitigkeit des Rechtsschutzes

Neben der angemessenen Verfahrensdauer ist auch die Rechtzeitigkeit des Rechtsschutzes Verfassungsgebot.[115] Zur Vermeidung von irreversiblen Zuständen und Schäden ist der Gesetzgeber daher auch in zivilrechtlichen Angelegenheiten dazu verpflichtet, entsprechende Verfahren zur Verfügung zu stellen.[116] Auch das von Eilbedürftigkeit geprägte Insolvenzverfahren verfügt über entsprechende Mechanismen, welche der Entstehung irreversibler Schäden vorbeugen sollen. Beispielhaft hierfür ist die Möglichkeit der Anordnung vorläufiger Sicherungsmaßnahmen gemäß den §§ 21 ff. InsO im vorläufigen Insolvenzverfahren. Die Vorschriften der §§ 21 ff. InsO dienen der Vermeidung masseschmälernder Maßnahmen durch den Schuldner und letztlich der Erreichung des regelmäßigen Rechtsschutzzieles der Gläubigergemeinschaft: nämlich der optimalen Befriedigung.[117] Die Befriedigungsaussichten der Gläubigergemeinschaft im Insolvenzverfahren hängen zentral von der rechtzeitigen Einleitung und Durchführung masseschützender Maßnahmen bereits im Insolvenzeröffnungsverfahren ab. Verzögerungen von wenigen Tagen bei der Anordnung vorläufiger Sicherungsmaßnahmen können bereits zu erheblichen Vermögensverschlechterungen führen.[118] Die Effektivität des Rechtsschutzes im Insolvenzverfahren drückt sich damit maßgeblich in seiner Rechtzeitigkeit aus. Wirtschaftlich

112 EGMR, Urt. v. 2.9.2010 – 46344/06Rumpf/Deutschland, NJW 2010, 3355 (3358) Rn. 73.

113 BGBl. I, S. 2302.

114 *Althammer/Schäuble*, NJW 2012, 1 (2).

115 *Schmidt-Aßmann*, in: HGR Bd. II, § 45 Rn. 53.

116 *Uhle*, in: HGR Bd. V, § 129 Rn. 75; *Huber*, in: v. Mangoldt/Klein/Starck, GG, Art. 19 Rn. 478.

117 *Haarmeyer/Schildt*, in: MüKo, InsO, § 21 Rn. 2.

118 *Haarmeyer/Schildt*, in: MüKo, InsO, § 21 Rn. 43.

betrachtet werden bereits in den ersten zwei Wochen des Insolvenzverfahrens die wichtigsten Weichenstellungen gesetzt.[119]

(4) Rechtsbeständige und durchsetzbare Entscheidung

Der allgemeine Justizgewährungsanspruch umfasst auch – als Surrogat für den Verzicht auf die Selbsthilfe[120] – die Rechtsbeständigkeit[121] und Durchsetzbarkeit[122] der gerichtlichen Entscheidung. Gegenüber dem Staat besteht ein Recht auf Einsatz von Zwangsgewalt. Dieses Recht bezeichnet man als staatlichen Vollstreckungsanspruch.[123] Den staatlichen Vollstreckungsanspruch – ungeachtet ob in der Einzel- oder Gesamtvollstreckung – gilt es auch dann durchzusetzen, wenn der materiell-rechtlich zu vollstreckende Anspruch hinsichtlich seiner Forderungshöhe als sogenannte „Bagatellforderung" einzustufen ist.[124] Hierunter versteht man ganz geringfügige Forderungen, die mit den durch den Vollstreckungsaufwand entstehenden Kosten in einem unangemessenen Verhältnis stehen.[125] Hintergrund dieser Betrachtung ist nämlich der vollständige Verzicht des Privaten auf die eigenmächtige Forderungsdurchsetzung im Wege der Selbstjustiz. Vollstreckungsverweigerungen von staatlicher Seite stellen sich in diesem Zusammenhang als absolute Rechtsschutzsperre und demgemäß als Verletzung des Anspruchs auf effektiven Rechtsschutz dar.[126]

(5) Anspruch auf faires Verfahren

Schließlich ist es anerkannt, dass der Bürger über einen Anspruch auf ein faires Verfahren verfügt. Dieser Anspruch wird teilweise als selbstständige Verbürgung unmittelbar aus dem Rechtsstaatsprinzip gemäß Art. 20 Abs. 3 i.V.m.

---

119 *Haarmeyer/Schildt*, in: MüKo, InsO, § 21 Rn. 1.

120 *Pietzner/Möller*, in: Schoch/Schneider, VwGO, Vorbemerkung § 167 Rn. 2.

121 BVerfG, Beschl. v. 18.9.1952 – 1 BvR 49/51, BVerfGE 1, 433 (437 f.); Beschl. v. 12.2.1992 – 1 BvL 1/89, BVerfGE 85, 337 (345); Plenarbeschl. v. 30.4.2003 – 1 PBvU 1/02, BVerfGE 107, 395 (401).

122 BVerfG, Beschl. v. 19.10.1982 – 1 BvL 34/80, 1 BvL 55/80, BVerfGE 61, 126 (136); Beschl. v. 27.4.1988 – 1 BvR 549/87, NJW 1988, 3141.

123 *Pietzner/Möller*, in: Schoch/Schneider, VwGO, Vorbemerkung § 167 Rn. 1, 9; *Papier*, in: HStR Bd. VIII, § 176 Rn. 24.

124 *Lang*, Rechtsschutzinteresse, S. 56, 58.

125 *Heßler*, in: MüKo, ZPO, § 753 Rn. 50.

126 *Rauscher*, in: MüKo, ZPO, Einleitung Rn. 332; *Lang*, Rechtsschutzinteresse, S. 58.

Art. 2 Abs. 1 GG entnommen.[127] Indes ist es vorzuziehen, ihn dem allgemeinen Justizgewährungsanspruch unterzuordnen.[128] Für diese Zuordnung spricht bereits die Überlegung, dass nur ein faires Verfahren zur Effektivität des Rechtsschutzes beitragen kann. Denn ein unfaires Verfahren kann unter der Geltung des Rechtsstaatsprinzips, dem auch der allgemeine Justizgewährungsanspruch untersteht, nicht effektiv sein. Der Anspruch auf faires Verfahren trägt demnach zur Effektivität des Rechtsschutzes bei. Er ist eine Teilkonkretisierung derselben.[129] Daneben wird er auch Art. 6 Abs. 1 EMRK entnommen.

Inhaltlich meint „faires" Verfahren zunächst, dass das Gericht das Verfahren so einzurichten hat, wie „die Parteien des Zivilprozesses es von ihm erwarten dürfen."[130] Das bedeutet insbesondere, dass das Gericht auf ein vorhersehbares Verfahren hinzuwirken hat.[131] Aus dem Gebot der fairen und vorhersehbaren Verfahrensgestaltung ergeben sich Hinweis- und Fürsorgepflichten des Gerichts gegenüber den Parteien.[132] So sind sachlich unzuständige Gerichte aufgrund ihrer Fürsorgepflicht angehalten, dem ersuchenden Antragsteller entsprechende Hinweise zu erteilen oder sogar Schriftsätze an das zuständige Gericht weiterzuleiten, um so einer Fristversäumung des Antragstellers vorzubeugen.[133]

Die Pflicht des Gerichts, mit den Verfahrensbeteiligten zu kommunizieren, ist auch dem nachstehenden Anspruch auf rechtliches Gehör gemäß Art. 103 Abs. 1 GG immanent.[134] Insoweit ergeben sich zwischen diesen beiden Verbürgungen inhaltliche Verbindungen und Überschneidungen.[135] Aufgrund der mannigfaltigen Erscheinungsformen der Verfahrensfairness existieren auch

---

127 BVerfG, Beschl. v. 4.5.2004 – 1 BvR 1892/03, BVerfGE 110, 339 (342); Beschl. v. 18.7.2013 – 1 BvR 1623/11, NJW 2014, 205 Rn. 20.

128 *Uhle*, in: HGR Bd. V, § 129 Rn. 59; *Musielak*, in: Musielak/Voit, ZPO, Einleitung Rn. 6.

129 *Uhle*, in: HGR Bd. V, § 129 Rn. 59.

130 BVerfG, Beschl. v. 26.4.1988 – 1 BvR 669/87, 1 BvR 686/87, 1 BvR 687/87, BVerfGE 78, 123 (126); *Degenhart*, in: HStR Bd. V, § 115 Rn. 19; *Musielak*, in: Musielak/Voit, ZPO, Einleitung Rn. 30.

131 BVerfG, Beschl. v. 7.7.1992 – 2 BvR 1631/90, 2 BvR 1728/90, BVerfGE 87, 48 (58); *Degenhart*, in: HStR Bd. V, § 115 Rn. 19.

132 BVerfG, Beschl. v. 17.1.2006 – 1 BvR 2558/05, BeckRS 2006, 21434; BGH, Beschl. v. 12.10.2011 – IV ZB 17/10, NJW 2012, 78 Rn. 11; Beschl. v. 16.1.2018 – VIII ZB 61/17, NJW 2018, 1022 (1023) Rn. 16.

133 BGH, Beschl. v. 20.4.2011 – VII ZB 78/09, NJW 2011, 2053 (2053 f.), Rn. 13; Beschl. v. 12.10.2011 – IV ZB 17/10, NJW 2012, 78 Rn. 14.

134 BT-Drs. 14/4722, S. 77; *Stadler*, in: Musielak/Voit, ZPO, § 139 Rn. 1; *Wöstmann*, in: Saenger, ZPO, § 139 Rn. 1.

135 *Musielak*, in: Musielak/Voit, ZPO, Einleitung Rn. 29.

Überschneidungen mit anderen Verfahrensgrundrechten wie zum Beispiel dem ebenfalls nachstehenden, dem Rechtsstaatsprinzip gemäß Art. 20 Abs. 3 i.V.m. Art. 3 Abs. 1 GG zu entnehmenden Gebot der prozessualen Waffengleichheit.[136] Die hierbei aufkommenden Normenkonflikte werden im Wege des lex-specialis-Grundsatzes aufgelöst. Der Anspruch auf ein faires Verfahren tritt im Wege der Subsidiarität hinter die anderen Verbürgungen - insbesondere den Anspruch auf effektiven Rechtsschutz in seiner Gewährleistungsebene im eröffneten Rechtsschutzverfahren - zurück.[137] Daher kommt dem Anspruch auf ein faires Verfahren eine Auffangfunktion zu.[138]

(6) Ergebnis

Es ist festzustellen, dass der allgemeine Justizgewährungsanspruch nicht nur für den Zugang zu den Gerichten, sondern auch im eröffneten Gerichtsverfahren Geltung beansprucht.[139] Denn die von Verfassungs wegen verlangte Effektivität des Rechtsschutzes kann nicht allein durch die Bereitstellung eines Zugangs zu den Gerichten gewährt werden. Zur Erreichung dieses Ziels verlangt das Rechtsstaatsprinzip insoweit auch Vorkehrungen innerhalb des eröffneten Rechtsschutzverfahrens. Aus diesem Grund rechtfertigt sich auch eine extensive Betrachtung des allgemeinen Justizgewährungsanspruchs.

d) Abgrenzung zu anderen Rechtsschutzverbürgungen

Die Ausdehnung des allgemeinen Justizgewährungsanspruchs um eine zweite Gewährleistungsebene führt jedoch zu inhaltlichen Überschneidungen mit weiteren Prozessgrundrechten und -grundsätzen, die ebenfalls dem Rechtsstaatsprinzip entspringen und erst im eröffneten Rechtsschutzverfahren Geltung

---

136 BVerfG, Beschl. v. 25.7.1979 - 2 BvR 878/74, BVerfGE 52, 131 (147); *Uhle*, in: HGR Bd. V, § 129 Rn. 61.

137 *Starck*, in: v. Mangoldt/Klein/Starck, GG, Art. 2 Rn. 130; *Jarass*, in: Jarass/Pieroth, GG, Art. 20 Rn. 42.

138 *Uhle*, in: HGR Bd. V, § 129 Rn. 60. Diese Auffangfunktion erfasst auch Fälle, in denen die speziellen Verbürgungen sachlich nicht anwendbar sind. So zum Beispiel im Verfahren vor dem Rechtspfleger, in dem Art. 103 Abs. 1 GG mangels Eigenschaft als „Gericht“ nicht anwendbar ist. In diesem Fall entfaltet das Recht auf ein faires Verfahren seinen Schutz, vgl. BVerfG, Beschl. v. 18.1.2000 - 1 BvR 321/96, BVerfGE 101, 397 (404 f.).

139 BVerfG, Beschl. v. 2.3.1995 - 1 BvR 249/92, BVerfGE 88, 118 (125); Beschl. v. 25.1.2005 - 2 BvR 656/99, 2 BvR 657/99, 2 BvR 683/99, BVerfGE 112, 185 (207).

erlangen. Dies betrifft vor allem den bereits erwähnten Anspruch auf rechtliches Gehör gemäß Art. 103 Abs. 1 GG.[140]

aa) Anspruch auf rechtliches Gehör

Bei dem Anspruch auf rechtliches Gehör handelt es sich um ein prozessuales Grundrecht,[141] dessen Verletzung vor dem BVerfG mit der Verfassungsbeschwerde rügefähig ist.[142] Bis zur Einführung der Anhörungsrügen in den verschiedenen Prozessordnungen entfielen in etwa die Hälfte der erhobenen Verfassungsbeschwerden auf Verstöße gegen den Art. 103 Abs. 1 GG.[143] Die auf eine Verletzung des Art. 103 Abs. 1 GG gestützten Verfassungsbeschwerden ließen sich gewissermaßen als „Dauerauftrag“[144] des BVerfG bezeichnen.

(1) Äußerungsrecht des Grundrechtsträgers

Das Prozessgrundrecht aus Art. 103 Abs. 1 GG hat seinen Ursprung im Rechtsstaatsprinzip und dem Schutz der Menschenwürde.[145] Seine Existenz sichert die Einhaltung von rechtsstaatlichen Mindeststandards im gerichtlichen Verfahren, sodass er sich als prozessuales „Urrecht“ des Menschen darstellt.[146] Demgemäß erstreckt sich der sachliche Anwendungsbereich des Art. 103 Abs. 1 GG darauf, dass der Betroffene nicht zum Objekt einer gerichtlichen Entscheidung degradiert wird. Er soll vielmehr vor der Entscheidung, die ihn in seiner Rechtsstellung betrifft, „zu Wort kommen, um als Subjekt Einfluss auf das Verfahren und sein Ergebnis nehmen zu können“.[147]

---

140 *Kment*, in: Jarass/Pieroth, GG, Art. 103 Rn. 2; *Nolte/Aust*, in: v. Mangoldt/Klein/Starck, GG, Art. 103 Rn. 87; *Remmert*, in: Dürig/Herzog/Scholz, GG, Art. 103 Abs. 1 Rn. 2, 31; *Degenhart*, in: HStR Bd. V, § 115 Rn. 16 f.; *Papier*, in: HStR Bd. VIII, § 176 Rn. 4.

141 BVerfG, Beschl. v. 20.4.1982 – 1 BvR 1242/81, BVerfGE 60, 247 (249); Beschl. v. 8.2.1994 – 1 BvR 765/89, 1 BvR 766/89, BVerfGE 89, 381 (383); *Knemeyer*, in: HStR Bd. VIII, § 178 Rn. 15; zur uneinheitlichen Terminologie zum Art. 103 Abs. 1 GG in *Nolte/Aust*, in: v. Mangoldt/Klein/Starck, GG, Art. 103 Rn. 6.

142 *Uhle*, in: HGR Bd. V, § 129 Rn. 44.

143 *Löwer*, in: HStR Bd. III, § 70 Rn. 170.

144 *Schumann*, NJW 1985, 1134; *Knemeyer*, in: HStR Bd. VIII, § 178 Rn. 4.

145 *Isensee*, in: HGR Bd. IV, § 87 Rn. 191; *Graßhof*, in: HGR Bd. V, § 133 Rn. 12.

146 BVerfG, Beschl. v. 9.7.1980 – 2 BvR 701/80, BVerfGE 55, 1 (6); Beschl. v. 18.5.1985 – 2 BvR 414/84, BVerfGE 70, 180 (188); *Uhle*, in: HGR Bd. V, § 129, S. 1116 Rn. 44.

147 BVerfG, Beschl. v. 29.5.1991 – 1 BvR 1383/90, BVerfGE 84, 188 (190); Beschl. v. 19.5.1992 – 1 BvR 986/91, BVerfGE 86, 133 (144); Plenarbeschl. v. 30.4.2003 – 1 PBvU 1/02, BVerfGE 107, 395 (408).

Die Einflussnahmemöglichkeiten verlangen, dass der Betroffene in der Lage ist, die richterliche Entscheidungsbildung und -findung mitzugestalten.[148] Hierfür ist ihm Gelegenheit zu geben, sich zu Tatsachen,[149] dem Vortrag der anderen Beteiligten[150] sowie zu Beweisergebnissen[151] zu äußern. Dieses Äußerungsrecht des Betroffenen bezieht sich auch auf Tatsachen und Beweismittel, die das Gericht von Amts wegen in das Verfahren einführt.[152] Sein Äußerungsrecht beschränkt sich dabei nicht auf tatsächliches Vorbringen. Der Betroffene ist auch berechtigt, sich zur Rechtslage zu äußern[153] und prozessrechtlich statthafte Anträge gegenüber dem Gericht zu stellen.[154] Sinnvoll ist dabei in der Regel ist nur die Gewährung vorherigen rechtlichen Gehörs.[155]

(2) Informationspflicht des Gerichts

Der Effektivität des Äußerungsrechts ist nur dann gedient, wenn mit diesem Recht vor- und nachgelagerte Pflichten des Gerichts korrespondieren.[156] Daher steht zeitlich vor der Wahrnehmung des Äußerungsrechts eine Informations- und Hinweispflicht des Gerichts, den Betroffenen über den gesamten Verfahrensstoff

---

148 BVerfG, Beschl. v. 19.5.1992 – 1 BvR 986/91, BVerfGE 86, 133 (144); *Graßhof*, in: HGR Bd. V, § 133 Rn. 20.

149 BVerfG, Beschl. v. 11.5.1965 – 2 BvR 242/63, BVerfGE 19, 32 (36); Beschl. v. 17.5.1983 – 2 BvR 731/80, BVerfGE 64, 135 (144).

150 BVerfG, Beschl. v. 15.11.2010 – 2 BvR 1183/09, BeckRS 2010, 56335; Beschl. v. 21.3.2011 – 2 BvR 301/11, BeckRS 2011, 50112.

151 BVerfG, Beschl. v. 21.7.1964 – 2 BvR 223/64, BVerfGE 18, 147 (150); Beschl. v. 11.10.1966 – 2 BvR 252/66, BVerfGE 20, 281 (282).

152 BVerfG, Beschl. v. 18.6.1985 – 2 BvR 414/84, BVerfGE 70, 180 (189); Beschl. v. 27.10.1999 – 1 BvR 385/90, BVerfGE 101, 106 (129).

153 BVerfG, Beschl. v. 23.10.2007 – 1 BvR 782/07, BVerfGE 119, 292 (296); Beschl. v. 24.8.2015 – 2 BvR 2915/14, BeckRS 2015, 52591 Rn. 15.

154 BVerfG, Beschl. v. 20.3.1984 – 1 BvR 763/82, BVerfGE 66, 260 (263); Beschl. v. 24.8.2015 – 2 BvR 2915/14, BeckRS 2015, 52591 Rn. 15.

155 BVerfG, Beschl. v. 30.10.1990 – 2 BvR 562/88, BVerfGE 83, 24 (35); Beschl. v. 29.5.1991 – 1 BvR 1383/90, BVerfGE 84, 188 (190); Beschl. v. 19.5.1992 – 1 BvR 986/91, BVerfGE 86, 133 (144); Beschl. v. 8.6.1993 – 1 BvR 878/90, BVerfGE 89, 28 (35); *Remmert*, in: Dürig/Herzog/Scholz, GG, Art. 103 Abs. 1 Rn. 73; *Graßhof*, in: HGR Bd. V, § 133 Rn. 20. Ausnahmsweise ist der Ausschluss vorherigen rechtlichen Gehörs auch zulässig, vgl. BVerfG, Beschl. v. 8.1.1959 – 1 BvR 396/55, BVerfGE 9, 89 (98).

156 *Remmert*, in: Dürig/Herzog/Scholz, GG, Art. 103 Abs. 1 Rn. 78; *Kunig/Saliger*, in: v. Münch/Kunig, GG, Art. 103 Rn. 18; *Graßhof*, in: HGR Bd. V, § 133 Rn. 21.

zu unterrichten.[157] Die Informations- und Hinweispflicht beginnt mit der Benachrichtigung über den Beginn des Gerichtsverfahrens und ist durch das Gericht fortlaufend aufrechtzuerhalten, ohne dass es eines gesonderten Antrags oder einer Erkundigung des Betroffenen bedürfte.[158] Zu unterrichten ist über den gesamten Tatsachenstoff sowie über das gesamte prozessuale Geschehen.[159] Dies umfasst die Unterrichtung über prozessleitende Verfügungen,[160] ferner über Umstände, die die Besorgnis der Befangenheit des entscheidenden Richters erregen,[161] sowie über sonstige bevorstehende richterliche Entscheidungen.[162]

Das rechtliche Gehör gemäß Art. 103 Abs. 1 GG verpflichtet die Gerichte grundsätzlich nicht, den Beteiligten vor der verfahrensabschließenden Entscheidung die Rechtsauffassung des Gerichts offenzulegen. Nur in Ausnahmefällen ist es anerkannt, dass den Beteiligten entsprechende Hinweise zu erteilen sind. Dies ist dann der Fall, wenn das Gericht beabsichtigt, seine Entscheidung auf einen rechtlichen Standpunkt zu stützen, mit dem „auch gewissenhafte und kundige Prozessbeteiligte nach dem bisherigen Prozessverlauf nicht zu rechnen brauchten."[163] In diesen Fällen kommt der unterbliebene Hinweis des Gerichts der Verhinderung des Vortrags der Beteiligten gleich.[164] Die Möglichkeit, sich auch zur Rechtslage äußern zu können, ist nach den vorstehenden Ausführungen allerdings von Art. 103 Abs. 1 GG erfasst. Vor diesem Hintergrund bietet der

157 BVerfG, Beschl. v. 8.6.1993 – 1 BvR 878/90, BVerfGE 89, 28 (35); Beschl. v. 1.8.2017 – 2 BvR 3068/14, BeckRS 2017, 121694 Rn. 49; *Degenhart*, in: Sachs, GG, Art. 103 Rn. 16; *Radtke*, in: BeckOK, GG, Art. 103 GG Rn. 8; *Graßhof*, in: HGR Bd. V, § 133 Rn. 21.

158 BVerfG, Beschl. v. 1.8.2017 – 2 BvR 3068/14, BeckRS 2017, 121694 Rn. 49; *Uhle*, in: HGR Bd. V, § 129 Rn. 46.

159 *Remmert*, in: Dürig/Herzog/Scholz, GG, Art. 103 Abs. 1 Rn. 79 f.

160 BVerfG, Beschl. v. 14.6.1983 – 1 BvR 545/82, BVerfGE 64, 203 (206 f.); *Schulze-Fielitz*, in: Dreier, GG, Art. 103 Abs. 1 Rn. 35.

161 BVerfG, Beschl. v. 8.6.1993 – 1 BvR 878/90, BVerfGE 89, 28 (36); teilweise zustimmend BVerwG, Beschl. v. 7.3.2017 – 6 B 53/16, NVwZ-RR 2017, 468 (471 f.); a.A. *Kment*, in: Jarass/Pieroth, GG, Art. 101 Rn. 22, der eine Verletzung des Anspruchs auf den gesetzlichen Richter gemäß Art. 101 Abs. 1 S. 2 GG annimmt.

162 *Remmert*, in: Dürig/Herzog/Scholz, GG, Art. 103 Abs. 1 Rn. 79; *Schulze-Fielitz*, in: Dreier, GG, Art. 103 Abs. 1 Rn. 45.

163 BVerfG, Beschl. v. 25.4.2015 – 1 BvR 2314/12, BeckRS 2015, 46282 Rn. 20.

164 BVerfG, Beschl. v. 19.5.1992 – 1 BvR 986/91, BVerfGE 86, 133 (144 f.).

Anspruch auf rechtliches Gehör in seinem verfassungsrechtlichen Gehalt einen Schutz vor Überraschungsentscheidungen.[165]

(3) Kenntnisnahme- und Berücksichtigungspflicht des Gerichts

Die vorbenannten beiden Ebenen bilden bis hierher die Informations- und Äußerungsrechte des Grundrechtsträgers ab. Damit ist der Gewährleistung des rechtlichen Gehörs gemäß Art. 103 Abs. 1 GG allerdings noch nicht gedient. Das Prozessgrundrecht kommt nämlich erst zu seiner vollständigen Entfaltung, wenn das Gericht das bisherige Vorbringen der Beteiligten gehört, mit anderen Worten das Geäußerte zur Kenntnis genommen und bei seiner Entscheidung inhaltlich mitberücksichtigt hat.[166]

Zu berücksichtigen hat das Gericht sämtliches Vorbringen in rechtlicher und tatsächlicher Hinsicht, soweit es zulässig und erheblich ist.[167] Dies schließt es nicht aus, bestimmtes Vorbringen aus prozessualen oder materiellen Gründen teilweise oder vollständig unberücksichtigt zu lassen.[168] Der Grundrechtsträger muss erkennen können, ob und welches Vorbringen von dem Gericht in der Entscheidungsfindung berücksichtigt worden ist. Daher ist es von Verfassungs wegen geboten, die gerichtliche Entscheidung mit einer Begründung zu versehen.[169] Aus rechtstaatlicher Betrachtung ist es notwendig, dass die Begründung ein Mindestmaß an sachlicher Auseinandersetzung mit den Argumenten des Betroffenen aufweist, sodass dieser die wesentlichen Entscheidungsgründe nachvollziehen und akzeptieren kann.[170] Dabei ist das Gericht nicht verpflichtet, sich mit jedem Vorbringen ausdrücklich zu befassen,[171] es genügt eine

---

165 BVerfG, Beschl. v. 7.10.2003 – 1 BvR 10/99, BVerfGE 108, 341 (346); *Remmert*, in: Dürig/Herzog/Scholz, GG, Art. 103 Abs. 1 Rn. 82; *Uhle*, in: HGR Bd. V, § 129 Rn. 46; *Graßhof*, in: HGR Bd. V, § 133 Rn. 33.

166 BVerfG, Beschl. v. 14.7.1998 – 1 BvR 1640/97, BVerfGE 98, 218 (263); *Remmert*, in: Dürig/Herzog/Scholz, GG, Art. 103 Abs. 1 Rn. 90.

167 *Degenhart*, in: Sachs, GG, Art. 103 Rn. 16; *Uhle*, in: HGR Bd. V, § 129 Rn. 48.

168 BVerfG, Beschl. v. 26.1.1983 – 1 BvR 614/80, BVerfGE 63, 80 (85); Beschl. v. 8.10.1985 – 1 BvR 33/83, BVerfGE 70, 288 (294); Beschl. v. 8.7.1997 – 1 BvR 1621/94, BVerfGE 96, 205 (216).

169 *Kment*, in: Jarass/Pieroth, GG, Art. 103 Rn. 45.

170 *Uhle*, in: HGR Bd. V, § 129 Rn. 48.

171 BVerfG, Beschl. v. 27.2.2018 – 2 BvR 2821/14, BeckRS 2018, 3402 Rn. 18; Beschl. v. 18.7.2019 – 2 BvR 1082/18, BeckRS 2019, 16042 Rn. 18; *Radtke*, in: BeckOK, GG, Art. 103 GG Rn. 14; *Kment*, in: Jarass/Pieroth, GG, Art. 103 Rn. 45.

Auseinandersetzung mit den wesentlichen Aspekten des Gesamtvorbringens.[172] Daher ist es nicht geboten, dass sich das Gericht mit offenkundig abwegigem Vortrag befasst.[173] In letztinstanzlichen Entscheidungen ist es zulässig, von Begründungen sogar vollständig abzusehen.[174]

(4) Überschneidungen mit dem allgemeinen Justizgewährungsanspruch

Während Normkollisionen zwischen dem Anspruch auf rechtliches Gehör gemäß Art. 103 Abs. 1 GG und dem Anspruch auf ein faires Verfahren im Wege der lex-specialis-Regel aufzulösen sind, gestaltet sich die Abgrenzung zu den weiteren Teilkonkretisierungen des allgemeinen Justizgewährungsanspruchs[175] komplizierter. Bei der Zuordnung der Sachverhalte, die in diese Schnittstelle fallen, ist in der Rechtsprechung des BVerfG keine einheitliche Judikatur zu erkennen.[176] In der Literatur existieren allerdings Versuche, das Verhältnis dieser Verbürgungen zueinander aufzuklären.[177] So wird angenommen, dass bei Grenzfällen der sachliche Anwendungsbereich des allgemeinen Justizgewährungsanspruchs betroffen ist, wenn es um rechtsschutzbeschränkende Regelungen geht, die die Prüfungsdichte der richterlichen Kontrolle[178] oder Fristen- und Präklusionsbestimmungen zum Gegenstand haben.[179] Demgemäß ist die richterliche Pflicht, Wiedereinsetzungsgesuche infolge versäumter Einspruchsfristen gegen ein

---

172 *Radtke*, in: BeckOK, GG, Art. 103 GG Rn. 14; *Kment*, in: Jarass/Pieroth, GG, Art. 103 Rn. 46.

173 BVerfG, Beschl. v. 29.5.1996 – 2 BvR 725/96, NJW 1996, 2785 (2785); Beschl. v. 23.12.1996 – 2 BvR 673/96, NJW 1997, 1433 (1433 f.).

174 BVerfG, Beschl. v. 28.2.1979 – 2 BvR 84/79, BVerfGE 50, 287 (289 f.); Beschl. v. 22.5.2001 – 1 BvR 1512/97, 1 BvR 1677/97, BVerfGE 104, 1 (7 f.); *Graßhof*, in: HGR Bd. V, § 133 Rn. 71.

175 Teil 1 II. 2. c) bb).

176 *Uhle*, in: HGR Bd. V, § 129 Rn. 57; *Nolte/Aust*, in: v. Mangoldt/Klein/Starck, GG, Art. 103 Rn. 88.

177 *Uhle*, in: HGR Bd. V, § 129 Rn. 58, der dem aus dem allgemeinen Justizgewährungsanspruch resultierenden Anspruch auf effektiven Rechtsschutz gegenüber den „Prozessgrundrechten“ und demnach auch Art. 103 Abs. 1 GG eine Auffangfunktion zuteilt und ihn im Wege des lex-specialis-Grundsatzes zurücktreten lässt; a.A. *Remmert*, in: Dürig/Herzog/Scholz, GG, Art. 103 Abs. 1 Rn. 31, demzufolge die Abgrenzung „vergleichsweise einfach zu bestimmen“ und anhand der „Sachnähe“ des Einzelfalls vorzunehmen sei.

178 BVerfG, Beschl. v. 8.10.1991 – 1 BvR 1324/90, BVerfGE 84, 366 (369 f.).

179 BVerfG, Beschl. v. 2.3.1995 – 1 BvR 249/92, BVerfGE 88, 118 (124).

Versäumnisurteil in einen Einspruch gegen das Versäumnisurteil umzudeuten, am Maßstab der allgemeinen Justizgewährungspflicht zu messen.[180]

Demgegenüber ist regelmäßig der Anwendungsbereich des Anspruchs auf rechtliches Gehör gemäß Art. 103 Abs. 1 GG eröffnet, wenn die Einflussnahmemöglichkeiten der Beteiligten am und im Verfahren betroffen sind. In diesem Zusammenhang hat das BVerfG in einer Reihe von Entscheidungen Tatsachenvorträge, die von den Instanzgerichten gemäß der zivilprozessualen Präklusionsvorschrift des § 296 ZPO zu Unrecht zurückgewiesen worden waren, am Prozessgrundrecht des Art. 103 Abs. 1 GG gemessen.[181] Erkennbar ist, dass eine Abgrenzung der beiden Rechtsschutzverbürgungen nicht immer randscharf erfolgt[182] und Zuordnungsfragen bislang nicht systematisch geklärt sind.[183] Im Rahmen dieser Untersuchung ist es daher geboten, bei aufkommenden Grenzfällen eine Abgrenzung mittels einzelfallbezogener Zuordnungen vorzunehmen.[184] Dennoch darf die Bestimmung des Verhältnisses dieser beiden Verbürgungen nicht dazu führen, dass sie in Gegensatz zueinander gerückt werden. Sie beide dienen nämlich demselben Ziel und zwar der Gewährung effektiven Rechtsschutzes.[185]

bb) Anspruch auf den gesetzlichen Richter

Ebenfalls eng verwoben mit dem allgemeinen Justizgewährungsanspruch ist der sich aus Art. 101 Abs. 1 S. 2 GG ergebende Anspruch auf den gesetzlichen Richter.[186] Letztgenannter Anspruch gewährleistet nach Rechtsprechung des BVerfG nicht nur ein Recht auf den gesetzlich bestimmten Richter, sondern beinhaltet auch eine materiell-rechtliche Dimension dergestalt, dass der

180 BVerfG, Beschl. v. 2.3.1995 – 1 BvR 249/92, BVerfGE 88, 118 (127 f.).

181 BVerfG, Beschl. v. 9.2.1982 – 1 BvR 799/78, BVerfGE 59, 330 (330 f.); Beschl. v. 15.11.1982 – 1 BvR 585/80, BVerfGE 62, 249 (254 f.); Beschl. v. 30.1.1985 – 1 BvR 99/84, BVerfGE 69, 126 (135 f.).

182 *Nolte/Aust*, in: v. Mangoldt/Klein/Starck, GG, Art. 103 Rn. 88.

183 *Uhle*, in: HGR Bd. V, § 129 Rn. 58.

184 *Remmert*, in: Dürig/Herzog/Scholz, GG, Art. 103 Abs. 1 Rn. 31.

185 Zum Verhältnis zwischen Art. 103 Abs. 1 GG und Art. 19 Abs. 4 GG als spezielle Justizgewährungsgarantie, vgl. BVerfG, Beschl. v. 29.11.1989 – 1 BvR 1011/88, BVerfGE 81, 123 (129); Beschl. v. 27.10.1999 – 1 BvR 385/90, BVerfGE 101, 106 (129); zum Verhältnis des Art. 103 Abs. 1 GG mit den Justizgewährungsansprüchen im Allgemeinen, vgl. *Bethge*, in: Schmidt-Bleibtreu/Klein/Bethge, BVerfGG, § 90 Rn. 252; *Nolte/Aust*, in: v. Mangoldt/Klein/Starck, GG, Art. 103 Rn. 87.

186 Am Beispiel des Art. 19 Abs. 4 GG, vgl. *Kment*, in: Jarass/Pieroth, GG, Art. 101 Rn. 1.

gesetzlich bestimmte Richter die verfassungsrechtlichen Anforderungen, die das GG an den Richterbegriff stellt, zu erfüllen hat.[187] Diese rechtstaatlich notwendigen Charakteristika[188] ergeben sich allerdings auch aus dem verfassungsrechtlich zutreffenden Verständnis des allgemeinen Justizgewährungsanspruchs als echtem Gerichtsschutzanspruch.[189] Dieser ist in seiner ersten Gewährleistungsebene – dem „Ob" des Rechtsschutzes – betroffen und entfaltet demgemäß zeitlich vor dem Art. 101 Abs. 1 S. 2 GG seinen Schutzbereich. Aus diesem Grund wird vertreten, dass die Rechtsschutzgewährung *durch den Richter* keine Frage der Ausgestaltung des Verfahrens, sondern bereits des Zugangs zum Verfahren sei. Demgemäß sei es vorzugswürdig, die Gewährleistung eines sachlich und persönlich unabhängigen und neutralen Richters dem allgemeinen Justizgewährungsanspruch zuzuordnen.[190] Andere stellen auf die positive Normierung des Art. 101 Abs. 1 S. 2 GG ab und sehen hierin eine anwendungsbereichsbezogene Konkretisierung der allgemeinen Anforderungen des Anspruchs auf effektiven Rechtsschutz.[191] Daher wird teilweise vertreten, dass letztgenannter Anspruch in Kollisionsfällen als allgemeinere Norm zurücktrete.[192] Das BVerfG geht davon aus, dass erst eine gemeinsame Anwendung der einzelnen Verbürgungen einen effektiven Rechtsschutz gewährleisten könne.[193] Demgemäß wirkt sich das Verhältnis nicht auf die Qualität der Rechtschutzverbürgung für den Bürger – ungeachtet dessen, welcher Rechtsgrundlage sie im Einzelfall entnommen wird – aus, da beide Rechte im Lichte des effektiven und einheitlichen Rechtsschutzes auszulegen sind.

cc) Gebot prozessualer Waffengleichheit

Neben den allgemeinen Justizgewährungsanspruch tritt das Gebot der prozessualen Waffengleichheit. Auch dessen dogmatische Herleitung ist nicht

---

187 BVerfG, Beschl. v. 8.2.1967 – 2 BvR 235/64, BVerfGE 21, 139 (145 f.); Beschl. v. 22.3.2018 – 2 BvR 780/16, BVerfGE 148, 69 (86 f.).

188 BVerfG, Urt. v. 19.3.2013 – 2 BvR 2628/10, 2 BvR 2883/10, 2 BvR 2155/11, BVerfGE 133, 168 (203).

189 Teil 1 II. 2. c) aa).

190 *Uhle*, in: HGR Bd. V, § 129 Rn. 42; *Weber*, NJW 1989, 2217 (2219).

191 *Schulze-Fielitz*, in: Dreier, GG, Art. 19 Abs. 4 Rn. 147.

192 *Huber*, in: v. Mangoldt/Klein/Starck, GG, Art. 19 Rn. 363; *Stern/Sachs/Dietlein*, in: Stern, Staatsrecht, § 123 IX. 1.

193 BVerfG, Beschl. v. 20.4.1982 – 2 BvL 26/81, BVerfGE 60, 253 (296 f.).

unumstritten und wird zum Teil aus dem Anspruch auf ein faires Verfahren,[194] aus Art. 3 Abs. 1 GG[195] oder aus Art. 3 Abs. 1 GG i.V.m. dem Rechtsstaatsprinzip gemäß Art. 20 Abs. 3 GG[196] hergeleitet. Im Ergebnis ist dieses Gebot einhellig anerkannt und verlangt, dass die Verfahrensbeteiligten über gleichwertige prozessuale Handlungsmöglichkeiten verfügen und demgemäß eine Chancengleichheit zwischen ihnen hergestellt wird.[197] Hierfür sollen die Parteien in der Lage sein, durch Prozesshandlungen wie der Stellung von Anträgen und Abgabe von Stellungnahmen gleichermaßen auf die richterliche Entscheidung Einfluss nehmen zu können.[198] Das Gebot der prozessualen Waffengleichheit wirkt sich auch auf die Handhabung des Beweisverfahrens aus.[199] Auch im Insolvenzeröffnungsverfahren, welches im Falle des Fremdantrags bis zum Zeitpunkt der Antragszulassung als streitiges Parteiverfahren geführt wird,[200] gilt das Gebot der prozessualen Waffengleichheit.[201] Demgemäß sind auch die – wenn auch im Beweismaß gesenkten – Beweislastregelungen im Insolvenzeröffnungsverfahren gemäß § 14 Abs. 1 S. 1 InsO im Lichte des Gebots der prozessualen Waffengleichheit auszulegen. Erst nach erfolgter Glaubhaftmachung sowohl der Insolvenzforderung als auch des Insolvenzgrundes geht das Insolvenzverfahren in das Amtsverfahren gemäß § 5 InsO über.[202] Dann steht dem Insolvenzschuldner neben der Einbeziehung der Erkenntnisse eines etwaigen Sachverständigen bzw. vorläufigen Insolvenzverwalters – dies aufgrund des Übergangs in den Amtsbetrieb gemäß § 14 Abs. 2 InsO i.V.m. § 5 InsO – aus Gründen der prozessualen Waffengleichheit auch die Möglichkeit der Gegenglaubhaftmachung zu.[203]

---

194 BVerfG, Beschl. v. 8.10.1974 – 2 BvR 747/73, 2 BvR 748/73, 2 BvR 749/73, 2 BvR 750/73, 2 BvR 751/73, 2 BvR 752/73, 2 BvR 753/73, BVerfGE 38, 105 (111); Beschl. v. 12.1.1983 – 2 BvR 864/81, BVerfGE 63, 45 (61).

195 BVerfG, Beschl. v. 24.4.1985 – 2 BvR 1248/82, BVerfGE 69, 248 (254).

196 BVerfG, Beschl. v. 30.1.1985 – 1 BvR 99/84, BVerfGE 69, 126 (140); Beschl. v. 12.12.2006 – 1 BvR 2576/04, BVerfGE 117, 163 (185).

197 *Schmidt-Aßmann/Schenk*, in: Schoch/Schneider, VwGO, Einleitung Rn. 48.

198 *Uhle*, in: HGR Bd. V, § 129 Rn. 51.

199 *Degenhart*, in: HStR Bd. V, § 115 Rn. 40.

200 BGH, Urt. v. 20.11.2001 – IX ZR 48/01, NJW 2002, 515 (516); Beschl. v. 13.6.2006 – IX ZB 214/05, NZI 2006, 590; *Vuia*, in: MüKo, InsO, § 13 Rn. 11.

201 *Prütting*, in: Kübler/Prütting/Bork/Jacoby, InsO, § 5 Rn. 15; *Andres*, in: Andres/Leithaus, InsO, § 5 Rn. 4.

202 *Vuia*, in: Gottwald/Haas, § 4 Rn. 4.

203 OLG Köln, Beschl. v. 29.2.1988 – 2 W 9/88, BeckRS 1988, 30837717; *Wegener*, in: Uhlenbruck, InsO, § 14 Rn. 30.

Teilweise ergibt sich infolge der Gegenglaubhaftmachung des Insolvenzschuldners zumindest ein *non liquet*, sodass bereits erfolgte vorläufige Sicherungsmaßnahmen aufgehoben werden und der ursprünglich zulässige Insolvenzantrag nachträglich als unzulässig zurückgewiesen wird.[204]

dd) Recht auf ein faires Verfahren und eine wirksame Beschwerde

Schließlich gewährt Art. 6 Abs. 1 EMRK im Rang eines einfachen Bundesgesetzes[205] ein Rechtsschutzminimum dergestalt, dass jede Person ein Recht darauf habe, dass in zivil- und strafrechtlichen Verfahren in einem fairen Verfahren öffentlich und innerhalb angemessener Frist von einem unabhängigen und unparteiischen, auf Gesetz beruhenden Gericht verhandelt werde. Der Mindeststandard ist von den Signatarstaaten der EMRK einzuhalten. Die Verletzung kann gemäß Art. 34 EMRK von ihren Bürgern vor dem EMGR gerügt werden. Vor dem BVerfG hingegen kann die Verletzung der Rechte und Freiheiten aus der EMRK nicht gerügt werden. Denn die Vorschriften der EMRK sowie ihre Zusatzprotokolle sind kein unmittelbarer verfassungsrechtlicher Prüfungsmaßstab i.S.d. Art. 93 Abs. 1 Nr. 4a GG, § 90 Abs. 1 BVerfGG.[206] Allerdings sind diese Normen und die Rechtsprechung des EGMR für die Bestimmung des Inhalts und der Reichweite der Grundrechte und rechtsstaatlichen Grundsätze des GG als Auslegungshilfe heranzuziehen, sofern gemäß Art. 53 EMRK hierdurch nicht die nationalen Schutzstandards verringert werden.[207]

Zum Zwecke der Einhaltung der durch die EMRK eingeräumten Rechte und Freiheiten wird dem Bürger durch Art. 13 EMRK die Möglichkeit der Anrufung innerstaatlicher Beschwerdeinstanzen eröffnet. Diese Vorschrift verpflichtet die Mitgliedstaaten zur Einrichtung solcher Instanzen. Insoweit ergibt sich aus Art. 13 EMRK ein Gebot des einfachrechtlichen Rechtsschutzes, so wie es auch dem allgemeinen Justizgewährungsanspruch entnommen wird.[208]

---

204 *Wegener*, in: Uhlenbruck, InsO, § 14 Rn. 30; *Vuia*, in: Gottwald/Haas, § 12 Rn. 9. Insoweit vertritt *Roellenbleg*, NZI 2004, 176 (180), die Auffassung, § 14 Abs. 2 InsO sei verfassungswidrig, da die Gehörsmöglichkeit des Insolvenzschuldners schlichtweg zu spät erfolge.

205 Teil 1 II. 2. c) bb) (2).

206 BVerfG, Beschl. v. 14.10.2004 – 2 BvR 1481/04, BVerfGE 111, 307 (316 f.).

207 BVerfG, Beschl. v. 26.3.1987 – 2 BvR 589/79, 2 BvR 740/81, 2 BvR 284/85, BVerfGE 74, 358 (370); Beschl. v. 14.10.2004 – 2 BvR 1481/04, BVerfGE 111, 307 (316 f.).

208 *Papier*, in: HStR Bd. VIII, § 176 Rn. 11; BVerfG, Plenarbeschl. v. 30.4.2003 – 1 PBvU 1/02, BVerfGE 107, 395 (410).

3. Zusammenfassung

Es ist festzuhalten, dass den Staat eine verfassungs- und völkerrechtlich abgesicherte Justizgewährungspflicht gegenüber seinen Bürgern trifft. Dabei steht für die Rechtschutzgewährung gegen die „öffentliche" Gewalt – das einengende Verständnis zugrunde gelegt – der besondere Justizgewährungsanspruch des Art. 19 Abs. 4 GG zur Verfügung. In den weiteren Fällen greift der allgemeine Justizgewährungsanspruch ein, dem insoweit eine Auffangfunktion zuteil wird.[209] Demgemäß ist die Justizgewährungspflicht des Staates umfassend angelegt. Der Staat ist unter Geltung rechtsstaatlicher Grundsätze verpflichtet, Rechtsschutzlücken nicht aufkommen zu lassen. Anderenfalls bliebe die staatliche Rechtsschutzgewährung qualitativ hinter dem entzogenen Selbsthilferecht des Bürgers zurück. Aus diesem Bestreben heraus, Rechtsschutzlücken nicht entstehen zu lassen, hat der Staat durch seine Gerichte die eigene Justizgewährungspflicht extensiv ausgelegt und stetig erweitert. Hierdurch haben sich inhaltliche Überschneidungen einzelner Verbürgungen des Justizgewährungsanspruchs mit weiteren Rechtsschutzverbürgungen des GG ergeben. Der verfassungsrechtlichen Kasuistik ist heute eine einheitliche Linie nicht zu entnehmen.[210] Allerdings beschränken sich die Ungereimtheiten auf dogmatische Aspekte.[211] Während sich der Umgang mit diesen Aspekten als nachlässig bezeichnen lässt, ist die Linie des BVerfG in Bezug auf die materiellen Aspekte eine klare. Durch sie wird bestätigt, dass die Rechtsschutzgewährung umfassend angelegt ist.[212] Unter Verzicht auf rechtsdogmatische Ausführungen wird hervorgehoben, dass sich die einzelnen Verbürgungen wechselseitig ergänzen. Sie alle entspringen dem Rechtsstaatsprinzip des GG und sind Teile eines einheitlichen Anspruchs auf wirkungsvollen Rechtsschutz.[213]

---

209 BVerfG, Beschl. v. 13.6.2006 – 1 BvR 1160/03, BVerfGE 116, 135 (150).

210 *Uhle*, in: HGR Bd. V, § 129 Rn. 57.

211 *Degenhart*, in: HStR Bd. V, § 115 Rn. 16; *Zuck*, NJW 2013, 1132 (1134).

212 BVerfG, Plenarbeschl. v. 30.4.2003 – 1 PBvU 1/02, BVerfGE 107, 395 (401); Beschl. v. 13.6.2006 – 1 BvR 1160/03, BVerfGE 116, 135 (150).

213 BVerfG, Beschl. v. 20.4.1982 – 2 BvL 26/81, BVerfGE 60, 253 (296 f.); Beschl. v. 29.11.1989 – 1 BvR 1011/88 – BVerfGE 81, 123 (129); Beschl. v. 29.11.1996 – 2 BvR 1157/93, NJW 1997, 726 (727); *Papier*, in: HStR Bd. VIII, § 176 Rn. 7; *Uhle*, in: HGR Bd. V, § 129 Rn. 57.

Teil 2: Einschränkungen des allgemeinen Justizgewährungsanspruchs

I. Allgemeines

Der Anspruch auf wirkungsvollen Rechtsschutz ist mehr als nur eine politische Leitidee. Er ist Verfassungsgebot.[214] Allerdings bedarf dieses Verfassungsgebot einfachgesetzlicher Konkretisierungen in Form von Verfahrensordnungen.[215] Rechtsschutz ist nämlich zunächst nur eine staatliche Leistung, deren Voraussetzungen geschaffen werden müssen, indem seine Art und sein Umfang näher festgelegt werden.[216] Diese Ausgestaltungskompetenz liegt bei dem Gesetzgeber. Hierbei ist es zulässig, dass der Gesetzgeber Regelungen einführt, die für ein Rechtsschutzbegehren des Bürgers bestimmte formelle Voraussetzungen aufstellen und sich demgemäß rechtsschutzbeschränkend auswirken.[217] Es besteht nämlich kein verfassungsrechtliches Rechtsschutzmaximierungsgebot.[218] Das Bedürfnis einer Einschränkung dieses Anspruchs ergibt sich bereits aus dem Rechtsstaatsprinzip selbst.[219] Dem Rechtsstaatsprinzip entspringen neben dem Justizgewährungsanspruch auch andere Elemente von Verfassungsrang. Namentlich zu nennen sind das Gebot der Rechtssicherheit und des Rechtsfriedens. Diese sind gefährdet, wo ein uneingeschränkter Anspruch auf Rechtsschutz gewährleistet wird. Denn dieser birgt das Risiko eines Rechtsschutzes ad infinitum.[220] Das Gebot der Rechtssicherheit und des Rechtsfriedens verlangen hingegen, dass ein Rechtsstreit irgendwann sein Ende findet.[221] Aber auch aus sich selbst heraus bedarf der Anspruch auf wirkungsvollen Rechtsschutz zum Zwecke seiner Wirksamkeit der gesetzgeberischen Einschränkung. Denn ein uneingeschränkter Rechtsschutz, der einen immerwährenden Rechtsstreit ermöglicht, verhindert eine verbindliche Entscheidung in angemessener Dauer.

---

214 *Schmidt-Aßmann*, in: HStR Bd. II, § 26 Rn. 74.

215 BVerfG, Beschl. v. 20.6.1995 – 1 BvR 166/93, BVerfGE 93, 99 (107); Beschl. v. 14.2.2007 – 1 BvR 1351/01, NJW-RR 2007, 1073 (1074).

216 BVerfG, Beschl. v. 27.10.1999 – 1 BvR 385/90, BVerfGE 101, 106 (123).

217 BVerfG, Beschl. v. 18.1.2000 – 1 BvR 321/96, NJW 2000, 1709 (1710).

218 *Schulze-Fielitz*, in: Dreier, GG, Art. 19 Abs. 4 Rn. 81.

219 BVerfG, Beschl. v. 20.6.1995 – 1 BvR 166/93, BVerfGE 93, 99 (107).

220 *Voßkuhle*, NJW 2003, 2193 (2194).

221 *Sachs*, JuS 2003, 914; *Papier*, in: HStR Bd. VIII, § 176 Rn. 20.

Insoweit stünde sich ein uneingeschränkter Rechtsschutz selbst im Wege. Eine Effektivität wäre auf diese Weise nicht herzustellen.

Bei der Herstellung eines schonenden Ausgleichs im Wege der praktischen Konkordanz hat der Gesetzgeber auch andere Interessen in den Blick zu nehmen, die bei der Rechtsschutzgewährung berührt werden. Dies umfasst öffentliche Interessen sowie die Interessen von Dritten, welche im Rahmen der hier maßgeblichen bürgerlich-rechtlichen Streitigkeiten aufgrund ihrer kontradiktorischen Ausgestaltung regelmäßig betroffen sind.[222] Insoweit ist es dem Gesetzgeber übertragen, einen schonenden Ausgleich zwischen dem Bestreben eines möglichst uneingeschränkten Rechtsschutzes und den hiermit konfligierenden Verfassungsgütern herzustellen.[223]

Bei der Ausgestaltung steht dem Gesetzgeber ein weiter Ausgestaltungs- und Einschätzungsspielraum zu.[224] Die Verfassung gibt dabei nicht vor, wie ein Widerstreit der vorbenannten Interessen aufzulösen ist.[225] Allerdings muss die Aufstellung rechtsschutzbeschränkender Voraussetzungen stets dazu dienen, den Justizgewährungsanspruch zu effektivieren.[226] Ferner muss die Regelung im Hinblick auf die Zielerreichung geeignet, angemessen und für den Rechtsschutzsuchenden auch zumutbar sein.[227] Die Grenze der Ausgestaltungsbefugnis ist demgemäß verfassungsrechtlich dort überschritten, wo der Rechtsweg „in unzumutbarer, aus Sachgründen nicht mehr zu rechtfertigender Weise erschwert"[228] wird. An diese Grenze ist auch der im Einzelfall berufene Richter gebunden. Er hat bei der Rechtsanwendung die Tragweite des Anspruchs auf effektiven Rechtsschutz zu berücksichtigen.[229] Es ist ihm verwehrt, „durch übermäßig strenge

---

222 BVerfG, Beschl. v. 13.6.2006 – 1 BvR 1160/03, BVerfGE 116, 135 (155); *Schmidt-Aßmann*, in: Dürig/Herzog/Scholz, GG, Art. 19 Abs. 4 Rn. 17; *Jarass*, in: Jarass/Pieroth, GG, Art. 20 Rn. 130.

223 BVerfG, Beschl. v. 14.3.2006 – 1 BvR 2087/03, 1 BvR 2111/03, BVerfGE 115, 205 (240).

224 BVerfG, Beschl. v. 14.3.2006 – 1 BvR 2087/03, 1 BvR 2111/03, BVerfGE 115, 205 (234).

225 BVerfG, Beschl. v. 2.3.1993 – 1 BvR 249/92, BVerfGE 88, 118 (125); Beschl. v. 20.6.1995 – 1 BvR 166/93, BVerfGE 93, 99 (107 f.).

226 *Uhle*, in: HGR Bd. V, § 129 Rn. 18.

227 BVerfG, Beschl. v. 20.4.1982 – 2 BvL 26/81, BVerfGE 60, 253 (269); Beschl. v. 2.12.1987 – 1 BvR 1291/85, BVerfGE 77, 275 (284); *Schulze-Fielitz*, in: Dreier, GG, Art. 19 Abs. 4 Rn. 80.

228 BVerfG, Beschl. v. 29.10.1975 – 2 BvR 630/73, BVerfGE 40, 272 (274 f.); Beschl. v. 29.9.2010 – 1 BvR 2649/06, BeckRS 2010, 54616 Rn. 21.

229 BVerfG, Beschl.v. 2.12.1987 – 1 BvR 1291/85, BVerfGE 77, 275 (284); Beschl. v. 2.3.1993 – 1 BvR 249/92, BVerfGE 88, 118 (125); BVerfG, Beschl. v. 22.10.2004 – 1 BvR 894/04, r + s 2005, 52 (53).

Handhabung verfahrensrechtlicher Schranken den Anspruch auf gerichtliche Durchsetzung des materiellen Rechts unzumutbar zu verkürzen."[230]

Innerhalb dieser Grenzen hat der Gesetzgeber in den verschiedenen Verfahrensordnungen diverse formelle Zugangsbeschränkungen implementiert, welche verfassungsrechtlich nicht zu beanstanden sind[231] und nachfolgend kurz präsentiert werden. Dabei wird zunächst auf verfahrensübergreifende Zugangsbeschränkungen eingegangen. Soweit für das Insolvenzverfahren Abweichungen von diesen verfahrensübergreifenden Zugangsbeschränkungen oder verfahrensmäßige Besonderheiten existieren sollten, werden diese ebenfalls angeführt. Anschließend folgen Ausführungen zu Rechtsschutzbeschränkungen aufgrund des (fehlenden) allgemeinen Rechtsschutzinteresses. Insoweit wird das Institut des Rechtsschutzinteresses zunächst verfahrensübergreifend dargestellt werden. Zugangsbeschränkungen, die sich im Zusammenhang mit dem Rechtsschutzinteresse ergeben, werden eingangs ebenfalls verfahrensübergreifend dargestellt werden. Dem schließt sich eine tiefergehende Untersuchung des Bereiches des Insolvenzeröffnungsverfahrens an.

II. Sonstige verfahrensübergreifende Zugangsbeschränkungen

1. Erhebung von Gerichtskosten

Der Staat ist nicht dazu verpflichtet, Rechtsschutz kostenlos zur Verfügung zu stellen.[232] Es ist demgemäß zulässig, für die staatliche Rechtsschutzgewährung Gerichtskosten in angemessener Höhe zu erheben und vom Rechtsschutzsuchenden hierfür einen Vorschuss zu verlangen. Dabei richtet sich die Angemessenheit der Gebührenhöhe maßgeblich nach dem wirtschaftlichen Wert des verfolgten Rechtsschutzziels oder des geltend gemachten prozessualen Anspruchs, mithin dem Streit- oder Geschäftswert. Die Grenze der Angemessenheit ist dann nicht mehr gewahrt, wenn bei einem nicht nur geringfügigen Streitwert die Höhen der zu erhebenden Gerichtskosten und des Streitwertes identisch sind oder letzterer sogar überstiegen wird. In diesem Fall würde ein vernünftiger Rechtsschutzsuchender Abstand von der Anrufung der Gerichte

---

230 BVerfG, Beschl. v. 8.11.1988 – 1 BvR 1527/87, BVerfGE 79, 80 (84); Beschl. v. 8.10.1991 – 1 BvR 1324/90, BVerfGE 84, 366 (369 f.).

231 *Schulze-Fielitz*, in: Dreier, GG, Art. 19 Abs. 4 Rn. 97.

232 *Schmidt-Aßmann*, in: Dürig/Herzog/Scholz, GG, Art. 19 Abs. 4 Rn. 242.

nehmen, weil die Forderungsdurchsetzung mit wirtschaftlich nicht tragbaren Risiken verbunden wäre.[233]

a) *Gebot der Rechtsschutzgleichheit – Prozesskostenhilfe*

Ferner darf die Erhebung von Gerichtskosten nicht zu einer Schlechterstellung von wirtschaftlich Unbemittelten führen, da diese vor dem aus dem Sozial- und Rechtsstaatsprinzip gemäß Art. 20 Abs. 3 GG i.V.m. Art. 3 Abs. 1 GG hergeleiteten Gebot der Rechtsschutzgleichheit nicht zu rechtfertigen ist.[234] Verfassungsrechtlich gebotenen Ausgleich verschafft insoweit das Institut der Prozess- bzw. Verfahrenskostenhilfe, wobei eine vorweggenommene summarische Prüfung der Erfolgsaussichten zulässig ist. Denn auch die vernünftige bemittelte Partei wägt bei der Rechtsverfolgung oder -verteidigung ihre Erfolgsaussichten und das verbundene Kostenrisiko miteinander ab.[235]

b) *Staatliche Pflicht zur Insolvenzkostenhilfe*

Im Rahmen des Insolvenzverfahrens hat das Gebot der Rechtsschutzgleichheit in Gestalt einer Prozesskostenhilfe grundlegende Veränderungen erfahren. Bereits zur Zeit der KO war die Anwendung der Vorschriften der Prozesskostenhilfe gemäß §§ 114 ff. ZPO i.V.m. § 72 KO im Rahmen der Antragstellung durch den Gemeinschuldner heftig umstritten.[236] Mit verschiedenen Begründungsansätzen wurde ihm die Gewährung von Prozesskostenhilfe verweigert. Einerseits fehlte ihm die verfahrensmäßige Einbindung in das Konkursverfahren, sodass ihm ein entsprechender Leistungsanspruch nicht zustand. Andererseits lag der Verweigerung die Betrachtung zugrunde, dass die erforderlichen Erfolgsaussichten fehlten, da ein Gemeinschuldner im Konkurs immer verloren hätte.[237] Auch unter Geltung der am 1.1.1999 in Kraft getretenen InsO konnte eine einheitliche

---

233 BVerfG, Beschl. v. 12.2.1992 – 1 BvL 1/89, BVerfGE 85, 337 (346); Beschl. v. 3.1.2007 – 1 BvR 737/04, NJW 2007, 2032 (2033).

234 BVerfG, Beschl. v. 26.4.1988 – 1 BvL 84/86, BVerfGE 78, 104 (117 f.); Beschl. v. 13.3.1990 – 2 BvR 94/88, 2 BvR 802/88, 2 BvR 887/88, 2 BvR 997/88, 2 BvR 1094/88, 2 BvR 1158/88, 2 BvR 1247/88, 2 BvR 1274/88, 2 BvR 1439/88, 2 BvR 1513/88, BVerfGE 81, 347 (356); Beschl. v. 12.2.1992 – 1 BvL 1/89, BVerfGE 85, 337 (342, 346).

235 BVerfG, Beschl. v. 19.2.2008 – 1 BvR 1807/07, NJW 2008, 1060; Beschl. v. 14.10.2008 – 1 BvR 2310/06, BVerfGE 122, 39 (49).

236 Der Streit betrifft die Kosten des Verfahrens i.S.d. § 54 InsO, vgl. *Schmidt*, in: Schmidt, Privatinsolvenz, § 8 Rn. 6.

237 *Smid*, NJW 1994, 2678.

Rechtsprechungslinie nicht hergestellt werden. Weite Teile der Rechtspraxis verweigerten Bewilligungsanträge, da eine Insolvenzkostenhilfe institutionell keine Anwendung gefunden hätte.[238] Andere Gerichte gaben entsprechenden Anträgen statt.[239] Die uneinheitliche Rechtsprechung bei vergleichbaren Sachverhalten verursachte aus Sicht des Gesetzgebers eine für den Rechtsschutzsuchenden nicht hinnehmbare Rechtsunsicherheit und -ungleichheit. Diese Rechtszersplitterung erforderte daher die Herstellung einer Rechtseinheit im Bundesgebiet.[240]

c) *Verfahrenskostenstundung*

Zur Beendigung des Streites wurde das Gesetz zur Änderung der InsO und anderer Gesetze vom 26.10.2001[241] eingeführt, welches für ab dem 1.12.2001 eröffnete Insolvenzverfahren anwendbar ist.[242] Dabei hat sich der Gesetzgeber aus Sorge vor einer Aufzehrung der Justizhaushalte der Länder bewusst gegen eine Insolvenzkostenhilfe nach dem Vorbild der §§ 114 ff. ZPO entschieden und ist einem Vorschlag einer von der 70. Justizministerkonferenz eingesetzten Bund-Länder-Arbeitsgruppe gefolgt, welche eine Stundungsregelung der Verfahrenskosten befürwortet hat.[243] Diese Vorschriften wurden mit den §§ 4a–d InsO eingeführt. Bei der Einführung dieses Regelungskonzepts hat der Gesetzgeber das Bedürfnis vermögensloser und überschuldeter Personen, Zugang zum Insolvenzverfahren und die Möglichkeit eines wirtschaftlichen Neubeginns zu erhalten, bewusst in den Blick genommen und in seine Abwägung einbezogen.[244] Insoweit ermöglichen diese Vorschriften geradezu den Zugang zum Insolvenzverfahren und dienen demgemäß der Effektivierung des Anspruchs auf wirkungsvollen Rechtsschutz. Für einige weitere Teile des Insolvenzverfahrens sind die Vorschriften der ZPO über die Prozesskostenhilfe gemäß den §§ 114 ff. ZPO

---

238 AG Köln, Beschl. v. 14.1.1999 – 73 IK 2/99, NZI 1999, 120 (122); LG Lüneburg, Beschl. v. 17.2.1999 – 3 T 11/99, NZI 1999, 203; LG Baden-Baden, Beschl. V. 29.4.1999 – 1 T 13/99, NZI 1999, 234; LG Berlin, Beschl. v. 26.5.1999 – 86 T 40/99, NZI 1999, 371 (371 f.).

239 AG München, Beschl. v. 7.12.1998 – 152 AR 220/98, NZI 1999, 31 (32); LG Göttingen, Beschl. v. 10.3.1999 – 10 T 16/99, NZI 1999, 204 (204 f.); LG Mühlhausen, Beschl. v. 7.9.1999 – 2 T 124/99, NZI 2000, 37.

240 BT-Drs. 14/5680, S. 11.

241 BGBl. I, S. 2710.

242 BGH, Beschl. v. 23.7.2004 – IX ZA 9/04, NZI 2004, 635; *Ganter/Buns*, in: MüKo, InsO, § 4a Rn. 5.

243 BT-Drs. 14/5680, S. 12.

244 BT-Drs. 14/5680, S. 11.

über die Verweisnorm des § 4 InsO weiterhin anwendbar. Dies betrifft mitunter Rechtsbehelfsverfahren.[245] Auch steht den Gläubigern im Gegensatz zum Insolvenzschuldner die Möglichkeit der Bewilligung von Insolvenzkostenhilfe für die Insolvenzantragstellung zu.[246]

2. Formvorschriften

a) *Verschiedene Schutzrichtungen*

Der Gesetzgeber ist ferner befugt, Beschränkungen der Rechtsschutzgewährung im Wege von Formvorschriften zu erlassen.[247] Dabei kann die Aufstellung verpflichtender Formvorschriften im Dienste verschiedenster Zwecke stehen. So sieht die Vorschrift des § 253 ZPO im Rahmen des allgemeinen Zivilprozessrechts für die Klageerhebung vor den Landgerichten die Zustellung eines Schriftsatzes vor. Den weitergehenden Inhalt dieses Schriftsatzes bestimmen die Absätze 2 bis 5 des § 253 ZPO. Auch nach erstmaligem Zugang zu den Gerichten setzen § 519 Abs. 1 ZPO für die Berufungseinlegung, § 569 Abs. 2 ZPO für die Einlegung der sofortigen Beschwerde sowie die §§ 544 Abs. 3, 549 Abs. 1 ZPO für Einlegung von Nichtzulassungsbeschwerde und Revision die Einreichung eines Schriftsatzes voraus. Eine mündliche oder gar telefonische Einlegung zu Protokoll der Geschäftsstelle genügt mit Ausnahme der sofortigen Beschwerde unter den Voraussetzungen des § 569 Abs. 3 ZPO in keinem der Fälle.[248] Aber auch in Verfahren, in denen Erklärungen vor den Geschäftsstellen zu Protokoll abgegeben

---

245 BGH, Beschl. v. 4.7.2002 – IX ZB 221/02, NZI 2002, 574 (575); *Sternal*, in: Kayser/Thole, InsO, § 4a Rn. 3, 17.

246 BGH, Beschl. v. 8.7.2004 – IX ZB 565/02, NJW 2004, 3260; LG Hamburg, Beschl. v. 16.5.2011 – 326 T 71/11, ZInsO 2011, 1256; *Pape*, in: Uhlenbruck, InsO, § 4 Rn. 18; *Ganter/Bruns*, in: MüKo, InsO, § 4 Rn. 23.

247 *Uhle*, in: HGR Bd. V, § 129 Rn. 32.

248 BGH, Beschl. v. 12.3.2009 – NJW-RR 2009, 852 (852 f.). Für die Berufungseinlegung, vgl. *Rimmelspacher*, in: MüKo, ZPO, § 519 Rn. 8; *Wulf*, in: BeckOK, ZPO, § 519 Rn. 5 f.; für die Revisionseinlegung, vgl. *Krüger*, in: MüKo, ZPO, § 549 Rn. 2 f.; für die Einlegung der Nichtzulassungsbeschwerde, vgl. *Krüger*, in: MüKo, ZPO, § 544 Rn. 9. Da die erfolgreiche Einlegung der Nichtzulassungsbeschwerde gemäß § 544 Abs. 8 S. 2 ZPO die Einlegung der Revision fingiert und diese wiederum nur von einem bei dem BGH zugelassenen Rechtsanwalt wirksam eingelegt werden kann, kann sie entgegen der allgemeinen Vorschrift des § 569 Abs. 3 ZPO nicht zu Protokoll der Geschäftsstelle erklärt werden, vgl. ebenfalls *Krüger*, in: MüKo, ZPO, § 544 Rn. 9.

werden können,[249] wird zum Zwecke der Rechtssicherheit und -klarheit sowie einem Übereilungsschutz des Erklärenden seine persönliche Anwesenheit verlangt.[250] Diese Einschränkungen gelten für sämtliche Gerichtsbarkeiten.[251]

Die Statuierung von Formerfordernissen beim erstmaligen Zugang zu den Gerichten – so im Rahmen des § 253 ZPO – dient dem öffentlichen Interesse an Rechtssicherheit und Rechtsklarheit, da der Rechtsschutzsuchende sein Begehren in rechtlicher und tatsächlicher, sowie in subjektiver und objektiver Hinsicht festlegt.[252] Das Gericht wird in die Lage versetzt, den Rechtsstreit sachgerecht durchzuführen. Der Rechtsstreit erfährt durch die Festlegung seines Streitgegenstandes durch den Rechtsschutzsuchenden seine Identität. Die Förmlichkeit seiner Prozesshandlung dient ferner dem Gebot der Rechtssicherheit, da die erfolgte Klageerhebung die Rechtshängigkeit mit all ihren prozessualen und materiell-rechtlichen Folgen gemäß den §§ 261 f. ZPO auslöst.[253] Im Rechtsmittelzug tritt der Aspekt der Rechtssicherheit in den Vordergrund, da die Einlegung von Rechtsmitteln gemäß § 705 S. 2 ZPO den Eintritt der formellen Rechtskraft hemmt.[254] Ferner wird dem Rechtsschutzgegner im kontradiktorischen Verfahren eine Möglichkeit auf gerechte und effektive Rechtsverteidigung ermöglicht,[255] denn auch dessen Anspruch auf wirksamen Rechtsschutz ist bei der Aufstellung von formellen Zugangsbeschränkungen zu berücksichtigen.

b) Formvorschriften im Insolvenzeröffnungsverfahren

Auch für die Stellung des Antrags auf Eröffnung des Insolvenzverfahrens als rechtsschutzeinleitende Prozesshandlung sehen die §§ 13, 305 Abs. 1 InsO die Schriftform vor, welche eine Antragstellung mittels Erklärung zu Protokoll der Geschäftsstellen der Insolvenzgerichte ausschließt.[256] Der Schutzzweck dieser Formvorschriften im Insolvenzeröffnungsverfahren ist jedoch ein anderer.

---

249 Vgl. alleine die Möglichkeit in Verfahren des ersten Rechtszuges vor den Amtsgerichten gemäß § 496 ZPO sowie im Verfahren des einstweiligen Rechtsschutzes gemäß den §§ 920 Abs. 3, 936 ZPO.

250 BGH, Beschl. v. 12.3.2009 – NJW-RR 2009, 852 (852 f.).

251 BVerwG, Urt. v. 22.11.1963 – BVerwG IV C 76/63, NJW 1964, 831 (832); Beschl. v. 18.3.1991 – 1 DB 1/91, NVwZ 1992, 171; BGH, Beschl. v. 26.3.1981 – 1 StR 206/80, NJW 1981, 1627; BFH, Urt. v. 10.7.1964 – III 120/61 U, NJW 1965, 174 (176).

252 *Becker-Eberhard*, in: MüKo, ZPO, § 253 Rn. 4.

253 *Becker-Eberhard*, in: MüKo, ZPO, § 253 Rn. 4 f.

254 *Ball*, in: Musielak/Voit, ZPO, § 519 Rn. 1; *Rimmelspacher*, in: MüKo, ZPO, § 519 Rn. 1.

255 *Becker-Eberhard*, in: MüKo, ZPO, § 253 Rn. 3.

256 *Keller*, Insolvenzrecht, Rn. 523; *Wolfer*, in: BeckOK, InsO, § 13 Rn. 2.

aa) Eigenantragstellung

(1) Ausgangssituation

Während hinter den allgemeinen Vorschriften der §§ 253, 261 ZPO für den Fall der Erhebung einer allgemeinen Leistungsklage das regelmäßige Begehren des Rechtsschutzsuchenden steht, gegen seinen Rechtsschutzgegner einen staatlichen Vollstreckungstitel zu erlangen,[257] liegt die Interessenslage im Insolvenzverfahren bei der Eigenantragstellung für gewöhnlich anders. Denn das Insolvenzverfahren verschafft dem antragstellenden Insolvenzschuldner keinen Vollstreckungstitel gegen einen bestimmten Rechtsschutzgegner. Der Insolvenzschuldner begehrt also nicht staatlichen Rechtsschutz als Ausgleich zum Verzicht auf eine eigenmächtige Forderungsdurchsetzung. Anders ausgedrückt wird er nicht als Gläubiger, sondern eben als (Insolvenz-)Schuldner tätig. Er erklärt durch seinen Eigenantrag die Bereitschaft, seinen Gläubigern das übrige Vermögen zur gemeinschaftlichen Befriedigung zur Verfügung stellen zu wollen.[258]

Um die Schuldner zu einer solchen Bereitschaft zu bewegen, bestehen beispielsweise für juristische Personen gemäß § 15a InsO Antragspflichten. Bei schuldhafter Verletzung der Antragspflichten drohen gemäß § 15a Abs. 4 InsO Geldstrafen bis hin zu Freiheitsstrafen von drei Jahren. In den weiteren Fällen, in denen der Insolvenzschuldner eine natürliche Person ist, wird er durch die Möglichkeit der Erlangung einer Restschuldbefreiung zur Eigenantragstellung motiviert. Denn die Restschuldbefreiung als Meilenstein des wirtschaftlichen Neubeginns[259] setzt zwingend einen Eigenantrag durch den Schuldner voraus.[260]

(2) Verfahrensgang

Auch ist der Verfahrensgang bei Gericht nach Eingang des Rechtsschutzgesuches ein anderer. Denn der Eigenantrag des Insolvenzschuldners wird im Vergleich zur Klageschrift nach der allgemeinen Vorschrift des § 253 ZPO nicht unmittelbar nach Eingang bei Insolvenzgericht an sämtliche Rechtsschutzgegner, mithin die im nach § 13 Abs. 1 S. 2 InsO angefertigten Verzeichnis aufgeführten Gläubiger, zugestellt. Das weitere Vorgehen im Rahmen des Insolvenzeröffnungsverfahrens

---

257 *Becker-Eberhard*, in: MüKo, ZPO, § 253 Rn. 3.

258 *Ganter*, NZI 2005, 241 (249); *Sternal*, in: Uhlenbruck, InsO, § 287 Rn. 11.

259 *Ludwig*, in: Braun, InsO, § 1 Rn. 10.

260 BGH, Beschl. v. 25.9.2003 – IX ZB 24/03, NZI 2004, 511 (511 f.); Beschl. v. 17.2.2005 – IX ZB 176/03, NZI 2005, 271 (272).

untersteht weitgehend dem Ermessen des Insolvenzgerichts.[261] Dessen Handlungsrahmen wird maßgeblich durch die vorläufigen Maßnahmen gemäß den §§ 21 ff. InsO bestimmt. Diese Vorschriften normieren unterschiedliche Maßnahmen, wobei eine frühzeitige Gläubigerbeteiligung nur in bestimmten Fällen erfolgt und nur Teile der Gläubiger betrifft.[262] Verpflichtend ist eine Beteiligung der Gläubiger – und auch hier regelmäßig nur der Insolvenzgläubiger mit nicht nachrangigen Forderungen gemäß § 38 InsO[263] – erstmalig mit Erlass des Eröffnungsbeschlusses gemäß §§ 27, 28 InsO. Sie werden gemäß § 28 Abs. 1 InsO im Eröffnungsbeschluss aufgefordert, ihre Forderungen bei dem Insolvenzverwalter anzumelden. Trotz der durch den Insolvenzschuldner bei Antragstellung erfolgten Mitteilung über seine Vermögensverhältnisse und die ihm bekannten Gläubiger fällt es gemäß § 152 InsO letztlich in den Zuständigkeitsbereich des (vorläufigen) Insolvenzverwalters, ein möglichst vollständiges Gläubigerverzeichnis anzufertigen.[264] Hierfür hat er eigene Ermittlungen anzustellen. Im Idealfall stehen ihm der Insolvenzschuldner und dessen Mitarbeiter zur Verfügung.[265] Eine Verpflichtung des Insolvenzverwalters, den identifizierten Insolvenzgläubigern den rechtsschutzeinleitenden Insolvenzantrag des Schuldners zu übermitteln, besteht hingegen nicht.

Insoweit steht die Formalisierung der Insolvenzantragstellung gemäß den §§ 13, 305 Abs. 1 InsO im Rahmen der Antragstellung durch den Insolvenzschuldner nicht im Dienste einer effektiven Rechtsverteidigung der Gläubiger. Der in § 13 Abs. 1 InsO enthaltene Zusatz der schriftlichen Antragstellung erfolgte erst mit dem zum 1.7.2007 in Kraft getretenen Gesetz zur Vereinfachung des Insolvenzverfahrens.[266] Gemäß der bis zu diesem Zeitpunkt gültigen Gesetzeslage war es zulässig, Insolvenzanträge auch zu Protokoll der Geschäftsstellen der Insolvenzgerichte zu erklären. Dieser Zustand verursachte für die Geschäftsstellen einen erheblichen Arbeitsaufwand, sodass Kapazitäten für andere Angelegenheiten verkürzt wurden. Demgemäß stand aus gesetzgeberischer Sicht die

---

261 BGH, Beschl. v. 1.12.2005 – IX ZB 208/05, NZI 2006, 122 (123); *Laroche*, in: Kayser/Thole, InsO, § 21 Rn. 9.

262 So beispielsweise die Gläubigerbeteiligung durch Einsetzung eines Gläubigerausschusses, welche bei Vorliegen der Voraussetzungen des § 22a InsO für das Insolvenzgericht verpflichtend ist, vgl. *Haarmeyer/Schildt*, in: MüKo, InsO, § 21 Rn. 47a, § 22a Rn. 18; *Neumaier/Hänel*, in: Beck'sches Rechtsanwalts-Handbuch, § 46 Rn. 36.

263 *Busch*, in: MüKo, InsO, §§ 27–29 Rn. 47.

264 *Vuia*, in: MüKo, InsO, § 13 Rn. 105.

265 *Holzer*, in: Beck/Depré/Ampferl, § 9 Rn. 34.

266 BGBl. I, S. 509.

Funktionsfähigkeit der Justiz in Gefahr. Zur Beseitigung der Gefahren und zur Entlastung der Justiz wurde das Schriftformgebot für die Insolvenzantragstellung eingeführt.[267]

bb) Fremdantragstellung

(1) Ausgangssituation

Auch im Rahmen von durch Gläubiger gestellten Insolvenzanträgen gilt im Rahmen der §§ 13 Abs. 1, 306 Abs. 3 InsO das Schriftformgebot.[268] Zuzugestehen ist, dass der Fall der Fremdantragstellung eine strukturelle Nähe zu kontradiktorischen Rechtsschutzgesuchen nach allgemeinem Zivilprozessrecht aufweist. Denn im Insolvenzeröffnungsverfahren stehen sich Gläubiger und Insolvenzschuldner wie in einem Parteirechtsstreit kontradiktorisch gegenüber.[269] Der Gläubiger begehrt die Befriedigung seiner Forderung durch Inanspruchnahme der staatlichen Institutionen und zwar unter Verzicht auf ein etwaiges Selbsthilferecht. Nach Eingang seines Antrags wird dem Schuldner als Rechtsschutzgegner die Möglichkeit der Rechtsverteidigung gewährt, indem das Insolvenzgericht ihn anzuhören hat, § 14 Abs. 2 InsO.

(2) Verfahrensgang

Trotz dieser Überschneidungen bestehen erhebliche Unterschiede der Insolvenzantragstellung durch den Gläubiger und dem Fall der Eingabe eines kontradiktorischen Rechtsschutzgesuchs nach allgemeinem Zivilprozessrecht. Die Anhörung des Schuldners ist im Gegensatz zur förmlichen Zustellung nach den allgemeinen Vorschriften der §§ 253, 261, 166 ff. ZPO nämlich nicht zwingend.[270] Ihre Durchführung unterliegt richterlichem Ermessen und kann in den

267 BR-Drs. 549/06, S. 25.

268 *Neumaier/Hänel*, in: Beck'sches Rechtsanwalts-Handbuch, § 46 Rn. 110; *Vuia*, in: MüKo, InsO, § 306 Rn. 20.

269 BGH, Urt. v. 11.7.1961 – VI ZR 208/60, NJW 1961, 2016; Urt. v. 20.11.2001 – IX ZR 48/01, NJW 2002, 515 (516); *Sternal*, in: Kayser/Thole, InsO, § 14 Rn. 48.

270 Gleichwohl entspricht es der gerichtlichen Praxis, um zur Vermeidung von Anhörungsrügen die Gewährung rechtlichen Gehörs nachzuweisen, vgl. *Wegener*, in: Uhlenbruck, InsO, § 14 Rn. 153; a.A. *Mönning*, in: Nerlich/Römermann, InsO, § 14 Rn. 96, der aus § 14 Abs. 2 InsO eine Anhörungspflicht des Insolvenzgerichts herleitet. So auch *Vuia*, in: MüKo, InsO, § 14 Rn. 122, § 16 Rn. 14, der nur die inquisitorische Vernehmung des Schuldners dem Ermessen des Insolvenzgerichts unterstellt.

Fällen des § 10 InsO sogar unterlassen werden.[271] Demgemäß ist das Insolvenzgericht erst recht nicht verpflichtet, dem Schuldner zum Zwecke der Effektivierung seiner Rechtsverteidigung den Insolvenzantrag des Gläubigers förmlich zuzustellen.[272]

Ferner werden im Insolvenzverfahren bestimmte Aufgaben des Insolvenzschuldners, die in den Bereich seiner eigenen Rechtsverteidigung fallen, auf andere Organe des Insolvenzverfahrens übertragen.[273] So erfolgt die Gewährung rechtlichen Gehörs zugunsten des Schuldners nicht unmittelbar nach Eingang des Insolvenzantrags bei Insolvenzgericht. Vielmehr überprüft das Insolvenzgericht selbst teilweise und vorläufig die Erfolgsaussichten des Gläubigerantrags (sogenannte „Zulassung").[274] Erst nach positiver Feststellung der Zulässigkeitsvoraussetzungen erhält der Schuldner erstmalig die Gelegenheit, sich zu dem anhängigen Insolvenzeröffnungsverfahren zu äußern.[275] Auch nach vorläufiger Zulassung des Insolvenzantrags unterscheidet sich der Verfahrensgang von demjenigen im Rahmen des allgemeinen Zivilprozessrechts. Der Insolvenzschuldner ist nämlich nicht ausschließlich selbst für den (Miss-)Erfolg des Insolvenzantrags verantwortlich. Das Insolvenzgericht bestellt gemäß § 22 Abs. 1 S. 2 Nr. 3 InsO regelmäßig einen vorläufigen Insolvenzverwalter und beauftragt ihn mit der Erstellung eines Gutachtens, im Rahmen dessen die Begründetheit des Insolvenzantrags und das Vorhandensein ausreichender Insolvenzmasse, mithin die Erfolgsaussichten, aus sachverständiger Sicht geprüft werden.[276]

Es ist zu verzeichnen, dass das Insolvenzeröffnungsverfahren infolge der Antragstellung durch einen Gläubiger als kontradiktorisches Verfahren durchgeführt wird und insoweit strukturelle Nähen zum streitigen Parteiverfahren

---

271 BGH, Beschl. v. 13.6.2006 – IX ZB 212/05 Rn. 3; *Wegener*, in: Uhlenbruck, InsO, § 14 Rn. 153.

272 BGH, Beschl. v. 13.6.2006 – IX ZB 212/05 Rn. 3; *Wegener*, in: Uhlenbruck, InsO, § 14 Rn. 153; a.A. *Vuia*, in: MüKo, InsO, § 14 Rn. 132; *Wolfer*, in: BeckOK, InsO, § 14 Rn. 21.

273 Zur Rolle des Insolvenzgerichts, vgl. *Heilmaier*, in: Beck/Depré/Ampferl, § 4 Rn. 3 ff.; zur Rolle bereits des Konkursgerichts und Konkursverwalters, die bei der Durchführung des Konkursverfahrens schuldnerische Interessen und Rechte zu wahren hatten, vgl. *Smid*, ZIP 1995, 1137 (1142).

274 *Wegener*, in: Uhlenbruck, InsO, § 14 Rn. 142. Gegen die Terminologie der „Zulassung", vgl. *Vuia*, in: MüKo, InsO, § 14 Rn. 2.

275 *Vuia*, in: MüKo, InsO, § 14 Rn. 8.

276 *Haarmeyer/Schildt*, in: MüKo, InsO, § 22 Rn. 35; *Blankenburg*, in: Kübler/Prütting/Bork/Jacoby, InsO, § 22 Rn. 329 ff.

nach allgemeinem Zivilprozessrecht aufweist. Dennoch ist im Rahmen des Insolvenzeröffnungsverfahrens das Schicksal der Rechtsverteidigung des Insolvenzschuldners zu erheblichen Teilen auf andere Beteiligte des Insolvenzverfahrens übertragen. Insoweit steht durch die Aufstellung von Formvorschriften gemäß § 13 Abs. 1 InsO auch hier nicht die Effektivierung seiner Rechtsverteidigung im Vordergrund. Insoweit verfolgt der Gesetzgeber ebenfalls öffentliche Belange, nämlich die Funktionsfähigkeit der Justiz[277] und einen geordneten Gang des Insolvenzverfahrens. Da nämlich sämtliche Gläubiger antragsberechtigt sind, bestünde im Falle der Abgabe der Anträge zu Protokoll der Geschäftsstellen die Möglichkeit eines regelrechten Andrangs diverser Gläubiger desselben Schuldners. In diesem Fall wären die Insolvenzgerichte stets zur vollständigen Protokollierung der teilweise umfangreichen Antragstellungsunterlagen verpflichtet. Eine Zurückweisung eines Antrags im Hinblick auf die Anhängigkeit eines anderen Insolvenzantrags ist im Zeitpunkt der Antragstellung nämlich nicht möglich.[278] Jeder Insolvenzantrag löst grundsätzlich ein rechtlich selbstständiges Insolvenzeröffnungsverfahren aus. Die InsO sieht die Existenz mehrerer Parallelanträge vor.[279] Erst im Falle der Eröffnung des Insolvenzverfahrens auf der Grundlage einer der Insolvenzanträge besteht die Möglichkeit der Zurückweisung der anderen Anträge, welche sich auf dasselbe Schuldnervermögen beziehen.[280] Zur Vermeidung der Einspannung der justiziellen Kapazitäten für absehbar erfolglos werdende Insolvenzanträge wird den Gläubigern daher aufgegeben, ihre Rechtsschutzgesuche selbstständig in Schriftform bei den Gerichten einzureichen.

3. Anwaltszwang

a) In Verfahren nach der ZPO

Mitunter steht die gerichtliche Rechtsschutzgewährung unter der einschränkenden formellen Voraussetzung des Anwaltszwangs. Hierunter versteht man die Notwendigkeit, dass sich Parteien eines Verfahrens durch einen Rechtsanwalt vertreten lassen.[281] Daher spricht man in diesen Fällen von

277 BVerfG, Beschl. v. 9.10.2002 – 1 BvR 1611/96, 1 BvR 805/98, BVerfGE 106, 28 (49).

278 *Pape*, in: Uhlenbruck, InsO, § 4 Rn. 37; *Pape*, in: Kübler/Prütting/Bork/Jacoby, InsO, § 13 Rn. 150; *Holzer*, NZI 2007, 432 (434 f.).

279 OLG Hamm, Beschl. v. 27.4.1973 – 23 W 84/73, OLGZ 1973, 494 (495); OLG Köln, Beschl. v. 28.3.2001 – 2 W 39/01, NZI 2001, 318; *Vuia*, in: Gottwald/Haas, § 12 Rn. 10.

280 *Vuia*, in: Gottwald/Haas, § 12 Rn. 12.

281 *Althammer*, in: Zöller, ZPO, § 78 Rn. 4.

„Anwaltsprozessen".[282] Der Gesetzgeber hat in den verschiedenen Rechtsordnungen den Anwaltszwang eingeführt. Für Streitigkeiten vor den Zivilgerichten besteht gemäß § 78 Abs. 1 ZPO vor den Landgerichten, den Oberlandesgerichten und dem BGH unter den zusätzlichen Voraussetzungen des § 78 Abs. 1 S. 3 ZPO Anwaltszwang.[283]

Die Besonderheit von Anwaltsprozessen liegt in erster Linie darin, dass die Parteien selbst nicht postulationsfähig sind, d.h. nicht fähig sind, in eigener Person rechtswirksam prozessual zu handeln.[284] Da die Postulationsfähigkeit Wirksamkeitsvoraussetzung einer jeden Prozesshandlung ist, hat ihr Fehlen erhebliche Auswirkungen. Das nichtanwaltliche Erscheinen und Verhandeln der Partei führt gemäß § 333 ZPO in Anwaltsprozessen im Rahmen des § 78 ZPO zur Fiktion des Nichtverhandelns, welches dem Nichterscheinen in rechtlicher Hinsicht gleichsteht.[285] Folglich unterliegt diese Partei bei Vorliegen der weiteren Voraussetzungen für den Erlass eines Versäumnisurteils im gesamten Rechtsstreit.[286]

Die Vorschriften über den Anwaltszwang sind verfassungsgemäß.[287] Der vom Gesetzgeber intendierte Zweck ist nämlich nicht zu beanstanden. Die Aufstellung eines Anwaltszwangs dient sowohl dem privaten Interesse des Einzelnen als auch dem öffentlichen Interesse des Staates am geordneten Gang der Rechtspflege und damit der verfassungsmäßigen Ordnung.[288]

---

282 In Abgrenzung zum Anwaltsprozess spricht man in Fällen des nicht gesetzlich angeordneten Anwaltszwangs vom „Parteienprozess", vgl. *Toussaint*, in: MüKo, ZPO, § 78 Rn. 1.

283 Auch andere Verfahrensordnungen enthalten Vorschriften über den Anwaltszwang in den dort genannten Fällen, vgl. nicht abschließend die §§ 67 Abs. 4 VwGO, 73 Abs. 4 SGG, 62 Abs. 4 FGO, 114 Abs. 1, 2 FamFG.

284 *Zuck*, JZ 1993, 500 (501); *Althammer*, in: Zöller, ZPO, Vorb. zu §§ 50–58, Rn. 14.

285 *Prütting*, in: MüKo, ZPO, § 333 Rn. 5; *Toussaint*, in: BeckOK, ZPO, § 333 ZPO Rn. 7. Die Norm des § 333 ZPO findet im Rahmen des Insolvenzverfahrens nicht – auch nicht über § 4 InsO – Anwendung, vgl. *Prütting*, in: Kübler/Prütting/Bork/Jacoby, InsO, § 4 Rn. 17.

286 BGH, Beschl. v. 11.7.2018 – XI ZB 17/18, BeckRS 2018, 18964.

287 BVerwG, Beschl. v. 30.1.1980 – 7 B 1/80, NJW 1980, 1706; BVerfG, Beschl. v. 3.12.1986 – 1 BvR 872/82, BVerfGE 73, 78 (93); Beschl. v. 27.1.1992 – 2 BvR 1373/91, DtZ 1992, 183 (184); Beschl. v. 12.5.1993 – 1 BvR 582/93, NJW 1993, 3192; *Papier*, in: HStR Bd. VIII, § 177 Rn. 66; *Weth*, in: Musielak/Voit, ZPO, § 78 Rn. 2.

288 BGH, Beschl. v. 8.10.1986 – IV ZB 85/86, FamRZ 1987, 57 (58); Beschl. v. 28.2.2013 – IX ZR 220/12, BeckRS 2013, 5051 Rn. 2; Beschl. v. 12.11.2014 – IX ZB 61/14, BeckRS 23348 Rn. 2; *Stackmann*, JuS 2008, 509.

Den Parteien wird ein rechtskundiger Beteiligter zur Seite gestellt. Insoweit werden durch den Anwaltszwang Warn- und Beratungsfunktionen zugunsten der Parteien verfolgt.[289] Indem im kontradiktorischen Verfahren sämtlichen Parteien der Anwaltszwang auferlegt wird, wird hierdurch eine prozessuale Chancengleichheit hergestellt.[290] Ferner wird durch die Hinzuziehung von Rechtsanwälten erfahrungsgemäß eine sachlich konzentrierte und objektive Durchführung des Verfahrens ermöglicht, sodass der Effektivität des Rechtsschutzes gedient ist.[291] Auch öffentlichen Interessen wird durch den Anwaltszwang gedient. Denn die Kapazitäten des Justizapparates werden nicht über Gebühr eingespannt, indem erkennbar aussichtslose Rechtsschutzgesuche ausgefiltert werden können.[292]

b) Im Insolvenzeröffnungsverfahren

Der Gesetzgeber der InsO hat sich gegen die Anordnung eines Anwaltszwangs entschieden.[293] Zwar besteht auch im Insolvenzverfahren und insbesondere im Insolvenzeröffnungsverfahren ein öffentliches Interesse am geordneten Verfahrensgang.[294] Allerdings wird dem Bedürfnis eines geordneten Verfahrensgangs in geeigneten Fällen im Wesentlichen durch die Bestellung eines vorläufigen Insolvenzverwalters gedient. Dieser bzw. der spätere Insolvenzverwalter ist die Zentralfigur des gesamten Insolvenzverfahrens.[295] Seine Tätigkeit erfolgt gemäß den §§ 56, 58 InsO im Auftrag und unter der Aufsicht des Insolvenzgerichts.[296] Er ist gegenüber dem Insolvenzgericht auskunftspflichtig und erfüllt diese Pflicht vornehmlich durch die Übersendung von Stellungnahmen und Berichten.[297] Durch seine erste Stellungnahme in Gestalt des nach § 22 Abs. 1 S. 2 Nr. 3 InsO angefertigten Gutachtens können bereits Feststellungen über das Vorliegen eines

---

289 BGH, Urt. v. 18.12.2008 – IX ZR 179/07, NJW 2009, 987 (988); Beschl. v. 13.6.2012 – XII ZB 592/11, NJW-RR 2012, 1025 (1026); Beschl. v. 26.4.2017 – XII ZB 3/16, NJW 2017, 2123 (2125).

290 *Zuck*, JZ 1993, 500 (507); *Althammer*, in: Zöller, ZPO, § 78 Rn. 5.

291 *Stern/Sachs/Dietlein*, in: Stern, Staatsrecht, § 123 V. 3. b).

292 BGH, Beschl. v. 11.5.2005 – XII ZB 242/03, NJW-RR 2005, 1237 (1237 f.); *Toussaint*, in: MüKo, ZPO, § 78 Rn. 2.

293 *Vuia*, in: MüKo, InsO, § 13 Rn. 83; *Fanselow/Kreplin*, in: Beck'sches Mandatshandbuch, Arbeitsrecht in der Insolvenz, § 2 Rn. 47.

294 Teil 2 II. 2. b) bb).

295 *Beck/Wimmer*, in: Beck/Depré/Ampferl, § 5 Rn. 22 ff.

296 *Smid*, ZIP 1995, 1137 (1142).

297 *Graeber*, in: MüKo, InsO, § 56 Rn. 26.

Insolvenzeröffnungsgrundes gemäß den §§ 17 ff. InsO getroffen und demgemäß die Erfolgsaussichten des Insolvenzantrags geprüft werden. Auch nimmt der Insolvenzverwalter gemeinsam mit dem Insolvenzgericht Fürsorgepflichten gegenüber Insolvenzschuldner und Gläubiger wahr,[298] sodass es im Ergebnis der Anordnung eines zusätzlichen Anwaltszwangs im Insolvenzverfahren grundsätzlich nicht bedarf. Die in der Praxis mitunter anzutreffende Konstellation, dass der Insolvenzschuldner oder Gläubiger sich im Insolvenzverfahren durch Rechtsanwälte als Verfahrensbevollmächtigte vertreten lassen, ist somit nicht das Ergebnis eines gesetzlichen Anwaltszwangs.

4. Vorgerichtliches (Schlichtungs-)Verfahren

a) Im Verwaltungsverfahren

Die Erlangung gerichtlichen Rechtsschutzes darf ferner von einer vorangegangenen außergerichtlichen Streitschlichtung oder sonstigen Abhilfe abhängig gemacht werden. Im Rahmen des von Art. 19 Abs. 4 GG erfassten besonderen Justizgewährungsanspruchs gegen die öffentliche Gewalt betrifft dies die Vorschaltung des behördlichen Vorverfahrens gemäß den §§ 68 ff. VwGO. Ein solches Vorverfahren ist zum Zwecke der Entlastung der Gerichte, der Selbstkontrolle der Behörden[299] sowie der Intensivierung des Rechtsschutzes des Grundrechtsträgers verfassungsrechtlich nicht zu beanstanden.[300]

b) Im Strafverfahren

Auch das Strafprozessrecht sieht im Rahmen der Privatklage gemäß den §§ 374 ff. StPO für bestimmte Privatklagedelikte im Bagatellbereich gemäß § 380 StPO die Durchführung eines vorgerichtlichen Sühneverfahrens vor, welches auf eine vorgerichtliche Streitbeilegung mittels Abschlusses eines (Sühne-)

---

298 *Smid*, ZIP 1995, 1137 (1142).

299 BVerfG, Beschl. v. 9.5.1973 – 2 BvL 43/71, 2 BvL 44/71, BVerfGE 35, 65 (72 f.); Beschl. v. 28.10.1975 – 2 BvR 883/73, 2 BvR 379/84, 2 BvR 497/74, 2 BvR 526/74, BVerfGE 40, 237 (256 f.); *Schmidt-Aßmann*, in: Dürig/Herzog/Scholz, GG, Art. 19 Abs. 4 Rn. 249.

300 *Schmidt-Aßmann*, in: Dürig/Herzog/Scholz, GG, Art. 19 Abs. 4 Rn. 249; *Porsch*, in: Schoch/Schneider, VwGO, Vorbemerkung § 68 Rn. 1. Mit kritischen Anmerkungen, dass es sich bei der Rechtsschutzintensivierung um einen Reflex handele, der verfassungsrechtlich nicht zwingend sei, vgl. ebenfalls *Schmidt-Aßmann*, in: Dürig/Herzog/Scholz, GG, Art. 19 Abs. 4 Rn. 249; *Stern/Sachs/Dietlein*, in: Stern, Staatsrecht, § 123 V. 3. b).

Vergleichs i.S.d. § 779 BGB abzielt. Beteiligte des Sühneverfahrens sind Täter und Opfer der jeweiligen Straftat.[301] Die Durchführung des vorgerichtlichen Sühneverfahrens dient der Wiederherstellung von Rechtsfrieden unter Entlastung justizieller Kapazitäten.[302] Die Durchführung eines vorgerichtlichen Sühneverfahrens ist Zulässigkeitsvoraussetzung des anschließenden Privatklageverfahrens. Ohne vorherige erfolglose Durchführung des vorgerichtlichen Sühneverfahrens ist die Privatklage grundsätzlich als unzulässig zurückzuweisen.[303]

c) *In Verfahren nach der ZPO*

Im Rahmen der ordentlichen Gerichtsbarkeit hat der Bundesgesetzgeber mit dem Gesetz zur Förderung der außergerichtlichen Streitschlichtung vom 15.12.1999[304] den Ländern gemäß § 15a Abs. 1 S. 1, 2 EGZPO die Möglichkeit eröffnet, Regelungen einzuführen, gemäß denen Rechtsschutzsuchende in bestimmten Fällen vor der Klageerhebung[305] vor den Gerichten zunächst vor einer außergerichtlichen Gütestelle einen erfolglosen Versuch der Konfliktbeilegung durchzuführen haben.[306] Der Nachweis eines solchen erfolglosen Konfliktbeilegungsversuchs ist der bei Gericht einzureichenden Klageschrift anschließend beizufügen. Ohne entsprechende Erfolglosigkeitsbescheinigung ist die Klage grundsätzlich unzulässig und die Erlangung gerichtlichen Rechtsschutzes demnach ausgeschlossen.[307]

Die Einschränkung des allgemeinen Justizgewährungsanspruchs erfolgt in diesen Fällen zum Zwecke der Entlastung justizieller Kapazitäten.[308] Dies ergibt

---

301 *Daimagüler*, in: MüKo, StPO, § 380 Rn. 1.

302 *Daimagüler*, in: MüKo, StPO, § 380 Rn. 1; *Allgayer*, in: KK, StPO, § 380 Rn. 4; *Valerius*, in: BeckOK, StPO, § 380 Rn. 1.

303 LG Aachen, Beschl. v. 9.12.1960 – III Qs 712/60, NJW 1961, 524; LG Stuttgart, Beschl. v. 25.6.1963 – I Qs 515/63, NJW 1963, 1792 (1793); LG Hamburg, Beschl. v. 12.9.1972 – (39) Qs 128/71, NJW 1973, 382 (382 f.).

304 BGBl. I, S. 2400.

305 Die Vorschrift des § 15a EGZPO ist ausdrücklich nur auf Verfahren, die der ZPO unterliegen, anwendbar und betrifft nur Rechtsschutzgesuche in Form von Klagen, vgl. BT-Drs. 14/980, S. 6; *Gruber*, in: MüKo, ZPO, § 15a EGZPO Rn. 5.

306 Von dieser Möglichkeit machen derzeit die Bundesländer Bayern, Brandenburg, Hessen (befristet bis einschließlich zum 31.12.2025), Mecklenburg-Vorpommern, Niedersachsen, Nordrhein-Westphalen, Rheinland-Pfalz, Saarland, Sachsen-Anhalt und Schleswig-Holstein Gebrauch, vgl. *Gruber*, in: MüKo, ZPO, § 15a EGZPO Rn. 1.

307 *Gruber*, in: MüKo, ZPO, § 15a EGZPO Rn. 4.

308 BT-Drs. 14/980, S. 5. Mit starker Kritik zu der beabsichtigten Entlastung des Justizhaushaltes und der Effektivierung des allgemeinen Justizgewährungsanspruchs,

sich aus dem entsprechenden Gesetzesentwurf. Lösung für die Überlastung der Gerichte – und diese sei alternativlos – sei die Förderung außergerichtlicher Streitbeilegungen.[309] Aber auch im Hinblick auf die ohnehin bestehende Überlastung der Gerichte wurde mit der Förderung außergerichtlicher Streitbeilegungen der Justizgewährungsanspruch der Rechtsschutzsuchenden in den Fokus genommen. Mit der teilweisen Verlagerung der Konfliktbeilegung auf außergerichtliche Stellen würde den Rechtsschutzsuchenden nämlich eine kostengünstigere und schnellere Erreichung ihres Rechtschutzzieles ermöglicht werden. Ferner verfüge ein Schiedsverfahren über den Vorteil gegenüber einem streitigen gerichtlichen Verfahren, dass hier zusätzliche Tatsachen Berücksichtigung finden könnten, welche die Gerichte nicht miteinbezögen, da sie nicht von rechtlicher Relevanz seien. Nur auf diese komme es im streitigen Verfahren nämlich an.[310]

Dieser Auffassung hat sich das BVerfG angeschlossen.[311] Weitergehend ist es der Auffassung, dass eine einvernehmliche Lösung, wie sie im Schlichtungsverfahren zu erreichen ist, im Rechtsstaat grundsätzlich gegenüber einer richterlichen Streitentscheidung vorzugswürdig ist. Die obligatorische außergerichtliche Streitbeilegung ist auch dann nicht ausnahmsweise entbehrlich, wenn vorangegangene außergerichtliche Einigungsversuche der Parteien gescheitert sind. Denn das vom Gesetzgeber vorgesehene Verfahren zur außergerichtlichen Streitschlichtung unterscheidet sich von seiner Konzeption her von Parteiverhandlungen, da dort ein vermittelnder unbeteiligter Dritter an der Konfliktbeilegung mitwirkt. Es ist demgemäß nicht ausgeschlossen, dass die Hinzuziehung eines neutralen Dritten in Gestalt des Schlichters wesentliche Änderungen im Gang der Verhandlungen herbeiführt. Hierbei greift das BVerfG auf Erfahrungswerte aus kontradiktorischen Zivilverfahren vor den Gerichten zurück, da dort auch regelmäßig trotz vormalig gescheiterten Parteiverhandlungen Einigungen in Gestalt von Vergleichen vor dem Richter als neutralem Dritten erzielt werden.[312] Vor diesem Hintergrund ist die Einschränkung des

vgl. *Lauer*, NJW 2004, 1280 (1282); *Knodel/Winkler*, ZRP 2008, 183 (186); *Gruber*, in: MüKo, ZPO, § 15a EGZPO Rn. 3; mit differenzierenden Feststellungen, vgl. *Eidenmüller*, JZ 2015, 539 (547).

309 BT-Drs. 14/980, S. 1.

310 BT-Drs. 14/980, S. 5.

311 BVerfG, Beschl. v. 14.2.2007 – 1 BvR 1351/01, NJW-RR 2007, 1073 (1073 f.); *Gruber*, in: MüKo, ZPO, § 15a EGZPO Rn. 2; *Deckenbrock/Jordans*, MDR 2009, 1202.

312 BVerfG, Beschl. v. 14.2.2007 – 1 BvR 1351/01, NJW-RR 2007, 1073 (1075).

allgemeinen Justizgewährungsanspruchs durch die Verpflichtung zur Durchführung außergerichtlicher Streitbelegungsversuche verfassungsrechtlich nicht zu beanstanden.[313]

Neben der verpflichtenden Durchführung von außergerichtlichen Schlichtungsverfahren besteht auch Spielraum für privatautonome Vereinbarungen.[314] Namentlich zu nennen sind die in den §§ 1025 ff. ZPO vorgesehenen Schiedsverfahren, welche gemäß § 1029 Abs. 1 ZPO aus parteilichen Unterwerfungsvereinbarungen hervorgehen. Parteiliche Schiedsvereinbarungen sind grundsätzlich verfassungsrechtlich unbedenklich.[315] Solchen Vereinbarungen steht allerdings keine Rechtsschutzsperre vor den staatlichen Gerichten entgegen, denn die staatlichen Gerichte bleiben auch in Fällen rechtsgeschäftlicher Schiedsvereinbarungen zur Evidenz- und Missbrauchskontrolle verpflichtet.[316]

d) Im Insolvenzeröffnungsverfahren

Auch im Eröffnungsverfahren im Rahmen des Verbraucherinsolvenzverfahrens gemäß den §§ 304 ff. InsO bestehen grundsätzlich Verpflichtungen zur Durchführung von Schuldenbereinigungsverfahren. Vom Gesetzgeber der InsO ist die Durchführung eines zunächst außergerichtlichen und anschließend insolvenzgerichtlichen Schuldenbereinigungsverfahrens vorgesehen. Grundsätzlich erfolgt die Entscheidung über die Zulässigkeit des Insolvenzantrags erst nach der erfolglosen Durchführung beider Schuldenbereinigungsversuche.[317] Insoweit ist das Eröffnungsverfahren innerhalb der Verbraucherinsolvenzverfahren dreistufig konzipiert.[318] Die Schuldenbereinigungsverfahren sind

313 BVerfG, Beschl. v. 14.2.2007 – 1 BvR 1351/01, NJW-RR 2007, 1073 (1073 f.); *Uhle*, in: HGR Bd. V, § 129 Rn. 29.

314 *Uhle*, in: HGR Bd. V, § 129 Rn. 29.

315 BGH, Urt. v. 3.7.1975 – III ZR 78/73, BGHZ 65, 59 (61); Urt. v. 3.4.2000 – II ZR 373/98, BGHZ 144, 146 (148 f.); Urt. v. 7.6.2016 – KZR 6/15, NJW 2016, 2266 (2271); *Voit*, in: Musielak/Voit, ZPO, § 1025 Rn. 1.

316 *Schmidt-Aßmann*, in: HStR Bd. II, § 26 Rn. 73; *Papier*, in: HStR Bd. VIII, § 176 Rn. 13.

317 In Ausnahmefällen ist das Insolvenzgericht gemäß § 306 Abs. 1 S. 3 InsO befugt, von der zweiten Stufe des gerichtlichen Schuldenbereinigungsverfahrens auf die dritte Stufe der Entscheidung über die Zulässigkeit des Insolvenzantrags überzugehen. Erforderlich ist hierfür, dass nach seiner freien Überzeugung die Nichtannahme des gerichtlichen Schuldenbereinigungsplanes wahrscheinlicher ist als ihre Annahme, vgl. *Wenzel*, in: Kübler/Prütting/Bork/Jacoby, InsO, § 306 Rn. 3; *Frege/Keller/Riedel*, Insolvenzrecht, Teil 6 Rn. 49.

318 *Stephan*, in: Schmidt, InsO, Vorb. zu den §§ 304–311 Rn. 2 ff.

letztlich Zulässigkeitsvoraussetzungen für die Durchführung des „eigentlichen" Insolvenzverfahrens.[319]

Die Pflicht, Schuldenbereinigungsversuche sowohl außergerichtlich als auch gerichtlich durchzuführen, dient maßgeblich der personellen und finanziellen Entlastung der Insolvenzgerichte und zusätzlich der Ermöglichung eines kostengünstigen und schnellen wirtschaftlichen Neubeginns des Insolvenzschuldners.[320] Der Gesetzgeber versteht diese Dreistufigkeit des Verbraucherinsolvenzverfahrens als Instrument zur Verfahrensbeschleunigung – und demgemäß zur Rechtsschutzeffektivierung – und Entlastung der Justiz.[321]

aa) Außergerichtliche Schuldenbereinigung

Dabei wird gemäß § 305 Abs. 1 Nr. 1 InsO verlangt, dass der Insolvenzschuldner seinem Antrag auf Eröffnung des Insolvenzverfahrens eine Bescheinigung über den erfolglosen Versuch einer außergerichtlichen Schuldenbereinigung beifügt. Der außergerichtlichen Schuldenbereinigung wird eine wesentliche Bedeutung auf dem Weg der Entschuldung beigemessen, da diese für Gläubiger und Insolvenzschuldner die kostengünstigste und schnellste Variante zur Bewältigung der Insolvenz darstelle.[322] Der Nachweis, dass ein ernsthafter Einigungsversuch zwischen dem Insolvenzschuldner und sämtlichen Gläubigern erfolgt ist, ist unentbehrlich.[323] Gesetzgeberische Bemühungen, die außergerichtliche Schuldenbereinigung für Fälle der offensichtlichen Aussichtslosigkeit durch die Ausstellung einer Aussichtslosigkeitsbescheinigung zu ersetzen,[324] konnten sich nicht durchsetzen.[325] Der Gesetzgeber hat mit dem Gesetz zur Verkürzung des Restschuldbefreiungsverfahrens und zur Stärkung der Gläubigerrechte vom 15.7.2013[326] letztlich an der Dreistufigkeit des Verbraucherinsolvenzverfahrens festgehalten und zwar auch im Falle der offensichtlichen Aussichtslosigkeit außergerichtlicher Einigungsversuche.[327] Das hat zur Folge, dass der Nachweis

---

319 *Vuia*, in: MüKo, InsO, § 304 Rn. 41, § 305 Rn. 24; *Sternal*, in: Uhlenbruck, InsO, Vorb. zu §§ 304–314, Rn. 18 ff.; *Buck*, in: Braun, InsO, § 305 Rn. 1.

320 BT-Drs. 12/7302, S. 189; BT-Drs. 14/5680, S. 11.

321 BT-Drs. 17/13535, S. 29; *Sternal*, in: Uhlenbruck, InsO, § 305 Rn. 1.

322 BT-Drs. 17/11268, S. 33.

323 *Waltenberger*, in: Kayser/Thole, InsO, § 305 Rn. 3; *Wenzel*, in: Kübler/Prütting/Bork/Jacoby, InsO, § 305 Rn. 3; *Heyer*, ZVI 2013, 214 (215).

324 BT-Drs. 17/11268, S. 18, 33 f.

325 *Schmerbach*, NZI 2013, 566 (567 f.); *Vuia*, in: MüKo, InsO, § 305 Rn. 15.

326 BGBl. I, S. 2379.

327 Mit kritischen Anmerkungen hierzu, vgl. *Vuia*, in: MüKo, InsO, § 305 Rn. 27.

des gescheiterten Einigungsversuchs auch durch Vorlage eines sogenannten „Nullplans", der den Gläubigern einen vollständigen Forderungsausfall anbietet, erbracht werden kann.[328]

Die wirtschaftliche Aussichtslosigkeit ist demnach kein Grund, von der dreistufigen Konzeption des Verbraucherinsolvenzverfahrens Abstand zu nehmen. Hierin kommt die wohl eigentliche gesetzgeberische Intention der Konzeption zum Ausdruck: In dem Wissen, dass die Vorlage eines Nullplans die wirtschaftlichen Ziele der Gläubiger nicht erreichen kann und der Plan ablehnende Haltung erfahren wird, dürfte gleichzeitig feststehen, dass die obligatorische Durchführung des außergerichtlichen Schuldenbereinigungsverfahrens nicht – jedenfalls nicht für Insolvenzschuldner und Gläubiger – den schnellsten Weg zur Bewältigung der Insolvenzsituation darstellt. Trotzdem besteht eine Pflicht zur Durchführung des außergerichtlichen Schuldenbereinigungsverfahrens. Demgemäß verfolgt der Gesetzgeber unter Aufgabe seines ursprünglichen gesetzgeberischen Ziels[329] mit der Durchführung einer außergerichtlichen Schuldenbereinigung auch in den Fällen der offensichtlichen Aussichtslosigkeit ausschließlich die Entlastung der Insolvenzgerichte und der Justizhaushalte der Länder. Denn das außergerichtliche Schuldenbereinigungsverfahren dient vor allem auch der geordneten Aufarbeitung der schuldnerischen Antragsunterlagen durch geeignete Personen oder Stellen[330] i.S.d. § 305 Abs. 1 Nr. 1 InsO. Ihre Tätigkeit führt erheblich zur Entlastung der Insolvenzgerichte.[331] Bei Abschaffung des außergerichtlichen Schuldenbereinigungsverfahrens wird mit einer Überbelastung der Insolvenzgerichte gerechnet.[332] Dem außergerichtlichen Schuldenbereinigungsverfahren kommt demgemäß innerhalb des Verbraucherinsolvenzverfahrens vornehmlich eine Filterfunktion zum Zwecke der Entlastung der Insolvenzgerichte zu.[333] Den sachlichen Erfolg der Abwendung der schuldnerischen Krise bereits im Vorfeld der Antragstellung konnte es hingegen nicht vollständig

---

328 OLG Köln, Beschl. v. 9.2.2001 – 2 W 19/01, NZI 2001, 211 (212); OLG Celle, Beschl. v. 16.10.2000 – 2 W 99/00, NZI 2001, 254 (255); BGH, Beschl. v. 10.10.2013 – IX ZB 97/12, NZI 2014, 34 (35); *Ahrens*, in: Gottwald/Haas, § 80 Rn. 6; *Stephan*, in: Schmidt, InsO, § 305 Rn. 42; *Sternal*, in: Uhlenbruck, InsO, § 305 Rn. 116.

329 BT-Drs. 17/11268, S. 33.

330 Als „geeignete Person oder Stelle" kommen grundsätzlich Rechtsanwälte, Notare, Steuerberater, Wirtschaftsprüfer sowie Schuldnerberatungen in Betracht, vgl. *Vuia*, in: MüKo, InsO, § 305 Rn. 36 f.

331 BT-Drs. 17/13535, S. 29.

332 BT-Drs. 17/13535, S. 29; *Vuia*, in: MüKo, InsO, § 305 Rn. 15.

333 *Vuia*, in: MüKo, InsO, § 304 Rn. 42.

erreichen.[334] Dies betrifft insbesondere Fälle, in denen die Insolvenzschuldner ihrer Gläubigergemeinschaft Nullpläne vorlegen.[335]

bb) Gerichtliche Schuldenbereinigung

Auch das Scheitern vorgerichtlicher Sanierungsbemühungen verschafft dem Insolvenzschuldner nicht unmittelbar Zugang zum eigentlichen Insolvenzverfahren. Denn diesem ist die Durchführung eines zusätzlichen gerichtlichen Schuldenbereinigungsverfahrens vorgeschaltet. Die Entscheidung über den Insolvenzantrag des Schuldners ruht gemäß § 306 Abs. 1 S. 1 InsO grundsätzlich bis zum erfolglosen Ablauf des gerichtlichen Schuldenbereinigungsverfahrens.[336] Auch hinsichtlich des Erfolgs dieses Verfahrensabschnitts existiert heftige Kritik, die ihrerseits gesetzgeberische Bestrebungen ausgelöst hat, das gerichtliche Schuldenbereinigungsverfahren insgesamt zu beseitigen.[337] Aber auch insoweit ist der Gesetzgeber letztlich der Beschlussempfehlung des Rechtsausschusses vom 15.5.2013 gefolgt.[338] Insbesondere die Möglichkeit der Zustimmungsersetzung durch das Insolvenzgericht gemäß § 309 InsO hätte aus Sicht des Rechtsausschusses zu einer erhöhten Einigungsbereitschaft der Gläubiger[339] und demgemäß zu einer Steigerung der Aussichten zur Abwendung eines Insolvenzverfahrens geführt.

5. Ergebnis

Es ist festzustellen, dass der Gesetzgeber für die verschiedenen Verfahrensordnungen von seiner Befugnis zur Konkretisierung des Justizgewährungsanspruchs Gebrauch gemacht hat. Die hierdurch entstandenen Einschränkungen dienen – dies ist bereits den vorbenannten Gesetzesmaterialien der jeweils in Kraft getretenen Gesetze zu entnehmen – sowohl privaten Interessen der Beteiligten der jeweiligen Rechtsschutzgesuche als auch dem öffentlichen Interesse an einer personellen und wirtschaftlichen Handlungsfähigkeit der Justiz. Es ergeben sich im Hinblick auf die privaten Interessen jedoch Unterschiede in den verschiedenen Verfahrensordnungen. Dies ist darauf zurückzuführen, dass die

---

334 *Pape*, ZIP 1999, 2037 (2041); *Harder*, NZI 2013, 70 (71 f.); *Wenzel*, in: Kübler/Prütting/Bork/Jacoby, InsO, § 305 Rn. 3.

335 *Sternal*, in: Uhlenbruck, InsO, § 305 Rn. 11.

336 Die Ausnahme nach § 306 Abs. 1 S. 3 InsO wurde bereits im Teil 2 II. 4. d) behandelt.

337 BT-Drs. 17/11268, S. 18; *Vuia*, in: MüKo, InsO, Vorb. zu §§ 304–314 Rn. 13.

338 *Vuia*, in: MüKo, InsO, Vorb. zu §§ 304–314 Rn. 4.

339 BT-Drs. 17/13535, S. 29.

dortigen Verfahrenszwecke und die zugrundeliegenden Schutzrichtungen teilweise erheblich voneinander abweichen.[340]

III. Rechtsschutzinteresse als Zugangsbeschränkung

Neben den vorgenannten Rechtsschutzbeschränkungen existiert ferner die formelle Voraussetzung des Rechtsschutzinteresses.[341] Hierbei handelt es sich um ein prozessuales Institut, dessen Ausrichtung und Konturen sich nur anhand der Verfahrenszwecke der jeweils anwendbaren Verfahrensordnung bestimmen lassen.[342] Nach einer kurzgefassten Einführung in dieses Rechtsinstitut erfolgt eine tiefergehende Betrachtung im Rahmen des Insolvenzeröffnungsverfahrens. Zur Bestimmung der Schutzrichtungen des Rechtsschutzinteresses im Insolvenzverfahren ist es notwendig, sich mit den Verfahrenszwecken der InsO zu befassen. Da die Verfahrenszwecke sich ihrerseits zumindest auch an den teilweise erheblich divergierenden Interessen der verschiedenen Verfahrensbeteiligten orientieren, wird auf diese Interessenslagen einzugehen sein. Erst anschließend lassen sich verlässliche Aussagen über die Schutzrichtungen des Rechtsschutzinteresses im Insolvenzeröffnungsverfahren treffen. Auf Grundlage dieser Feststellungen können wiederum die in der Rechtspraxis unter dem Vorwurf des fehlenden Rechtsschutzinteresses im Insolvenzeröffnungsverfahren[343] zusammengetragenen Fallgruppen tiefer untersucht werden.

1. Rechtsschutzinteresse im Allgemeinen

Es ist anerkannt, dass jede prozessuale Erwirkungshandlung und damit jeder auf Herbeiführung einer gerichtlichen Entscheidung gerichtete Antrag eines Rechtsschutzinteresses bedarf.[344] Das Rechtsschutzinteresse ist Bestandteil

---

340 *Lang*, Rechtsschutzinteresse, S. 10.

341 Teilweise auch als „Rechtsschutzbedürfnis" oder „berechtigtes Interesse" bezeichnet. Im amtlichen Wortlaut der InsO heißt es „rechtliches Interesse", vgl. § 14 Abs. 1 S. 1 InsO. Hierbei handelt es sich jedoch nur um verschiedene Begriffe, die dasselbe Institut beschreiben, vgl. *Stephan*, Rechtsschutzbedürfnis, S. 26 f.

342 *Lang*, Rechtsschutzinteresse, S. 21 f.; *Guski*, WM 2011, 103 (104).

343 *Wegener*, in: Uhlenbruck, InsO, § 14 Rn. 70 ff.; *Sternal*, in: Kayser/Thole, InsO, § 14 Rn. 33 ff.; *Pape*, in: Kübler/Prütting/Bork/Jacoby, InsO, § 14 Rn. 146 ff.; *Ludwig*, in: Braun, InsO, § 14 Rn. 10 ff.; *Kexel*, in: Graf-Schlicker, InsO, § 14 Rn. 6 ff.

344 BVerfG, Beschl. v. 19.10.1982 – 1 BvL 34/80, 1 BvL 55/80, NJW 1983, 559; BVerfG, Beschl. v. 17.9.2012 – 1 BvR 2254/11, NVwZ 2013, 136 (137); *Rauscher*, in: MüKo, ZPO, Einleitung Rn. 445 ff.; *Gottwald*, in: Rosenberg/Schwab/Gottwald, ZPR, § 64 Rn. 1 ff.; *Lutz*, in: Der Vorwurf missbräuchlichen Verhaltens, S. 45.

prozessualen Gewohnheitsrechts[345] und findet in jeder Verfahrensordnung Anwendung.[346] Zusätzlich wird es in den verschiedenen Verfahrensordnungen deklaratorisch normiert.[347] Unter dem Begriff des Rechtsschutzinteresses versteht man gemeinhin das rechtliche Interesse des Rechtsschutzsuchenden, zur Erreichung seines Rechtsschutzziels die staatlichen Gerichte in Anspruch zu nehmen.[348] Die nachstehenden Ausführungen sind auf das Rechtsschutzinteresse in den Verfahrensordnungen der ZPO und der InsO ausgerichtet. Das Insolvenzrecht vereint nämlich Elemente sowohl des materiellen als auch des prozessualen Zivilrechts, sodass trotz insolvenzrechtlicher Besonderheiten inhaltliche Überschneidungen vor allem im allgemeinen Zivilprozessrecht und Insolvenzrecht existieren.[349]

2. Rechtsschutzinteresse in der ZPO

a) Grundlagen

In Teilen der Prozesswissenschaft des 19. Jahrhunderts wurde die Lehre vom Rechtsschutzanspruch vertreten.[350] Dem zu diesem Zeitpunkt bereits anerkannten Institut des Rechtsschutzinteresses wurde auf diesem Weg eine dogmatische Verankerung gegeben. Das Rechtsschutzinteresse wurde von Vertretern der Lehre vom Rechtsschutzanspruch nämlich als Anspruchsvoraussetzung eines materiellen subjektiv-öffentlichen Rechts gegen den Staat aufgefasst.[351] Bei dem Rechtsschutzanspruch handelte es sich um einen vorprozessualen Anspruch der Parteien gegenüber dem Staat auf Erlangung einer ihrer materiellen Rechtslage entsprechenden günstigen Entscheidung.[352] Dieser Lehre wurden konzeptionelle Mängel entgegengehalten. So wurde eingewendet, dass eine unabhängige Instanz zur Entscheidung über das Vorliegen und der Durchsetzbarkeit des Rechtsschutzanspruchs fehlte. Wenn nämlich ein solcher Rechtsschutzanspruch

---

345 *Lang*, Rechtsschutzinteresse, S. 8.

346 BVerfG, Beschl. v. 5.12.2001 – 2 BvR 527/99, 2 BvR 1337/00, 2 BvR 1777/00, BVerfGE 104, 220 (231).

347 So zum Beispiel in den § 256 ZPO, § 14 InsO, § 43 VwGO, 406e StPO.

348 BGH, Urt. v. 14.12.1988 – VIII ZR 31/88, NJW-RR 1989, 263 (264); *Seiler*, in: Thomas/Putzo, ZPO, Vorb. § 253 Rn. 26; *Lang*, Rechtsschutzinteresse, S. 9; *Bacher*, in: BeckOK, ZPO, § 253 Rn. 28.

349 *Frege/Keller/Riedel*, Insolvenzrecht, Teil 1 Rn. 7 ff.

350 *Gaul*, AcP 1968, 27 (45); *Lang*, Rechtsschutzinteresse, S. 3.

351 *Lang*, Rechtsschutzinteresse, S. 3.

352 *Gottwald*, in: Rosenberg/Schwab/Gottwald, ZPR, § 3 Rn. 5.

gegen den Staat besteht, dann war es widersinnig, ihn als Anspruchsgegner selbst über dessen Vorliegen entscheiden zu lassen.[353] Der materiell-rechtliche Gehalt des Anspruchs auf Erlangung einer der eigenen Rechtslage günstigen Entscheidung in der Sache selbst wurde ebenfalls stark in Frage gestellt. Mit dem seinerzeit bereits anerkannten Justizgewährungsanspruch existierte nämlich ein subjektiv-öffentliches Recht gegen den Staat auf effektives Tätigwerden der Gerichte, das mit seinen verschiedenen Vorgaben bezüglich der Verfahrensausgestaltung[354] auch materielle Dimensionen aufwies.[355] Eine dieser Dimensionen des Justizgewährungsanspruchs bereits war die staatliche Pflicht – auch unter Geltung des Rechtsstaatsprinzips –, inhaltlich richtige Entscheidungen zu treffen. Der Rechtsschutzanspruch erwies sich im Ergebnis nicht als selbstständiges Institut. Vielmehr verfügte er weitgehend über inhaltliche Übereinstimmungen mit dem Justizgewährungsanspruch und war letztlich eine materiell-rechtliche Fortsetzung desselben.[356] Sein Erfolg hing von der Durchführung eines gerichtlichen Verfahrens – gemessen am Justizgewährungsanspruch – ab. Wegen seiner intrinsischen Unsicherheiten und Abhängigkeiten wurde die Lehre vom Rechtsschutzanspruch abgelehnt und vermochte sich nicht durchzusetzen. Das Merkmal des Rechtsschutzinteresses hingegen wurde in seiner Existenz nicht Frage gestellt. Die nachfolgende Prozesswissenschaft widmete sich in Bezug auf das Rechtsschutzinteresse nicht seiner grundsätzlichen Anerkennung, sondern vielmehr der Frage seiner inhaltlichen Ausgestaltung.[357]

b) *Inhalt*

Früh war bekannt, dass das Rechtsschutzinteresse schwer fassbare Konturen aufwies. Ansätze, das Rechtsschutzinteresse inhaltlich zu konturieren, gingen und gehen dorthin, es über die Prozesszwecke der jeweiligen Prozessordnung zu bestimmen.[358] Dies erfolgt durch seinen jeweiligen Rechtsanwender. Hiermit verbunden ist zugleich ein erhebliches Missbrauchsrisiko durch denselben.

So wurde das Merkmal des Rechtsschutzinteresses im Dritten Reich herangezogen, um politische und ideologische Ansichten unterzubringen und so

353 *Gottwald*, in: Rosenberg/Schwab/Gottwald, ZPR, § 3 Rn. 8. Mit kritischen Anmerkungen zu diesem Argument, vgl. *Detterbeck*, AcP 1992, 325 (335).
354 Teil 1 II. 2. c) bb).
355 *Detterbeck*, AcP 1992, 325 (337 f.).
356 *Detterbeck*, AcP 1992, 325 (335 f.).
357 *Gaul*, AcP 1968, 27 (45); *Lang*, Rechtsschutzinteresse, S. 4.
358 *Buß*, NJW 1998, 337 (338); *Lang*, Rechtsschutzinteresse, S. 10, 21.

außerrechtliche Erwägungen in den Prozess einzuführen. Nach damaligem Verständnis diente das Rechtsschutzinteresse der Wahrung der Interessen der „Volksgemeinschaft". Für die Dauer der herrschenden nationalsozialistischen Ideologie stand das Institut des Rechtsschutzinteresses begrifflich nicht mehr für die Ermöglichung, sondern die Verhinderung des Rechtsschutzes.[359] Individualinteressen fanden in der nationalsozialistischen Rechtsprechung zum Rechtsschutzinteresse keine Berücksichtigung.[360] Nach Zusammenbruch des nationalsozialistischen Unrechtsstaates und dem rechtlichen Umbruch bedurfte das Institut des Rechtsschutzinteresses einer inhaltlichen Neuausrichtung und zwar mit Blick auf die ZPO.[361]

Erste Ansätze, welche die Prozesszwecke der ZPO herausgearbeitet hatten, stellten zunächst nur öffentliche Interessen heraus. Gemäß diesem Verständnis diente der Zivilprozess der Wahrung des Rechtsfriedens und der Rechtsbewährung.[362] Subjektive Rechte des Einzelnen hätte der Zivilprozess nur im Rahmen dieser öffentlichen Interessen zu verwirklichen. Wenn dann doch die Rechtsverwirklichung des Rechtsschutzsuchenden eingetreten ist, war dies nur mittelbare Folge der Wahrung der öffentlichen Interessen.[363] Ob ein Rechtsschutzinteresse anzunehmen war, sollte der Staat unter Ausübung eines ihm eingeräumten Ermessens entscheiden.[364]

Eine solche Auffassung bezüglich des Prozesszwecks des Zivilprozesses und damit verbunden des Rechtsschutzinteresses im allgemeinen Zivilprozessrecht hat sich nicht durchsetzen können. Denn die staatliche Rechtsschutzgewährung untersteht nach richtigem Verständnis nicht einem Ermessensakt des Staates. Der Staat ist vielmehr verpflichtet, Rechtsschutz zu gewähren. Diese Pflicht ist Ausfluss des Justizgewährungsanspruchs und damit Ausgleich für den Selbsthilfeverzicht des Einzelnen. Ist das Motiv des Einzelnen bei der eigenmächtigen Forderungsdurchsetzung sein eigenes privates (Befriedigungs-)Interesse, so ist seine Interessenslage bei der Forderungsdurchsetzung auf dem Justizwege keine andere. Der maßgebliche Unterschied liegt lediglich darin, dass der Forderungsinhaber sich auf den Rechtsweg verweisen lässt. Die Interessensdurchsetzung erfolgt nach vorgegebenen Rechtsregeln. Das Ziel ist allerdings weiterhin

---

359 *Schumann*, in: Stein/Jonas, ZPO, Vor § 253 Rn. 101b.

360 *Lang*, Rechtsschutzinteresse, S. 4 f.

361 *Schumann*, in: Stein/Jonas, ZPO, Vor § 253 Rn. 101c ff.

362 *Schönke*, AcP 1949, 216 (218, 222); *ders.*, Rechtsschutzbedürfnis, S. 11 ff.

363 *Lang*, Rechtsschutzinteresse, S. 6.

364 *Schönke*, AcP 1949, 216 (218); *Lang*, Rechtsschutzinteresse, S. 6.

dasselbe: die Befriedigung. Damit ist auch gleichzeitig klar, dass das Individualinteresse des Rechtsschutzsuchenden im Zivilprozess mehr als mehr als nur einen Reflex bei der Verwirklichung öffentlicher Interessen darstellt.[365] Ihm kommt eine zentrale Funktion zu.

Daher verfolgt die ZPO nach heutigem Verständnis sowohl subjektive als auch objektive Prozesszwecke.[366] Die Privatrechtsordnung stellt wechselseitige Ansprüche und subjektive Rechte in den Mittelpunkt. Der Zivilprozess versteht sich demgemäß als Forum der Feststellung, Durchsetzung und der Gestaltung subjektiver Rechte des Einzelnen. Aber auch der Staat selbst verfolgt bei der Durchführung von Zivilprozessen eigene, nämlich öffentliche Interessen. Hierdurch ist er nämlich in der Lage, auf seinem Hoheitsgebiet eine Rechtseinheit herzustellen und zu erhalten und damit Rechtsfrieden zu gewähren.[367]

Eine solche zweispurige Betrachtung[368] der Prozesszwecke der ZPO vermag zu überzeugen. Nur sie ist in der Lage, den auf die ZPO wirkenden Justizgewährungsanspruch hinreichend zu berücksichtigen. Demgegenüber ist ein einspuriger, nur an den öffentlichen Interessen ausgerichteter Prozesszweck hierzu nicht imstande. Denn bei verständiger Würdigung des Justizgewährungsanspruchs ist die staatliche Rechtsschutzgewährung – so auch im Rahmen der ZPO – Korrelat für den Selbsthilfeverzicht des Bürgers. Der Staat, der das Gewalt- und Rechtsprechungsmonopol zu seinen Gunsten bündelt, ist zur Rechtsschutzgewährung verpflichtet. Soweit der Einzelne auf sein Recht zur eigenmächtigen Rechtsverwirklichung verzichtet, welches offenkundig der Durchsetzung seiner eigenen privaten Interessen dient, hat auch die als Ausgleich gewährte Rechtsverfolgungsmöglichkeit durch den Staat diese Interessen in den Blick zu nehmen.

Aus dieser Betrachtung heraus lässt sich das dogmatische Verhältnis des Justizgewährungsanspruchs zum Rechtsschutzinteresse und damit die Funktion des Rechtsschutzinteresses bestimmen. Auf einer ersten Ebene verfügt der Rechtsschutzsuchende gegenüber dem Staat nämlich über einen Anspruch auf Rechtsschutzgewährung. Mithilfe des fehlenden Rechtsschutzinteresses werden solche Rechtsschutzgesuche herausgefiltert, die des staatlichen Rechtsschutzes nicht bedürfen oder verdienen. Das Institut des Rechtsschutzinteresses entfaltet demgemäß eine „Regulativfunktion".[369] Ihm kommt der Zweck eines

365 *Lang*, Rechtsschutzinteresse, S. 7.

366 *Gaul*, AcP 1968, 27 (47 ff.); *Rauscher*, in: MüKo, ZPO, Einleitung Rn. 8 ff.; *Buß*, NJW 1998, 337 (338).

367 *Ulber/Bischof*, JuS 2021, 12; *Rauscher*, in: MüKo, ZPO, Einleitung Rn. 8 ff.

368 *Pohle*, in: FS Lent, S. 195 (198 f.).

369 *Lang*, Rechtsschutzinteresse, S. 10; *Stephan*, Rechtsschutzbedürfnis, S. 24.

„zweiten Rangs“ zu.[370] Der Vorwurf des fehlenden Rechtsschutzinteresses verhindert in bestimmten und begrenzten Fällen die Rechtsschutzgewährung. Er ist demgemäß eine Einschränkung des Justizgewährungsanspruchs.[371] Wegen des umfassenden Selbsthilfeverzichts des Einzelnen versteht sich die staatliche Rechtsschutzgewährung demgegenüber als Regel.[372]

c) Fallgruppen

Im Lichte der staatlichen Justizgewährungspflicht ist es geboten, vom Vorliegen eines Rechtsschutzinteresses des Rechtssuchenden auszugehen.[373] Es ist bei jedem Rechtsschutzgesuch indiziert. Sein Fehlen wird nur ausnahmsweise angenommen. Für die Feststellung des fehlenden Rechtsschutzinteresses haben sich Rechtsprechung und Literatur damit beholfen, Fallgruppen zu bilden. Hat das Gericht die Zuordnung zu einer solchen Fallgruppe bejaht, wird über diese Zuordnung auf ein fehlendes Rechtsschutzinteresse geschlossen.[374] Für den Anwendungsbereich des allgemeinen Zivilprozessrechts wird ein fehlendes Rechtsschutzinteresse angenommen, wenn das Begehren auf einfacherem Wege als durch Anrufung der Gerichte erlangt werden kann.[375] Ferner fehlt es, wenn die Rechtsverfolgung objektiv sinnlos ist[376] oder sie ausschließlich prozessfremden Zwecken dient.[377]

aa) Erlangung gerichtlichen Rechtsschutzes unzweckmäßig

Dem Rechtsschutzgesuch fehlt das erforderliche Rechtschutzinteresse, wenn das Begehren auf einfacherem Wege als auf gerichtlichem Wege erreicht werden

---

370 *Pohle*, in: FS Lent, S. 195 (204); *Gaul*, AcP 1968, 27 (46); *Lang*, Rechtsschutzinteresse, S. 10.

371 *Gaul*, AcP 1968, 27 (46).

372 *Greger*, in: Zöller, ZPO, Vorb. zu §§ 253–299a Rn. 18.

373 *Becker-Eberhard*, in: MüKo, ZPO, Vorb. zu § 253 Rn. 10; *Bacher*, in: BeckOK, ZPO, § 253 Rn. 28.

374 *Lutz*, Der Vorwurf missbräuchlichen Verhaltens, S. 47.

375 BGH, Urt. v. 24.4.1990 – VI ZR 110/89, NJW 1990, 2060 (2060 f.); Urt. v. 30.9.2009 – VIII ZR 29/09, NJW-RR 2010, 19 (21); *Greger*, in: Zöller, ZPO, Vorb. zu §§ 253–299a Rn. 18b; *Bacher*, in: BeckOK, ZPO, § 253 Rn. 29.

376 BGH, Urt. v. 28.3.1996 – IX ZR 77/95, NJW 1996, 2035 (2037); Beschl. v. 14.8.2013 – I ZB 76/10, NJW 2013, 2906 (2907); *Gottwald*, in: Rosenberg/Schwab/Gottwald, ZPR, § 90 Rn. 32.

377 BGH, Urt. v. 21.10.2016 – V ZR 230/15, NJW 2017, 674 (675); *Roth*, in: Stein/Jonas, ZPO, vor § 253 Rn. 154; *Assmann*, in: Wieczorek/Schütze, ZPO, Vor § 253 Rn. 96; *Bacher*, in: BeckOK, ZPO, § 253 Rn. 30a.

kann.[378] Dies bedarf einer vergleichenden Betrachtung zwischen dem gerichtlichen und alternativen Weg.[379] Da grundsätzlich eine Wahlfreiheit zwischen verschiedenen Rechtswegen existiert, entfällt das Rechtsschutzinteresse für das gerichtliche Rechtsschutzgesuch nur in Ausnahmefällen und zwar dann, wenn der alternative Weg zur Rechtsverwirklichung bei gleicher Wirkung schneller und günstiger für den Rechtsschutzsuchenden ist. Auf einen unsicheren Weg muss er sich dabei nicht verweisen lassen.[380]

bb) Erlangung gerichtlichen Rechtsschutzes zwecklos

Ferner fehlt dem Rechtsschutzgesuch in Fällen der objektiven Sinnlosigkeit das Rechtschutzinteresse.[381] Die objektive Sinnlosigkeit stellt den extremen Ausnahmefall dar und kann nur dann angenommen werden, wenn der Rechtsschutzsuchende mit seinem prozessualen Begehren unter keinen Umständen einen schutzwürdigen Vorteil erreichen kann.[382] Grundsätzlich ist dies anzunehmen, wenn bereits ein Vollstreckungstitel existiert, aus dem ohne Weiteres die Zwangsvollstreckung betrieben werden kann.[383]

cc) Erlangung gerichtlichen Rechtsschutzes zweckwidrig

Der Justizgewährungsanspruch darf nicht unnütz oder aus unlauteren Motiven geltend gemacht werden, um ein gesetzliches Verfahren zur Verfolgung zweckwidriger und deshalb nicht schutzwürdiger Intentionen auszunutzen.[384] Die Fälle, in denen ein schutzwürdiger Vorteil aus objektiver Sicht nicht erlangt werden kann, wurden bereits dargestellt.[385] Die Frage der Zweckwidrigkeit betrifft

---

378 *Seiler*, in: Thomas/Putzo, ZPO, Vorb. § 253 Rn. 27; *Weth*, in: Musielak/Voit, ZPO, Vorb. zu §§ 253–299a Rn. 8; *Gottwald*, in: Rosenberg/Schwab/Gottwald, ZPR, § 90 Rn. 32.

379 BGH, Urt. v. 24.2.1994 – IX ZR 120/93, NJW 1994, 1351 (1352); *Wieser*, Das Rechtsschutzinteresse des Klägers im Zivilprozess, S. 144 ff.

380 BGH, Urt. v. 14.3.1979 – IV ZR 98/78, NJW 1979, 1508; Beschl. v. 9.7.2009 – IX ZR 29/09, NJW-RR 2009, 1148 (1149); *Bacher*, in: BeckOK, ZPO, § 253 Rn. 29.

381 *Greger*, in: Zöller, ZPO, Vorb. zu §§ 253–299a Rn. 18.

382 BGH, Urt. v. 28.3.1996 – IX ZR 77/95, NJW 1996, 2035 (2037); Beschl. v. 10.2.2016 – IV AR (VZ) 8/15, NJW-RR 2016, 445 (447); Urt. v. 15.10.2020 – I ZR 210/18, NJW-RR 2021, 230 (232).

383 BGH, Urt. v. 19.12.2006 – IX ZR 113/06, BeckRS 2007, 4076 Rn. 10; Urt. v. 21.4.2016 – I ZR 100/15, NJW 2017, 171 (172).

384 BGH, Beschl. v. 18.6.1970 – X ZB 2/70, NJW 1970, 2023 (2024); Urt. v. 26.6.1973 – X ZR 23/71, NJW 1973, 2063 (2064); *Anders*, in: Anders/Gehle, ZPO, Vor § 253 Rn. 43; *Assmann*, in: Wieczorek/Schütze, ZPO, Vor § 253 Rn. 96.

385 Teil 2 III. 2. c) bb).

ausschließlich das subjektiv fehlende Rechtsschutzinteresse. Hiervon betroffen sind vornehmlich Fälle, in denen das gesetzliche Verfahren aus schikanösen und rechtsmissbräuchlichen Motiven angestrengt wird.[386] Somit muss der Rechtsschutzsuchende – gemessen an den Prozesszwecken des Zivilprozesses – ausschließlich verfahrenszweckfremde Ziele verfolgen, damit er den staatlichen Rechtsschutz nicht verdient.

Die Besonderheit dieser Fallgruppe liegt darin begründet, dass die subjektiven Einstellungen des Rechtsschutzsuchenden maßgeblich sind. Hierbei handelt es sich um innere Tatsachen, welche in den seltensten Fällen offen kommuniziert werden und demgemäß dem Beweis schwer zugänglich sind.[387] Die Einordnung von Sachverhalten unter dieser Fallgruppe erfolgt daher über die Feststellung von Hilfstatsachen,[388] von deren Vorliegen wiederum auf die festzustellende Haupttatsache – nämlich die subjektive Intention des Rechtsschutzsuchenden – zurückgeschlossen wird.[389]

So entschied der BGH, dass der Klägerin einer Vollstreckungsgegenklage das Rechtsschutzinteresse fehlte, da sie bei ihrer Erhebung ausschließlich prozessfremde Zwecke verfolgte.[390] Sie war Schuldnerin eines parallel anhängigen Zwangsversteigerungsverfahrens, in welchem die Gläubigerin, eine Bank, wegen Zahlungsforderungen nebst Zinsen die Zwangsversteigerung des Grundstücks der Klägerin beantragte. Mit der Vollstreckungsgegenklage erhob die Klägerin die Einrede der Verjährung hinsichtlich solcher Forderungsbestandteile, welche von der Gläubigerin bereits ausdrücklich von dem Zwangsversteigerungsverfahren ausgenommen worden waren.[391] Die Klägerin verfolgte gemäß den Feststellungen des BGH bei der Erhebung der Vollstreckungsgegenklage ausschließlich ein Verschleppungsinteresse in Bezug auf das anhängige

386 BGH, Urt. v. 26.6.1973 – X ZR 23/71, NJW 1973, 2063 (2064); *Roth*, in: Stein/Jonas, ZPO, vor § 253 Rn. 154.

387 *Huber*, JuS 2016, 218 (219).

388 BGH, Urt. v. 21.10.2016 – V ZR 230/15, BeckRS 2016, 20678 Rn. 25; *Bacher*, in: BeckOK, ZPO, § 253 Rn. 30a.

389 *Anders/Gehle*, Das Assessorexamen im Zivilrecht, S. 244 Rn. 92.

390 BGH, Urt. v. 21.10.2016 – V ZR 230/15, BeckRS 2016, 20678 Rn. 29.

391 Durch die Inanspruchnahme dieser Rechtsschutzmöglichkeit hatte sich wahrlich ein Geschäftsmodell zur Verschleppung von Zwangsversteigerungsverfahren etabliert („Tricks gegen die Versteigerung"), vgl. OLG Hamm, Urt. v. 23.6.2016 – 5 U 157/15, NJOZ 2016, 1865; *Würdinger*, NJW 2017, 674 (676). Für eine nicht abschließende Übersicht aus der Rechtspraxis, vgl. OLG Frankfurt a.M., Beschl. v. 25.2.2013 – 24 W 2/13, BeckRS 2013, 11346.

Zwangsversteigerungsverfahren. Ein selbstständiges (Rechtsschutz-)Interesse kam der Vollstreckungsgegenklage als solcher nicht zu.

Dieses Beispiel zeigt auf, dass die Sachverhalte dieser Fallgruppe strukturelle Nähen zum allgemeinen Missbrauchsverbot aus dem materiellen Zivilrecht aufweisen. Dies liegt an den Überschneidungen einerseits des prozessualen Instituts des Rechtsschutzinteresses und andererseits des materiell-rechtlichen Rechtsgrundsatzes von Treu und Glauben gemäß § 242 BGB.[392] Letzterer ist auch dem Prozessrecht nicht fremd und findet mittels analoger Rechtsanwendung im Zivilverfahrensrecht Anwendung.[393] Die Vorschrift des § 242 BGB setzt bereits in ihrer materiell-rechtlichen Dimension eine Sonderverbindung zwischen den Beteiligten voraus und konstatiert allgemeine Missbrauchsverbote.[394] Diese Missbrauchsverbote finden – wie auch die Norm des § 242 BGB selbst – analoge Anwendung im Zivilprozessrecht. Zu beachten ist jedoch, dass das prozessuale Institut des Rechtsschutzinteresses auch selbst unter der Fallgruppe des zweckwidrigen Rechtsschutzes solche Sachverhalte erfasst. Zur Auflösung aufkommender Anwendungskonflikte wird bei Fragen des Rechtsmissbrauchs im Prozessrecht vorrangig das prozessuale Institut des Rechtsschutzinteresses herangezogen.[395] Den originär im materiellen Recht anzutreffenden allgemeinen Missbrauchsverboten kommt nur eine Auffangfunktion zu. Dies ist auch deshalb gerechtfertigt, da die analoge Anwendung des § 242 BGB rechtsdogmatisch eine schließungsbedürftige Regelungslücke verlangt.[396] Soweit die missbräuchliche Ausübung prozessualer Befugnisse allerdings über das Rechtsschutzinteresse erfasst werden kann, besteht kein Raum für allgemeine Missbrauchsverbote.[397]

---

392 Zum Verhältnis der beiden Institute, vgl. *Böttcher*, in: Erman, BGB, § 242 Rn. 53; *Becker-Eberhard*, in: MüKo, ZPO, Vorb. zu § 253 Rn. 12; *Lutz*, Der Vorwurf missbräuchlichen Verhaltens, S. 46.

393 BGH, Urt. v. 25.10.1967 – V ZR 3/67, NJW 1968, 105 (106); Urt. v. 6.10.1971 – VIII ZR 165/69, NJW 1971, 2226; Beschl. v. 10.5.2007 – V ZB 83/06, NZM 2008, 59 (60); *Looschelders/Olzen*, in: Staudinger, BGB, § 242 Rn. 1102.

394 Zu den einzelnen Fallgruppen, vgl. *Looschelders/Olzen*, in: Staudinger, BGB, § 242 Rn. 233 ff.; *Lutz*, Der Vorwurf missbräuchlichen Verhaltens, S. 29 ff.

395 *Lang*, Rechtsschutzinteresse, S. 15; *Lutz*, Der Vorwurf missbräuchlichen Verhaltens, S. 46.

396 Zum Bedürfnis einer (planwidrigen) Regelungslücke als allgemeine Analogievoraussetzung, vgl. BVerfG, Beschl. v. 3.4.1990 – 1 BvR 1186/89, BVerfGE 82, 6 (12); *Looschelders/Olzen*, in: Staudinger, BGB, § 242 Rn. 346.

397 *Lang*, Rechtsschutzinteresse, S. 15; *Lutz*, Der Vorwurf missbräuchlichen Verhaltens, S. 46.

d) Ergebnis

Das Institut des Rechtsschutzinteresses ist Bestandteil prozessualen Gewohnheitsrechts und findet Anwendung in sämtlichen Verfahrensordnungen. Jeder auf gerichtliche Entscheidung gerichtete Antrag bedarf seines Vorliegens. Dabei ist das Rechtsschutzinteresse nicht verfahrensübergreifend kongruent bestimmbar. Bei seiner Bestimmung ist vielmehr den Eigenarten der jeweiligen Verfahrensordnung Rechnung zu tragen. Das Rechtsschutzinteresse steht in engem Zusammenhang mit den jeweiligen Prozesszwecken der verschiedenen Verfahrensordnungen. Demgemäß lassen sich seine Schutzrichtungen auch nur dann feststellen, nachdem zuvor die Prozesszwecke der betroffenen Verfahrensordnung festgelegt wurden.

Im Lichte des Justizgewährungsanspruchs kommt dem Rechtsschutzinteresse eine Regulativfunktion zu. Die staatliche Pflicht zur Justizgewährung und die Rechtsschutzverwehrung mangels Rechtsschutzinteresse stehen hierbei in einem Regel-Ausnahme-Verhältnis.

Für den Rahmen der ZPO sind die Prozesszwecke zweispurig zu bestimmen. Der Zivilprozess dient als zentrales Forum zur Interessensverfolgung und -befriedigung der Bürger. Hinzu kommt, dass der Staat in einem seinen Regeln unterstellten Zivilprozess auch eigene öffentliche Interessen verfolgt. Denn durch die Gestaltungsmöglichkeit im Rahmen der Rechtsprechung vermag der Staat eine Rechtseinheit herzustellen und diese zu wahren. Der Zivilprozess dient auch der Wahrung des Rechtsfriedens. Fehlt dem Rechtsschutzsuchenden das eigene (individuelle) Interesse an staatlichem Rechtsschutz, so ist ihm das erforderliche Rechtsschutzinteresse abzusprechen. Zur Ermittlung des fehlenden Rechtsschutzinteresses sind im Wege der Rechtsfortbildung Fallgruppen entstanden. Soweit ein Gericht eine Zuordnung zu einer solchen Fallgruppe vornimmt, ist typischerweise zugleich ausgesagt, dass das Rechtsschutzgesuch kein Rechtsschutzinteresse aufweist und als unzulässig zurückzuweisen ist. Im Zivilprozess fehlt es, wenn die Rechtsverfolgung objektiv unzweckmäßig oder zwecklos oder subjektiv zweckwidrig ist. Solche Prozesse werden mithilfe des Instituts des Rechtsschutzinteresses herausgefiltert.

3. Rechtsschutzinteresse in der InsO

Diese allgemeinen Fallgruppen finden auch beim Insolvenzantrag im Insolvenzeröffnungsverfahren Anwendung,[398] jedoch wirken sich hier insolvenzspezifische

---

398 *Wegener*, in: Uhlenbruck, InsO, § 14 Rn. 96; *Kexel*, in: Graf-Schlicker, InsO, § 14

Verfahrensausrichtungen aus. Wenn also im Rahmen des Insolvenzeröffnungsverfahrens von unzweckmäßigen, zwecklosen oder zweckwidrigen Insolvenzanträgen die Rede ist, dann sind diese angesichts der unterschiedlichen Richtungen der Prozesszwecke der ZPO und der InsO nicht zwingend inhaltlich kongruent mit den Fallgruppen nach allgemeinem Zivilprozessrecht.[399] Daher werden nachfolgend die verschiedenen Verfahrenszwecke des Insolvenzverfahrens dargestellt. Nachdem diese herausgearbeitet worden sind, kann nämlich ermittelt werden, wann es sich nach insolvenzrechtlichem Verständnis um unzweckmäßige, zwecklose oder zweckwidrige Insolvenzanträge handelt.

a) Befriedigungszweck

Zweck des Insolvenzverfahrens ist eine Haftungsverwirklichung zugunsten der Gläubiger.[400] Unter Berücksichtigung der Lage des Schuldners soll über die Vorschriften der InsO eine bestmögliche Befriedigung der Gläubiger erfolgen, deren Forderungen im Rahmen des Zwangsvollstreckungsrechts als private vermögenswerte Rechte den Schutz des Art. 14 Abs. 1 GG genießen.[401] Dabei stellt die InsO verschiedene gleichwertige Mittel der Haftungsverwirklichung zur Verfügung.[402] Hierbei handelt es sich um die Liquidation und anschließende Erlösverteilung, so durch Einzel-, Teil- oder Gesamtverwertung schuldnerischer Vermögensgegenstände – beispielsweise im Wege der übertragenden Sanierung –, sowie die Sanierung durch einen Insolvenzplan, auf dessen Grundlage eine abweichende Regelung zum Erhalt des schuldnerischen Unternehmens getroffen werden kann.[403]

aa) Gemeinschaftliche Befriedigung

Die Besonderheit der Gläubigerbefriedigung im Rahmen des Insolvenzverfahrens ist, dass diese gemäß § 1 S. 1 InsO *gemeinschaftlich* zu erfolgen hat. Die

---

Rn. 7 f., 11.

399 Teil 2 III. 2. c).

400 BT-Drs. 12/2443, S. 77, 108; *Müller-Glöge*, in: EK, ArbR, 410. Insolvenzordnung (InsO), Einführung Rn. 2.

401 BVerfG, Beschl. v. 23.5.2006 – 1 BvR 2530/04, BVerfGE 116, 1 (13); Beschl. v. 12.1.2016 – 1 BvR 3102/13, NJW 2016, 930 (932).

402 *Sternal*, in: Kayser/Thole, InsO, § 1 Rn. 5; *Henckel*, in: Jaeger, InsO, § 1 Rn. 2 ff.; *Brinkmann/Zipperer*, ZIP 2011, 1337 (1338).

403 *Sternal*, in: Kayser/Thole, InsO, § 1 Rn. 5 f.; *Ludwig*, in: Braun, InsO, § 1 Rn. 3; *Henckel*, in: Jaeger, InsO, § 1 Rn. 2 ff.

gemeinschaftliche Gläubigerbefriedigung ist oberster Verfahrenszweck des Insolvenzverfahrens.[404] Hierdurch unterscheidet sich die insolvenzmäßige Befriedigung, deren Verfahren als Gesamtvollstreckungsverfahren konzipiert ist, von der dem Achten Buch der ZPO zugrundeliegenden Einzelzwangsvollstreckung. Das in der Einzelzwangsvollstreckung geltende Prioritätsprinzip gemäß § 804 Abs. 3 ZPO führt mit Eintritt der materiellen Insolvenz des Schuldners – also der Insuffizienz seines Vermögens zur Befriedigung aller Gläubiger[405] – nicht mehr zu (interessens-)gerechten Ergebnissen.[406] Denn die Beibehaltung des Prioritätsprinzips führte in diesen Fällen dazu, dass Gläubigern, denen ein Informationsvorsprung durch örtliche Nähe oder persönliche Verbundenheit zukommt, gegenüber anderen Gläubigern, welchen diese Informationen nicht vorliegen, ein ungerechtfertigter Vorteil zugute käme.[407] Dies löste einen regelrechten „Wettlauf der Gläubiger" aus. Angesichts des unzureichenden Schuldnervermögens begegnet ein solcher Gläubigerwettlauf erheblichen rechtsstaatlichen Bedenken.[408] Um diesen zu vermeiden, werden die Gläubiger in eine Schicksals- und Verlustgemeinschaft zusammengefasst, innerhalb der der Gläubigergleichbehandlungsgrundsatz „par conditio creditorum" gilt.[409]

In dieser Schicksalsgemeinschaft gilt der Gläubigergleichbehandlungsgrundsatz mit der für einen Gleichheitssatz typischen Maßgabe, dass Gleiches gleich und Ungleiches ungleich behandelt wird.[410] So enthält die InsO für bestimmte Gläubiger Privilegierungen, sodass diese im Hinblick auf den quotal erleidenden Verlust ihrer Forderungen besser gestellt sind als andere ihnen im Rang nachstehenden Gläubiger.[411] Präzise ausgedrückt bewirkt der Grundsatz par conditio creditorum eine grundsätzliche Gläubigergleichbehandlung innerhalb der jeweiligen Gläubigergruppe, wobei die InsO im Rang absteigend zwischen den aussonderungsberechtigten Gläubigern gemäß den §§ 47 f. InsO, den absonderungsberechtigten Gläubigern gemäß den §§ 49 ff. InsO, den Massegläubigern

404 *Stürner*, in: MüKo, InsO, Einleitung Rn. 1, 62.

405 *Foerste*, Insolvenzrecht, § 1 Rn. 1.

406 *Madaus*, in: BeckOK, InsO, § 1 Rn. 3

407 *Reischl*, Insolvenzrecht, Rn. 38.

408 *Ganter/Buns*, in: MüKo, InsO, § 1 Rn. 52.

409 *Ganter/Buns*, in: MüKo, InsO, § 1 Rn. 52; *Paulus*, NZI 2015, 1001. Wegen der Differenzierung der einzelnen Gläubigergruppen, vgl. *Stürner*, in: MüKo, InsO, Einleitung Rn. 62; *Foerste*, Insolvenzrecht, § 1 Rn. 10.

410 *Stürner*, in: MüKo, InsO, Einleitung Rn. 62; *Baur/Stürner*, Insolvenzrecht, S. 41.

411 *Stürner*, in: MüKo, InsO, Einleitung Rn. 62.

gemäß den §§ 54 f. InsO, den Insolvenzgläubigern gemäß § 38 InsO sowie den nachrangigen Insolvenzgläubigern gemäß § 39 InsO differenziert.[412]

Zur Sicherung des Gleichbehandlungsgrundsatzes und einer zusätzlichen Anreicherung der Insolvenzmasse – diese wiederum kommt der Gläubigergemeinschaft zugute – verfügt die InsO über weitreichende Sicherungsmaßnahmen gemäß den §§ 21 ff. InsO, die bereits nach Zulassung des Insolvenzantrags im Insolvenzeröffnungsverfahren greifen.[413] Mithilfe dieser Maßnahmen soll vermieden werden, dass die vorhandene Ist-Masse zugunsten einzelner Personen nach Zulassung des Insolvenzantrags zerschlagen und damit eine spätere Haftungsverwirklichung gefährdet wird.[414] Die Sicherungsmaßnahmen richten sich dabei nicht nur gegen einzelne Gläubiger, die Sondervorteile zu erlangen versuchen. Sie sind orientiert an einer Masseerhaltung insgesamt und richten sich daher auch gegen sonstige Dritte sowie gegen nachteilige Eingriffe in die Vermögenslage durch den Schuldner selbst.[415] Beispielsweise kann das Insolvenzgericht dem Schuldner unter Ausübung pflichtgemäßen Ermessens gemäß § 21 Abs. 2 S. 1 Nr. 2 InsO ein allgemeines Verfügungsverbot auferlegen. Durch den vorläufigen Entzug seiner Verfügungsbefugnisse soll verhindert werden, dass der Insolvenzschuldner zentrale Vermögensgegenstände zugunsten einzelner Gläubiger weggibt oder diese sich wegen ihrer offenen Forderungen sogar eigenmächtig in den Besitz von Vermögensgegenständen bringen, um sich aus diesen zu befriedigen.[416] In dem Fall der Anordnung eines vorläufigen Verfügungsverbots erfolgt regelmäßig die zusätzliche Anordnung der vorläufigen Insolvenzverwaltung gemäß § 22 InsO. Gemäß § 22 Abs. 3 S. 1, 2 InsO ist der vom Insolvenzgericht bestellte vorläufige Insolvenzverwalter befugt, die Bücher des Schuldners einzusehen. Hierdurch soll vermieden oder zumindest rückwirkend nachvollzogen werden, ob auffällige Vermögenstransaktionen durch den Schuldner buchhalterisch und bilanziell verschleiert worden sind.[417]

Das Insolvenzgericht ist bei der Anordnung von vorläufigen Maßnahmen nicht auf die namentlich erwähnten Befugnisse in § 21 Abs. 2 InsO beschränkt. § 21 Abs. 1 InsO enthält eine Generalklausel. Sie ist ausweislich des § 21 Abs. 1

---

412 *Foerste*, Insolvenzrecht, § 1 Rn. 10; *Prütting*, in: Kübler/Prütting/Bork/Jacoby, InsO, § 5 Rn. 64 f.

413 *Hölzle*, in: Schmidt, InsO, § 21 Rn. 7.

414 *Beck/Wimmer*, in: Beck/Depré/Ampferl, § 5 Rn. 4.

415 *Haaermeyer/Schildt*, in: MüKo, InsO, § 21 Rn. 1.

416 *Beck/Wimmer*, in: Beck/Depré/Ampferl, § 5 Rn. 3.

417 *Beck/Wimmer*, in: Beck/Depré/Ampferl, § 5 Rn. 2.

S. 1 InsO – wie sämtliche Maßnahmen der §§ 21 ff. InsO – darauf ausgerichtet, die Haftungsmasse zugunsten der Gläubigergemeinschaft zu sichern und so den Gläubigergleichbehandlungsgrundsatz par conditio creditorum effektiv umzusetzen.[418]

Zusätzlich gelangen im eröffneten Insolvenzverfahren die Vorschriften über die Insolvenzanfechtung gemäß den §§ 129 ff. InsO zur Anwendung. Zentrale Voraussetzung der Insolvenzanfechtung ist gemäß § 129 Abs. 1 InsO eine Gläubigerbenachteiligung. Diese ist regelmäßig gegeben, wenn sich die Befriedigung der Gläubigergesamtheit im Falle des Unterbleibens der anzufechtenden Rechtshandlung bei wirtschaftlicher Betrachtung günstiger gestaltet hätte.[419] Rechtsfolge einer erfolgreichen Insolvenzanfechtung ist gemäß § 143 Abs. 1 InsO die Pflicht des Anfechtungsgegners zur Rückgewähr des in anfechtbarer Weise erlangten Massegegenstandes.[420] Im Zusammenhang mit den vorbenannten vorläufigen Sicherungsmaßnahmen können auf diese Weise insolvenzanfechtungsrechtlich relevante Erkenntnisse, welche beispielsweise durch die oben erwähnte Einsichtnahme in die Geschäftsbücher gemäß § 22 Abs. 3 S. 1, 2 InsO erlangt worden sind, masseanreichernd und damit zugunsten der Gläubigergemeinschaft verwendet werden. Durch die Vorschriften über die Insolvenzanfechtung wird der Grundsatz par conditio creditorum rückwirkend – sogar für den Zeitraum vor der Insolvenzantragstellung – vorverlagert und realisiert.[421]

bb) Ordnungszweck

Zum Zwecke der bestmöglichen Gläubigerbefriedigung ist es grundsätzlich die Aufgabe des Insolvenzverfahrens, das Schuldnervermögen vollständig zu erfassen.[422] Aus diesem Grund sollten nach gesetzgeberischer Vorstellung auch die nachrangigen Gläubiger gemäß § 39 InsO in das Insolvenzverfahren einbezogen

---

418 *Blankenburg*, in: Kübler/Prütting/Bork/Jacoby, InsO, § 21 Rn. 8; *Thiemann*, in: Rattunde/Smid/Zeuner, InsO, § 21 Rn. 4; *Vallender*, DZWIR 1999, 265.

419 BGH, Urt. v. 11.1.2007 – IX ZR 31/05, NJW 2007, 1357 (1358); Urt. v. 16.11.2007 – IX ZR 194/04, NJW 2008, 655 (656); Beschl. v. 14.2.2019 – IX ZB 25/17, NZI 2019, 392; *Kayser/Freudenberg*, in: MüKo, InsO, § 129 Rn. 77; *Borries/Hirte*, in: Uhlenbruck, InsO, § 129 Rn. 160.

420 *Reischl*, Insolvenzrecht, Rn. 39.

421 BGH, Urt. v. 10.2.2005 – IX ZR 211/02, NZI 2005, 215 (216); *Kirchhof/Freudenberg*, in: MüKo, InsO, Vorb. §§ 129–147 Rn. 2; *Borries/Hirte*, in: Uhlenbruck, InsO, § 129 Rn. 1; *Bork*, in: Kübler/Prütting/Bork/Jacoby, InsO, Vor § 129 Grundgedanke, Geschichte, Bedeutung Rn. 1 ff.; *Kaiser/Hölken*, NZI 2021, 11 (17).

422 *Sternal*, in: Kayser/Thole, InsO, § 1 Rn. 7.

werden.[423] Es war gemäß § 1 Abs. 2 S. 3 RegE-InsO beabsichtigt, dass das Insolvenzverfahren in Fällen, in denen Gesellschaften Insolvenzschuldner sind, grundsätzlich auch die Aufgaben gesellschaftsrechtlicher Liquidationen, somit die Herbeiführung der Löschungsreife bis hin zu der tatsächlichen Löschung aus dem Handelsregister, übernimmt. Hierdurch sollte das Bedürfnis einer außergerichtlichen Liquidation nach Abschluss des Insolvenzverfahrens entfallen. Die Vollabwicklung sollte im Interesse des Gesamtrechtsverkehrs erfolgen. Hintergrund dieses dem Insolvenzverfahren zugeschriebenen Aufgabenprogramms war es, werbende Tätigkeiten insolventer Marktteilnehmer zu unterbinden.[424] Insoweit verfolgt das Insolvenzverfahren auch einen gesamtwirtschaftlichen Ordnungszweck.[425]

Der § 1 Abs. 2 S. 3 RegE-InsO ist in die spätere Gesetzesfassung des § 1 InsO nicht aufgenommen worden. Dennoch enthält die InsO an anderen Stellen Hinweise auf eine weiterhin beabsichtigte Vollabwicklung des Schuldnervermögens.[426] So sieht § 199 S. 2 InsO vor, dass der Insolvenzverwalter nach Vollzug der Schlussverteilung noch vorhandenes Schuldnervermögen an die an der Schuldnerin beteiligten Personen – regelmäßig ihre Gesellschafter – herauszugeben hat, um eine gesellschaftsrechtliche Liquidation auszuschließen und die Löschung aus dem Handelsregister gemäß § 394 Abs. 1 S. 2 FamFG zu realisieren.[427]

Das Bedürfnis der Vollabwicklung des Schuldnervermögens zum Zwecke der Realisierung der Ordnungsfunktion des Insolvenzverfahrens gilt jedoch nicht uneingeschränkt. Nach höchstrichterlicher Rechtsprechung sind nämlich Fälle, in denen Vollabwicklungen nicht im Dienste, sondern im Wege der bestmöglichen Gläubigerbefriedigung stehen, zugunsten des Befriedigungszwecks des Insolvenzverfahrens aufzulösen.[428] So ist der Insolvenzverwalter gemäß

---

423 BT-Drs. 12/2443, S. 83 f.

424 BT-Drs. 12/2443, S. 84. Zum Schutze der Allgemeinheit durch das Löschungsverfahren des § 394 FamFG, vgl. BayObLG, Beschl. v. 10.2.1999 – 3Z BR 43/99, DNotZ 1999, 761 (762) (zum § 141a FamFG a.F.); OLG München, Beschl. v. 12.5.2011 – 31 Wx 205/11, BeckRS 2011, 13457; *Otto*, in: BeckOK, FamFG, § 394 Rn. 1, 3.

425 BT-Drs. 12/2443, S. 75; *Kexel*, in: Graf-Schlicker, InsO, § 1 Rn. 5; *Paulus*, NZI 2015, 1001 (1003); *Schmerbach*, in: FK, InsO, § 1 Rn. 2; *Flessner*, KTS 2010, 127 (143); *Lutz*, Der Vorwurf missbräuchlichen Verhaltens, S. 54.

426 *Pape*, in: Uhlenbruck, InsO, § 1 Rn. 11.

427 BT-Drs. 12/2443, S. 187; *Kebekus/Schwarzer*, in: MüKo, InsO, § 199 Rn. 1 ff.

428 BGH, Urt. v. 5.7.2001 – IX ZR 327/99, NJW 2001, 2966 (2967); Urt. v. 21.4.2005 – IX ZR 281/03, NJW 2005, 2015 (2016); Urt. v. 1.2.2007 – IX ZR 178/05, NZI 2007, 407 (408); BVerwG, Urt. v. 23.9.2004 – 7 C 22/03, NVwZ 2004, 1505 (1506).

§ 35 Abs. 2, 3 InsO befugt, solche Vermögensgegenstände von Gesellschaften aus der Insolvenzmasse freizugeben, deren Verwertung für die Gläubigergemeinschaft wirtschaftlich nachteilig wäre. Eine uneingeschränkte Pflicht des Insolvenzverwalters zur Abwicklung des Schuldnervermögens sieht das Insolvenzverfahren demgemäß nicht vor.[429] Die in diesem Zusammenhang bestehende Ordnungsfunktion steht daher im Rang unter der Befriedigungsfunktion des Insolvenzverfahrens.

b) Entschuldungszweck

Gemäß § 201 Abs. 1 InsO besteht grundsätzlich ein unbeschränktes Nachforderungsrecht der Gläubiger und zwar ungeachtet ihrer Beteiligung im Insolvenzverfahren.[430] Soweit im Verteilungsverfahren keine Befriedigung erlangt worden ist, können gegen den Insolvenzschuldner gerichtete Forderungen nach Aufhebung des Insolvenzverfahrens weiter geltend gemacht werden.[431] Für Forderungen, die zuvor im Insolvenzverfahren durch den Insolvenzverwalter zur Insolvenztabelle festgestellt worden sind, haben die Gläubiger gemäß § 201 Abs. 2 S. 1 InsO die Möglichkeit, bei fehlendem Widerspruch des Insolvenzschuldners aus dem jeweiligen Tabellenauszug wie aus einem vollstreckbaren Urteil die Zwangsvollstreckung zu betreiben.[432] Gemäß § 197 Abs. 1 Nr. 5 BGB gilt hierfür eine Verjährungsfrist von 30 Jahren, wobei jede Beantragung einer Vollstreckungshandlung gemäß § 212 Abs. 1 Nr. 2 BGB den Lauf der Verjährungsfrist unterbricht und diese neu zu laufen beginnt. Hinsichtlich titulierter Forderungen besteht daher faktisch eine lebenslange Haftung des Insolvenzschuldners.[433] Hat ein Gläubiger am vorherigen Insolvenzverfahren nicht teilgenommen, erfolgt dessen Forderungsdurchsetzung unabhängig von den Regelungen des § 201 InsO. Er kann aus einem bereits vor Durchführung des Insolvenzverfahrens bestehenden Titel

---

429 *Peters*, in: MüKo, InsO, § 35 Rn. 128; *Wittkowski/Kruth*, in: Nerlich/Römermann, InsO, § 80 Rn. 102 f.; *Lüke*, in: Kübler/Prütting/Bork/Jacoby, InsO, § 80 Rn. 9 f.; a.A. *Schmidt*, ZIP 2000, 1913 (1920).

430 *Jungmann*, in: Schmidt, InsO, § 201 Rn. 2.

431 *Ludwig*, in: Braun, InsO, § 1 Rn. 11; *Nicht*, in: BeckOK, InsO, § 201 Rn. 5.

432 Da für die Zwangsvollstreckung aus dem Tabellenauszug zusätzlich eine Klauselerteilung notwendig ist, wird eingewendet, dass der Tabellenauszug entgegen dem Wortlaut des § 201 Abs. 2 S. 1 InsO nicht einem „vollstreckbaren", sondern „rechtskräftigen" Urteil gleichstehe, vgl. *Holzer*, NZI 1999, 44 (46); *ders.*, in: Kübler/Prütting/Bork/Jacoby, InsO, § 201 Rn. 9; *Wegener*, Uhlenbruck, InsO, § 201 Rn. 28; *Smid*, ZInsO 2016, 1838 (1843).

433 *Stephan*, in: MüKo, InsO, Vorb. vor §§ 286 bis 303a, Rn. 1.

vorgehen oder seine Forderung neu titulieren lassen.[434] Der Insolvenzschuldner wird letztlich einer lebenslangen „Schuldknechtschaft“[435] unterworfen, sodass es ihm verwehrt wäre, einen wirtschaftlichen Neubeginn zu erreichen. Dass sich dies für den primären Verfahrenszweck der bestmöglichen Gläubigerbefriedigung nachteilig auswirken würde, liegt auf der Hand. Denn die Aussicht auf eine ohnehin eintretende lebenslange Nachhaftung nach dem gesetzgeberischen Leitbild des § 201 Abs. 1 InsO schmälerte das Eigeninteresse des Insolvenzschuldners an einer Durchführung des Insolvenzverfahrens.[436] Für die Frage der Nachhaftung sind nicht etwa die Bemühungen des Insolvenzschuldners, sondern der Bestand der Insolvenzmasse maßgeblich. Soweit ausreichende Insolvenzmasse vorhanden ist, um sämtliche Forderungen zu befriedigen, bleibt für eine Nachhaftung kein Raum. Kommt es jedoch nur – und dies ist der Regelfall – zu einer quotalen Befriedigung der Insolvenzgläubiger, so verbleibt es bei der Nachhaftung gemäß § 201 InsO. Der Grundsatz der Nachhaftung schafft insoweit keine ausreichenden Anreize für eine aktive Mitwirkung des Insolvenzschuldners im Insolvenzverfahren.

Dies ist in Anbetracht des Befriedigungszwecks des Insolvenzverfahrens allerdings misslich.[437] Denn die Erlangung einer bestmöglichen Befriedigung ist von der Mitwirkung des Insolvenzschuldners abhängig. Dies betrifft bereits die Mitteilung des Insolvenzschuldners über noch verborgene Vermögensgegenstände oder seine Mitwirkung bei der Aufarbeitung von Buchhaltungsunterlagen zur Feststellung von Sachverhalten, welche der Insolvenzanfechtung unterliegen. Die Steigerung der Motivation des Insolvenzschuldners kommt der Gläubigergemeinschaft letztlich zugute. Damit der Insolvenzschuldner seinerseits motiviert werden kann, ist es unumgänglich, auch dessen eigene Interessen bei der Durchführung des Insolvenzverfahrens in den Blick zu nehmen. Seine Interessenslage ist gerichtet auf die Erreichung eines wirtschaftlichen Neubeginns.[438]

---

434 *Wegener*, in: Uhlenbruck, InsO, § 201 Rn. 15; *Nicht*, in: BeckOK, InsO, § 201 Rn. 5; *Holzer*, in: Kübler/Prütting/Bork/Jacoby, InsO, § 201 Rn. 2.

435 *Ganter/Buns*, in: MüKo, InsO, § 1 Rn. 101.

436 *Ganter/Buns*, in: MüKo, InsO, § 1 Rn. 101.

437 *Stephan*, in: MüKo, InsO, Vorb. vor §§ 286 bis 303a, Rn. 7.

438 *Ganter/Buns*, in: MüKo, InsO, § 1 Rn. 101. Dieses Interesse wird sogar unter der verfassungsrechtlichen Figur des Rechts auf einen wirtschaftlichen Neubeginn nach einem finanziellen Zusammenbruch behandelt. Dogmatischer Anknüpfungspunkt sind hierbei die Art. 1, 2 Abs. 1 GG, vgl. *Stürner*, in: MüKo, InsO, Einleitung Rn. 93; *Stephan*, in: MüKo, InsO, Vorb. vor §§ 286 bis 303a, Rn. 23; insoweit ablehnend, BGH, Urt. v. 28.2.1989 – IX ZR 130/88, NJW 1989, 1276 (1278).

Bei der Ausgestaltung der InsO hatte der Gesetzgeber die Interessenslagen des Insolvenzschuldners einerseits und seiner Gläubiger andererseits in einen schonenden Ausgleich zu bringen.[439] Das Bedürfnis nach einer solchen Abwägung besteht schon deshalb, weil das Insolvenzverfahren ein Gesamtvollstreckungsverfahren[440] und das Insolvenzrecht demgemäß Teil des Zwangsvollstreckungsrechts ist. Die Berücksichtigung konträrer Interessen von Vollstreckungsgläubiger und Vollstreckungsschuldner ist dem Zwangsvollstreckungsrecht geradezu immanent.[441]

Dass der Gesetzgeber trotz des Befriedigungszwecks des Insolvenzverfahrens auch die Interessen des Insolvenzschuldners in den Blick genommen hat, ergibt sich bereits aus dem RegE-InsO. In dessen § 1 Abs. 2 S. 1 hieß es, dass die Interessen des Schuldners, seiner Familie und der Arbeitnehmer des schuldnerischen Unternehmens im Insolvenzverfahren nicht unberücksichtigt bleiben dürften.[442] Dass die endgültige Fassung des § 1 InsO auf Empfehlung des Rechtsausschusses geändert wurde, bedeutete lediglich eine redaktionelle Straffung.[443] Schuldnerische Interessen werden auch weiterhin im Insolvenzverfahren berücksichtigt.[444] Das zentrale Interesse des Insolvenzschuldners an einem wirtschaftlichen Neubeginn kommt bereits in § 1 S. 2 InsO zum Ausdruck. Denn hiernach wird dem redlichen Schuldner die Gelegenheit gegeben, sich von seinen restlichen Verbindlichkeiten zu befreien. Hinter dieser Norm verbirgt sich die Ankündigung des Systems der Restschuldbefreiung, welches der Entschuldung des Insolvenzschuldners dient.[445] Denn nach Absolvieren

---

439 Am konkreten Beispiel des Systems der Restschuldbefreiung, vgl. BT-Drs. 12/7302, S. 153.

440 *Pape*, in: Uhlenbruck, InsO, § 1 Rn. 2; *Madaus*, in: BeckOK, InsO, § 1 Rn. 2 f.; *Frege/Keller/Riedel*, Insolvenzrecht, Teil 1 Rn. 21, a.A. *Smid*, Handbuch Insolvenzrecht, § 1 Rn. 82 ff.; *Löffler*, in: Leonhardt/Smid/Zeuner, InsO, § 4 Rn. 2 ff.

441 *Keller*, in: Keller, Zwangsvollstreckungsrecht, Kap. 1, Rn. 5, 7 ff.

442 BT-Drs. 12/2443, S. 108; *Pape*, in: Uhlenbruck, InsO, § 1 Rn. 1, 16.

443 BT-Drs. 12/7302, S. 155.

444 BVerfG, Beschl. v. 23.5.2006 – 1 BvR 2530/04, NZI 2006, 453 (454).

445 BGH, Beschl. v. 16.3.2000 – IX ZB 2/00, NJW 2000, 1869 (1870); *Schmidt*, in: Schmidt, InsO, § 1 Rn. 10. In einer aktuelleren Entscheidung vertritt der BGH, dass das System der Restschuldbefreiung darüber hinaus öffentlichen Interessen diene. Namentlich genannt wird das „allgemeinwirtschaftliche und sozialpolitische Ziel, den Schuldner wieder in den Markt zu integrieren und sein Abdriften in graue Kredit- und Arbeitsmärkte zu verhindern.“, vgl. BGH, Urt. v. 25.6.2015 – IX ZR 199/14, NZI 2015, 858 (859).

einer mehrjährigen Wohlverhaltensperiode[446] wird der Insolvenzschuldner von seinen restlichen Verbindlichkeiten, die bei Eröffnung des Insolvenzverfahrens bestanden haben, befreit.[447] Demgemäß verfolgt das Insolvenzverfahren einen zusätzlichen Entschuldungszweck.[448]

Entgegen einer ersten oberflächlichen Betrachtung entsteht zwischen dem Entschuldungszweck und dem Befriedigungszweck kein Konflikt. Vielmehr ermöglicht das sich dem Insolvenzverfahren anschließende Restschuldbefreiungsverfahren gerade erst den Zugriff auf das künftige Einkommen des Insolvenzschuldners, welches oberhalb der Pfändungsfreigrenze an einen gerichtlich bestimmten Treuhänder zur Verteilung an die Gläubigergemeinschaft abgetreten wird.[449] Auf dieser Grundlage wird der Gläubigergemeinschaft über mehrere Jahre weiteres Einkommen des Insolvenzschuldners überlassen. Dies erhöht die bereits im Verteilungsverfahren erhaltenen Rückzahlungsbeträge. Damit kommt die Restschuldbefreiung auch dem Befriedigungszweck des Insolvenzverfahrens zugute.[450]

Im Rang steht der Entschuldungszweck unter dem Befriedigungszweck des Insolvenzverfahrens, sodass er im Kollisionsfall zurücktritt.[451] Dies kommt insbesondere dadurch zum Ausdruck, dass die Restschuldbefreiung nach gesetzgeberischer Vorstellung als Ausnahme zum Grundsatz der unbeschränkten Nachhaftung konzipiert ist.[452] Die Restschuldbefreiung steht dem Insolvenzschuldner nicht bedingungslos zu. Begründete Aussicht auf Erlangung der Restschuldbefreiung hat nämlich nur derjenige Insolvenzschuldner, welcher die Befriedigungschancen seiner Gläubiger nicht in vorwerfbarer Weise gefährdet

---

446 Die regelmäßige Dauer der Wohlverhaltensperiode beträgt zwar drei Jahre, sie ist jedoch variabel und hängt maßgeblich davon ab, in welcher Höhe dem Treuhänder Geldbeträge zugeflossen sind, vgl. *Wenzel*, in: Kübler/Prütting/Bork/Jacoby, InsO, § 286 Rn. 84.

447 *Sternal*, in: Uhlenbruck, InsO, § 286 Rn. 17, 19.

448 BGH, Beschl. v. 3.11.2005 – IX ZB 211/03, BeckRS 2005, 13978 Rn. 9; Beschl. v. 13.10.2011 – IX ZB 80/10, NZI 2012, 24 (25); Urt. v. 25.6.2015 – IX ZR 199/14, NZI 2015, 858 (859); *Sternal*, in: Kayser/Thole, InsO, § 1 Rn. 8.

449 BT-Drs. 12/2443, S. 100, BGH, Beschl. v. 26.2.2015 – IX ZB 44/13, NZI 2015, 328 (329); *Bork*, ZIP 1998, 1209 (1213).

450 BT-Drs. 12/7302, S. 153; *Wenzel*, DGVZ 1993, 81 (84 f.); *Bork*, ZIP 1998, 1209 (1213); *Funke*, ZIP 1998, 1708 (1710).

451 *Ganter/Buns*, in: MüKo, InsO, § 1 Rn. 101.

452 *Ganter/Buns*, in: MüKo, InsO, § 1 Rn. 100; *Wegener*, in: Uhlenbruck, InsO, § 201 Rn. 1.

hat.[453] Der Gläubigergemeinschaft ist ein Verlust ihrer Forderungen nicht zuzumuten, wenn der Insolvenzschuldner sich ihr gegenüber etwas zuschulden kommen lassen hat und anschließend das Privileg der Restschuldbefreiung erhielte.[454] Die Erlangung der Restschuldbefreiung steht daher nur dem redlichen Insolvenzschuldner zu. Der Feststellung der Unredlichkeit im Sinne des § 1 S. 2 InsO tragen die in den §§ 287a, 290, 295 ff. InsO normierten Versagungsgründe Rechnung.[455] In diesen Fällen scheidet eine Restschuldbefreiung und damit ein hierauf gründender wirtschaftlicher Neubeginn aus.

Die Restschuldbefreiung steht nur demjenigen Insolvenzschuldner zu, bei dem es sich um eine natürliche Person handelt.[456] Gesellschaften haben vorbehaltlich planverfahrensmäßiger Ausgestaltungen keine Aussicht auf Erlangung der Restschuldbefreiung.[457] Im Sinne einer Vollabwicklung steht am Ende des Insolvenzverfahrens über ihr Vermögen nämlich die Löschung aus dem Handelsregister.[458] Durch die Restschuldbefreiung nach den §§ 286 ff. InsO wird insoweit eine Äquivalenz hergestellt.[459]

c) Ergebnis

Das Insolvenzverfahren ist fester Bestandteil eines umfassenden Rechtsschutzsystems, das der Staat im Rahmen seines des Gewaltmonopols an sich gezogen hat.[460] Vor dem Hintergrund, dass die Durchführung des Insolvenzverfahrens im Falle der Insolvenz eines Marktteilnehmers für dessen Gläubiger die einzige nachhaltige Chance zur Durchsetzung ihrer Forderungen darstellt, hat es im Wesentlichen dem Interesse dieser Gläubiger zu dienen. Da das schuldnerische Vermögen zur Befriedigung sämtlicher Gläubiger nicht ausreicht, verliert das Prioritätsprinzip der Einzelzwangsvollstreckung seine innere Berechtigung und wird abgelöst durch den Grundsatz der gleichmäßigen Befriedigung der Gläubiger als Verlustgemeinschaft.[461] In diesem Zusammenhang ist der Staat im

---

453 *Bitzer*, in: Kindler/Nachmann/Bitzer, Handbuch Insolvenzrecht in Europa, 2. Teil: Länderberichte, Deutschland, Rn. 466.
454 *Sternal*, in: Uhlenbruck, InsO, § 286 Rn. 16.
455 *Bork*, ZIP 1998, 1209 (1213).
456 BT-Drs. 12/2443, S. 189.
457 *Henning*, in: Schmidt, InsO, § 286 Rn. 1.
458 Teil 2 III 3. a) bb).
459 *Stephan*, in: MüKo, InsO, Vorb. vor §§ 286 bis 303a, Rn. 9; *Pehl*, in: Braun, InsO, § 286 Rn. 5.
460 *Becker*, in: Nerlich/Römermann, InsO, § 1 Rn. 3.
461 *Stürner*, in: MüKo, InsO, Einleitung Rn. 77.

Rahmen seiner Justizgewährungspflicht angehalten, dem Rechtsschutzsuchenden ein in tatsächlicher Hinsicht zugängliches rechtsförmiges Verfahren – das Insolvenzverfahren – zur Verfügung zu stellen, in welchem er zumindest quotale Befriedigung seiner Forderung erreichen kann.[462] Insoweit verfolgt das Insolvenzverfahren vornehmlich einen Befriedigungszweck. Zur Umsetzung dieses Zwecks verfügt die InsO über umfassende Regelungsinstrumente, mithilfe derer der Gläubigergleichbehandlungsgrundsatz mehrere Jahre rückwirkend durchgesetzt werden kann.

Neben diesen Grundsatz reihen sich noch weitere untergeordnete Verfahrenszwecke ein, welchen das Insolvenzverfahren dient. Dabei handelt es sich einerseits um einen gesamtwirtschaftlichen Ordnungszweck zum Schutz der Allgemeinheit vor vermögenslosen Marktteilnehmern sowie dem Entschuldungszweck, welcher dem Insolvenzschuldner die Hoffnung auf einen wirtschaftlichen Neubeginn gibt. Diese beiden Zwecke sind untergeordnete Zwecke, denn ihre Handhabung hat sich am Hauptzweck der bestmöglichen Gläubigerbefriedigung zu orientieren. Sie greifen ausnahmsweise nicht ein, wenn durch ihre Anwendung die Verwirklichung des Befriedigungszwecks zugunsten der Gläubigergemeinschaft gefährdet wird.

---

462 *Stürner*, in: MüKo, InsO, Einleitung Rn. 77 f.

Teil 3: Rechtsschutzinteresse bei Fremdanträgen

Nachdem die verschiedenen Zwecke des Insolvenzverfahrens herausgearbeitet werden konnten, ist es nunmehr möglich, Rückschlüsse auf das Rechtsschutzinteresse im Rahmen der Insolvenzantragstellung im Insolvenzeröffnungsverfahren zu ziehen. Die in einschlägiger Literatur und Rechtsprechung behandelten Fallgruppen fehlenden Rechtsschutzinteresses werden nach gesetzgeberischer Vorstellung in objektiver und subjektiver Hinsicht unterteilt.[463] Da sich die aufzuzeigenden Problematiken maßgeblich im Rahmen der Gläubigeranträge ergeben, werden diese zunächst vorgestellt werden. Im Anschluss werden diese Ausführungen durch einschlägige Fallgruppen im Rahmen der Eigenanträge vervollständigt werden.[464]

Während die Fälle subjektiv fehlenden Rechtsschutzinteresses gemein haben, dass der Antragsteller mit seinem Rechtsschutzgesuch in Wirklichkeit den insolvenzspezifischen Verfahrenszweck – vornehmlich den Befriedigungszweck – nicht zu erreichen beabsichtigt, sind die Fälle des objektiv fehlenden Rechtsschutzinteresses anders gelagert. Die Besonderheit dieser Fälle liegt darin, dass die Durchführung des Insolvenzverfahrens für die Erreichung des Rechtschutzzieles des Antragstellers objektiv nicht geeignet oder zumindest nicht erforderlich ist. In der subjektiven Fallgruppe werden also Fälle der subjektiven Zweckwidrigkeit behandelt, die objektive Fallgruppe betrifft hingegen Sachverhalte der objektiv zwecklosen oder unzweckmäßigen Insolvenzanträge.[465] Selbstverständlich sind auch Kombinationen möglich,[466] indem der Antragsteller in subjektiver Hinsicht die Verfahrenszwecke des Insolvenzverfahrens nicht erreichen möchte und in objektiver Hinsicht auch nicht erreichen kann.

Die nachfolgenden Prüfungen werden stets im Lichte des aus verfassungsrechtlicher Hinsicht gebotenen Regel-Ausnahme-Verhältnisses des allgemeinen Justizgewährungsanspruchs und des fehlenden Rechtsschutzinteresses erfolgen.[467] Grundsätzlich besteht ein verfassungsrechtlicher Anspruch auf tatsächlichen

---

463 BT-Drs. 12/2443, S. 113.

464 Teil 4.

465 *Lang*, Rechtsschutzinteresse, S. 54 f.

466 *Lang*, Rechtsschutzinteresse, S. 55.

467 BGH, Beschl. v. 29.6.2006 – IX ZB 245/05, NZI 2006, 588 (589); Beschl. v. 19.5.2011 – IX 214/10, NZI 2011, 540 (541); Teil 2 III. 2. d).

Zugang zum Insolvenzverfahren.[468] Daher ist bereits wegen des staatlichen Vollstreckungsmonopols das Vorliegen eines Rechtsschutzinteresses auf Seiten des Antragstellers indiziert, wenn ihm eine Forderung gegen den Insolvenzschuldner zusteht und das Vorliegen eines Eröffnungsgrundes glaubhaft gemacht ist.[469] Das Fehlen des Rechtsschutzinteresses versteht sich demgemäß als Ausnahme,[470] sodass auch hier wieder die Regulativfunktion auf zweitem Rang erkennbar wird.[471] Eine zu großzügige Anwendung dieser Regulativfunktion führte zu umfangreichen Rechtsschutzsperren zulasten der Antragsteller, welche wiederum vor erheblichen verfassungsrechtlichen Bedenken stünden. Insoweit bedürfen die nachstehenden Prüfungen einer restriktiven Handhabung.

I. Objektiv fehlendes Rechtsschutzinteresse

1. Objektiv zweckloser Insolvenzantrag

a) Keine Teilnahme oder Befriedigung im eröffneten Verfahren

Das Merkmal des Rechtsschutzinteresses bei der Insolvenzantragstellung dient nach gesetzgeberischer Intention unter anderem dazu, sicherzustellen, dass das Insolvenzverfahren nur auf Antrag eines solchen Gläubigers eröffnet wird, der im Falle der Verfahrenseröffnung am Insolvenzverfahren beteiligt ist.[472]

aa) Aussonderungsberechtigung

Aus diesem Grund soll das Insolvenzverfahren auf Antrag eines Gläubigers, der zur Aussonderung berechtigt ist, nicht eröffnet werden.[473] Da er ein persönliches oder dingliches Recht an einem massefremden Gegenstand geltend macht, steht ihm gemäß § 47 S. 2 InsO hierfür der Rechtsweg außerhalb des Insolvenzverfahrens offen.

---

468 *Stürner*, in: MüKo, InsO, Einleitung Rn. 77 f.

469 BGH, Beschl. v. 29.6.2006 – IX ZB 245/05, NZI 2006, 588 (589); Beschl. v. 7.2.2008 – IX ZB 137/07, NZI 2008, 240; Beschl. v. 5.5.2011 – IX ZB 251/10, NJW-Spezial 2011, 693 (694); *Guski*, WM 2011, 103 (104); *Ganter*, NZI 2009, 457 (459); *Sternal*, in: Kayser/Thole, InsO, § 14 Rn. 32.

470 *Wegener*, in: Uhlenbruck, InsO, § 14 Rn. 69; *Guski*, WM 2011, 103 (105).

471 Teil 2 III. 2. b).

472 BT-Drs. 12/2443, S. 113; BGH, Beschl. v. 29.6.2006 – IX ZB 245/05, NZI 2006, 588 (589).

473 *Pape*, in: Kübler/Prütting/Bork/Jacoby, InsO, § 14 Rn. 150; *Wegener*, in: Uhlenbruck, InsO, § 14 Rn. 86 f.; *Sternal*, in: Kayser/Thole, InsO, § 14 Rn. 33.

Im Ergebnis bleibt es bei der bereits nach der KO maßgeblichen Rechtslage: Das Verfahren wird nur auf Antrag desjenigen Gläubigers eröffnet, welchem die Verfahrensdurchführung zur Verbesserung seiner rechtlichen oder wirtschaftlichen Position verhilft.[474] Allerdings ergibt sich ein gewichtiger Unterschied der InsO gegenüber der KO: Während das Problem der fehlenden Beteiligung im Insolvenz- bzw. Konkursverfahren in der KO in der Zulässigkeitsvoraussetzung der Antragsberechtigung verortet worden war, hat der Gesetzgeber der InsO dieses Problem auf die Antragsvoraussetzung des Rechtsschutzinteresses ausgelagert. Er entschied sich für die Erweiterung des Kreises der antragsberechtigten Gläubiger auf „jeden" Gläubiger. Dies soll allerdings ausdrücklich keine inhaltlichen Veränderungen bei der Antragstellung mit sich bringen.[475] Denn im Anschluss der Bejahung einer Antragsberechtigung wird eine Prüfung des Rechtsschutzinteresses vorgenommen. Ein solches wird kategorisch für diejenigen Gläubiger, die am späteren Insolvenzverfahren nicht beteiligt sind, abgelehnt.[476]

Beizupflichten ist dem Gesetzgeber insoweit, dass derjenige, dessen erstrebter Erfolg mit dem von ihm gewählten Rechtsweg objektiv nicht zu erreichen ist, des entsprechenden Rechtsschutzes wegen objektiver Zwecklosigkeit nicht bedarf.[477] Da dies auf den aussonderungsberechtigten Gläubiger, der am Insolvenzverfahren nicht beteiligt ist und damit an dessen gemeinsamer Haftungsverwirklichung nicht partizipiert, zutrifft, sind entsprechende Rechtsschutzgesuche von vornherein aussichtslos.

Indes ist die Konzeption der InsO misslungen.[478] Sie verkennt die Natur und die Funktion des Rechtsschutzinteresses als prozessuales Institut.[479] Dieses verfolgt eine Filterfunktion und stellt demgemäß eine Ausnahme vom Justizgewährungsanspruch dar. Es versteht sich gegenüber den anderen Antragsvoraussetzungen als subsidiäres Korrektiv und soll Rechtsschutzgesuche nur ausnahmsweise herausfiltern. Bei der Ausschaltung gänzlicher Gläubigergruppen kann von einer Ausnahme jedoch nicht mehr die Rede sein. Sie ist vielmehr der Regelfall. Dies wird der Ausnahmefunktion des Rechtsschutzinteresses nicht mehr gerecht.[480] Es verhält sich sogar so, dass für die Voraussetzung des

---

474 *Wegener*, in: Uhlenbruck, InsO, § 14 Rn. 86; *Lang*, Rechtsschutzinteresse, S. 87.
475 BT-Drs. 12/2443, S. 113.
476 *Lang*, Rechtsschutzinteresse, S. 87.
477 *Guski*, WM 2011, 103 (106).
478 *Smid*, Handbuch Insolvenzrecht, § 24 Rn. 57; *Lang*, Rechtsschutzinteresse, S. 86 f.
479 *Lang*, Rechtsschutzinteresse, S. 86 f.
480 *Gerhardt*, in: Jaeger, InsO, § 13 Rn. 4.

Rechtsschutzinteresses wegen seiner Subsidiarität rechtsdogmatisch dort kein Raum besteht, wo eine Lösung über andere speziellere Antragsvoraussetzungen möglich ist.[481] Eine solche Lösung wäre entsprechend den ursprünglichen Maßgaben der KO auch in der InsO über die Antragsberechtigung möglich gewesen. Hierfür bedürfte es einer teleologischen Reduktion des Gläubigerbegriffs des § 13 Abs. 1 S. 2 InsO auf diejenigen Gläubiger, welche am Insolvenzverfahren anteilige Befriedigung objektiv erlangen können.[482]

Die Änderungen der InsO gegenüber der KO weisen in Bezug auf die Erweiterung des Kreises der Antragsberechtigten dogmatische Ungereimtheiten auf. Für eine derartige Neuausrichtung bestand keine Notwendigkeit. Aus verfassungsrechtlicher Sicht ergeben sich jedoch für den aussonderungsberechtigten Gläubiger keine nachteiligen Folgen. Denn letztlich kann eine Zielerreichung über das Insolvenzverfahren – gleich ob mangels Antragsberechtigung oder Rechtsschutzinteresse – nicht ermöglicht werden. Rechtsschutzausfälle sind hierbei nicht zu befürchten, da gemäß § 47 S. 2 InsO der Rechtsweg zu den ordentlichen Gerichten offensteht.[483]

bb) Absonderungsberechtigung

Auch Teilen der absonderungsberechtigten Gläubiger gemäß den §§ 49 ff. InsO wird vorgehalten, am zu eröffnenden Insolvenzverfahren als Gläubiger nicht beteiligt zu sein.[484] Dies habe gemäß einer in Teilen der Literatur und Rechtsprechung vertretenen Auffassung zur Folge, dass die Durchführung eines Insolvenzverfahrens für solche Gläubiger nicht zur Verbesserung ihrer Rechtsstellung beitrage und sich als objektiv nutzlos darstelle. Demgemäß seien ihre Insolvenzanträge mangels Rechtsschutzinteresses zurückzuweisen.[485]

---

481 *Lang*, Rechtsschutzinteresse, S. 87.

482 Zu restriktiv hingegen in *Lang*, Rechtsschutzinteresse, S. 87 f., welcher den Kreis der Antragsberechtigten auf die Insolvenzgläubiger, somit diejenigen im Range der §§ 38, 39 InsO sowie die absonderungsberechtigten Gläubiger wegen ihrer Ausfallforderung gemäß § 52 InsO, beschränkt. Zur Antragsberechtigung aller absonderungsberechtigter Gläubiger, vgl. Teil 3 I. 1. a) bb).

483 *Lang*, Rechtsschutzinteresse, S. 86.

484 *Sternal*, in: Kayser/Thole, InsO, § 14 Rn. 33; *Wegener*, in: Uhlenbruck, InsO, § 14 Rn. 86 f.

485 BGH, Beschl. v. 29.11.2007 – IX ZB 12/07, NJW 2008, 1380; Beschl. v. 8.7.2010 – IX ZB 45/10, BeckRS 2010, 19953 Rn. 5; Beschl. v. 5.5.2011 – IX ZB 250/10, NZI 2011, 632; Beschl. v. 23.6.2016 – IX ZB 18/15, NZG 2016, 1193 (1195); AG Montabaur, Beschl. v. 7.3.2013 – 14 IN 345/12, juris; *Sternal*, in: Kayser/Thole, InsO, § 14 Rn. 33; *Wegener*, in: Uhlenbruck, InsO, § 14 Rn. 86 f.; *Kexel*, in: Graf-Schlicker, InsO, § 14 Rn. 11;

(1) Erscheinungsformen der Absonderungsberechtigung

Eingangs ist zu erwähnen, dass im Rahmen der Absonderungsberechtigung zwischen drei in der Praxis anzutreffenden Erscheinungsformen zu differenzieren ist, nämlich einerseits zwischen zwei Erscheinungsformen der absonderungsberechtigten Gläubiger mit *einfacher* und andererseits einer Erscheinungsform desjenigen Gläubigers mit *doppelter* Rechtsstellung.[486] Dies lässt sich auf das Wesen der Absonderungsberechtigung zurückführen:

Absonderungsberechtigte Gläubiger machen im Gegensatz zu einfachen Insolvenzgläubigern gemäß den §§ 38, 39 InsO vorzugsweise – allerdings vollständige – Befriedigung aus einem ihnen haftenden konkreten Gegenstand des schuldnerischen Vermögens geltend. Den Insolvenzgläubigern haftet demgegenüber – begrenzt auf ihre Verteilungsquote – das Vermögen des Insolvenzschuldners im Ganzen. Wiederum im Gegensatz zu den Gläubigern mit Aussonderungsberechtigung machen absonderungsberechtigte Gläubiger Sicherungsrechte an einem Gegenstand geltend, der massezugehörig und gerade nicht schuldnerfremd ist. Demgemäß können sie nicht ungeachtet des Insolvenzverfahrens auf die ihnen zustehenden Sicherungsgüter zugreifen. Sie sind grundsätzlich in das Verfahren eingebunden.[487]

Aus rechtlicher Betrachtung bedeutet die Einbindung als absonderungsberechtigter Gläubiger gegenüber Insolvenzgläubigern im Rang der §§ 38, 39 InsO zunächst keine bessere Verfahrensbeteiligung, sondern eben nur eine andere Art des Rechts.[488] Weder sind diese beiden Rechtsstellungen als absonderungsberechtigter Gläubiger und Insolvenzgläubiger in derselben Person zwingend kumulativ anzutreffen, noch schließen sie sich notwendigerweise gegenseitig aus. Daher existieren Formen der Absonderungsberechtigung dergestalt, dass der absonderungsberechtigte Gläubiger lediglich über eine dingliche Forderung, so etwa eine Grundschuld, gegen den Insolvenzschuldner verfügt.[489] Hierbei

---

Hölzle, EWiR 2008, 407 (407 f.); i.E. ebenfalls *Lang*, Rechtsschutzinteresse, S. 83 f.; *Vuia*, in: Gottwald/Haas, § 9 Rn. 36; *Pape*, in: Kübler/Prütting/Bork/Jacoby, InsO, § 14 Rn. 150 f., der einen Fall der objektiven *Unzweckmäßigkeit* annimmt, allerdings die vorgenannten Entscheidungen aus der Rechtsprechung anführt, welche hingegen eine objektive Nutzlosigkeit und damit objektive *Zwecklosigkeit* feststellen.

486 *Prütting*, in: Kübler/Prütting/Bork/Jacoby, InsO, § 52 Rn. 2; *Jauernig/Berger/Thole*, in: Jauernig/Berger/Thole, Insolvenzrecht, § 9 Rn. 1 ff.

487 *Jauernig/Berger/Thole*, in: Jauernig/Berger/Thole, Insolvenzrecht, § 9 Rn. 1 f.; *Foerste*, Insolvenzrecht, § 9 Rn. 91.

488 *Jauernig/Berger/Thole*, in: Jauernig/Berger/Thole, Insolvenzrecht, § 9 Rn. 4.

489 *Jauernig/Berger/Thole*, in: Jauernig/Berger/Thole, Insolvenzrecht, § 9 Rn. 7.

kann dem Gläubiger zusätzlich zum Insolvenzschuldner noch ein weiterer Dritter mit einer persönlichen oder dinglichen Forderung haften.[490] Das Bestehen anderweitiger Forderungen gegen Dritte ist für die Einbindung des Gläubigers in das Insolvenzverfahren über das Vermögen des Insolvenzschuldners jedoch irrelevant.[491] Im Ergebnis weist der Gläubiger in diesem Verfahren lediglich eine einfache (dingliche) Rechtsstellung auf.[492] In der Rechtspraxis hingegen ist die doppelte Rechtsstellung geläufig.[493] Sie wird von der Sonderkonstellation des § 52 InsO erfasst.[494]

(2) Doppelte Rechtsstellung – Sonderfall des § 52 InsO

Gemäß dieser Vorschrift sind absonderungsberechtigte Gläubiger *auch* Insolvenzgläubiger, wenn der Insolvenzschuldner ihnen zusätzlich persönlich haftet. Demgemäß kann der absonderungsberechtigte Gläubiger zusätzlich zu seiner gegenständlichen Haftung unter Umständen auch als Insolvenzgläubiger eine ergänzende quotale Befriedigung aus dem Vermögen des Insolvenzschuldners im Ganzen erlangen.[495] Zu einer quotalen Befriedigung aus der Masse kann es jedoch von vornherein nur kommen, wenn er entweder den Verzicht auf die Verwertung des ihm zustehenden Sicherungsgutes erklärt oder bei dessen Realisierung einen Ausfall erlitten hat. Im letzteren Fall erfolgt trotz der zusätzlichen, umfassenden Stellung als Insolvenzgläubiger[496] eine Verteilung nur hinsichtlich des den Wert der Sicherung übersteigenden Forderungsrestes.[497] Damit begehrt der absonderungsberechtigte Gläubiger in seiner zusätzlichen Rechtsstellung als Insolvenzgläubiger quotale Befriedung hinsichtlich dieser Differenz. Aus dieser Rechtsstellung heraus wäre ein Insolvenzantrag nicht mangels Rechtsschutzinteresses unzulässig.[498]

---

490 *Smid*, Handbuch Insolvenzrecht, § 24 Rn. 68.

491 *Jauernig/Berger/Thole*, in: Jauernig/Berger/Thole, Insolvenzrecht, § 9 Rn. 7 f.

492 *Andres*, in: Nerlich/Römermann, InsO, § 52 Rn. 4.

493 *Adolphsen*, in: Gottwald/Haas, § 42 Rn. 78; *Jauernig/Berger/Thole*, in: Jauernig/Berger/Thole, Insolvenzrecht, § 9 Rn. 4.

494 *Prütting*, in: Kübler/Prütting/Bork/Jacoby, InsO, § 52 Rn. 2; *Adolphsen*, in: Gottwald/Haas, § 42 Rn. 80.

495 *Ganter*, in: MüKo, InsO, § 52 Rn. 2.

496 BGH, Urt. v. 6.4.2006 – IX ZR 185/04, ZIP 2006, 1009 (1010); *Kayser/Freudenberg*, in: MüKo, InsO, § 130 Rn. 18.

497 *Thole*, in: Schmidt, InsO, § 52 Rn. 8, 11; *Adolphsen*, in: Gottwald/Haas, § 42 Rn. 81; *Foerste*, Insolvenzrecht, § 9 Rn. 92.

498 BGH, Beschl. v. 5.5.2011 – IX ZB 250/10, BeckRS 2011, 15429; *Wegener*, in: Uhlenbruck, InsO, § 14 Rn. 87; *Mönning*, in: Nerlich/Römermann, InsO, § 14 Rn. 33.

Ist der absonderungsberechtigte Gläubiger mit doppelter Rechtsstellung mit seiner persönlichen Forderung gegen den Insolvenzschuldner allerdings dinglich vollständig besichert, so wird auch ihm gegenüber eingewendet, dass die Durchführung des Insolvenzverfahrens für ihn objektiv nutzlos sei.[499] Voraussetzung an die dingliche Besicherung ist, dass sie ohne rechtliche und tatsächliche Zweifel außerhalb des Insolvenzverfahrens realisiert werden kann.[500] Liegen diese Voraussetzungen vor, erklärt er jedoch nicht den Verzicht auf dieses Absonderungsrecht, stehe von Beginn an fest, dass er nicht an einer quotalen Befriedigung im Insolvenzverfahren teilnehmen könne. Sein Insolvenzantrag sei daher mangels Stellung als Insolvenzgläubiger wegen fehlenden Rechtsschutzinteresses unzulässig.[501]

(a) Rechtsauffassung des BGH

Dieser Rechtsauffassung hat sich der BGH angeschlossen.[502] In dem zugrunde liegenden Sachverhalt hatte eine Bank der späteren Insolvenzschuldnerin und Beschwerdeführerin mehrere Darlehen zur Verfügung gestellt und ließ sich diverse Grundschulden, welche die später noch offenen Darlehensbeträge vollständig absicherten, bestellen. Zusätzlich unterwarf sich die Beschwerdeführerin wegen des Gesamtbetrags der Grundschulden mit ihrem gesamten Vermögen der Zwangsvollstreckung und stimmte der Erteilung einer vollsteckbaren Ausfertigung zugunsten der Bank zu. Die Darlehensverträge wurden wegen Zahlungsverzuges gekündigt. Gegen Grund und Höhe der Darlehensrückzahlungsansprüche bestanden keine Einwendungen von Seiten der Beschwerdeführerin. Die Bank hatte einen Antrag auf Eröffnung des Insolvenzverfahrens über das Vermögen der Beschwerdeführerin gestellt. Zuvor hatte sie weder den Verzicht auf die Geltendmachung ihrer Sicherungsrechte erklärt, noch war ein Ausfall zu erwarten,

---

499 Teil 3 I. 1. a) bb).

500 *Wegener*, in: Uhlenbruck, InsO, § 14 Rn. 87. Verneint bei Zweifeln der Insolvenzfestigkeit in *Vuia*, in: Gottwald/Haas, § 9 Rn. 36; *Lang*, Rechtsschutzinteresse, S. 85; *Mönning*, in: Nerlich/Römermann, InsO, § 14 Rn. 33; ferner bei Zustellungserschwernissen im Ausland im Rahmen eines Zwangsversteigerungsverfahrens in BGH, Beschl. v. 23.6.2016 – IX ZB 18/15, NZI 2016, 732 (733 f.); sowie bei drohenden wiederkehrenden Vollstreckungsschutzanträgen gemäß § 765a ZPO in BGH, Beschl. v. 10.12.2020 – IX ZB 24/20, NZI 2021, 182 (182 f.); *Pape*, in: Kübler/Prütting/Bork/Jacoby, InsO, § 14 Rn. 151 f.

501 *Pape*, in: Kübler/Prütting/Bork/Jacoby, InsO, § 14 Rn. 148; *Wegener*, in: Uhlenbruck, InsO, § 14 Rn. 87.

502 BGH, Beschl. v. 29.11.2007 – IX ZB 12/07, NJW 2008, 1380.

§ 52 S. 2 InsO. Das zuständige Insolvenzgericht hat das Insolvenzverfahren auf Grundlage dieses Antrags eröffnet.[503] Gegen den Eröffnungsbeschluss des Insolvenzgerichts legte die Beschwerdeführerin erfolglos sofortige Beschwerde ein.[504] Die hiergegen gerichtete Rechtsbeschwerde vor dem BGH hatte Erfolg. Das Insolvenzverfahren über das Vermögen der Beschwerdeführerin hätte auf Grundlage der vollständig besicherten Darlehensrückzahlungsforderung der Bank nicht eröffnet werden dürfen. Die antragstellende Bank verfügte nämlich über kein Rechtsschutzinteresse an der Durchführung des Insolvenzverfahrens.

Gemäß Auffassung des BGH war es der Bank verwehrt, bei nicht erklärtem Verzicht auf ihre Sicherungsrechte und nicht drohendem Ausfall insolvenzgerichtlichen Rechtsschutz zu erlangen. Die Bank hätte selbst nach Eröffnung des Verfahrens außerhalb des Insolvenzverfahrens im Wege der Zwangsversteigerung oder Zwangsverwaltung Befriedigung erlangen können. Daher sei die Durchführung des Insolvenzverfahrens angesichts der vollständig besicherten Forderung nicht gerechtfertigt gewesen. Die antragstellende Bank habe über eine nur noch „formale Rechtsposition" verfügt, die sie nicht hätte ausnutzen dürfen. Sie wurde darauf verwiesen, gegen die Schuldnerin gerichtete Ansprüche außerhalb des Insolvenzverfahrens geltend zu machen und insoweit die Zwangsversteigerung eines haftenden Grundstücks zu betreiben.

(b) Stellungnahme

Mit den gegebenen Argumenten begegnet die Verwehrung insolvenzgerichtlichen Rechtsschutzes gegenüber absonderungsberechtigten Gläubigern erheblichen Bedenken. Im Ausgangspunkt bedarf die Betrachtung zunächst einer Präzisierung des Vorwurfs. Vorgeworfen wird einem absonderungsberechtigten Gläubiger, dass sein Antrag objektiv zwecklos sei, weil seine rechtliche oder wirtschaftliche Position durch die Durchführung des Insolvenzverfahrens nicht verbessert werden könne. Zum Zwecke der Befriedigung wird er pauschal auf einen anderen Rechtsweg verwiesen, in welchem sich die Art der Befriedigung auf die Form der Liquidation beschränkt.

(aa) Rechtsbehelfswahlfreiheit

Selbst wenn man aus insolvenzrechtlicher Sicht die Liquidation als einzig gangbaren Weg der Befriedigung verstünde, so wäre eine Verweigerung der Insolvenzrechtswegeröffnung mit dem Verweis, einen anderen Rechtsweg zu

---

503 AG Hamburg, Beschl. v. 13.11.2006 – 67b IN 109/06, BeckRS 2012, 1631.
504 LG Hamburg, Beschl. v. 28.12.2006 – 326 T 108/06, BeckRS 2012, 1632.

begehen, bereits äußerst fragwürdig. Denn nach gesetzgeberischer Vorstellung soll bei Vorhandensein mehrerer Rechtsbehelfe die Wahl des zu beschreitenden Rechtsweges dem Rechtsschutzsuchenden selbst überlassen werden.[505] Das Nebeneinander der verschiedenen Rechtsbehelfe ist gewollt. Nur ausnahmsweise dürfen dem Rechtsschutzsuchenden Einschränkungen in der Wahlmöglichkeit auferlegt werden. Dies setzt voraus, dass sich die einzelnen Varianten eindeutig hinsichtlich der Einfachheit, der Schnelligkeit und des Kostenaufwandes unterscheiden, die in den Verfahren zu erzielenden Ergebnisse jedoch im Wesentlichen gleichwertig sind.[506] Dies bedarf eines umfassenden Vergleichs der konkurrierenden Rechtswege im Lichte ihrer Zweckmäßigkeit.[507]

Zwischen dem Insolvenzverfahren und dem im zugrundeliegenden Sachverhalt einschlägigen Verfahren der Zwangsversteigerung im Rahmen der Einzelzwangsvollstreckung existieren im Kern jedoch erhebliche Unterschiede.[508]

So sieht das Insolvenzverfahren grundsätzlich die Vollabwicklung schuldnerischer Unternehmen vor, sodass es im Anschluss der Gläubigerbefriedigung zur handelsregisterrechtlichen Löschung gemäß § 394 Abs. 1 S. 2 FamFG kommt.[509] Ihre innere Rechtfertigung findet die handelsregisterrechtliche Löschung im Schutze des Gesamtrechtsverkehrs und ist bedingt durch das Vorliegen der Eröffnungsvoraussetzungen des Insolvenzverfahrens,[510] insbesondere der Feststellung eines oder mehrerer materieller Insolvenzgründe gemäß den §§ 16 ff. InsO. Die Verfahren der Einzelzwangsvollstreckung sehen eine solche Vollabwicklung hingegen nicht vor. Dieses beschränkt sich im konkreten Fall der Zwangsversteigerung auf einen Eigentumsverlust des Vollstreckungsschuldners an seinem vormaligen Grundstück infolge der hoheitlichen Zuschlagserteilung zugunsten des Erstehers und einer Erlösauskehr zugunsten des verfahrensbetreibenden Vollstreckungsgläubigers gemäß den §§ 90 Abs. 1, 109 Abs. 2 ZVG.[511]

Sollte der Rechtsschutzsuchende zusätzlich zur Liquidation den insolvenzspezifischen Ordnungszweck verwirklicht sehen wollen, dann wäre zunächst festzuhalten, dass er etwas begehrte, was rechtlich ohnehin zu erfolgen hätte,

---

505 *Vuia*, in: Gottwald/Haas, § 4 Rn. 5; am Verhältnis zwischen Einzel- und Gesamtzwangsvollstreckungsrechtsbehelfen, vgl. *Lang*, Rechtsschutzinteresse, S. 150.

506 BGH, Urt. v. 14.3.1979 – IV ZR 98/78, NJW 1979, 1508.

507 BGH, Urt. v. 24.2.1994 – IX ZR 120/93, NJW 1994, 1351 (1352); *Wieser*, Das Rechtsschutzinteresse des Klägers im Zivilprozess, S. 144 ff.

508 *Lang*, Rechtsschutzinteresse, S. 84.

509 Teil 2 III. 3. a) bb).

510 *Krafka*, in: MüKo, FamFG, § 394 Rn. 1, 8.

511 *Böttcher*, in: Böttcher, ZVG, § 90 Rn. 3, § 109 Rn. 5.

weil die entsprechenden gesetzlichen Voraussetzungen vorlägen.[512] Wenn ihm dieser geeignete Rechtsweg nunmehr mit der Begründung abgeschnitten wird, dass die in den Verfahren der Einzelzwangsvollstreckung und im Insolvenzverfahren zu erzielenden Ergebnisse „im Wesentlichen gleichwertig" seien, ist dies sachlich unzutreffend. Die höheren Voraussetzungen für das Eingreifen des insolvenzrechtlichen Regimes sind gegeben, sodass auch die Realisierung seiner weiterreichenden Zwecke gerechtfertigt ist. Soweit die rechtlichen und tatsächlichen Voraussetzungen für die Durchführung des Insolvenzverfahrens vorliegen, ist es nicht erkennbar, weshalb auf ein Verfahren mit defizitären Rechtsfolgen verwiesen werden müsste.[513] Eine Konkurrenz im vorbezeichneten Sinne liegt nicht vor.[514]

(bb) Sanierung als gleichwertiges Verfahrensziel

Hinzu kommt ein weiterer wesentlicher Gesichtspunkt. Der BGH reduziert das wirtschaftliche Interesse des Antragstellers auf eine Befriedigungsalternative. Seine vergleichende Betrachtung folgt der Prämisse, dass der Antragsteller ausschließlich Befriedigung *durch Liquidation* begehre. Dem kann in der gegebenen Absolutheit nicht beigetreten werden.

Im vorgenannten Sachverhalt hat das Insolvenzgericht das Insolvenzverfahren über das Vermögen des Insolvenzschuldners eröffnet, nachdem das Sachverständigengutachten das Vorliegen der Zahlungsunfähigkeit gemäß § 17 InsO festgestellt hat. Der Schuldner war nach sachverständiger Einschätzung materiell insolvent. Wegen des Vorliegens der materiellen Insolvenz stellt sich daher die Frage nach der bestmöglichen Befriedigung der Gläubigergemeinschaft.[515] In Betracht kommen die Sanierung und die Liquidation, § 1 InsO. Dabei sind die verschiedenen Befriedigungsarten gleichwertig.[516] Die Gangart der Befriedigung wird am „Willen der Beteiligten" gemessen.[517] Es versteht sich von selbst, dass aufgrund der mannigfaltigen Interessen im Insolvenzverfahren von einem singulär gesprochenen „Willen" nicht die Rede sein kann. Bereits die Gläubiger

---

512 BGH, Beschl. v. 19.5.2011 – IX ZB 214/10, ZIP 2011, 1161; *Pape*, in: Kübler/Prütting/Bork/Jacoby, InsO, § 14 Rn. 146.

513 BGH, Beschl. v. 5.2.2004 – IX ZB 29/03, NZI 2004, 587 (589); *Gerhardt*, Anm. zu OLG Köln, Beschl. v. 18.5.1989 - 2 W 41/89, EWiR 1989, 701 (702); *Gerhardt*, in: Jaeger, InsO, § 14 Rn. 6.

514 Teil 3 I. 2. a).

515 *Pape*, in: Uhlenbruck, InsO, § 1 Rn. 7.

516 *Prütting*, in: Kübler/Prütting/Bork/Jacoby, InsO, § 1 Rn. 23.

517 *Pape*, in: Uhlenbruck, InsO, § 1 Rn. 7.

stehen in verschiedenen Beziehungen zum Insolvenzschuldner und können demgemäß verschiedenartige Interessen am Fortbestand oder der Zerschlagung seines Vermögens haben.

So kann auch der vollständig dinglich besicherte Gläubiger trotz der aussichtsreichen Befriedigungschancen im Rahmen einer Liquidation erhebliche Interessen am Fortbestand des schuldnerischen Unternehmens haben.[518] Zu denken ist allein an den absonderungsberechtigten Lieferanten, der zum schuldnerischen Unternehmen in einer dauerhaften Geschäftsbeziehung steht. Aus wirtschaftlicher Sicht dürfte der langfristige Fortbestand dieser Geschäftsbeziehung einer einmaligen Zerschlagung der mit Sicherungsrechten belasteten Vermögensgegenstände vorzuziehen sein. Der absonderungsberechtigte Gläubiger hat in diesem Fall ein erhebliches Interesse am Eintritt in Sanierungsverhandlungen mit dem Schuldner. Dabei ist es für das Interesse am Fortbestand des Vertragspartners unbeachtlich, ob der absonderungsberechtigte Gläubiger über einen zusätzlichen persönlichen Anspruch gegen den Schuldner verfügt oder er nur eine einfache Rechtsstellung als dinglicher Gläubiger einnimmt.

Bevorzugt der absonderungsberechtigte Gläubiger die Durchführung von Sanierungsverhandlungen, steht ihm hierfür gerade das Insolvenzverfahren zur Verfügung, § 1 InsO.[519] In diesem Fall ist es dem Gläubiger für den Erfolg seines Insolvenzantrags und demgemäß zum Einstieg in Sanierungsverhandlungen nicht zuzumuten, den Verzicht auf seine vollständige Besicherung zu erklären.[520] Denn einerseits führte die Aufgabe der Sicherheit in aller Regel zur erheblichen Verschlechterung der wirtschaftlichen Position des Gläubigers.[521] Er wird jedoch gerade versuchen wollen, seine wirtschaftliche Position für die Dauer der Sanierungsverhandlungen aufrechtzuerhalten, um diese zu seinen Gunsten zu beeinflussen. Je werthaltiger seine Sicherheiten sind, desto gewichtiger dürfte sein Einfluss auf den Ablauf der Sanierungsverhandlungen und das Interesse der anderen Beteiligten an seiner Einbeziehung sein. Andererseits ist es nicht nachvollziehbar, weshalb der absonderungsberechtigte Gläubiger bei durch ihn selbst zu initiierenden Sanierungsverhandlungen innerhalb des Insolvenzverfahrens zuvor einen Verzicht auf seine Sicherheiten erklären müsste, um dann sein vornehmliches Verfahrensziel zu realisieren, während er bei einem

518 *Vuia*, in: Gottwald/Haas, § 4 Rn. 5; *Smid*, in: *ders.*, InsO, § 14 Rn. 17; *Lang*, Rechtsschutzinteresse, S. 84.

519 *Vuia*, in: Gottwald/Haas, § 4 Rn. 5.

520 *Lang*, Rechtsschutzinteresse, S. 82.

521 *Adolphsen*, in: Gottwald/Haas, § 42 Rn. 84.

Insolvenzantrag eines anderen (Insolvenz-)Gläubigers seine Sicherheiten beibehalten und diese im Zuge der Verhandlungen als Mittel einsetzen dürfte. Es leuchtet nicht ein, weshalb die Sanierungserfolge in diesen beiden Fällen von vornherein unterschiedlich gelagert sein sollten. Dies läuft dem Sanierungszweck des Insolvenzverfahrens zuwider. Hieran muss sich die Beschränkung des Rechtsschutzinteresses bei der Antragstellung ebenfalls messen lassen.[522]

(cc) Gebotenheit zugunsten des Gesamtrechtsverkehrs

Auch im Lichte gesamtwirtschaftlicher Gesichtspunkte ist es nicht nachvollziehbar, weshalb dem absonderungsberechtigten Gläubiger die Insolvenzantragstellung verwehrt sein sollte.[523] Nach der hergebrachten Auffassung ist er angehalten, die Vermögenswerte des Schuldners zu zerschlagen. Faktisch steht er alternativlos dar, wenn er einen Verzicht auf werthaltige Sicherungsrechte nicht erklärt. Hat er jedoch nur nachrangig ein Interesse an der Realisierung seiner Sicherungsrechte, müsste er die Insolvenzantragstellung eines anderen Gläubigers abwarten. In der Praxis ist es aber nicht selten anzutreffen, dass gerade die besicherten Gläubiger, die in Dauerschuldverhältnissen mit wiederkehrenden Zahlungspflichten des Insolvenzschuldners stehen, Zahlungsausfälle früher als der Rest der Gläubigergemeinschaft wahrnehmen. Insoweit offenbart sich für diese besicherten Gläubiger die wirtschaftliche Krise des Insolvenzschuldners zuerst.[524] Indem eine Insolvenzantragstellung der vollständig absonderungsberechtigten Gläubiger nicht zugelassen wird, ist der Insolvenzschuldner trotz Vorliegens der wirtschaftlichen Krise in der Lage, weiterhin am Markt tätig zu sein. Dies stellt auch keine Seltenheit dar, dürfte der Insolvenzschuldner doch in der Regel versuchen wollen, seine Insolvenz noch aus eigenen Kräften abzuwenden und aus diesem Grund neue Aufträge zu akquirieren. Da er jedoch bereits seine besicherten Gläubiger nicht bezahlen konnte, liegt die Vorstellung, dass auch der neu akquirierte Kunde einen Zahlungs- oder Lieferausfall erleiden könnte, nicht fern. Für den Gesamtrechtsverkehr besteht insoweit Gefahr im Verzug. Da sich die Insolvenzantragstellung aber gerade zugunsten dieser Personengruppen

522 Diesen Maßstab legt der BGH bei der Prüfung des Rechtsschutzinteresses bei der Antragstellung durch nachrangige Gläubiger an, vgl. Beschl. v. 23.9.2010 – IX ZB 282/09, NZI 2011, 58 (59).

523 Wohl auch *Hölzle*, EWiR 2008, 407 (407 f.).

524 *Guski*, WM 2011, 103 (108); am Beispiel von öffentlich-rechtlichen Gläubigern, *Pape/Voigt*, Anm. zu BGH, Urt. v. 26.1.1995 – IX ZR 99/94, ZIP 1995, 480 (482 f.); *Lang*, Rechtsschutzinteresse, S. 83.

auswirken soll, ist es nicht nachvollziehbar, weshalb eine solche für vollständig absonderungsberechtigte Gläubiger verweigert wird.[525]

(3) Einfache Rechtsstellung als dinglicher Gläubiger

Während der absonderungsberechtigte Gläubiger gemäß § 52 S. 1 InsO noch eine zusätzliche Stellung als persönlicher Gläubiger aufweist, ist der absonderungsberechtigte Gläubiger mit einfacher Rechtsstellung ausschließlich dinglicher Gläubiger. Aus diesem Grund wird ihm in der Rechtsprechung des BGH und nach Teilen des Schrifttums das Rechtsschutzinteresse an der Antragstellung abgesprochen. Dies wird damit begründet, dass der nur dingliche Gläubiger im Falle der Eröffnung des Insolvenzverfahrens nicht *als Insolvenzgläubiger* beteiligt sei.[526] In einer anderen Entscheidung verlangt der BGH[527] in Übereinstimmung mit weiten Teilen des Schrifttums hingegen bereits für die Antragsberechtigung das Vorliegen eines persönlichen Vermögensanspruchs gegen den Insolvenzschuldner.[528] Das Bestehen eines solchen Anspruchs wird aus einer teleologischen Reduktion des § 13 Abs. 1 S. 2 InsO ermittelt.[529] Da der Absonderungsberechtigte mit dinglicher Rechtsstellung einen solchen persönlichen Anspruch gegen den Insolvenzschuldner allerdings nicht aufweist, sei er nicht antragsberechtigt.

(a) Kein Fall des fehlenden Rechtsschutzinteresses

Seine Rechtsauffassung zum fehlenden Rechtsschutzinteresse unterfüttert der BGH mit gesetzgeberischen Motiven.[530] Dabei erfolgt die Wiedergabe der Gesetzesmotive in den Entscheidungsgründen allerdings nicht vollständig zutreffend. Die Motive stellen nämlich nicht auf eine besondere Art der Verfahrensbeteiligung des Gläubigers ab. Vielmehr heißt es dort, dass ein Insolvenzantrag auch im Lichte des Rechtsschutzinteresses zulässig ist, wenn der antragstellende

---

525 *Lang*, Rechtsschutzinteresse, S. 83.

526 BGH, Beschl. v. 29.6.2006 – IX ZB 245/05; NZI 2006, 588 (589); *Wegener*, in: Uhlenbruck, InsO, § 13 Rn. 20.

527 BGH, Beschl. v. 30.6.2009 – IX ZA 21/09, BeckRS 2009, 20530.

528 *Sternal*, in: Kayser/Thole, InsO, § 13 Rn. 9; *Kexel*, in: Graf-Schlicker, InsO, § 13 Rn. 5; *Lang*, Rechtsschutzinteresse, S. 88; *Gerhardt*, in: Jaeger, InsO, § 13 Rn. 4; *Mönning*, in: Nerlich/Römermann, InsO, § 14 Rn. 11; *Vuia*, in: MüKo, InsO, § 13 Rn. 26 f.; *Vallender*, MDR 1999, 280 (283).

529 Restriktiver als in Teil 3 I. 1. a) aa), vgl. *Gerhardt*, in: Jaeger, InsO, § 13 Rn. 4, 14 Rn. 7; *Lang*, Rechtsschutzinteresse, S. 87 f.

530 BGH, Beschl. v. 29.6.2006 – IX ZB 245/05; NZI 2006, 588 (589).

Gläubiger im Falle der Eröffnung des Insolvenzverfahrens beteiligt ist – und zwar ungeachtet der konkreten Beteiligungsart.[531] Die Grenze ist nach dem Willen des Gesetzgebers dort zu ziehen, wo ein Aussonderungsberechtigter einen Insolvenzantrag stellt, der seine Rechte innerhalb wie außerhalb des Insolvenzverfahrens in gleicher Weise geltend machen kann, sodass dessen Antrag mangels Rechtsschutzinteresses als unzulässig zurückzuweisen sei.[532]

Diese Grenze ist erkennbar nicht überschritten. Während der aussonderungsberechtigte Gläubiger seine Rechte innerhalb wie außerhalb des Insolvenzverfahrens geltend machen kann, ist die Lage des aussonderungsberechtigten Gläubigers eine andere. Denn dieser nimmt am Insolvenzverfahren grundsätzlich teil.[533] Sein geltend zu machendes „Recht" im vorbenannten Sinne erfasst demgemäß auch dessen Recht auf Befriedigung im Wege der Sanierung auf Grundlage eines Insolvenzplans gemäß § 1 InsO. Im Rahmen dieses Insolvenzplans kann eine nur anteilsmäßige Zuwendung zugunsten des nur dinglich besicherten Gläubigers vorgesehen werden, wenn diese für ihn und die gesamte Gläubigergemeinschaft wirtschaftliche Vorteile mit sich bringt. In diesem Fall ist der Antrag des Gläubigers auf die Teilnahme am Insolvenzverfahren gerichtet und hat die mindestens teilweise Befriedigung seiner Forderung zum Gegenstand. Nach eigener Rechtsprechung des BGH zur doppelten Rechtsstellung gemäß § 52 InsO[534] weist der antragstellende dingliche Gläubiger demgemäß das erforderliche Rechtsschutzinteresse auf.

Für die Verneinung des Rechtsschutzinteresses a priori besteht kein Raum. Sie bezöge sich ferner nicht auf eine besondere Konstellation, die nur *ausnahmsweise* keine wirtschaftlichen oder rechtlichen Vorteile mit sich brachte, sondern diente der Eliminierung einer gänzlichen Gläubigergruppe. Hierfür ist das Institut des Rechtsschutzinteresses als Einzelfallkorrektiv nicht heranzuziehen.[535]

(b) Kein Fall der fehlenden Antragsberechtigung

Mit derselben Begründung lässt sich auch die in der Rechtsprechung des BGH und in der Literatur vertretene Auffassung einer fehlenden Antragsberechtigung zurückweisen. Denn die Befürworter verlangen einen gegen den

531 BT-Drs. 12/2443, S. 113.

532 BT-Drs. 12/2443, S. 113.

533 *Jauernig/Berger/Thole*, in: Jauernig/Berger/Thole, Insolvenzrecht, § 9 Rn. 1 f.; *Foerste*, Insolvenzrecht, § 9 Rn. 91.

534 Teil 3 I. 1. a) bb) (2) (a).

535 *Gerhardt*, in: Jaeger, InsO, § 13 Rn. 4; *Lang*, Rechtsschutzinteresse, S. 87.

Insolvenzschuldner gerichteten persönlichen Anspruch, da nur ein solcher zur anteilsmäßigen Befriedigung aus der Insolvenzmasse berechtige.[536] Der absonderungsberechtigte Gläubiger mit dinglicher Rechtsstellung begehrt im Falle der Sanierung auf Grundlage eines Insolvenzplans allerdings auch anteilsmäßige Befriedigung und nimmt wie ein persönlicher Gläubiger, dem das gesamte Vermögen des Schuldners haftet, einen quotalen Verlust seiner Forderung hin. Die Differenzierung zwischen persönlicher oder dinglicher Haftung des Schuldners wird in diesem Fall obsolet. Konsequenterweise müsste dem dinglichen Gläubiger auch im Rahmen der teleologischen Reduktion des § 13 Abs. 1 S. 2 InsO eine Antragsberechtigung gewahrt bleiben.[537]

Zu berücksichtigen ist, dass eine Sanierung im Wege eines Insolvenzplans im Zeitpunkt der Antragstellung durch den Gläubiger in den seltensten Fällen vom Insolvenzgericht als schlechtere Befriedigungsart abgetan werden kann. Demgemäß kann dem dinglichen Gläubiger auch nicht mit der erforderlichen Gewissheit unterstellt werden, dass er eine Beteiligung an einem Insolvenzplan nicht begehre. Aus diesem Grund ist auch der absonderungsberechtigte Gläubiger mit nur dinglicher Rechtsstellung gemäß § 13 Abs. 1 S. 2 InsO antragsberechtigt.[538]

(4) Ergebnis

Die bislang herrschende Auffassung versteht das rechtliche und wirtschaftliche Interesse des absonderungsberechtigten Gläubigers im Rahmen des § 52 InsO derweil zu eindimensional im Sinne einer Liquidation.[539] Ausgehend von dieser Fehleinschätzung erachtet sie das Insolvenzverfahren als objektiv zwecklos für diesen Gläubiger. Es ist jedoch nicht a priori feststellbar, welche wirtschaftlichen Interessen der Gläubiger verfolgt, sodass die Verwehrung insolvenzgerichtlichen Rechtsschutzes mit dem Hinweis, einen alternativen Weg der *Liquidation* einschlagen zu müssen, zu diesem Zeitpunkt verfrüht ist. Es ist durchaus möglich, dass die Nichtrealisierung der Sicherungsrechte für den besicherten Gläubiger wirtschaftlich vorteilhafter ist als eine Liquidation und der Gläubiger aus diesem Grund eine Sanierung bevorzugt. Die Befriedigung durch Sanierung wird

---

536 *Vuia*, in: MüKo, InsO, § 13 Rn. 26 f.; *Wegener*, in: Uhlenbruck, InsO, § 13 Rn. 20.

537 Insoweit sind die Voraussetzungen gegeben, dass der antragstellende Gläubiger an der verfahrensspezifischen gemeinschaftlichen Befriedigung durch Zuwendung wirtschaftlicher Werte im Rahmen eines Insolvenzplans teilnimmt, vgl. *Vuia*, in: MüKo, InsO, § 13 Rn. 26.

538 *Smid*, Handbuch Insolvenzrecht, § 24 Rn. 68; *Sorg*, in: Braun, InsO, § 13 Rn. 6.

539 *Smid*, in: *ders.*, InsO, § 14 Rn. 17; *Lang*, Rechtsschutzinteresse, S. 84.

ausdrücklich durch § 1 InsO gebilligt. Insoweit ist es verfassungsrechtlich nicht haltbar, dass dem Gläubiger seine einzige nachhaltige Sanierungsmöglichkeit im Rahmen des Insolvenzverfahrens ersatzlos abgeschnitten wird. Im Hinblick auf das wirtschaftliche Ziel der Sanierung, für welches das Insolvenzverfahren gemäß § 1 InsO zur Verfügung steht, versteht sich dies als absolute Rechtsschutzsperre. Aber auch soweit er tatsächlich die Liquidation als Alternative der Befriedigung bevorzugt, stellt der Verweis auf den Weg der Einzelzwangsvollstreckung einen Verstoß gegen die Rechtsbehelfswahlfreiheit und damit gegen den Justizgewährungsanspruch des absonderungsberechtigten Gläubigers dar.

Diese Argumentation trifft im Wesentlichen auch auf den absonderungsberechtigten Gläubiger mit nur dinglicher Rechtsstellung zu. Diesem wird nach weit verbreiteter Auffassung der Insolvenzrechtsweg verwehrt, da er als dinglicher Gläubiger gerade nicht wie ein persönlicher Gläubiger anteilsmäßig zu befriedigen sei und insoweit einen quotalen Verlust erleide. Im Rahmen der Befriedigung durch Sanierung ist diese Differenzierung allerdings unzutreffend, denn auch der nur dingliche Gläubiger kann hier je nach Plangestaltung eine nur anteilsmäßige Befriedigung erhalten und sie sogar bevorzugen, wenn sie auf längere Frist und zum Erhalt einer Geschäftsverbindung zum Insolvenzschuldner wirtschaftlicher ist. Die ihm verbleibende Alternative der Zerschlagung von schuldnerischen Vermögensgegenständen ist insoweit nicht zwingend vorteilhaft – weder für seine Befriedigungsaussichten noch für die der unbesicherten Gläubigerschaft.[540]

Gerichtsentscheidungen, die absonderungsberechtigten Gläubigern mit der gegebenen Argumentation den insolvenzgerichtlichen Rechtsschutz verwehren, treffen demgemäß nicht haltbare Feststellungen zum wirtschaftlichen Interesse des absonderungsberechtigten Gläubigers und letztlich zur Nützlichkeit seines Insolvenzantrags. Diese Entscheidungen versperren diesen Gläubigern den Zugang zum Insolvenzverfahren und erfolgen demgemäß unter Verstoß gegen den allgemeinen Justizgewährungsanspruch.

cc) Einredebehaftete und undurchsetzbare Forderungen

Umstritten ist ferner, ob der Gläubiger einer einredebehafteten Forderung das für die Antragstellung erforderliche Rechtsschutzinteresse aufweist.[541] Gemäß einer in der Literatur und Teilen der Rechtsprechung vertretenen Auffassung

540 *Jauernig/Berger/Thole*, in: Jauernig/Berger/Thole, Insolvenzrecht, § 9 Rn. 2.
541 *Gerhardt*, in: Jaeger, InsO, § 14 Rn. 12.

wird dies verneint.[542] Auffallend ist, dass die Vertreter dieser Auffassung diverse unterschiedlich gelagerte Sachverhalte unter dieser Fallgruppe subsumieren. Betroffen sind insbesondere Fragen, welche die Verjährung, die Stundung, die auflösende Bedingung sowie die Unvollkommenheit von Forderungen zum Gegenstand haben.

Bereits im Ansatz ist es jedoch fraglich, ob die hierunter subsumierten Sachverhalte überhaupt dem prozessualen Institut des Rechtsschutzinteresses zuzuordnen sind oder vielmehr solche Mängel betroffen sind, die unter andere speziellere materielle oder prozessuale Institute zu subsumieren sind und das Institut des Rechtsschutzinteresses insoweit als Auffangbecken ungeklärter Fragen missbraucht wird.[543] Eine fundierte Feststellung zum Vorliegen des Rechtsschutzinteresses ist ohne eine eingehendere Prüfung der jeweiligen Sachverhalte nicht möglich. Zur Feststellung ist zunächst auf die gesetzgeberische Konzeption des Insolvenzeröffnungsverfahrens zu rekurrieren.

(1) Umfang der Zulässigkeitsprüfung durch das Insolvenzgericht

Nach erfolgtem Eingang der schriftlichen Antragsunterlagen prüft das Insolvenzgericht die Zulässigkeit des Antrags auf Eröffnung des Insolvenzverfahrens.[544] Bei der Antragstellung durch einen Gläubiger ist der Insolvenzantrag gemäß § 14 Abs. 1 S. 1 InsO zulässig, wenn er ein Rechtsschutzinteresse an der Eröffnung des Insolvenzverfahrens hat und seine Forderung und den Eröffnungsgrund glaubhaft macht. Das Rechtsschutzinteresse liegt aufgrund des staatlichen Vollstreckungsmonopols regelmäßig vor, wenn die beiden besonderen Zulässigkeitsvoraussetzungen, also die Forderung und der Insolvenzgrund, glaubhaft gemacht worden sind.[545] Da die Stellung des Insolvenzantrags eine Prozesshandlung im prozessualen Sinne ist, bedarf es über § 4 InsO zusätzlich

542 LG Braunschweig, Beschl. v. 5.10.1959 – 8 T 683/59, NJW 1961, 2316; AG Göttingen, Beschl. v. 28.8.2001 – 74 IN 123/01, NZI 2006, 606; *Wegener*, in: Uhlenbruck, InsO, § 13 Rn. 24, § 14 Rn. 20, 78 ff.; *Vuia*, in: MüKo, InsO, § 13 Rn. 35, § 14 Rn. 25 f.; *Pape*, in: Kübler/Prütting/Bork/Jacoby, InsO, § 14 Rn. 158 ff.; *Sternal*, in: Kayser/Thole, InsO, § 14 Rn. 33 f.; *Mönning*, in: Nerlich/Römermann, InsO, § 14 Rn. 26 f. in Bezug auf verjährte und gestundete Forderungen.

543 *Gerhardt*, in: Jaeger, InsO, § 14 Rn. 2.

544 *Heilmaier*, in: Beck/Depré/Ampferl, § 4 Rn. 1 ff., 23 f.

545 AG Köln, Beschl. v. 7.3.2007 – 71 IN 609/06, NZI 2007, 66; *Gerhardt*, in: Jaeger, InsO, § 14 Rn. 2; *Vuia*, in: MüKo, InsO, § 14 Rn. 19; *Vallender/Fuchs/Rey*, NZI 1999, 181 (182).

des Vorliegens der allgemeinen Prozesshandlungsvoraussetzungen,[546] so auch des Rechtsschutzinteresses.[547]

(a) Glaubhaftmachung der Insolvenzforderung ausreichend

Gemäß § 14 Abs. 1 S. 1 InsO genügt für die Zulässigkeit des Insolvenzantrags die Glaubhaftmachung der Forderung.[548] Der Begriff der insolvenzrechtlichen Glaubhaftmachung orientiert sich dabei an derjenigen Begrifflichkeit des allgemeinen zivilprozessualen Beweisrechts gemäß § 294 ZPO.[549] Unter dem Begriff der Glaubhaftmachung versteht man einen bestimmten Grad der Beweisführung, der gegenüber dem Vollbeweis herabgesetzt ist.[550] Die Glaubhaftmachung genügt regelmäßig in Verfahren, die eilbedürftig sind und insoweit zeitnah Verfahrensergebnisse zu erzielen sind.[551] Aus diesem Grund ist es sogar möglich, dass bei der vorzunehmenden summarischen Prüfung gegenüber einer vollumfänglichen Beweisaufnahme divergierende Ergebnisse erzielt werden.

Auch das Insolvenzeröffnungsverfahren ist ein Eilverfahren.[552] Der Gesetzgeber hat sich hier bewusst für die Glaubhaftmachung der Antragsforderung entschieden.[553] Demgemäß muss das Vorliegen der Forderung nach dem Vortrag des Antragstellers schlüssig und überwiegend wahrscheinlich sein.[554] Ist die

546 BGH, Beschl. v. 11.3.2010 – IX ZB 110/09, NZI 2010, 441 (442); *Wegener*, in: Uhlenbruck, InsO, § 13 Rn. 57 ff.; *Vuia*, in: MüKo, InsO, § 14 Rn. 5, § 13 Rn. 69 ff., 90 ff., 93 ff.; *Gerhardt*, in: Jaeger, InsO, § 13 Rn. 3.

547 *Wegener*, in: Uhlenbruck, InsO, § 13 Rn. 81. Im Ergebnis auch *Vuia*, in: MüKo, InsO, § 14 Rn. 17 f., der das Rechtsschutzinteresse zunächst als besondere anschließend aber als eine „wie bei jedem Antrag auf gerichtliche Entscheidung" allgemeine Zulässigkeitsvoraussetzung einordnet.

548 *Smid*, DZWiR 2007, 45 (49).

549 BGH, Beschl. v. 11.9.2003 – IX ZB 37/03, NZI 2003, 662; Beschl. v. 13.6.2006 – IX ZB 238/05, NJW-RR 2006, 1422; Beschl. v. 23.10.2008 – IX ZB 7/08, BeckRS 2009, 2192; *Wegener*, in: Uhlenbruck, InsO, § 14 Rn. 27.

550 BGH, Beschl. v. 21.12.2006 – IX ZB 60/06, NJW-RR 2007, 776 (777); Beschl. v. 21.10.2010 – NJW-RR 2011, 136.

551 Anhand der einstweiligen Anordnung gemäß § 123 VwGO, vgl. *Schoch*, in: Schoch/Schneider, VwGO, § 123 Rn. 92a.

552 OLG Frankfurt a.M., Beschl. v. 11.5.2001 – 26 W 37/01, juris; BGH, Beschl. v. 5.8.2002 – IX ZB 51/02, NZI 2002, 601 (602).

553 BT-Drs. 12/2443, S. 115.

554 BGH, Beschl. v. 11.9.2003 – IX ZB 37/03, NZI 2003, 662; Beschl. v. 21.10.2010 – V ZB 210/09, NJW-RR 2011, 136 (137); Beschl. v. 11.6.2015 – IX ZB 76/13, NZI 2015, 755; *Wegener*, in: Uhlenbruck, InsO, § 14 Rn. 34.

Forderung glaubhaft gemacht und liegen die weiteren Antragsvoraussetzungen vor, so wird der Insolvenzantrag zugelassen.[555] Anschließend wird dem Insolvenzschuldner eine Abschrift des Insolvenzantrags zugestellt und ihm rechtliches Gehör gewährt.[556] Er erhält die Gelegenheit, sich zu der Antragstellung in rechtlicher und tatsächlicher Hinsicht zu äußern.[557] Demgemäß umfasst das rechtliche Gehör des Insolvenzschuldners als Antragsgegner, dass er Verteidigungsmittel hervorbringen, insbesondere einen vom Antragsteller abweichenden oder weitergehenden Sachverhalt vorbringen und diesen Sachverhalt zur notwendigen Überzeugung des Insolvenzgerichts glaubhaft machen kann.[558] Dabei spricht man von einer „Gegenglaubhaftmachung".[559] In dieser kontradiktorischen Konstellation des Insolvenzeröffnungsverfahrens stehen sich Gläubiger und Schuldner als Antragsteller und Antragsgegner gegenüber.[560]

Ist es dem Insolvenzschuldner auf Grundlage des von ihm vorgetragenen Sachverhalts gelungen, den zunächst glaubhaft gemachten Vortrag des Gläubigers in Bezug auf dessen Forderung zu erschüttern, so weist das Insolvenzgericht den Insolvenzantrag als unzulässig zurück.[561] Demgemäß scheitert der Gläubiger mit seiner Glaubhaftmachung.[562] Dabei ist es unschädlich, dass das Insolvenzgericht den Insolvenzantrag zuvor für zulässig erachtet hat. Es bleibt nämlich für die Dauer des gesamten Eröffnungsverfahrens zur Prüfung des Vorliegens sämtlicher Eröffnungsvoraussetzungen – so auch der Glaubhaftmachung der Forderung – verpflichtet. Bei Wegfallen einer Voraussetzung im Laufe des Eröffnungsverfahrens ist der Antrag auch noch nachträglich als unzulässig

555 *Gerhardt*, in: Jaeger, InsO, § 14 Rn. 24; *Keller*, Insolvenzrecht, Rn. 566.

556 *Keller*, Insolvenzrecht, Rn. 567; *Vuia*, in: Gottwald/Haas, § 12 Rn. 9.

557 *Keller*, Insolvenzrecht, Rn. 567 f.; *Gerhardt*, in: Jaeger, InsO, § 14 Rn. 35 ff.

558 LG Göttingen, Beschl. v. 27.5.2000 – 10 T 27/00, DZWiR 2000, 342 (343); *Keller*, Insolvenzrecht, Rn. 568.

559 *Vallender*, MDR 1999, 280 (281); *Wegener*, in: Uhlenbruck, InsO, § 14 Rn. 30; *Pape*, in: Kübler/Prütting/Bork/Jacoby, InsO, § 14 Rn. 131.

560 BGH, Beschl. v. 11.7.1961 – VI ZR 208/60, NJW 1961, 2016; Urt. v. 20.11.2001 – IX ZR 48/01, NZI 2002, 91 (92); *Vuia*, in: MüKo, InsO, § 13 Rn. 11; *Wegener*, in: Uhlenbruck, InsO, § 14 Rn. 30.

561 *Wegener*, in: Uhlenbruck, InsO, § 14 Rn. 30.

562 BGH, Beschl. v. 14.12.2005 – IX ZB 207/04, NJW-RR 2006, 1061; *Schmerbach*, in: FK, InsO, § 14 Rn. 115, der ausdrücklich zwischen der Frage der (Glaubhaftmachung der) Forderung und des Rechtsschutzinteresses differenziert.

zurückzuweisen.[563] Vermag der Schuldner als Antragsgegner hingegen keinen erheblichen Gegenvortrag hervorzubringen, bleibt die Forderung glaubhaft gemacht.[564] Der Antrag ist weiterhin zulässig. Auch dies entspricht allgemeinen beweisrechtlichen Grundsätzen.

(b) „Zustehen" der Forderung

Fraglich ist, ob der BGH zusätzlich zur Glaubhaftmachung über die Zulässigkeitsvoraussetzung des Rechtsschutzinteresses ein höheres Beweismaß für das Vorliegen der Antragsforderung verlangt. In ständiger Rechtsprechung konstatiert er nämlich, dass „in aller Regel" derjenige Gläubiger ein Rechtsschutzinteresse aufweise, „dem eine Forderung *zusteht* und der einen Eröffnungsgrund glaubhaft macht."[565]

(aa) Vereinbarkeit mit Konzeption des Insolvenzverfahrens

Problematisch wäre bereits die Vereinbarkeit des tatsächlichen Zustehens mit der gesetzgeberischen Vorstellung der Prüfungsdichte der Antragsforderung. Der Gesetzgeber hat sich nämlich bewusst auf ihre Glaubhaftmachung beschränkt. Im Eröffnungsverfahren bedarf es einer zügigen Entscheidung über die Verfahrenseröffnung, sodass die überwiegende Wahrscheinlichkeit erforderlich aber auch ausreichend ist.[566] Das Insolvenzgericht hat grundsätzlich weder im Eröffnungsverfahren noch im eröffneten Verfahren zu klären, ob eine Forderung tatsächlich besteht.[567] Auch für die Prüfung der Begründetheit des Insolvenzantrags, der sogenannten „Hauptprüfung",[568] bleibt es grundsätzlich bei der Glaubhaftmachung der Antragsforderung.[569] Hingegen ist das Vorliegen eines

---

563 BGH, Beschl. v. 13.6.2006 – IX ZB 214/05, NZI 2006, 590; *Gerhardt*, in: Jaeger, InsO, § 14 Rn. 27; *Vallender*, in: Uhlenbruck, InsO, § 21 Rn. 2a; *Vuia*, in: Gottwald/Haas, § 12 Rn. 34 f.

564 *Wegener*, in: Uhlenbruck, InsO, § 14 Rn. 30.

565 BGH, Beschl. v. 29.6.2006 – IX ZB 245/05, NZI 2006, 588 (589); Beschl. v. 7.2.2008 – IX ZB 137/07, NZI 2008, 240; Beschl. v. 5.5.2011 – IX ZB 251/10, BeckRS 2011, 15958.

566 *Lang*, Rechtsschutzinteresse, S. 79.

567 OLG Frankfurt a.M., Beschl. v. 11.5.2011 – 26 W 37/01, juris; *Lang*, Rechtsschutzinteresse, S. 79; *Vuia*, in: MüKo, InsO, § 14 Rn. 70; *Linker*, in: HK, InsO, § 14 Rn. 65.

568 BGH, Beschl. v. 13.6.2006 – IX ZB 214/05, NJW-RR 2006, 1641 (1642); *Wegener*, in: Uhlenbruck, InsO, § 13 Rn. 146 ff.; *Sternal*, in: Kayser/Thole, InsO, § 14 Rn. 51 ff.

569 OLG Köln, Beschl. v. 3.1.2000 – 2 W 268/99, NZI 2000, 174 (175); *Steffek*, in: Kübler/Prütting/Bork/Jacoby, InsO, § 16 Rn. 19; *Wegener*, in: Uhlenbruck, InsO, § 13 Rn. 147; *Mock*, in: Uhlenbruck, InsO, § 16 Rn. 13 f.; *Vuia*, in: MüKo, InsO, § 16 Rn. 37; *Pape*, NJW 1993, 297 (299).

Insolvenzgrundes wegen der einschneidenden Maßnahmen infolge der Verfahrenseröffnung gemäß § 16 InsO voll zu beweisen.[570]

Lediglich in dem Sonderfall, in welchem allein die Antragsforderung den Insolvenzgrund bildet, bedarf es zusätzlich der Feststellung ihres tatsächlichen Bestehens.[571] Der Vollbeweis ist in dieser Konstellation notwendig, da das gesetzlich geforderte tatsächliche Bestehen eines Insolvenzgrundes akzessorisch vom tatsächlichen Bestehen der Forderung ist.[572] Lässt sich nicht beweisen, dass die den Insolvenzgrund bildende Forderung gegeben ist, so lässt sich zugleich auch nicht mit der für die Verfahrenseröffnung erforderlichen Gewissheit feststellen, dass ein Insolvenzgrund gemäß § 16 InsO gegeben ist. Insoweit dient der Vollbeweis der Forderung in diesen Fällen dazu, den gesetzgeberischen Maßgaben zur Feststellung des Insolvenzgrundes aus § 16 InsO zu genügen.[573]

Im Grundsatz bleibt es jedoch dabei, dass selbst für die Begründetheit des Insolvenzantrags die Glaubhaftmachung der Forderung des Gläubigers ausreicht. Diese Prüfungsdichte wird gerade durch die aufgezeigte Sonderkonstellation bestätigt. Nur ausnahmsweise bedarf es des tatsächlichen Zustehens der Forderung. Steht diese nicht zu, wirkt sich dies aber selbst in dieser Konstellation erst auf die Begründetheit des Insolvenzantrags aus.[574] In keinem Fall hat die Nichterweislichkeit des tatsächlichen Zustehens der Forderung aber Auswirkungen auf die Zulässigkeit des Insolvenzantrags. Der Gesetzgeber hat sich für die Prüfung sowohl der Zulässigkeit als auch der Begründetheit des Insolvenzantrags im Regelfall bewusst auf die Glaubhaftmachung beschränkt. Wäre für die Bejahung des Rechtsschutzinteresses inzident das tatsächliche Zustehen der Forderung zu verlangen, so widerspräche dies dem vom Gesetzgeber für die Verfahrenseröffnung gewählten Beweismaß. Ferner müssten teilweise umfangreiche

---

570 *Salm-Hoogstraeten*, in: Braun, InsO, § 16 Rn. 1; *Mönning*, in: Nerlich/Römermann, InsO, § 16 Rn. 4 f., 7 f.; *Laroche*, in: Kayser/Thole, InsO, § 16 Rn. 2, 9.

571 BGH, Beschl. v. 14.1.2010 – IX ZB 177/09, NZI 2010, 225 (226); Beschl. v. 6.5.2010 – IX ZB 176/09, BeckRS 2010, 13377; Beschl. v. 23.6.2016 – IX ZB 18/15, NZI 2016, 732 (733).

572 *Pape*, NJW 1993, 297 (299); *Müller*, in: Jaeger, InsO, § 16 Rn. 7.

573 *Vuia*, in: MüKo, InsO, § 14 Rn. 87.

574 AG Hamburg, Beschl. v. 1.9.7.2007 – BeckRS 2008, 4646; *Smid*, DZWiR 2007, 45 (50); *Pape*, NJW 1993, 297 (299); *Vuia*, in: MüKo, InsO, § 16 Rn. 38; *Wegener*, in: Uhlenbruck, InsO, § 14 Rn. 38; *Mock*, in: Uhlenbruck, InsO, § 16 Rn. 13 f.; *Müller*, in: Jaeger, InsO, § 16 Rn. 7, 15.

Beweisaufnahmen durchgeführt werden, die dem Insolvenzverfahren fremd sind[575] und dessen Charakter als Eilverfahren konterkarierten.

(bb) Leerlaufende Regelvermutung des BGH

Selbst für den Fall, dass dem Antragsteller eine Forderung tatsächlich zustünde, liefe die vom BGH aufgestellte Regel doch leer. Er stellt nämlich die Regelvermutung auf, dass derjenige, dem eine materielle Forderung tatsächlich zusteht, in prozessualer Hinsicht ein Rechtsschutzinteresse aufweise. Eine Sachprüfung, so sie im Eröffnungsverfahren ausnahmsweise durchzuführen ist, erfolgt allerdings frühestens im Rahmen der Hauptprüfung. In diese tritt das Insolvenzgericht jedoch erst nach erfolgter Zulassung des Antrags ein. Dann ist jedoch bereits über das Vorliegen des Rechtsschutzinteresses entschieden worden. Daher können sich spätere Erkenntnisse in Bezug auf den tatsächlichen Bestand der Forderung objektiv nicht auf die erstmalige und vormalige Zulassung des Insolvenzantrags auswirken. Fragen der Begründetheit dürfen über das Rechtsschutzinteresse nicht in die Zulässigkeit des Insolvenzantrags vorgezogen werden.[576]

(c) „Gewissheit über den Bestand der Forderung"

Über die Glaubhaftmachung der Insolvenzforderung hinaus fordert *Mönning* zwar nicht das tatsächliche Bestehen, jedoch zumindest die „Gewissheit über den Bestand der Forderung".[577] Noch im Eröffnungsverfahren könne der Schuldner sich als Antragsgegner ohnehin gegen die glaubhaft gemachte Forderung des Gläubigers wehren, sodass das Insolvenzgericht sich von sich aus Gewissheit über den Bestand der Forderung zu verschaffen habe. Dies diene der Vermeidung einer unzumutbaren Belastung der Insolvenzgerichte und der schuldnerischen Autonomie. Die Gewissheit über den Bestand der Forderung sei Bestandteil des Rechtsschutzinteresses.[578]

(aa) Vereinbarkeit mit Konzeption des Insolvenzverfahrens

Bis zur erstmaligen Entscheidung über die Zulassung des Insolvenzantrags durch das Insolvenzgericht unterliegt das Eröffnungsverfahren dem

575 *Wegener*, in: Uhlenbruck, InsO, § 14 Rn. 37.

576 *Lang*, Rechtsschutzinteresse, S. 80.

577 In Bezug auf den Sonderfall der Verjährung, vgl. *Mönning*, in: Nerlich/Römermann, InsO, § 14 Rn. 26 f.

578 *Mönning*, in: Nerlich/Römermann, InsO, § 14 Rn. 27.

Beibringungsgrundsatz.[579] Demgemäß genügt der antragstellende Gläubiger seinen prozessualen Pflichten, indem er das Bestehen der Forderung schlüssig vorträgt und den entsprechenden Vortrag lediglich glaubhaft macht.[580] Das Vorliegen der allgemeinen Zulässigkeitsvoraussetzungen hingegen – so auch das Vorliegen des Rechtsschutzinteresses – bedarf der vollen Überzeugung des Gerichts und ist von Amts wegen zu prüfen.[581] Diese Differenzierung der Beweismaße bei allgemeinen und besonderen Zulässigkeitsvoraussetzungen ist vom Gesetzgeber gewollt. Diese Ansicht erlegt dem Insolvenzgericht nunmehr auf, den Bestand der Forderung im Gewand des Rechtsschutzinteresses inzident von Amts wegen zu ermitteln und bei dieser amtswegigen Prüfung außerdem das Beweismaß der Glaubhaftmachung zu übersteigen. Damit wäre die gesetzgeberische Ausdifferenzierung in allgemeine und besondere Zulässigkeitsvoraussetzungen und die zu erreichenden Beweismaße endgültig obsolet gewesen. Eine zusätzliche Prüfung über das hinreichend gewisse Bestehen der Forderung ist insoweit nicht vorgesehen.

(bb) Amtswegige aber akzessorische Prüfung

Sie dürfte ohne eigene Amtsermittlungsbefugnisse des Insolvenzgerichts auch nicht zu nennenswerten Vorteilen, insbesondere nicht zu einer Vermeidung der Belastung, führen. Das Insolvenzgericht verfügt im Zeitpunkt der erstmaligen Entscheidung über die Zulässigkeit des Insolvenzantrags nur über diejenigen Informationen, die der antragstellende Gläubiger im Zuge seines Tatsachenvortrags und dessen Glaubhaftmachung übersandt hat.[582] Der Antragsteller ist nach allgemeinen zivilprozessualen Grundsätzen nur für die für ihn günstigen, mithin rechtsbegründenden und -erhaltenden Tatsachen, darlegungs- und

---

579 AG Dresden, Beschl. v. 13.2.2002 – 530 IN 2190/01, ZIP 2002, 862; BGH, Beschl. v. 12.12.2002 – IX ZB 426/02, NJW 2003, 1187; Beschl. v. 11.9.2003 – IX ZB 37/03, NZI 2003, 662; Beschl. v. 12.7.2007 – IX ZB 82/04, ZIP 2007, 1868; *Gerhardt*, in: Jaeger, InsO, § 5 Rn. 2; *Hölzle*, in: Schmidt, InsO, § 21 Rn. 7.

580 *Henckel*, ZIP 2000, 2045 (2047); *Wegener*, in: Uhlenbruck, InsO, § 14 Rn. 34 f.

581 BGH, Beschl. v. 1.12.2011 – IX ZB 232/10, NZI 2012, 151 (152); *Bast*, in: Schmidt/Uhlenbruck, Die GmbH in Krise, § 15 Rn. 15.59; *Schmerbach*, in: FK, InsO, § 14 Rn. 105; *Wegener*, in: Uhlenbruck, InsO, § 13 Rn. 54; *Keller*, Insolvenzrecht, Rn. 564 f.; *Ganter/Bruns*, in: MüKo, InsO, § 5 Rn. 13.

582 *Wegener*, in: Uhlenbruck, InsO, § 14 Rn. 35; *Sternal*, in: Kayser/Thole, InsO, § 14 Rn. 49; *Mönning*, in: Nerlich/Römermann, InsO, § 13 Rn. 93a; *Hefermehl*, in: Wimmer/Dauernheim/Wagner/Gietl, HBFA, Insolvenzrecht, Kap. 1 Rn. 4.

beweisbelastet.[583] Er wird in aller Regel keine Tatsachen vortragen, die den Erfolg der Verfahrenseröffnung ernsthaft gefährden könnten.[584]

Ohne eigene Ermittlungsbefugnisse wäre die amtswegige Prüfung des Insolvenzgerichts akzessorisch vom Vorbringen des Gläubigers. Hat es auf Grundlage des Vorbringens des Gläubigers die Gewissheit über den Bestand seiner Forderung zu prüfen, so wird es ihm bei erfolgter Glaubhaftmachung zugleich attestieren müssen, dass der Bestand der Forderung hinreichend gewiss ist. Denn der Bestand der Forderung ist durch die erfolgte Glaubhaftmachung überwiegend wahrscheinlich.

Eine aussagekräftigere Prüfung könnte das Insolvenzgericht frühestens dann vornehmen, wenn ein anderslautender Sachverhalt durch den Schuldner als Antragsgegner vorgebracht und glaubhaft gemacht worden ist.[585] Erst dann könnte das Gericht überhaupt über anderweitige Sachverhaltsangaben verfügen, sodass eine vom Antragsteller abweichende Einschätzung zum Bestand der Forderung abgegeben werden könnte. Allerdings ist der Insolvenzantrag in diesem Zeitpunkt bereits zugelassen worden. Ferner wirkt sich das Vorbringen eines anderen Sachverhalts, der der Überzeugung des Insolvenzgerichts genügen sollte, dann nicht auf die in Frage stehende Gewissheit über den Bestand der Forderung aus. Denn hierfür existiert bereits die besondere Zulässigkeitsvoraussetzung der Glaubhaftmachung der Forderung. Eines zusätzlichen Rückgriffs auf das Institut des Rechtsschutzinteresses bedarf es daher nicht. Er ist systemfremd.

(cc) Gerichtliche Belastung durch zusätzliche Prüfung

Bedenkt man, dass die Insolvenzgerichte sich bei jedem eingehenden Insolvenzantrag zusätzlich mit Rechtsfragen und Verteidigungsansätzen des Antragsgegners befassen müssten, um die hinreichende Gewissheit zu prüfen, so müssten sie erhebliche zeitliche Ressourcen der Berufsrichter einbinden.[586] Da die personelle Situation an den Insolvenzgerichten ohnehin schon angespannt ist,[587]

---

583 BGH, Urt. v. 13.11.1998 – V ZR 386/97, NJW 1999, 352 (353); Urt. v. 18.5.2005 – VIII ZR 368/03, NJW 2005, 2395 (2396); *Anders/Gehle*, Das Assessorexamen im Zivilrecht, S. 269 Rn. 134; *Vuia*, in: MüKo, InsO, § 14 Rn. 64; *Ahrens*, in: Wieczorek/Schütze, ZPO, Vor § 286 Teil A Rn. 30 ff.

584 So auch *Henckel*, ZIP 2000, 2045 (2047), der davon spricht, dass Gläubiger Einwendungen verschweigen würden.

585 *Henckel*, ZIP 2000, 2045 (2047).

586 In diese Richtung argumentierend, vgl. *Gerhardt*, in: Jaeger, InsO, § 14 Rn. 12, der ferner Verjährungsfragen anschneidet, welche aus der zusätzlichen Prüfung durch das Insolvenzgericht resultieren.

587 *Beth*, NZI 2014, 487 (489).

dürfte dies wiederum zu einer verzögerten Anordnung etwaiger vorläufiger Sicherungsmaßnahmen gemäß den §§ 21 ff. InsO führen. Der Charakter des Insolvenzeröffnungsverfahrens als Eilverfahren wäre gefährdet. Ferner wären durch verzögerte Zulassungen der Insolvenzanträge Schäden für die Gläubigerschaften zu besorgen, da die Schuldner für den Zeitraum bis zur Zulassung uneingeschränkt verfügungsbefugt sind.[588] Die Inkaufnahme solcher Schäden ist insbesondere dann nicht gerechtfertigt, wenn der Schuldner von seiner Anhörung überhaupt kein Gebrauch machen wird. Dann kämen die vom Insolvenzgericht entwickelten Verteidigungsansätze überhaupt nicht zur Anwendung. Es kann nämlich gerichtlich nicht erzwungen werden, dass der Insolvenzschuldner sich entsprechend der vorherigen gerichtlichen Prüfung verteidigt. Das Schicksal der Rechtsverteidigung des Insolvenzschuldners im Rahmen der Anhörung gemäß § 14 Abs. 2 InsO hängt ausschließlich von dessen Willen ab.[589] In diesem Fall wäre die Befassung des Insolvenzgerichts geradezu sinnlos und ressourcenverschwendend. Dies führte zu der unzumutbaren Mehrbelastung der Insolvenzgerichte, welche durch *Mönning* gerade vermieden werden sollte. Verteidigt sich der Schuldner nicht angemessen gegen das Vorbringen des Gläubigers, so sind die Einschränkungen in seiner persönlichen Autonomie hinzunehmen. Dies ist die Konsequenz dessen, dass ihm im Eröffnungsverfahren eingeräumt wird, Verfahrensrechte selbstständig und eigenverantwortlich wahrzunehmen.[590]

(d) Ergebnis

Der Gesetzgeber hat sich für die Feststellung der einzelnen Zulässigkeitsvoraussetzungen einer ausdifferenzierten Systematik bedient. Insbesondere betrifft dies die unterschiedlichen Prüfungsdichten hinsichtlich der allgemeinen und besonderen Zulässigkeitsvoraussetzungen. Diese sind klar konturiert. Für die besonderen Voraussetzungen des Vorliegens einer Forderung und eines Insolvenzgrundes genügt für die Antragszulassung grundsätzlich die Glaubhaftmachung gemäß §§ 4 InsO, 294 ZPO. Ansätze, welche im Gewand des Rechtsschutzinteresses eine inzidente Prüfung des tatsächlichen oder hinreichend gewissen Vorliegens einer

588 *Lang*, Rechtsschutzinteresse, S. 27.

589 *Gerhardt*, in: Jaeger, InsO, § 14 Rn. 39.

590 *Wegener*, in: Uhlenbruck, InsO, § 5 Rn. 1. In diese Richtung argumentierend, vgl. OLG Celle, Beschl. v. 9.2.2000 – 2 W 101/99, NJW-RR 2001, 701 (705); ferner *Henckel*, ZIP 2000, 2045 (2047), der den Insolvenzgerichten empfiehlt, die Schuldner vermehrt zu hören, um den Vortrag der Antragsteller zu erschüttern und so den Erlass vorläufiger Sicherungsmaßnahmen zu verhindern.

Forderung vorzunehmen versuchen, verkennen diese Systematik. Eine über das gesetzliche Leitbild hinausgehende Amtsermittlung des Insolvenzgerichts hinsichtlich des Bestandes der Forderung dürfte schließlich zu beträchtlichen Verzögerungen der eilbedürftigen Verfahrenseröffnungen führen.[591] Dies steht im Widerspruch zum ausdrücklich erklärten Ziel des Gesetzgebers der frühen und rechtzeitigen Verfahrenseröffnung.[592]

In den nachstehenden Sonderfällen kommt es daher ausschließlich darauf an, ob mit den jeweiligen Antragsforderungen eine Glaubhaftmachung gelingt, ohne dass über das Rechtsschutzinteresse höhere Beweismaße abverlangt werden.

(2) Verjährung

Während es für den Fall der tatsächlich erhobenen Einrede der Verjährung im vorinsolvenzlichen oder insolvenzlichen Stadium höchstrichterlich geklärt ist, dass auf dieser Grundlage ein zulässiger Antrag nicht gestellt werden kann,[593] ist dies für den Fall der noch nicht erhobenen, allerdings voraussichtlich durchgreifenden Einrede umstritten.[594]

Vertreter der Auffassung, welche insolvenzrechtlichen Rechtsschutz auch ohne die erfolgte Erhebung der Einrede verwehren, begründen dies im Wesentlichen damit, dass die Erfolgsaussichten der späteren Teilnahme als gering einzuschätzen sind.[595] Spätestens der Insolvenzverwalter müsse die Antragsforderung nämlich im eröffneten Insolvenzverfahren im Zuge der Forderungsfeststellung bestreiten, da er sich anderenfalls schadensersatzpflichtig mache.[596] Aus diesem Grund fehle dem betroffenen Gläubiger bereits das Rechtsschutzinteresse zur Antragstellung.

---

591 *Beth*, NZI 2014, 487 (489).

592 BT-Drs. 12/2443, S. 80 f.; *Pape*, in: Uhlenbruck, InsO, § 1 Rn. 5.

593 BGH, Beschl. v. 29.3.2007 – IX ZB 141/06, NZI 2007, 408 (409); ferner LG Göttingen, Beschl. v. 2.5.2005 – 10 T 55/05, NZI 2005, 395 (396).

594 Die Zulässigkeit bejahend, vgl. *Gundlach*, in: Schmidt, InsO, § 14 Rn. 8; *Hefermehl*, in: Wimmer/Dauernheim/Wagner/Gietl, HBFA, Insolvenzrecht, Kap. 1 Rn. 93; *Linker*, in: HK, InsO, § 14 Rn. 10; *Schmerbach*, in: FK, InsO, § 14 Rn. 118; *Wegener*, in: Uhlenbruck, InsO, § 14 Rn. 79; *Gerhardt*, in: Jaeger, InsO, § 14 Rn. 12; *Lang*, Rechtsschutzinteresse, S. 78 ff. Die Zulässigkeit verneinend hingegen, vgl. *Pape*, in: Kübler/Prütting/Bork/Jacoby, InsO, § 14 Rn. 164; *Vuia*, in: MüKo, InsO, § 14 Rn. 25; *Mönning*, in: Nerlich/Römermann, InsO, § 14 Rn. 26 f.

595 *Vuia*, in: MüKo, InsO, § 14 Rn. 25.

596 *Mönning*, in: Nerlich/Römermann, InsO, § 14 Rn. 26 f.

Diese Auffassung vermag in mehrfacher Hinsicht nicht zu überzeugen. Sie verkennt die Grundlagen der Einrede im materiell-rechtlichen Sinne.[597] Im Übrigen ist sie nicht vereinbar mit den Grundzügen der im Insolvenzeröffnungsverfahren bis zur Eröffnungsentscheidung geltenden Dispositionsmaxime.[598]

(a) Einrede im materiell-rechtlichen Sinne

Die Einrede im materiell-rechtlichen Sinne ist so konzipiert, dass neben dem Vorliegen einer bestimmten Sachlage zusätzlich die Erklärung des Berechtigten erforderlich ist. Erst das kumulative Vorliegen dieser beiden Voraussetzungen führt zur materiell-rechtlichen Undurchsetzbarkeit der Forderung.[599] Dies bedeutet im Umkehrschluss, dass das Vorliegen nur einer der Voraussetzungen, mithin lediglich der Erklärung oder der Sachlage, eine Undurchsetzbarkeit nicht begründen kann. Die betroffene Forderung bleibt demgemäß weiterhin durchsetzbar.[600] Diese materiell-rechtlichen Grundsätze finden im Verfahrensrecht Anwendung.

Es kann dabei im Lichte der Rechtsbehelfswahlfreiheit des Forderungsinhabers keinen Unterschied machen, ob er die entsprechende Forderung im Wege einschlägiger Rechtsbehelfe nach allgemeinem Zivilprozessrecht oder im Insolvenzrechtsweg verfolgt. Im Zivilprozess wirkt sich die Verjährung erst nach ihrer Erhebung aus, wobei es irrelevant ist, welche Partei die Tatsachen zur erfolgten Erhebung der Einrede vorgetragen hat.[601] Ist die Einrede nicht erhoben oder ihre Erhebung dem Gericht nicht vorgetragen worden, so ist die entsprechende Klage auf Grundlage des dem Gericht beigebrachten Tatsachenstoffs begründet.[602] Dies ist gesetzgeberisch so beabsichtigt. Ein anderes ergibt sich nur bei

---

597 *Gerhardt*, in: Jaeger, InsO, § 14 Rn. 13.

598 *Linker*, in: HK, InsO, § 14 Rn. 10.

599 Am Beispiel der Verjährung, vgl. *Köhler*, BGB AT, § 18 Rn. 27 ff.

600 BGH, Urt. v. 27.1.2010 – VIII ZR 58/09, NJW 2010, 2422 (2424); *Mansel*, in: Jauernig, BGB, § 194 Rn. 4.

601 Zur Beachtlichkeit von Einreden im Sinne der ZPO durch den Vortrag des Klägers im Säumnisververfahren, vgl. BGH, Urt. v. 22.4.1999 – IX ZR 364/98, NJW 1999, 2120 (2123); OLG Düsseldorf, Urt. v. 5.2.1991 – 24 U 121/90, NJW 1991, 2089 (2090 f.); *Anders/Gehle*, Das Assessorexamen im Zivilrecht, S. 51 Rn. 97. Für den Fall, dass der Kläger jedoch lediglich die verjährungsbegründenden Tatsachen vorträgt und die Erhebung der Einrede nicht erfolgt ist oder nicht vorgetragen wurde, berührt dies die Durchsetzbarkeit des geltend gemachten Anspruchs hingegen nicht, vgl. BGH, Beschl. v. 2.10.2003 – V ZB 22/03, NJW 2004, 164.

602 BGH, Urt. v. 27.1.2010 – VIII ZR 58/09, NJW 2010, 2422 (2424).

Einwendungen im materiell-rechtlichen Sinne, welche von Amts wegen zu beachten sind.[603] Um eine solche handelt es sich bei der Einrede der Verjährung allerdings nicht.

(b) Dispositionsmaxime bis zur Antragszulassung

Die Rechtsverteidigung im Insolvenzeröffnungsverfahren ist dem Insolvenzschuldner überlassen. Es ist nicht Aufgabe des Gerichts, eine schlüssig vorgetragene Forderung von Amts wegen und ohne erheblichen Gegenvortrag zurückzuweisen.[604] Etwas anderes ergibt sich nur in der geschilderten Sonderkonstellation, in welcher der antragstellende Gläubiger selbst die bereits vorprozessual erhobene Einrede der Verjährung als Prozessstoff einführt. Ist dies hingegen nicht der Fall, bleibt es dabei, dass die Forderung schlüssig vorgetragen ist und die Glaubhaftmachung grundsätzlich gelingen kann.

(c) Haftungsrisiko des Insolvenzverwalters

Eine andere Beurteilung ist auch nicht wegen der im eröffneten Verfahren bevorstehenden Forderungsprüfung durch den Insolvenzverwalter angezeigt.[605] Es ist nämlich nicht ausgeschlossen, dass der Insolvenzverwalter die Erhebung der Verjährungseinrede versäumt und die Forderung feststellt. Dann machte er sich zwar gegebenenfalls schadensersatzpflichtig. Dies wirkt sich jedoch nicht auf die erfolgte Forderungsfeststellung zugunsten des antragstellenden Gläubigers aus. Die einmal erfolgte Forderungsfeststellung wirkt gegenüber Insolvenzverwalter und den allen Insolvenzgläubigern gemäß § 178 Abs. 3 InsO wie ein vorläufig vollstreckbares Urteil.[606]

Erhebt der Insolvenzverwalter, was im Zeitpunkt der Antragstellung nicht gewiss ist, im eröffneten Verfahren nicht die Einrede der Verjährung, nimmt der antragstellende Gläubiger an der Schlussverteilung regulär teil. Dabei verhält es sich analog zu dem vorgenannten Fall der Forderungsdurchsetzung im Erkenntnisverfahren nach der ZPO. Versäumt es die Gegenseite bzw. der Insolvenzverwalter, die Einrede der Verjährung zu erheben, ist die betroffene Forderung durchsetzbar. Dabei weist der Tabellenauszug die materielle Rechtslage auch zutreffend aus. Bis zur Erhebung der Verjährungseinrede bleibt eine verjährte

---

603 *Köhler*, BGB AT, § 18 Rn. 17.

604 OLG Celle, Beschl. v. 9.2.2000 – 2 W 101/99, NJW-RR 2001, 701 (705).

605 *Linker*, in: HK, InsO, § 14 Rn. 10; a.A. *Mönning*, in: Nerlich/Römermann, InsO, § 14 Rn. 26 f.

606 Teil 2 III. 3. b).

Forderung durchsetzbar. Demgemäß ist es nur sachgerecht, dass sie bei der Verteilung berücksichtigt wird.

Insoweit ist es prozessual nicht zu beanstanden, wenn die Antragsforderung bereits verjährt ist, die Einrede der Verjährung jedoch noch nicht erhoben ist. Dem Gläubiger muss es gestattet sein, mit einer solchen Forderung einen zulässigen und begründeten Insolvenzantrag zu stellen. Einschränkungen im Lichte des Rechtsschutzinteresses sind nicht geboten. Mit einer derartigen Forderung wird ohne Erhebung der Verjährungseinrede die Glaubhaftmachung gemäß § 14 Abs. 1 InsO gelingen.

(3) Stundung und fehlende Fälligkeit

Anders könnte es sich im Falle der fehlenden Fälligkeit und insbesondere der materiell-rechtlichen Stundung verhalten.[607] Unter dem Begriff der Fälligkeit gemäß § 271 Abs. 1 BGB versteht man die Berechtigung des Gläubigers, die Erfüllung der betroffenen Forderung zu verlangen.[608] Dabei geht § 271 Abs. 1 BGB von der sofortigen Fälligkeit aus. Soweit von diesem gesetzlichen Regelfall abweichende Zeitpunkte geltend gemacht werden, trägt derjenige für die entsprechenden Umstände und Abreden die Beweislast, zu dessen Gunsten sich die Abweichung auswirken soll.[609]

Eine solche abweichende Vereinbarung stellt die Stundung dar. Ihr wirksamer Abschluss gewährt dem Schuldner eine Einrede, bei deren Erhebung die Forderung nicht durchzusetzen ist.[610] Für den Abschluss der Stundungsvereinbarung und die Erhebung der Stundungseinrede trägt der sich in der Regel hierauf berufende Schuldner die prozessuale Darlegungs- und Beweislast.[611] Entsprechender

---

607 Die Zulässigkeit bejahend, vgl. *Gundlach*, in: Schmidt, InsO, § 14 Rn. 8; *Lang*, Rechtsschutzinteresse, S. 80 f.; Die Zulässigkeit verneinend hingegen, vgl. *Schmerbach*, in: FK, InsO, § 14 Rn. 118; *Wegener*, in: Uhlenbruck, InsO, § 14 Rn. 78, 80; *Pape*, in: Kübler/Prütting/Bork/Jacoby, InsO, § 14 Rn. 159 f.; *Vuia*, in: MüKo, InsO, § 14 Rn. 26; *Mönning*, in: Nerlich/Römermann, InsO, § 14 Rn. 27.

608 BGH, Urt. v. 1.2.2007 – III ZR 159/06, NJW 2007, 1581 (1582); Urt. v. 11.12.2013 – IV ZR 46/13, NJW 2014, 847 (848).

609 *Bittner/Kolbe*, in: Staudinger, BGB, § 271 Rn. 40.

610 *Krüger*, in: MüKo, BGB, § 271 Rn. 22; *Bittner/Kolbe*, in: Staudinger, BGB, § 271 Rn. 17; *Lorenz*, in: BeckOK, BGB, § 271 Rn. 16; *Krafka*, in: BeckOGK, BGB, § 271 Rn. 60.

611 Dies entspricht der herrschenden Einwandstheorie, vgl. BGH, Urt. v. 21.10.2003 – X ZR 218/01, NJW-RR 2004, 209 (210); *Bittner/Kolbe*, in: Staudinger, BGB, § 271 Rn. 41; *Krüger*, in: MüKo, BGB, § 271 Rn. 38; a.A. (Leugnungstheorie), vgl. BGH, Urt. v. 18.11.1974 – VIII ZR 125/73, NJW 1975, 206 (207); LG Tübingen, Urt. v. 29.1.1990 – 1 S 352/89, NJW 1990, 1185 (1886).

Vortrag erfolgt regelmäßig im Rahmen der Anhörung gemäß § 14 Abs. 2 InsO. Damit weist diese Fallgruppe eine konzeptionelle Nähe zur Fallgruppe der Verjährung auf.[612] In beiden Fällen hindert die Erhebung der Einrede die Durchsetzbarkeit der Antragsforderung und lässt den entsprechenden Insolvenzantrag an der Glaubhaftmachung der Antragsforderung gemäß § 14 Abs. 1 InsO scheitern.[613] Im Umkehrschluss bleibt es dabei, dass mit einer gestundeten Forderung die Glaubhaftmachung gelingen kann. Bis zum Nachweis des Abschlusses der Stundungsvereinbarung und der Erhebung ihrer Einrede ist die gestundete Forderung durchsetzbar.

(4) Aufschiebende Bedingung

(a) Allgemeines

Der Insolvenzantrag, dem eine aufschiebend bedingte Antragsforderung bei fehlendem Bedingungseintritt zugrunde liegt, ist unzulässig.[614] Eine Glaubhaftmachung der Antragsforderung gemäß § 14 Abs. 1 S. 1 InsO wird nicht gelingen.[615] Bis zum Bedingungseintritt ist die Forderung nämlich noch nicht zur Entstehung gelangt.[616] Demgemäß ist es im Zeitpunkt der Entscheidung über die Antragszulassung nicht überwiegend wahrscheinlich, dass sie durchsetzbar sein wird.[617] Eines Rückgriffs auf das subsidiäre Institut des Rechtsschutzinteresses bedarf es insoweit nicht.

Eine andere Betrachtung ergibt sich auch nicht aus der Wertung der §§ 77 Abs. 3 Nr. 1, 95 Abs. 1, 191 InsO. Der zeitliche Anwendungsbereich dieser Vorschriften setzt nämlich die vormalige Verfahrenseröffnung und demgemäß einen zulässigen und begründeten Insolvenzantrag voraus.[618] Diese Vorschriften

---

612 Teil 3 I. 1. a) cc) (2).

613 *Wegener*, in: Uhlenbruck, InsO, § 14 Rn. 30.

614 Im Ergebnis zustimmend, allerdings aus Gründen des fehlenden Rechtsschutzinteresses, vgl. *Wegener*, in: Uhlenbruck, InsO, § 14 Rn. 80; *Pape*, in: Kübler/Prütting/Bork/Jacoby, InsO, § 14 Rn. 160; *Vuia*, in: MüKo, InsO, § 14 Rn. 26; *Schmerbach*, in: FK, InsO, § 14 Rn. 118.

615 *Leithaus*, in: Andres/Leithaus, InsO, § 14 Rn. 2; *Gundlach*, in: Schmidt, InsO, § 14 Rn. 8.

616 BGH, Urt. v. 4.5.2017 – I ZR 113/16, MDR 2017, 1314 (1315); *Herrler*, in: Staudinger, BGB, § 158 Rn. 19.

617 *Wegener*, in: Uhlenbruck, InsO, § 14 Rn. 80; *Pape*, in: Kübler/Prütting/Bork/Jacoby, InsO, § 14 Rn. 160; *Vuia*, in: MüKo, InsO, § 14 Rn. 26.

618 In Bezug auf die Vorschrift des § 77 Abs. 3 Nr. 1 InsO, vgl. *Wegener*, in: Uhlenbruck, InsO, § 14 Rn. 80; *Pape*, in: Kübler/Prütting/Bork/Jacoby, InsO, § 14 Rn. 160; *Vuia*, in: MüKo, InsO, § 14 Rn. 26.

berücksichtigen die Besonderheiten der Rechtsstellung von Gläubigern aufschiebend bedingter Forderungen, da diese nach gesetzgeberischer Vorstellung in das Insolvenzverfahren des Schuldners, welches auf eine gemeinschaftliche Gläubigerbefriedigung ausgerichtet ist, einzubeziehen sind.[619] Dies betrifft auch Fälle der auflösenden Bedingung oder der fehlenden Fälligkeit.[620] Diese Betrachtung lässt allerdings keine Rückschlüsse auf die Frage zu, ob der Gläubiger einer solchen Forderung auch ein solches Insolvenzverfahren zu initiieren berechtigt ist.[621] Für die Beantwortung dieser Frage ist ausschließlich auf das Vorliegen der Antragsvoraussetzungen abzustellen. Ein Insolvenzantrag, dem eine aufschiebend bedingte Forderung zugrunde liegt, wird diesen Antragsvoraussetzungen jedoch nicht genügen können. Eine nicht zur Entstehung gelangte Forderung eignet sich nämlich nicht zur Glaubhaftmachung gemäß § 14 Abs. 1 S. 1 InsO.

(b) Sonderfall: Antragstellung durch einen Bürgen

Diese Erkenntnis im Umgang mit aufschiebend bedingten Forderungen hilft auch bei der rechtlichen Bewältigung der Sonderkonstellation der Insolvenzantragstellung durch einen Bürgen oder einen sonstigen ausgleichsberechtigten Gesamtschuldner, der den Gläubiger des Haupt- bzw. Insolvenzschuldners noch nicht befriedigt hat. Als Antragsforderung werden hierbei die gesetzlichen Regressansprüche der §§ 426, 774 BGB zugrunde gelegt.[622] Die ersichtlichen Stimmen im Schrifttum gelangen übereinstimmend zur Unzulässigkeit eines solchen Insolvenzantrags, wobei die Unzulässigkeit auf verschiedene Ursachen zurückgeführt wird.

(aa) Fehlende Antragsberechtigung

So gelangt *Mönning* zur Unzulässigkeit des Insolvenzantrags, da nach dessen Dafürhalten eine Antragsberechtigung gemäß § 13 Abs. 1 S. 2 BGB nicht vorliege. Eine Antragsberechtigung des Bürgen sei erst nach erfolgter Inanspruchnahme durch den Gläubiger und Vollendung des gesetzlichen Forderungsübergangs gemäß § 774 BGB anzunehmen. Zwar stelle der Ausgleichsanspruch einen aufschiebend bedingten Anspruch des Bürgen dar. Dieser aufschiebend bedingte Anspruch entstehe allerdings erst infolge des Forderungsübergangs gemäß

---

619 *Bitter*, NZI 2000, 399 (399 ff.).

620 *Bitter*, NZI 2000, 399.

621 *Wegener*, in: Uhlenbruck, InsO, § 14 Rn. 80; *Pape*, in: Kübler/Prütting/Bork/Jacoby, InsO, § 14 Rn. 160; *Vuia*, in: MüKo, InsO, § 14 Rn. 26.

622 *Lang*, Rechtsschutzinteresse, S. 88.

§ 774 BGB. Vorher bestehe keine Rechtsbeziehung zwischen Bürgen und dem Insolvenzschuldner, aus welcher ein solcher Anspruch hergeleitet werden könne. Mangels Rechtsbeziehung sei die Antragsberechtigung gemäß § 13 Abs. 1 S. 2 InsO zu verneinen.[623]

Diese Auffassung teilt auch *Lang*, soweit der Ausgleichsanspruch auf einer Legalzession beruht.[624] Für Ausgleichsansprüche aus dem Innenverhältnis zwischen Bürgen und Insolvenzschuldner gemäß § 670 BGB wählt dieser allerdings einen abweichenden Begründungsansatz. In diesem Rahmen wird die Unzulässigkeit des Insolvenzantrags nämlich auf die Vorschrift des § 44 InsO gestützt. Hiernach ist dem Bürgen die Geltendmachung des (künftigen) Regressanspruchs im Insolvenzverfahren nur nachrangig nach dem Gläubiger gestattet, da es sich bei der Hauptforderung des Gläubigers und der Regressforderung des Bürgen in wirtschaftlicher Hinsicht um dieselbe Forderung handelt, für welche die Insolvenzmasse nicht doppelt in Anspruch genommen werden darf (sogenanntes „Doppelanmeldungsverbot").[625] Da die Wahrnehmung des Antragsrechts zuvörderst Aufgabe des Gläubigers ist, sei die Insolvenzgläubigerstellung des Bürgen gemäß § 38 InsO und demgemäß auch sein Antragsrecht gemäß § 13 Abs. 1 S. 2 InsO ausgeschlossen.[626]

(bb) Subjektiv fehlendes Rechtsschutzinteresse

Schließlich geht *Gerhardt* wegen einer missbräuchlichen Druckantragstellung von einem subjektiv fehlenden Rechtsschutzinteresse für einen solchen Insolvenzantrag des Bürgen aus. Dem Bürgen gehe es in diesem zeitlichen Stadium insoweit nicht um die Durchführung eines Insolvenzverfahrens mit dem Ziel der gleichmäßigen Befriedigung. Er beabsichtige vielmehr die Begleichung der Hauptforderung durch den Insolvenzschuldner gegenüber dem Gläubiger oder seine eigene Freistellung gemäß § 775 BGB.[627]

---

623 *Mönning*, in: Nerlich/Römermann, InsO, § 14 Rn. 31; *Pape*, in: Kübler/Prütting/Bork/Jacoby, InsO, § 14 Rn. 183.

624 *Lang*, Rechtsschutzinteresse, S. 89 f.

625 BT-Drs. 12/2443, S. 124; *Bitter*, in: MüKo, InsO, § 44 Rn. 12 ff.; *Knof*, in: Uhlenbruck, InsO, § 44 Rn. 1, 4.

626 *Lang*, Rechtsschutzinteresse, S. 90 f.

627 *Gerhardt*, in: Jaeger, InsO, § 14 Rn. 11; *Wegener*, in: Uhlenbruck, InsO, § 14 Rn. 90; *Sternal*, in: Kayser/Thole, InsO, § 14 Rn. 37; *Unger*, KTS 1962, 205 (216).

(cc) Stellungnahme

Die Ansicht, welche dem ausgleichsberechtigten Bürgen seine Antragsberechtigung abspricht, vermag nicht zu überzeugen. Sie verkennt, dass die Rechtsbeziehung zwischen dem Insolvenzschuldner und dem Bürgen nicht erst mit der erfolgten Inanspruchnahme des Bürgen durch den Gläubiger entsteht. Denn bereits durch den Abschluss des Bürgschaftsvertrags zwischen dem Bürgen und dem Gläubiger entsteht regelmäßig zwischen dem Bürgen und dem Insolvenzschuldner als Hauptschuldner ein Schuldverhältnis in Gestalt eines entgeltlichen Geschäftsbesorgungsvertrags gemäß den §§ 675 ff. BGB bzw. eines Auftrags gemäß den §§ 662 ff. BGB.[628] Sowohl aus dem zwischen dem Bürgen mit dem Gläubiger geschlossenen Bürgschaftsvertrag als auch aus dem Innenverhältnis zwischen Bürgen und Insolvenzschuldner erwachsen noch vor Inanspruchnahme und Forderungsübergang aufschiebend bedingte Regressansprüche des Bürgen gegen den Insolvenzschuldner gemäß den §§ 774, 670 BGB.[629] Die Erfüllung des Bürgen gegenüber dem Gläubiger wirkt sich auf den zeitlich späteren Bedingungseintritt aus,[630] nicht aber auf die vorgelagerte Frage der Existenz einer Rechtsbeziehung. Insoweit sind die Ausführungen von *Mönning* fehlgehend, dass der aufschiebend bedingte Anspruch des Bürgen „erst mit Inanspruchnahme" entstehe.[631] Insbesondere bliebe in diesem Fall fraglich, welcher weitere Umstand eintreten müsste, damit dieser bedingte Anspruch unbedingt werden könnte.

Entgegen der differenzierten Betrachtung von *Lang* ist es auch unbeachtlich, ob Rechtsgrund des Regressanspruchs § 774 BGB oder § 670 BGB darstellt. Gemäß vorstehender Feststellung entsteht in beiden Fällen ein aufschiebend bedingter Anspruch des Bürgen bereits durch Abschluss des Bürgschaftsvertrags mit dem Gläubiger bzw. Geschäftsbesorgungs- oder Auftragsverhältnis mit dem Insolvenzschuldner, sodass die (Insolvenz-)Gläubigereigenschaft gemäß § 38 InsO zu bejahen ist.[632] Ferner führt der gewählte Ansatz über die Wertung

628 BGH, Urt. v. 16.3.2000 – IX ZR 10/99, NJW 2000, 1643 (1643 f.); *Habersack*, in: MüKo, BGB, § 765 Rn. 1, 7, § 774 Rn. 17.

629 *Habersack*, BKR 2007, 77 (78 f.).

630 BGH, Beschl. v. 14.1.1999 – IX ZR 208/97, NJW 1999, 1182 (1183); *Habersack*, in: MüKo, BGB, § 774 Rn. 19; *ders.*, BKR 2007, 77 (78 f.).

631 *Mönning*, in: Nerlich/Römermann, InsO, § 14 Rn. 31.

632 BGH, Urt. v. 13.4.2011 – VIII ZR 295/10, NZI 2011, 404 (405); Urt. v. 24.3.2016 – IX ZR 259/13, NJW 2016, 3239 (3241); Urt. v. 22.3.2018 – IX ZR 163/17, NJW 2018, 2322 (2324); *Habersack*, BKR 2007, 77 (78); *Sinz*, in: Uhlenbruck, InsO, § 38 Rn. 33; *Ehricke/Behme*, in: MüKo, InsO, § 38 Rn. 22.

des § 44 InsO auch nicht zur Bewältigung dieser Fallgruppe. Das Doppelanmeldungsverbot des § 44 InsO setzt nämlich voraus, dass sowohl der Gläubiger als auch der Bürge eine wirtschaftlich identische Forderung anzumelden beabsichtigen. Für den Fall, dass der Gläubiger allerdings auf eine Anmeldung zur Insolvenztabelle verzichtet hat und der Bürge mit dieser Forderung einen Insolvenzantrag stellen möchte, vermag der Verweis auf § 44 InsO nicht weiterzuführen. Die Gefahr der Doppelanmeldung bestünde nämlich nicht.[633] Folglich müsste in diesem Fall eine Auseinandersetzung mit der von *Gerhardt* vertretenen Druckantragstellung erfolgen.

(dd) Lösung: Glaubhaftmachung der Antragsforderung

Zur Erzielung konsequenter Ergebnisse im Rahmen dieser Sonderkonstellation bedarf es keines Rückgriffs auf die Antragsberechtigung oder das Institut des Rechtsschutzinteresses. In rechtlicher Hinsicht stellt die Regressforderung des Bürgen oder sonstig ausgleichsberechtigten Gesamtschuldners eine aufschiebend bedingte Forderung dar, welche nach Befriedigung des Gläubigers durch den Bürgen unbedingt wird. Bis zum Bedingungseintritt hingegen ist die aufschiebend bedingte Forderung nicht vollständig zur Entstehung gelangt. Dies hat zur Folge, dass ihre materiell-rechtliche Durchsetzbarkeit aus prozessrechtlicher Sicht nicht als überwiegend wahrscheinlich betrachtet werden kann. Demgemäß scheitert der Bürge mit seinem Regressanspruch – gleich aus welchem Rechtsgrund – mit der Glaubhaftmachung. Auf das subsidiäre Institut des Rechtsschutzinteresses kommt es daher nicht an.

(5) Unvollkommenheit

Eine andere Beurteilung könnte jedoch könnte im Rahmen von unvollkommenen Verbindlichkeiten, sogenannten „Naturalobligationen", geboten sein.[634] Unvollkommene Verbindlichkeiten sind dadurch gekennzeichnet, dass es dem Gläubiger einer Forderung nicht verwehrt ist, die Erfüllung seiner Forderung zu verlangen. Der Schuldner ist jedoch nicht verpflichtet, dieser Aufforderung nachzukommen. Der unvollkommenen Verbindlichkeit kann auch nicht durch gerichtlichen Rechtsschutz zur Durchsetzung verholfen werden. Ihr fehlt es letztlich an der Klagbarkeit. Die Leistungserbringung kann ausschließlich freiwillig

---

633 *Habersack*, BKR 2007, 77 (78).

634 *Pape*, in: Kübler/Prütting/Bork/Jacoby, InsO, § 14 Rn. 158; *Sternal*, in: Kayser/Thole, InsO, § 14 Rn. 33.

erbracht werden.[635] Dabei ist jedoch zu berücksichtigen, dass es dem dennoch leistenden Schuldner verwehrt ist, die Leistung zurückzuverlangen. Denn die Unvollkommenheit der Verbindlichkeit beseitigt ihren Rechtsgrund nicht. Dieser besteht fort.[636]

Unvollkommene Verbindlichkeiten sind beispielsweise solche aus Spiel und Wette sowie Ehemäklerlohn gemäß § 762 Abs. 1 S. 1, 656 BGB und solche, welche an der insolvenzverfahrensmäßigen Restschuldbefreiung teilgenommen haben.[637] Die Verwehrung der Rückforderung durch den leistungserbringenden Schuldner ergibt sich aus den einschlägigen Vorschriften der §§ 762 Abs. 1 S. 2, 656 Abs. 1 S. 2 BGB, § 301 Abs. 3 InsO. Aber auch die verjährte Forderung, hinsichtlich der die Einrede der Verjährung erhoben worden ist, kann noch freiwillig durch den Schuldner erfüllt werden, wobei das Geleistete gemäß § 214 Abs. 2 BGB grundsätzlich nicht zurückgefordert werden kann. Die Klagbarkeit der Forderung entfällt erst mit der Erhebung der Verjährungseinrede.[638]

Im Ergebnis eignen sich unvollkommene Verbindlichkeiten nicht für eine Insolvenzantragstellung. Entgegen den vorgenannten Fallgruppen unterscheiden sie sich nämlich dadurch, dass die Aussichten der gerichtlichen Forderungsdurchsetzung nicht als gering zu veranschlagen sind, sondern die Forderungen gerichtlich gänzlich undurchsetzbar sind.

(6) Ergebnis

Im Rahmen dieser Fallgruppe lassen sich – anders als im Schrifttum teilweise vertreten – keine pauschalen Ergebnisse feststellen. Hervorzuheben ist, dass in diesem Rahmen Fragen des Rechtsschutzinteresses nicht aufkommen. Es werden vielmehr forderungsbezogene Fragen aufgeworfen. Diese sind unter der spezielleren Antragsvoraussetzung der Glaubhaftmachung der Antragsforderung gemäß § 14 Abs. 1 InsO zu subsumieren.[639]

Dabei ist das Gelingen der prozessualen Glaubhaftmachung im Wesentlichen anhand von materiell-rechtlichen Gesichtspunkten der Durchsetzbarkeit der betroffenen Forderung zu ermitteln. Forderungen, die im Zeitpunkt der

---

635 *Mansel*, in: Jauernig, BGB, § 241 Rn. 20.

636 *Medicus/Lorenz*, Schuldrecht I AT, § 3 Rn. 8.

637 *Holzer*, in: Kübler/Prütting/Bork/Jacoby, InsO, § 38 Rn. 22.

638 *Schulze*, JuS 2011, 193 (194).

639 In diese Richtung auch BGH, Beschl. v. 29.3.2007 – IX ZB 141/06, NZI 2007, 408 (409); LG Göttingen, Beschl. v. 2.5.2005 – 10 T 55/05, NZI 2005, 395 (396), welche die erforderliche Glaubhaftmachung der Antragsforderung monieren.

Entscheidung über die Antragszulassung oder der späteren Verfahrenseröffnung undurchsetzbar sind, sind für die gemäß § 14 Abs. 1 InsO erforderliche Glaubhaftmachung nicht geeignet. Hingegen ist das Bestehen solcher Forderungen, die materiell-rechtlich (noch) durchsetzbar sind, überwiegend wahrscheinlich. Daher wird in diesem Fall eine Glaubhaftmachung gelingen. Eine solche Betrachtung ist auch aus verfassungsrechtlicher Sicht im Hinblick auf den allgemeinen Justizgewährungsanspruch geboten. Soweit eine Forderung materiell-rechtlich durchsetzbar ist und mit ihr grundsätzlich die Schwelle der Glaubhaftmachung gemäß § 14 Abs. 1 InsO überschritten werden kann, ist eine Antragszulassung und eine spätere Verfahrenseröffnung, da diese grundsätzlich kein höheres Beweismaß erfordert, geboten. Soweit sie hingegen aufgrund ihrer materiell-rechtlichen Ausgestaltung so konzipiert ist, dass sie auf prozessualem Wege nicht durchzusetzen ist, hat dies auch für den insolvenzrechtlichen Rechtsschutz zu gelten.

dd) Wahlrecht des Insolvenzverwalters

Resultiert die Forderung des antragstellenden Gläubigers aus einem gegenseitigen Vertrag, für welchen zugunsten des Insolvenzverwalters gemäß § 103 InsO ein Wahlrecht besteht, so fehlt dem entsprechenden Insolvenzantrag nicht das Rechtsschutzinteresse.[640]

Zwar entscheidet der Insolvenzverwalter alleine darüber, ob der betroffene Vertrag durchgeführt wird. Allerdings entsteht dieses Wahlrecht erst mit der Verfahrenseröffnung.[641] Im maßgeblichen Zeitpunkt der Entscheidung über den Insolvenzantrag hat der Antragsteller das Vorhandensein einer gegen den Insolvenzschuldner gerichteten Forderung bereits schlüssig vorgetragen und erfolgreich glaubhaft gemacht. Ob und wie der Insolvenzverwalter sein später entstehendes Wahlrecht ausüben wird, ist bis dato ohne Belang. Entscheidet er sich für die Vertragserfüllung, wäre die Forderung des Gläubigers sogar als Masseverbindlichkeit gemäß § 55 Abs. 1 Nr. 2 InsO zu erfüllen.[642] Wenn der Insolvenzverwalter hingegen die Durchführung des Vertrags ablehnt, so steht dem Gläubiger gemäß § 103 Abs. 2 S. 1 InsO eine Forderung wegen Nichterfüllung

---

640 BGH, Beschl. v. 29.6.2006 – IX ZB 245/05, NZI 2006, 588 (589); *Pape*, in: Kübler/Prütting/Bork/Jacoby, InsO, § 14 Rn. 152; *Sternal*, in: Kayser/Thole, InsO, § 14 Rn. 33; *Vuia*, in: MüKo, InsO, § 14 Rn. 24.

641 BGH, Urt. v. 14.9.2017 – IX ZR 261/15, NZI 2018, 111 (112); *Huber*, in: Uhlenbruck, InsO, § 103 Rn. 149.

642 *Hefermehl*, in: Uhlenbruck, InsO, § 55 Rn. 116.

zu. Diese hätte er als Insolvenzgläubiger geltend zu machen und gemäß § 174 Abs. 1 S. 1 InsO zur Insolvenztabelle anzumelden. In keinem dieser Fälle wäre der Insolvenzantrag des Gläubigers wirtschaftlich sinnlos.[643] Der Gläubiger darf davon ausgehen, entweder als Masse- oder als Insolvenzgläubiger befriedigt zu werden.[644] Diese Fallgruppe wird in abgewandelter Form auch unter dem Gesichtspunkt der subjektiv zweckwidrigen Antragstellung diskutiert. Dort geht es um die Frage, ob einer Antragstellung, die zum Zwecke der Beendigung eines (lästigen) Vertragsverhältnisses erfolgt, das das Rechtsschutzinteresse in subjektiver Hinsicht fehlt. Dies wird an späterer Stelle thematisiert werden.[645]

ee) Nachrangige Gläubiger

Entgegen *Gerhardt*[646] und *Haas/Scholl*[647] weisen nachrangige Gläubiger gemäß § 39 InsO grundsätzlich ein Rechtsschutzinteresse für die Insolvenzantragstellung auf. Von ihnen gestellte Insolvenzanträge sind nicht etwa deshalb objektiv zwecklos, weil eine insolvenzmäßige Befriedigung nicht zu erwarten wäre und die Antragstellung demgemäß keine rechtlichen oder wirtschaftlichen Vorteile mit sich brachte. Dies entspricht der herrschenden Ansicht in Schrifttum und der Rechtsprechung des BGH.[648]

Etwas anderes lässt sich auch der Norm des § 174 Abs. 3 InsO nicht entnehmen, nach welcher nachrangige Gläubiger ihre Forderungen im Insolvenzverfahren erst nach ausdrücklicher Aufforderung durch das Gericht zur Tabelle anzumelden haben. Bei der Aufforderung des Insolvenzgerichts nach § 174 Abs. 3 InsO liegt regelmäßig der Bericht des Insolvenzverwalters gemäß § 156 InsO vor,[649]

---

643 BGH, Beschl. v. 29.6.2006 – IX ZB 245/05, NZI 2006, 588 (589).

644 BGH, Beschl. v. 29.6.2006 – IX ZB 245/05, NZI 2006, 588 (589).

645 Teil 3 II. 4.

646 *Gerhardt*, in: Jaeger, InsO, § 14 Rn. 13.

647 *Haas/Scholl*, ZInsO 2002, 645 (649 f.).

648 BGH, Beschl. v. 23.9.2010 – IX ZB 282/09, NZI 2011, 58; *Schmerbach*, in: FK, InsO, § 14 Rn. 144; *Linker*, in: HK, InsO, § 14 Rn. 46; *Wegener*, in: Uhlenbruck, InsO, § 14 Rn. 88; *Mönning*, in: Nerlich/Römermann, InsO, § 14 Rn. 34; *Keller*, Insolvenzrecht, Rn. 543; *Sternal*, in: Kayser/Thole, InsO, § 14 Rn. 34; *Pape*, in: Kübler/Prütting/Bork/Jacoby, InsO, § 14 Rn. 157; *Kexel*, in: Graf-Schlicker, InsO, § 14 Rn. 11; *Ganter*, NZI 2011, 209; *Lutz*, Der Vorwurf missbräuchlichen Verhaltens, S. 64; *Guski*, WM 2011, 103 (107 f.); *Smid*, DZWiR 2012, 1 (4); zutreffende Differenzierung von *Smid*, Handbuch Insolvenzrecht, § 24 Rn. 67, der die Inhaber von nachrangigen Forderungen in den Fällen des § 39 Abs. 1 Nr. 1 und 2 InsO ausklammert.

649 BT-Drs. 12/2443, S. 184, wonach auf den Zeitpunkt nach vollständiger Verwertung des Schuldnervermögens abgestellt wird.

welcher aus sachverständiger Sicht die Befriedigungsaussichten der Gläubiger und den Bestand der Insolvenzmasse ermittelt hat.[650] Die Norm soll daher verhindern, dass sich das Insolvenzgericht mit der Anmeldung und Prüfung nachrangiger Forderungen befasst, wenn klar ist, dass für die Berücksichtigung dieser Gläubiger keine Masse zur Verfügung steht.[651] Sie dient der Beschleunigung des bereits eröffneten Verfahrens.[652]

Die Sachlage im eröffneten Verfahren lässt jedoch nicht mit derjenigen bei Antragstellung durch den nachrangigen Gläubiger vergleichen. In diesem Zeitpunkt dürfte der Bestand der Masse nicht absehbar sein.[653] Der nachrangige Gläubiger wird beispielsweise nicht in der Lage sein, ohne Sichtung der Geschäftsbücher das Vorhandensein von Rückgewähransprüchen aus der Insolvenzanfechtung abzuschätzen. Etwaige Durchsetzungsschwierigkeiten könnten sich ohnehin erst frühestens mit Verfahrenseröffnung offenbaren. Auch wird er keine Kenntnis darüber haben, ob und in welchem Umfang Sicherungsrechte an körperlichen Gegenständen des Insolvenzschuldners bestehen. Demgemäß ist es auch nicht zumutbar und auch nicht zielführend, ihm Darlegungen zum Bestehen von Befriedigungsaussichten abzuverlangen.[654]

Aber selbst im Fall, dass erkennbar keine Befriedigungsaussichten für den nachrangigen Gläubiger bestehen, wird ein Fehlen des Rechtsschutzinteresses nicht angenommen.[655] Den Regelfall des nachrangigen Gläubigers stellt nämlich der Gesellschafter einer Gesellschaft dar, die keine natürliche Person als persönlich haftenden Gesellschafter hat, § 39 Abs. 1 Nr. 5 InsO.[656] Die Mitglieder der Vertretungsorgane einer solchen Gesellschaft sind gemäß § 15a Abs. 1 InsO – und im Falle ihrer Führungslosigkeit sämtliche Gesellschafter gemäß § 15a Abs. 3 InsO – zur Insolvenzantragstellung verpflichtet.[657] Die Antragstellung gemäß § 15a InsO dient dem Schutze der Neugläubiger vor Vertragsschlüssen

---

650 *Janssen*, in: MüKo, InsO, § 156 Rn. 1 ff.

651 BT-Drs. 12/2443, S. 184.

652 BT-Drs. 12/2443, S. 123; BGH, Beschl. v. 23.9.2010 – IX ZB 282/09, NZI 2011, 58 (59); *Wegener*, in: Uhlenbruck, InsO, § 14 Rn. 88.

653 *Bitter/Rauhut*, ZIP 2014, 1005 (1009 f.); *Lang*, Rechtsschutzinteresse, S. 110 f.

654 *Lang*, Rechtsschutzinteresse, S. 110 f.

655 BGH, Beschl. v. 23.9.2010 – IX ZB 282/09, NZI 2011, 58 (59); *Schmerbach*, in: FK, InsO, § 14 Rn. 144; *Wegener*, in: Uhlenbruck, InsO, § 14 Rn. 88; *Mönning*, in: Nerlich/Römermann, InsO, § 14 Rn. 34; *Pape*, in: Kübler/Prütting/Bork/Jacoby, InsO, § 14 Rn. 157.

656 BGH, Beschl. v. 23.9.2010 – IX ZB 282/09, NZI 2011, 58 (59).

657 *Klöhn*, in: MüKo, InsO, § 15a Rn. 66 ff., 82 ff.

mit einer bereits notleidenden Gesellschaft und dem Schutze der Altgläubigen vor weiteren Masseschmälerungen durch diese Gesellschaft.[658] Deshalb ist auch bei Nichtbestehen von Befriedigungsaussichten ein Rechtsschutzinteresse an der Insolvenzantragstellung nicht zu versagen. Die Durchführung des Insolvenzverfahrens verfolgt nämlich auch weitere Verfahrenszwecke.[659]

Diese Sichtweise, der sich der BGH angeschlossen hat, vermag zu überzeugen. Im Lichte der vorangegangenen Fallgruppe bezüglich der absonderungsberechtigten Gläubiger erscheint sie jedoch inkonsequent.[660] Während der BGH in Bezug auf den nachrangigen Gläubiger den Standpunkt vertritt, dass das Rechtsschutzinteresse für einen Insolvenzantrag generell nicht davon abhänge, ob dieser im Insolvenzverfahren eine Befriedigung erlangen könne,[661] wird dem absonderungsberechtigten Gläubiger mit doppelter Rechtsstellung bei vollständiger dinglicher Besicherung das Rechtsschutzinteresse abgesprochen, gerade weil für diesen im Insolvenzverfahren eine insolvenzmäßige Befriedigung nicht zu erlangen sei.[662] Da sich diese Argumentation jedoch nicht zum Nachteil der nachrangigen Insolvenzgläubiger verhält und ihnen der Zugang zum Insolvenzverfahren nicht versperrt ist, bestehen im Rahmen dieser Fallgruppe keine verfassungsrechtlichen Konflikte. Bei konsequenter Argumentation müsste die Unbeachtlichkeit insolvenzmäßiger Befriedigungsaussichten jedoch auch zugunsten des absonderungsberechtigten Gläubigers gelten.[663]

ff) Qualifizierte Rangrücktrittsvereinbarung

Fraglich ist, ob das Insolvenzverfahren auf Antrag eines nachrangigen Gläubigers, der eine qualifizierte Rangrücktrittserklärung[664] abgegeben hat, eröffnet werden kann. Dies ist umstritten.[665]

---

658 BT-Drs. 16/6140, S. 55; BGH, Beschl. v. 23.9.2010 – IX ZB 282/09, NZI 2011, 58 (59); im Ergebnis auch *Smid*, DZWiR 2012, 1 (4).

659 Teil 2 III. 3; *Bitter/Rauhut*, ZIP 2014, 1005 (1009 f.).

660 Teil 3 I. 1. a) bb).

661 BGH, Beschl. v. 23.9.2010 – IX ZB 282/09, NZI 2011, 58 (59).

662 Teil 3 I. 1. a) bb) (2).

663 *Gundlach/Müller*, EWiR 2010, 819 (820); *dies.*, ZInsO 2011, 84 (85 f.); *Lutz*, Der Vorwurf missbräuchlichen Verhaltens, S. 64.

664 Mit kritischen Äußerungen zur Begrifflichkeit der „qualifizierten Rangrücktrittserklärung" vgl. *Bitter*, in: Scholz, GmbHG, Anhang § 64 Gesellschafterdarlehen Rn. 468; *ders.*, ZHR 2017, 428 (437 f.).

665 Mit ablehnender Auffassung vgl. *Pape*, in: Kübler/Prütting/Bork/Jacoby, InsO, § 14 Rn. 178; *Sternal*, in: Kayser/Thole, InsO, § 14 Rn. 34; *Wegener*, in: Uhlenbruck, InsO, § 14 Rn. 88; zustimmend hingegen vgl. *Vuia*, in: MüKo, InsO, § 14 Rn. 24; *Kadenbach*,

(1) Institut

Die qualifizierte Rangrücktrittsvereinbarung stellt ein Sanierungsinstrument dar, mithilfe welchem die materielle Insolvenz beseitigt oder ihr Eintritt gar erst verhindert werden kann.[666] Somit bietet ihr Abschluss letztlich einen Ausweg aus der Durchführung eines Insolvenzverfahrens.[667]

In häufig anzutreffenden Konstellationen wird einer Gesellschaft als spätere Insolvenzschuldnerin von einem Gläubiger – gleich ob als eigener Gesellschafter oder gesellschaftsfremder Dritter[668] – ein Darlehen oder eine wirtschaftlich äquivalente Fremdleistung zugewendet, wobei die Leistung von der Gesellschaft zurück zu gewähren ist. Diese Kapitalzufuhr verfolgt regelmäßig den Zweck, eine sonst drohende Insolvenz abzuwenden.[669]

Dabei wird zwischen den Vertragsparteien eine zusätzliche Vereinbarung getroffen, die sinngemäß beinhaltet, dass der Gläubiger mit seinem Rück- und Zinszahlungsanspruch hinter die Forderungen aller bestehenden und künftigen Gläubiger zurücktritt und eine Befriedigung erst dann erfolgen darf, wenn sämtliche Gesellschaftsgläubiger ihrerseits bereits befriedigt wurden und ein Liquiditätsüberschuss oder ein die sonstigen Verbindlichkeiten übersteigendes Vermögen der Insolvenzschuldnerin zur Verfügung steht. Ferner vereinbaren die Parteien, dass dieser Nachrang gelten soll, soweit und solange durch eine teilweise oder vollständige Zahlung zugunsten des zurückgetretenen Gläubigers eine Zahlungsunfähigkeit oder eine Überschuldung entsteht oder zu entstehen droht. Der Nachrang gilt vereinbarungsgemäß auch außerhalb des Insolvenzverfahrens.[670]

Grundsätzlich ist der im Falle einer Darlehensgewährung bestehende Darlehensrückzahlungsanspruch gemäß § 488 Abs. 1 S. 2 BGB in der Überschuldungsbilanz gemäß § 19 InsO oder bei der Ermittlung der Liquiditätslücke gemäß § 17 InsO zu berücksichtigen. Im Rahmen des § 19 InsO sind sämtliche

---

in: A/G/R, InsO, § 14 Rn. 22; *Gundlach/Müller*, ZInsO 2011, 84 (87); *Gundlach*, in: Schmidt, InsO, § 14 Rn. 5, wobei letzterer diese Konstellation der Antragsvoraussetzung des Antragsrechts gemäß § 13 InsO zuordnet; differenzierend vgl. *Schmerbach*, in: FK, InsO, § 14 Rn. 145.

666 *Schmidt*, ZIP 2015, 901 (902).

667 *Frystatzki*, NZI 2013, 609; *Nassall*, jurisPR-BGHZivilR 9/2015 Anm. 3 C., juris.

668 BGH, Urt. v. 5.3.2015 – IX ZR 133/14, NZI 2015, 315; *Kahlert/Gehrke*, DStR 2010, 227 (230); *Leithaus/Schaefer*, NZI 2010, 844 (846); *Weitnauer*, GWR 2012, 193 (195); *Frystatzki*, NZI 2013, 609 (611); *Henkel/Wentzler*, GmbHR 2013, 239.

669 BGH, Urt. v. 5.3.2015 – IX ZR 133/14, NZI 2015, 315 (318).

670 BGH, Urt. v. 5.3.2015 – IX ZR 133/14, NZI 2015, 315.

Forderungen, die für den Fall der Verfahrenseröffnung aus der Insolvenzmasse zu befriedigen wären, in der Überschuldungsbilanz abzubilden.[671] Dasselbe gilt für die im Rahmen der Zahlungsunfähigkeit gemäß § 17 InsO zu ermittelnde Liquiditätslücke, soweit dieser Anspruch in den dreiwöchigen Unterdeckungszeitraum fällt.[672] Damit wäre die Fremdkapitalzuwendung als Verbindlichkeit zu passivieren und der Zweck der Abwendung der materiellen Insolvenz gegebenenfalls verfehlt.[673] Trotz der Zuwendung müsste das Mitglied des Vertretungsorgans der Gesellschaft gemäß § 15a InsO innerhalb von drei Wochen ab Eintritt der materiellen Insolvenz einen Insolvenzantrag stellen.[674]

Der wirksame Abschluss der Vereinbarung vermag von dieser Antragstellungspflicht gemäß § 15a InsO zu entbinden. Ein solcher Abschluss hat nämlich zur Folge, dass der betroffene Anspruch gemäß § 19 Abs. 2 S. 2 InsO in der Überschuldungsbilanz der Insolvenzschuldnerin nicht zu passivieren und demgemäß – ohne weitere insolvenzbegründende Ursachen – eine insolvenzrechtliche Überschuldung nicht festzustellen ist. Ferner wird der betroffenen Verbindlichkeit das Attribut der Fälligkeit gemäß § 17 Abs. 2 S. 1 InsO entzogen, sodass sie bei der Ermittlung der dreiwöchigen Liquiditätslücke nicht zu berücksichtigen ist.[675] Demgemäß stellt der wirksame Abschluss einer qualifizierten Rangrücktrittsvereinbarung gemäß § 19 Abs. 2 S. 2 InsO eine gesetzliche Ausnahme von der umfassenden Passivierungspflicht von Verbindlichkeiten einer Gesellschaft dar.[676]

(2) Voraussetzungen

Zur Entbindung von der Passivierungspflicht muss die qualifizierte Rangrücktrittsvereinbarung bestimmte Voraussetzungen erfüllen. Die Konturierung der Voraussetzungen ist deshalb notwendig, weil eine ungenügende Rangrücktrittsvereinbarung eine Ausnahme von der Passivierungspflicht nicht darzustellen vermag. In diesem Fall wäre eine Insolvenzantragstellung bei bestehender Antragspflicht gemäß § 15a InsO unumgänglich.[677]

---

671 *Wolfer*, in: BeckOK, InsO, § 19 Rn. 40; *Mönning*, in: Nerlich/Römermann, InsO, § 19 Rn. 37.

672 *Bitter/Rauhut*, ZIP 2014, 1005 (1008).

673 *Henkel/Wentzler*, GmbHR 2013, 239.

674 *Schmidt*, ZIP 2015, 901 (902).

675 *Bitter/Rauhut*, ZIP 2014, 1005 (1006 ff.); *Bork*, ZIP 2014, 997 (1001 ff., 1004); *Schmidt*, ZIP 2015, 901 (902); *Bitter*, ZHR 2017, 428 (464).

676 *Henkel*, in: Vallender/Undritz, Praxis des Insolvenzrechts, § 4 Rn. 141, 172.

677 *Henkel/Wentzler*, GmbHR 2013, 239.

(a) *BGH, Urt. v. 8.1.2001 – II ZR 88/99*

In seiner Entscheidung vom 8.1.2001[678] hat der BGH sich für den Zeitraum bis zum Inkrafttreten des Gesetzes zur Modernisierung des GmbH-Rechts und zur Bekämpfung von Missbräuchen (kurz: „MoMiG") am 1.11.2008[679] mit den rechtlichen Voraussetzungen der qualifizierten Rangrücktrittsvereinbarung befasst.

Unter der Geltung des Eigenkapitalersatzrechts, welches erst mit dem MoMiG abgeschafft worden ist,[680] musste der zuwendende Gesellschafter eine Erklärung dergestalt abgeben, dass er wegen seiner betroffenen Forderung erst nach Befriedigung sämtlicher Gesellschaftsgläubiger und bis zur Abwendung der wirtschaftlichen Krise auch nicht vor, sondern nur zugleich mit den Einlagenrückgewähransprüchen seiner Mitgesellschafter im Rang des § 199 S. 2 InsO berücksichtigt werden wollte.[681] Er sollte sich so behandeln lassen, als habe es sich bei seiner Gesellschafterleistung um statutarisches Kapital gehandelt.[682] Auch bis zum Inkrafttreten des MoMiG galt eine vorinsolvenzliche Rückzahlungssperre, sodass zulasten des Gesellschafters für den Zeitraum vor der Insolvenzverfahrenseröffnung eine Rückzahlung nicht erfolgen durfte.[683] Bereits zum damaligen Zeitpunkt war es, ohne dass es in dem vom BGH entschiedenen Sachverhalt hierauf ankam, notwendig, dass sich die Rangrücktrittsvereinbarung auch auf etwaige nicht akzessorische Sicherheiten[684] im Vermögen der Insolvenzschuldnerin oder eines dritten Sicherungsgebers erstreckte.[685] Anderenfalls hätte der Überschuldungsstatus im ersten Fall trotz der Nichtpassivierung der zurückgetretenen Forderung weiterhin einen mit Sicherungsrechten belasteten Vermögensgegenstand ausgewiesen, der nicht der Befriedigung der weiteren Gläubiger gedient und damit das verteilungsfähige Vermögen gemindert hätte.[686]

---

678 BGH, Urt. v. 8.1.2001 – II ZR 88/99, NJW 2001, 1280.

679 BGBl. I, S. 2026.

680 BT-Drs. 16/9737, S. 58.

681 *Frystatzki*, NZI 2013, 609 (610); *Goette*, Anm. zu BGH, Urt. v. 8.1.2001 – II ZR 88/99, DStR 2001, 175 (179).

682 BGH, Urt. v. 8.1.2001 – II ZR 88/99, NJW 2001, 1280 (1281); *Pape*, in: Kübler/Prütting/Bork/Jacoby, InsO, § 19 Rn. 17 ff.

683 BGH, Urt. v. 8.1.2001 – II ZR 88/99, NJW 2001, 1280 (1281); *Frystatzki*, NZI 2013, 609 (610); *Goette*, Anm. zu BGH, Urt. v. 8.1.2001 – II ZR 88/99, DStR 2001, 175 (177).

684 Bei akzessorischen Sicherheiten können der Befriedigung gesetzliche Einreden entgegengehalten werden, vgl. *Henkel/Wentzler*, GmbHR 2013, 239 (242).

685 *Henkel/Wentzler*, GmbHR 2013, 239 (240 ff.); *Becker*, NZI 2020, 819 (819 f.); *Rothärmel/Schmidt*, in: Münchener Handbuch des Gesellschaftsrechts IX, § 23 Rn. 45.

686 *Glaßer*, BB 1996, 1229 (1230).

Im zweiten Fall hätte sich der Sicherungsnehmer ungehindert aus der Sicherheit im Vermögen des Dritten befriedigen können, sodass ein Regressanspruch des Dritten gegen die Insolvenzschuldnerin zu besorgen gewesen wäre, welcher seinerseits hätte passiviert werden müssen.[687] Bei Nichtvorliegen dieser Voraussetzungen wäre es bei der grundsätzlichen Passivierungspflicht verblieben.[688]

(b) Inkrafttreten des MoMiG

Die Entscheidung des BGH vom 8.1.2001 fand von gesetzgeberischer Seite Zuspruch und ist normativ umgesetzt worden.[689] Die wesentliche Umsetzung erfolgte dabei in der Änderung des § 19 Abs. 2 S. 2 InsO. Nach der ab Inkrafttreten des MoMiG geltenden Fassung waren gegen die Insolvenzschuldnerin gerichtete Forderungen in ihrer eigenen Überschuldungsbilanz nicht mehr zu passivieren, wenn es sich bei diesen Forderungen um Forderungen auf Rückgewähr von Gesellschafterdarlehen oder um Rechtshandlungen handelte, die einem solchen Darlehen wirtschaftlich entsprachen, und für welche gemäß § 39 Abs. 2 InsO zwischen dem Gläubiger und der Insolvenzschuldnerin im Insolvenzverfahren ein Nachrang hinter die in § 39 Abs. 1 Nr. 5 InsO bezeichneten Forderungen vereinbart wurde.[690] Wegen der Abschaffung der Vorschriften über das Eigenkapitalersatzrecht in den §§ 32a, 32b GmbHG war eine zusätzliche Erklärung des Gläubigers, seine Forderung sei statutarischem Eigenkapital gleichzustellen, nicht mehr erforderlich.[691] Insoweit ergaben sich Rang und Rechtsfolge nunmehr aus den §§ 19 Abs. 2 S. 2, 39 Abs. 1 Nr. 5, Abs. 2 InsO.[692]

(3) Rechtsfolgen

In einer späteren Entscheidung vom 5.3.2015[693] ist der BGH auf die Rechtsfolgen und die Rechtsnatur der qualifizierten Rangrücktrittsvereinbarung eingegangen. Dieser Entscheidung lag eine Rückerstattungsklage eines Insolvenzverwalters gegen eine Bank zugrunde. Die Bank hatte von der Insolvenzschuldnerin, einer

---

687 *Henkel/Wentzler*, GmbHR 2013, 239 (242).

688 BT-Drs. 16/6140, S. 56; BGH, Urt. v. 8.1.2001 – II ZR 88/99, NJW 2001, 1280 (1281).

689 *Pape*, in: Kübler/Prütting/Bork/Jacoby, InsO, § 19 Rn. 18.

690 *Pape*, in: Kübler/Prütting/Bork/Jacoby, InsO, § 19 Rn. 17.

691 BT-Drs. 16/9737, S. 58; BGH, Urt. v. 5.3.2015 – IX ZR 133/14, NZI 2015, 315 (316); *Pape*, in: Kübler/Prütting/Bork/Jacoby, InsO, § 19 Rn. 20.

692 BT-Drs. 16/9737, S. 58; *Henkel*, in: Vallender/Undritz, Praxis des Insolvenzrechts, § 4 Rn. 175.

693 BGH, Urt. v. 5.3.2015 – IX ZR 133/14, NZI 2015, 315.

GmbH, Zinszahlungen erhalten, welche aus einem Darlehensvertrag rührten, in welchen die Bank im Wege der Vertragsübernahme mit einer vormaligen Gläubigerin der Insolvenzschuldnerin eingetreten war. Hinsichtlich der Zins- und Darlehensrückzahlungsansprüche gemäß § 488 Abs. 1 S. 2 BGB wurde eine qualifizierte Rangrücktrittsvereinbarung abgeschlossen. Die Zahlungen erfolgten im Zeitraum der materiellen Insolvenz der Insolvenzschuldnerin. In den ersten beiden Instanzen blieb der Insolvenzverwalter mit seinen Klagen erfolglos. Der BGH hob die Entscheidungen auf und verwies die Sache zurück an das Berufungsgericht.[694]

Gemäß Auffassung des BGH standen dem Insolvenzverwalter nämlich Rückgewähransprüche aus Insolvenzanfechtung wegen unentgeltlicher Leistung gemäß den §§ 143 Abs. 1, 134 Abs. 1, 129 Abs. 1 InsO sowie aus Leistungskondiktion gemäß § 812 Abs. 1 S. 1 Alt. 1 BGB zu.[695]

Da die Insolvenzschuldnerin im Zeitraum der materiellen Insolvenz und entgegen der vereinbarten vorinsolvenzlichen Durchsetzungssperre eine Zahlung getätigt hatte, existierte für diese Leistung kein Rechtsgrund. Gemäß BGH handelte es sich um eine sogenannte „Nichtschuld". Die Zahlung konnte daher gemäß § 812 Abs. 1 S. 1 Alt. 1 BGB kondiziert werden.[696] Im Übrigen lagen die Voraussetzungen der unentgeltlichen Leistung gemäß § 134 Abs. 1 InsO vor, da die Begleichung einer Nichtschuld stets eine Unentgeltlichkeit begründete. Die hieraus resultierende objektive Gläubigerbenachteiligung erfolgte ferner innerhalb des vierjährigen Anfechtungszeitraums, §§ 134, 129 Abs. 1 InsO.[697]

(4) Rechtsnatur

(a) Vertrag zugunsten Dritter

Hinsichtlich der Rechtsnatur der qualifizierten Rangrücktrittsvereinbarung geht der BGH davon aus, dass es sich um einen Vertrag zugunsten Dritter gemäß § 328 BGB in Gestalt der Gläubigergemeinschaft handelt.[698] Vertragszweck ist

---

694 BGH, Urt. v. 5.3.2015 – IX ZR 133/14, NZI 2015, 315 (319).

695 BGH, Urt. v. 5.3.2015 – IX ZR 133/14, NZI 2015, 315 (315 ff., 319).

696 BGH, Urt. v. 5.3.2015 – IX ZR 133/14, NZI 2015, 315 (317 f.).

697 BGH, Urt. v. 5.3.2015 – IX ZR 133/14, NZI 2015, 315 (319).

698 BGH, Urt. v. 5.3.2015 – IX ZR 133/14, NZI 2015, 315 (318); zustimmend insoweit *Mock*, in: Uhlenbruck, InsO, § 19 Rn. 237; *ders.*, Anm. zu BGH, Urt. v. 5.3.2015 – IX ZR 133/14, JZ 2015, 520 (525 ff.); *Hoos/Köhler*, GmbHR 2015, 729 (731); *Gottwald*, in: MüKo, BGB, § 328 Rn. 80; *Heckschen*, in: Reul/Heckschen/Wienberg, Insolvenzrecht in der Gestaltungspraxis, § 4 Rn. 462; *Rothärmel/Schmidt*, in: Münchener Handbuch des Gesellschaftsrechts IX, § 23 Rn. 45; *Bitter/Heim*, Anm. zu BGH, Urt.

nämlich die Begünstigung derselben. Der Gläubigergemeinschaft wird in rechtsverbindlicher Weise bekundet, dass die vom Rangrücktritt erfasste Forderung mangels Passivierungspflicht die materielle Insolvenz der Insolvenzschuldnerin nicht auslösen werde. Dies wiederum lässt ohne das Hinzutreten weiterer insolvenzbegründender Umstände eine volle Befriedigung der Gläubigergemeinschaft erwarten. Unerheblich ist dabei, ob diese Gemeinschaft bereits vollständig bestimmt ist. Es reicht nämlich die Bestimmbarkeit des Personenkreises der Begünstigten aus. Ferner bedarf es der Bestimmtheit des Kreises der Begünstigten deshalb nicht, weil sich das Haftungsrisiko des zurücktretenden Gläubigers auch bei Erweiterung des Begünstigtenkreises selbst nicht ausweitet.[699]

(b) Kein (bedingter) Forderungserlass

Einer anderen Auffassung,[700] gemäß welcher es sich um einen bedingten Forderungserlass handeln soll, hat der BGH eine Absage erteilt. Ein Forderungserlass führt nämlich gleichzeitig zum Erlöschen akzessorischer Sicherheiten und ist nicht mit der Interessenslage des zurücktretenden Gläubigers zu vereinbaren.[701] Ein Forderungserlass könnte bei der anfallenden Schlussverteilung Vermögenseinbußen des zurückgetretenen Gläubigers in Höhe von mehreren Hundertmillionen Euro nach sich ziehen, sodass es hierfür einer gesonderten Abrede bedarf.[702] Eine solche Abrede, die letztlich zum Erlöschen der Verbindlichkeit führen soll, wurde jedoch gerade nicht erklärt.[703]

Die Rückzahlung soll vereinbarungsgemäß nur suspendiert werden, solange und soweit kein freies Vermögen zur Rückzahlung zur Verfügung steht. Soweit freies Vermögen existieren sollte, entspricht es dem Interesse des Gläubigers, seinen Darlehensrückzahlungsanspruch auch durchsetzen zu können.[704]

---

v. 5.3.2015 – IX ZR 133/14, ZIP 2015, 638 (646); *Bitter*, ZHR 2017, 428 (438 ff.); differenzierend, vgl. *ders.*, in: Scholz, GmbHG, Anhang § 64 Gesellschafterdarlehen Rn. 484; i.E. zustimmend *Bork*, EWiR 2015, 219 (220).

699 BGH, Urt. v. 5.3.2015 – IX ZR 133/14, NZI 2015, 315 (318).

700 *Serick*, ZIP 1980, 9 (14 f.).

701 BGH, Urt. v. 5.3.2015 – IX ZR 133/14, NZI 2015, 315 (317); so auch *Altmeppen*, GmbHG, § 42 Rn. 33.

702 *Bitter/Rauhut*, ZIP 2014, 1005 (1011).

703 BGH, Urt. v. 8.1.2001 – II ZR 88/99, NJW 2001, 1280 (1281 f.).

704 *Glaßer*, BB 1996, 1229 (1231).

(c) Kein pactum de non petendo

Auch die Auffassung,[705] dass die qualifizierte Rangrücktrittsvereinbarung einen pactum de non petendo und demgemäß ein Stillhalteabkommen darstelle, wurde mit überzeugenden Argumenten abgelehnt. Dies hätte nämlich zur Folge, dass der Erfolg der Forderungsdurchsetzung durch den zurückgetretenen Gläubiger von der Erhebung eines einseitigen Leistungsverweigerungsrechts der Insolvenzschuldnerin abhinge. Dann unterläge die Forderung allerdings weiterhin der grundsätzlichen Passivierungspflicht.[706] Dies ist jedoch gerade nicht mit der Interessenslage der Parteien in Einklang zu bringen, welche die gesetzliche Rechtsfolge des § 19 Abs. 2 S. 2 InsO herbeizuführen beabsichtigen.

(5) Stellungnahme

Dem obiter dictum zur Rechtsnatur des BGH ist im Ergebnis beizupflichten. Hingegen sind die tragenden Feststellungen zu oberflächlich geraten, insoweit der BGH die Rechtsgrundlosigkeit und die Unentgeltlichkeit der Zinszahlungen behandelt. Zur Begründung wird lediglich angeführt, dass die Insolvenzschuldnerin bei bestehender Insolvenzreife und entgegen der Rangrücktrittsvereinbarung auf eine „Nichtschuld" geleistet habe.[707] Die Nichtschuld begründet den fehlenden Rechtsgrund gemäß § 812 Abs. 1 S. 1 Alt. 1 BGB. Infolge der Annahme einer Nichtschuld gelangt der BGH schließlich zur Unentgeltlichkeit i.S.d. § 134 InsO.

Zunächst ist die Feststellung, die Insolvenzschuldnerin habe „entgegen der Rangrücktrittsvereinbarung"[708] geleistet, zu präzisieren. Die Begrifflichkeit der „Rangrücktrittsvereinbarung", welche der BGH synonym zu derjenigen der „qualifizierten Rangrücktrittsvereinbarung" verwendet, provoziert Unklarheiten und Missverständnisse.[709]

Die qualifizierte Rangrücktrittsvereinbarung ist im Wesentlichen die Summe der beiden Summanden „vorinsolvenzliche Durchsetzungssperre" und „Rangrücktrittsvereinbarung" im engeren Sinne.[710] Bei der Rangrücktrittsvereinbarung im engeren Sinne handelt es sich lediglich um eine insolvenzverfahrensspezifische Verteilungsregel.[711] Dieser in § 39 Abs. 1, 2 InsO erwähnte

---

705 *Schmidt/Herchen*, in: Schmidt, InsO, § 39 Rn. 22.

706 *Altmeppen*, GmbHG, § 42 Rn. 33.

707 BGH, Urt. v. 5.3.2015 – IX ZR 133/14, NZI 2015, 315 (318).

708 BGH, Urt. v. 5.3.2015 – IX ZR 133/14, NZI 2015, 315 (318).

709 *Bitter*, in: Scholz, GmbHG, Anhang § 64 Gesellschafterdarlehen Rn. 473.

710 *Bitter*, ZHR 2017, 428 (437 f.).

711 *Hoos/Köhler*, GmbHR 2015, 729 (732).

Nachrang bestimmt über die Reihenfolge der insolvenzmäßigen Befriedigung und findet erst im Rahmen der Schlussverteilung im eröffneten Insolvenzverfahren Anwendung.[712] Die vorinsolvenzliche Zahlung der Insolvenzschuldnerin erfolgte jedoch nicht etwa rechtsgrundlos i.S.d. § 812 Abs. 1 S. 1 Alt. 1 BGB, weil sie gegen eine spätere Verteilungsregel verstoßen hat.[713] Hierfür stehen im Wesentlichen insolvenzanfechtungsrechtliche Vorschriften der §§ 129 ff. InsO zur Verfügung.[714] Die Befriedigung oder Sicherung eines nachrangigen Gläubigers begründet nämlich dann eine Gläubigerbenachteiligung gemäß § 129 Abs. 1 InsO, wenn die Insolvenzmasse zur Befriedigung der auf der vorangehenden Stufe stehenden Gläubiger nicht ausreicht.[715]

Die Rechtsgrundlosigkeit i.S.d. § 812 Abs. 1 S. 1 Alt. 1 BGB resultiert vielmehr aus der zuvor vereinbarten vorinsolvenzlichen Durchsetzungssperre,[716] mit deren Wirkungen sich der BGH ausdrücklich erstmalig befasst sieht.[717] Die Parteien haben für den vorinsolvenzlichen Zeitraum der materiellen Insolvenzreife eine Durchsetzungssperre vereinbart, gemäß welcher der Gläubiger – hier die Bank – die Befriedigung ihrer Forderungen nicht beanspruchen kann. Die vorinsolvenzliche Durchsetzungssperre bewirkt ein rechtsgeschäftliches Zahlungsverbot.[718] Dieses ist von einem einseitigen Leistungsverweigerungsrecht infolge der Ausübung einer Einrede durch die Insolvenzschuldnerin zu unterscheiden.

Während die Einrede nach materiell-rechtlichen Gesichtspunkten nämlich der Erhebung durch den Berechtigten bedarf und demgemäß im Belieben der Insolvenzschuldnerin stünde,[719] ist ersteres ohne eine Erhebung zu berücksichtigen. Dies gilt sogar für den Fall, dass die Parteien die Rückzahlung übereinstimmend gewollt haben.[720] Die zurückgetretene Forderung ist im kritischen Zeitraum für den Gläubiger nicht durchsetzbar und für die Insolvenzschuldnerin

---

712 *Bitter*, in: Scholz, GmbHG, Anhang § 64 Gesellschafterdarlehen Rn. 472.

713 In diese Richtung argumentierend, vgl. *Bitter*, in: Scholz, GmbHG, Anhang § 64 Gesellschafterdarlehen Rn. 472 f.

714 So ist beispielsweise der Anwendungsbereich des § 135 Abs. 1 InsO eröffnet, vgl. *Hirte*, in: Uhlenbruck, InsO, § 135 Rn. 8.

715 *Borries/Hirte*, in: Uhlenbruck, InsO, § 129 Rn. 166; *Thole*, in: Kayser/Thole, InsO, § 129 Rn. 81.

716 *Hoos/Köhler*, GmbHR 2015, 729 (732).

717 BGH, Urt. v. 5.3.2015 – IX ZR 133/14, NZI 2015, 315 (317).

718 BGH, Urt. v. 5.3.2015 – IX ZR 133/14, NZI 2015, 315 (317, 319).

719 BGH, Urt. v. 5.3.2015 – IX ZR 133/14, NZI 2015, 315 (317); *Köhler*, BGB AT, § 18 Rn. 11 ff., 17.

720 *Bitter/Heim*, Anm. zu BGH, Urt. v. 5.3.2015 – IX ZR 133/14, ZIP 2015, 638 (645 f.).

nicht erfüllbar. Das rechtsgeschäftliche Zahlungsverbot begründet insoweit eine „dilatorische Einwendung“ der Insolvenzschuldnerin.[721] Für diese dogmatische Figur hat der BGH sich zum Schutze der Gläubigergemeinschaft als begünstigte Dritte gemäß § 328 BGB bewusst entschieden.[722]

Die Rechtsfolge des rechtsgeschäftlichen Zahlungsverbots ist, dass Zahlungen innerhalb des kritischen Zeitraums stets Rechtsgrundlosigkeit gemäß § 812 Abs. 1 S. 1 Alt. 1 BGB und demgemäß auch Unentgeltlichkeit gemäß § 134 Abs. 1 InsO begründen.[723]

(6) Auswirkungen auf die Insolvenzantragstellung

Auf Grundlage dieser Feststellungen ist es nunmehr möglich, Rückschlüsse auf die Insolvenzantragstellung zu ziehen.

(a) Fehlende Befriedigungsaussichten

Dem antragstellenden Gläubiger mit zurückgetretener Forderung wird entgegengehalten, dass er im Rahmen der Verteilung im eröffneten Verfahren sogar hinter die in § 39 Abs. 1 Nr. 5 InsO genannten nachrangigen Gläubiger zurücktrete und die schuldnerische Haftung in den einschlägigen Fallkonstellationen ohnehin auf bestimmte Gegenstände beschränkt sei. Mit einer Befriedigung sei insoweit nicht zu rechnen.[724] Dem ist jedoch entgegenzuhalten, dass die Zulässigkeit der Insolvenzantragstellung von etwaigen Befriedigungsaussichten nicht abhängt.[725] Die nachrangigen Gläubiger sind in das Insolvenzverfahren einzubeziehen, sodass ihnen nicht vorgehalten werden kann, in diesem Verfahren (voraussichtlich) keine Befriedigung erlangen zu können.

---

721 *Bitter/Heim*, Anm. zu BGH, Urt. v. 5.3.2015 – IX ZR 133/14, ZIP 2015, 638 (646); *Mock.*, Anm. zu BGH, Urt. v. 5.3.2015 – IX ZR 133/14, JZ 2015, 520 (527).

722 BGH, Urt. v. 5.3.2015 – IX ZR 133/14, NZI 2015, 315 (317).

723 BGH, Urt. v. 5.3.2015 – IX ZR 133/14, NZI 2015, 315 (319); zur Gleichsetzung des bereicherungsrechtlichen Begriffes der Rechtsgrundlosigkeit und des insolvenzrechtlichen Begriffes der Unentgeltlichkeit vgl. BGH, Urt. v. 25.6.2009 – IX ZR 157/08, BeckRS 2009, 19758; Urt. v. 22.4.2010 – IX ZR 160/09, NJW-RR 2010, 1286 (1287); *Baumert*, ZIP 2010, 212 (212 f.); *Bitter/Heim*, ZIP 2010, 1569 (1571).

724 *Pape*, in: Kübler/Prütting/Bork/Jacoby, InsO, § 14 Rn. 178; *Wegener*, in: Uhlenbruck, InsO, § 14 Rn. 88 sowie *Schmerbach*, in: FK, InsO, § 14 Rn. 145.

725 Teil 3 I. 1. a) ee).

(b) Verbot formeller Insolvenzauslösung

Guski vertritt die Auffassung, dass es sinnwidrig sei, wenn der zurückgetretene Gläubiger einen zulässigen Insolvenzantrag stellen könne. Der Abschluss der qualifizierten Rangrücktrittsvereinbarung zielt nämlich darauf ab, eine Passivierung seiner Forderung und demgemäß den Eintritt einer materiellen Insolvenz zu verhindern. Diese Wirkung könnte jedoch vereitelt werden, wenn der zurückgetretene Gläubiger durch die Wahrnehmung seines Antragsrechts die Insolvenz formell auslösen könnte. Rechtsdogmatisch sei dies eine Frage des Rechtsschutzinteresses.[726]

Die Frage, ob das Insolvenzverfahren auf Grundlage eines Insolvenzantrags eines zurückgetretenen Gläubigers eröffnet werden kann, könnte ohne Rückgriff auf das subsidiäre Institut des Rechtsschutzinteresses gelöst werden. Zunächst sei angemerkt, dass der Fall im Rahmen der qualifizierten Rangrücktrittsvereinbarung deshalb eine anderweitige Beurteilung gegenüber gewöhnlichen nachrangigen Insolvenzgläubigern überhaupt aufkommen lässt, weil die Parteien neben dem Verteilungsnachrang eine vorinsolvenzliche Durchsetzungssperre vereinbart haben, aus welcher ein als dilatorische Einwendung ausgestaltetes rechtsgeschäftliches Zahlungsverbot resultiert. Infolge des rechtsgeschäftlichen Zahlungsverbots stellt sich die Frage, ob die Glaubhaftmachung mit einer zurückgetretenen Forderung gelingen kann.

Dabei darf nicht verkannt werden, dass die vorinsolvenzliche Durchsetzungssperre bei Überwindung der wirtschaftlichen Krise oder Eröffnung des Insolvenzverfahrens vereinbarungsgemäß automatisch aufgehoben wird. Insoweit nähme auch der zurückgetretene Gläubiger bei Verfahrenseröffnung am Insolvenzverfahren teil, wobei die Besonderheiten des § 174 Abs. 3 S. 1 InsO zu berücksichtigen sind. Nach Verfahrenseröffnung darf er wegen der §§ 87, 89 InsO nicht mehr außerhalb des Insolvenzverfahrens befriedigt werden.[727] Seine Verfahrensbeteiligung im eröffneten Verfahren sagt jedoch nicht aus, ob mit seiner zurückgetretenen Forderung ein zulässiger und begründeter Insolvenzantrag gestellt, mithin auf dessen Antrag das Insolvenzverfahren eröffnet werden kann.

---

726 *Guski*, WM 2011, 103 (107 f.).

727 *Breuer/Flöther*, in: MüKo, InsO, § 87 Rn. 7, § 89 Rn. 1; *Riedel*, in: MüKo, InsO, § 174 Rn. 3a.

(c) Glaubhaftmachung mit zurückgetretener Forderung

Für die Verfahrenseröffnung bedarf es des Vorliegens sämtlicher Voraussetzungen der Zulässigkeit und der Begründetheit des Insolvenzantrags.[728] Entscheidungserheblicher Zeitpunkt für das Vorliegen dieser Voraussetzungen ist die Eröffnungsentscheidung.[729] Demgemäß muss der antragstellende Gläubiger für die Begründetheit regelmäßig einen gegen die Insolvenzschuldnerin gerichteten Anspruch glaubhaft machen können. Die Erreichung dieses Beweismaßes erscheint hinsichtlich der zurückgetretenen Forderung fraglich.

Zunächst ist zu berücksichtigen, dass die vorinsolvenzliche Durchsetzungssperre und demgemäß das rechtsgeschäftliche Zahlungsverbot ihre Aufhebung erst *infolge* des Eröffnungsbeschlusses erfahren. Umgekehrt ausgedrückt ist der Eröffnungsbeschluss die Voraussetzung für ihre Aufhebung. Er geht dieser somit denknotwendig voraus.

Zum Zwecke der Schlüssigkeitsprüfung wird der antragstellende Gläubiger dem Insolvenzgericht den Grund und die Höhe seiner Forderung darlegen müssen. Dabei werden dem Gericht regelmäßig entsprechende Unterlagen zur Verfügung gestellt, auf deren Grundlage die Schlüssigkeitsprüfung und die anschließende Glaubhaftmachung zu erfolgen haben.

Um schlüssigen Vortrag hinsichtlich des Rückzahlungsanspruchs aus § 488 Abs. 1 S. 2 BGB vorbringen zu können, wird der antragstellende Gläubiger die entsprechenden Rückzahlungsvoraussetzungen und demgemäß die vorinsolvenzliche Durchsetzungssperre darzulegen haben. Somit bringt er selbst zugleich erheblichen Gegenvortrag vor. Die vorinsolvenzliche Durchsetzungssperre stellt eine Einwendung im Rechtssinne dar, sodass das Insolvenzgericht sie bei entsprechendem Vortrag von Amts wegen zu berücksichtigen hat.[730] Dies hat zur Folge, dass der Bestand der Forderung im Zeitpunkt der Zulässigkeits- oder auch der späteren Begründetheitsprüfung nicht überwiegend wahrscheinlich ist. Folglich wird dem antragstellenden Gläubiger die Glaubhaftmachung nicht gelingen.

---

728 *Lienau*, in: Graf-Schlicker, InsO, § 27 Rn. 1.

729 In Bezug auf das Vorliegen eines Insolvenzgrundes, vgl. BGH, Beschl. v. 27.7.2006 – IX ZB 204/04, NJW 2006, 3553 (3554); in Bezug auf das Antragsrecht, vgl. *Hefermehl*, in: Wimmer/Dauernheim/Wagner/Gietl, HBFA, Insolvenzrecht, Kap. 1 Rn. 65; *Bruns*, Anm. zu BGH, Beschl. v. 27.7.2006 – IX ZB 204/04, EWiR 2007, 17 (17 f.); *Vuia*, in: MüKo, InsO, § 14 Rn. 26; *Laroche*, in: Kayser/Thole, InsO, § 27 Rn. 2, 8 f.

730 *Köhler*, BGB AT, § 18 Rn. 17.

(d) Ergebnis

Steht der qualifizierte Rangrücktritt einer Forderung gemäß § 19 Abs. 2 S. 2 InsO fest, kann mit dieser Forderung folglich keine Glaubhaftmachung gemäß § 14 Abs. 1 InsO gelingen. Dies ist auch aus Wertungsgesichtspunkten konsequent.[731] Da der zurückgetretene Gläubiger mit seiner Insolvenzschuldnerin zugunsten der Gläubigergemeinschaft vereinbart hat, dass seine Forderung die materielle Insolvenz nicht auslösen werde, ist es nur konsequent, dass diese Forderung auch formell ein Insolvenzverfahren nicht auszulösen vermag. Eines Rückgriffs auf das Rechtsschutzinteresse bedarf es dennoch nicht, da dieses subsidiär ist und andere vorrangige Zulässigkeitsvoraussetzungen eingreifen.

Die Verwehrung des Insolvenzrechtsweges geht im Wesentlichen auf eine Auslegung der Interessen der Parteien einschließlich der begünstigten Gläubigergemeinschaft zurück. Hieraus ergeben sich keine erkennbaren Verletzungen gegen den allgemeinen Justizgewährungsanspruch des zurücktretenden Gläubigers.

gg) Sperrwirkungen des § 93 InsO

Ferner ist im Rahmen der objektiv zwecklosen Insolvenzanträge zu thematisieren, ob ein Gläubiger, der über eine Forderung gegen eine Gesellschaft ohne Rechtspersönlichkeit verfügt, einen zulässigen Insolvenzantrag über das Vermögen des zusätzlich persönlich haftenden Gesellschafters stellen kann, wenn über das Vermögen der Gesellschaft das Insolvenzverfahren bereits eröffnet ist.[732] Im Ausgangspunkt geht es um die Wirkungen des § 93 InsO.

Gemäß § 93 InsO kann, wenn das Insolvenzverfahren über das Vermögen einer Gesellschaft ohne Rechtspersönlichkeit oder einer Kommanditgesellschaft auf Aktien eröffnet ist, die persönliche Haftung eines Gesellschafters für Verbindlichkeiten der Gesellschaft für die Dauer des Insolvenzverfahrens nur vom Insolvenzverwalter geltend gemacht werden.

Diese Vorschrift verfolgt mehrere Zwecke. Sie soll zunächst verhindern, dass sich einzelne Gläubiger der insolventen Gesellschaft Sondervorteile verschaffen, indem sie auf schnellem Wege auf das gegebenenfalls noch vorhandene Vermögen des persönlich haftenden Gesellschafters zugreifen und letztlich dem Gläubigergleichbehandlungsgrundsatz zuwiderhandeln.[733] Ferner soll die

731 *Guski*, WM 2011, 103 (107 f.).

732 AG Dresden, Beschl. v. 31.7.2009 – 532 IN 2215/08, ZIP 2010, 243; *Wegener*, in: Uhlenbruck, InsO, § 14 Rn. 91; *Schmerbach*, in: FK, InsO, § 14 Rn. 114; *Pape*, in: Kübler/Prütting/Bork/Jacoby, InsO, § 14 Rn. 185.

733 BT-Drs. 12/2443, S. 140.

Konzentration der Rechtsverfolgung beim Insolvenzverwalter einerseits die Verfahrensökonomie[734] und andererseits die Masseanreicherung fördern, indem das Risiko einer Massearmut durch die Forderungsdurchsetzung ausschließlich durch den Insolvenzverwalter minimiert wird.[735]

Von § 93 InsO gehen „Sperr- und Ermächtigungswirkungen" aus.[736] Dem Gläubiger ist es untersagt, gegen den haftenden Gesellschafter vorzugehen. Er bleibt zwar weiterhin Gläubiger der von § 93 InsO betroffenen Forderung, allerdings geht das Einziehungsrecht zu treuen Händen auf den Insolvenzverwalter im Insolvenzverfahren über das Vermögen der Gesellschaft über.[737] Der Gläubiger ist zur prozessualen Durchsetzung seines Durchgriffsanspruchs gegen den Gesellschafter nicht mehr prozessführungsbefugt. Eine noch zu erhebende Haftungsklage gegen den Gesellschafter wird durch das Entfallen der Prozessführungsbefugnis unzulässig.[738] Die Prozessführungsbefugnis liegt nunmehr beim Insolvenzverwalter als gesetzlichem Prozessstandschafter.[739] Ist die Klage zum Zeitpunkt der Eröffnung des Insolvenzverfahrens bereits erhoben, wird der Rechtsstreit analog § 17 Abs. 1 S. 1 AnfG unterbrochen,[740] wobei der Insolvenzverwalter der insolventen Gesellschaft den Rechtsstreit analog § 17 Abs. 1 S. 2 AnfG anschließend wieder aufnehmen kann.[741]

Die Regelungen des § 93 InsO wirken sich nicht nur auf erhobene und zu erhebende Rechtsschutzgesuche nach der ZPO, sondern auch im Rahmen der Insolvenzantragstellung aus. Auch bei der Insolvenzantragstellung müssen die allgemeinen Prozessvoraussetzungen gegeben sein,[742] wozu auch die

---

734 AG Dresden, Beschl. v. 31.7.2009 – 532 IN 2215/08, ZIP 2010, 2043.

735 AG Dresden, Beschl. v. 31.7.2009 – 532 IN 2215/08, ZIP 2010, 2043; *Gehrlein*, in: MüKo, InsO, § 93 Rn. 1; *Prütting*, ZIP 1997, 1725 (1732).

736 BGH, Urt. v. 9.10.2008 – IX ZR 138/06, ZIP 2008, 2224 (2225); AG Dresden, Beschl. v. 31.7.2009 – 532 IN 2215/08, ZIP 2010, 2043; *Lüke*, in: Kübler/Prütting/Bork/Jacoby, InsO, § 93 Rn. 38 ff.; *Gehrlein*, in: MüKo, InsO, § 93 Rn. 13 f.; *Prütting*, ZIP 1997, 1725 (1732).

737 BGH, Urt. v. 17.12.2015 – IX ZR 143/13, NZI 2016, 445 (446); *Smid*, NZI 2013, 817 (818 f.).

738 BGH, Beschl. v. 12.7.2012 – IX ZR 217/11, NZI 2012, 858 (859); *Müller*, in: Jaeger, InsO, § 93 Rn. 72; *Gehrlein*, in: MüKo, InsO, § 93 Rn. 14a.

739 BGH, Urt. v. 9.10.2006 – II ZR 193/05, ZIP 2007, 79 (80); *Gehrlein*, in: MüKo, InsO, § 93 Rn. 14a; *Smid*, NZI 2013, 817 (818 f.).

740 BGH, Beschl. v. 14.11.2002 – IX ZR 236/99, NJW 2003, 590; *Müller*, in: Jaeger, InsO, § 93 Rn. 72.

741 *Müller*, in: Jaeger, InsO, § 93 Rn. 72.

742 *Wegener*, in: Uhlenbruck, InsO, § 13 Rn. 58.

Prozess- bzw. Verfahrensführungsbefugnis zählt.[743] Für letztere gelten die allgemeinen zivilprozessualen Vorschriften der §§ 50 ff. ZPO über die Verweisungsnorm des § 4 InsO entsprechend.[744] Das Insolvenzgericht hat für die Dauer des Eröffnungsverfahrens das Vorliegen der allgemeinen Zulässigkeitsvoraussetzungen, so auch der Verfahrensführungsbefugnis, zu berücksichtigen. Stellt ein Gläubiger während der Dauer des Insolvenzverfahrens über das Vermögen der Gesellschaft parallel einen Insolvenzantrag über das Vermögen des persönlich haftenden Gesellschafters, so führt er eine Rechtshandlung aus, die letztlich auf die (insolvenz-)prozessuale Durchsetzung seiner Haftungsforderung gerichtet ist. Die prozessuale Geltendmachung dieser Haftung ist jedoch ausschließlich dem Insolvenzverwalter vorbehalten. Insoweit ist der Insolvenzantrag des Gläubigers in Ermangelung der Verfahrensführungsbefugnis bereits als unzulässig zurückzuweisen.

Da § 93 InsO neben der Einziehungswirkung ferner eine Sperrwirkung entfaltet, gemäß welcher der Gläubiger seine Forderung weder durch Klage noch durch Zwangsvollstreckung gegen den persönlich haftenden Gesellschafter durchsetzen kann,[745] wird die Glaubhaftmachung der Antragsforderung gemäß § 14 Abs. 1 InsO nicht gelingen. Demgemäß ist der Insolvenzantrag zusätzlich aus diesem Grund als unzulässig zurückzuweisen. Eines Rückgriffs auf das Institut des Rechtsschutzinteresses bedarf es insoweit nicht.

b) Keine Insolvenzmasse im eröffneten Verfahren

Während es für die Zulässigkeit eines erstmaligen Insolvenzantrags nicht darauf ankommt, ob der antragstellende Gläubiger konkrete Befriedigungsaussichten darlegen kann, ist es fraglich, ob an einen weiteren Insolvenzantrag erhöhte Anforderungen zu stellen sind. Dabei ist zwischen verschiedenen Konstellationen zu differenzieren.

---

743 BGH, Urt. v. 11.8.2010 – XII ZR 181/08, NJW 2010, 3033; Urt. v. 7.3.2017 – VI ZR 125/16, NJW 2017, 2352.

744 OLG Köln, Beschl. v. 3.1.2000 – 2 W 214/99, NZI 2000, 134 (135); *Pape*, in: Uhlenbruck, InsO, § 4 Rn. 4.

745 BGH, Urt. v. 9.10.2008 – IX ZR 138/06, ZIP 2008, 2224 (2225); *Gehrlein*, in: MüKo, InsO, § 93 Rn. 13. Bei der Insolvenzantragstellung handelt es sich um eine Zwangsvollstreckungsmaßnahme, vgl. OLG Hamm, Beschl. v. 27.4.1973 – 23 W 84/73, OLGZ 1973, 494 (495).

aa) Keine Entscheidung über den ersten Insolvenzantrag

Liegen mehrere Insolvenzanträge gegen denselben Insolvenzschuldner vor, spricht man von sogenannten „Parallelanträgen“.[746] Parallelanträge lösen jeweils selbstständige Eröffnungsverfahren aus, wobei es nicht notwendig und zum Teil auch nicht zweckmäßig ist, diese einzelnen Eröffnungsverfahren gemäß den §§ 4 InsO, 147 ZPO formell zu verbinden.[747] Mitunter werden nämlich nach den Antragstellungen Antragsrücknahmen erklärt oder Erledigungserklärungen abgegeben, sodass die beabsichtigte Verfahrensökonomie durch die Verfahrensverbindung ausbleibt. Vielmehr ergeben sich dann vermeidbare Komplikationen im Rahmen der Streitwertfestsetzung und der Kostenentscheidungen.[748] Zweckmäßiger ist es daher, diese Eröffnungsverfahren selbstständig handzuhaben und etwaige Beweis- und Sicherungsanordnungen in identischer Weise ergehen zu lassen oder zumindest entsprechende Erkenntnisse des Insolvenzgerichts in den nicht verbundenen aber parallel anhängigen Verfahren heranzuziehen.[749]

Bereits vor dem Hintergrund, dass die Verbindung mehrerer Insolvenzanträge gegen denselben Insolvenzschuldner nicht unter dem Aspekt der Zulässigkeit, sondern der Zweckmäßigkeit untersucht wird, wird die Frage zur Zulässigkeit beantwortet. Die Stellung mehrerer Insolvenzanträge gegen denselben Insolvenzschuldner ist bis zur Entscheidung über die Verfahrenseröffnung zulässig.[750]

bb) Entscheidung über den ersten Insolvenzantrag

Etwas anderes könnte sich ergeben, nachdem bereits über einen der anhängigen Insolvenzanträge eine gerichtliche Eröffnungsentscheidung ergangen ist.

(1) Verfahrenseröffnung

(a) Grundsatz

(aa) Altgläubiger

Erlässt das Insolvenzgericht auf Grundlage eines Insolvenzantrags einen Eröffnungsbeschluss, so soll es ab diesem Zeitpunkt grundsätzlich nicht mehr möglich

746 *Vuia*, in: Gottwald/Haas, § 12 Rn. 10.

747 *Vuia*, in: Gottwald/Haas, § 12 Rn. 11; *Holzer*, NZI 2007, 432 (432 ff.).

748 *Holzer*, NZI 2007, 432 (435 ff.).

749 *Vuia*, in: Gottwald/Haas, § 12 Rn. 11; *Pape*, in: Kübler/Prütting/Bork/Jacoby, InsO, § 13 Rn. 150 ff.

750 *Wegener*, in: Uhlenbruck, InsO, § 14 Rn. 92; *Mönning*, in: Nerlich/Römermann, InsO, § 14 Rn. 37; *Pape*, in: Kübler/Prütting/Bork/Jacoby, InsO, § 14 Rn. 74.

sein, weitere Insolvenzanträge über das bereits insolvenzbefangene Vermögen des Insolvenzschuldners zu stellen.[751] Dies soll sogar für den Fall gelten, dass der Insolvenzschuldner einen Eigenantrag stellt, nachdem das Insolvenzverfahren über sein Vermögen bereits auf Grundlage eines Gläubigerantrags eröffnet worden ist.[752] Begründet wird dies damit, dass weder der Antragsteller noch die Gläubigergemeinschaft in ihrer Gesamtheit nach bereits erfolgter Verfahrenseröffnung aus einer nochmaligen Verfahrenseröffnung einen Vorteil erlangen könnten.[753]

Mit der Entscheidung über die Verfahrenseröffnung gemäß § 27 InsO setzen die Wirkungen des Insolvenzbeschlags ein.[754] Es erfolgt eine Teilung des Schuldnervermögens in die Insolvenzmasse als Sondervermögen und in das insolvenzfreie Vermögen des Insolvenzschuldners.[755] Das insolvenzfreie Vermögen dient nicht Befriedigung der Gläubigerschaft. Es handelt sich im Wesentlichen um alle unpfändbaren oder zum gewöhnlichen Hausrat gehörenden und lediglich unwirtschaftlich verwertbaren Gegenstände, Nichtvermögensrechte, Persönlichkeitsrechte und höchstpersönliche Rechtsbeziehungen sowie vom Insolvenzverwalter freigegebene Vermögenswerte.[756]

Die Insolvenzmasse hingegen ist den Gläubigern zum Zwecke der Haftungsverwirklichung haftungsrechtlich zugewiesen.[757] Nur hinsichtlich dieses Sondervermögens geht die Verwaltungs- und Verfügungsbefugnis auf den Insolvenzverwalter gemäß den §§ 80, 81 InsO über. Gemäß § 35 Abs. 1 InsO wird das bei Verfahrenseröffnung bestehende und das während des Verfahrens hinzuerlangte Vermögen, mithin auch der Neuerwerb, vom Insolvenzbeschlag erfasst.[758] Dies hat zur Folge, dass das während des Insolvenzverfahrens erworbene Arbeitseinkommen, aber auch durch Teile des unpfändbaren Vermögens erworbene pfändbare Gegenstände – beispielsweise Kauferlöse[759] oder

751 BGH, Beschl. v. 17.2.2005 – IX ZB 176/03, NZI 2005, 271 (272); Beschl. v. 3.7.2008 – IX ZB 182/07, NZI 2008, 609 (610); AG Duisburg, Beschl. v. 5.12.2002 – 60 IN 255/02, NZI 2003, 159.

752 Teil 4 I. 1. b).

753 AG Duisburg, Beschl. v. 5.12.2002 – 60 IN 255/02, NZI 2003, 159.

754 *Hirte/Praß*, in: Uhlenbruck, InsO, § 35 Rn. 9.

755 *Hirte/Praß*, in: Uhlenbruck, InsO, § 35 Rn. 5.

756 *Frege/Keller/Riedel*, Insolvenzrecht, Teil 3 Rn. 705; *Büterowe*, in: Schmidt, InsO, § 35 Rn. 36.

757 *Holzer*, in: Kübler/Prütting/Bork/Jacoby, InsO, § 35 Rn. 5; *Büterowe*, in: Schmidt, InsO, § 35 Rn. 1.

758 *Holzer*, in: Kübler/Prütting/Bork/Jacoby, InsO, § 35 Rn. 33 f.

759 *Holzer*, in: Kübler/Prütting/Bork/Jacoby, InsO, § 35 Rn. 34.

Lottogewinne[760] –, vom Insolvenzbeschlag erfasst werden.[761] Da den Altgläubigern die Insolvenzmasse als Sondervermögen bereits in dem eröffneten Insolvenzverfahren haftet, ist ihnen eine Insolvenzantragstellung über dasselbe Vermögen verwehrt. Sie sind an das eröffnete Verfahren gebunden und haben ihre Forderungen gemäß § 174 Abs. 1 InsO zur dortigen Insolvenztabelle anzumelden. Das Rechtsschutzinteresse für einen weiteren Insolvenzantrag wird folgerichtig verneint.[762] Dieses Ergebnis ist nicht zu beanstanden, insbesondere werden die Altgläubiger durch die Möglichkeit zur Verfahrensteilnahme nicht rechtsschutzlos gestellt.

(bb) Neugläubiger

In Bezug auf die Neugläubiger gestaltet sich die Sachlage allerdings anders. Ihnen verbleibt nur das insolvenzfreie Vermögen, welches im Wesentlichen aus unpfändbaren Gegenständen besteht.[763] Für sie besteht keine Möglichkeit zur Verfahrensteilnahme, da sie zum Zeitpunkt der Verfahrenseröffnung noch nicht Gläubiger des Insolvenzschuldners gewesen sind.[764] Auch wird ihnen insolvenzgerichtlicher Rechtsschutz verwehrt, da ihnen bei der hypothetischen Eröffnung eines zweiten Insolvenzverfahrens keine verteilungsfähige Insolvenzmasse zur Verfügung steht, welche ihnen haftungsrechtlich zugewiesen werden könnte. Eine weitere Antragstellung brachte mangels freien pfändbaren Vermögens auch hier keine wirtschaftlichen Vorteile mit sich.[765]

Diese Konsequenz zulasten der Neugläubiger wird im Schrifttum teilweise kritisiert.[766] Es wird eingewendet, dass die Neuregelung des Gesetzgebers zur

---

760 AG Göttingen, Beschl. v. 8.9.2011 – 74 IN 235/09, NZI 2012, 32 (32 ff.); *Büterowe*, in: Schmidt, InsO, § 35 Rn. 44.

761 *Hirte/Praß*, in: Uhlenbruck, InsO, § 35 Rn. 115.

762 BGH, Beschl. v. 3.7.2008 – IX ZB 182/07, NZI 2008, 609 (610); *Wegener*, in: Uhlenbruck, InsO, § 14 Rn. 93; *Pape*, in: Kübler/Prütting/Bork/Jacoby, InsO, § 14 Rn. 75.

763 *Holzer*, in: Kübler/Prütting/Bork/Jacoby, InsO, § 35 Rn. 34; *Eckardt*, in: Jaeger, InsO, § 89 Rn. 25; *Ries*, in: Kayser/Thole, InsO, § 35 Rn. 36.

764 *Ries*, in: Kayser/Thole, InsO, § 35 Rn. 41; *Fuhst*, in: Gogger/Fuhst, § 2 Rn. 335; *Holzer*, in: Kübler/Prütting/Bork/Jacoby, InsO, § 35 Rn. 36.

765 BGH, Beschl. v. 3.7.2008 – IX ZB 182/07, NZI 2008, 609 (610); *Pape*, in: Kübler/Prütting/Bork/Jacoby, InsO, § 14 Rn. 76.

766 *Holzer*, in: Beck/Depré/Ampferl, § 9 Rn. 3; *Holzer*, in: Kübler/Prütting/Bork/Jacoby, InsO, § 35 Rn. 36; *Ries*, in: Kayser/Thole, InsO, § 35 Rn. 41 f.; *Peters*, in: MüKo, InsO, § 35 Rn. 73; *Roellenbleg*, NZI 2004, 176 (178 f.); *Müller*, in: Jaeger, InsO, § 35 Rn. 124 ff.; a.A. BGH, Beschl. v. 18.5.2004 – IX ZB 189/03, NZI 2004, 444.

InsO eine Schlechterstellung der Neugläubiger gegenüber der bisherigen KO herbeigeführt habe.[767] Zur Geltung des seinerzeitigen § 1 Abs. 1 KO erfasste die Konkursmasse nämlich nur das bis zum Zeitpunkt der Verfahrenseröffnung bestehende Vermögen des Konkursschuldners, ohne dass der weitergehende Neuerwerb vom Konkursbeschlag erfasst war.[768] Die Ausweitung des Insolvenzbeschlags trifft insbesondere diejenigen Neugläubiger nachteilig, deren Forderungen gegen den Insolvenzschuldner „unfreiwillig“ entstehen. Um einen unfreiwilligen Gläubiger handelt es sich beispielsweise bei einer Person, welche vom Insolvenzschuldner nach Verfahrenseröffnung deliktisch geschädigt wurde und für den keine (Haftpflicht-)Versicherung eintrittspflichtig ist.[769] Diesem Gläubiger kann nicht fehlende Schutzwürdigkeit vorgeworfen werden, etwa weil er es versäumt habe, die öffentlichen Bekanntmachungsportale gesichtet zu haben. Auch die regelmäßige Sichtung hinderte die Entstehung solcher Forderungen nicht.

Die Einbeziehung des Neuerwerbs steht im inhaltlichen Zusammenhang mit dem System der Restschuldbefreiung gemäß den §§ 286 ff. InsO.[770] Die erteilte Restschuldbefreiung bewirkt nämlich eine Ausnahme vom Grundsatz der unbeschränkten Nachhaftung gemäß § 201 Abs. 1 InsO, da die nicht vollständig befriedigten Forderungen der verfahrensbeteiligten Gläubiger zu Naturalobligationen umgewandelt werden und demgemäß gegen den Insolvenzschuldner nicht mehr durchsetzbar sind.[771] Dies bedeutet erhebliche Einschränkungen zulasten dieser Gläubiger. Vor dem Hintergrund dieser Einschränkung sollte ihnen durch die Ausweitung der ihnen haftungsrechtlich zugewiesenen Masse ein angemessener Ausgleich gewährt werden.[772] Dem Insolvenzschuldner wird im Gegenzug durch die Erteilung der Restschuldbefreiung ein „fresh start“ ermöglicht.[773]

Bei der gesetzgeberisch vorgenommenen Abwägung zwischen den Interessen der Insolvenzgläubiger und dem Insolvenzschuldner wurden allerdings die Belange der Neugläubiger, welche am Insolvenzverfahren gerade nicht beteiligt sind, außer Acht gelassen. Trotz des Ausschlusses vom Insolvenzverfahren ist es ihnen nämlich gestattet und im Rahmen des obigen Beispiels auch ohne ihr

767 *Müller*, in: Jaeger, InsO, § 35 Rn. 126.
768 *Peters*, in: MüKo, InsO, § 35 Rn. 43.
769 *Peters*, in: MüKo, InsO, § 35 Rn. 73, 76.
770 *Ries*, in: Kayser/Thole, InsO, § 35 Rn. 41; *Peters*, in: MüKo, InsO, § 35 Rn. 44.
771 Teil 3 I. 1. a) cc) (4).
772 *Ries*, in: Kayser/Thole, InsO, § 35 Rn. 41.
773 *Uhlenbruck*, FamRZ 1993, 1026.

Zutun möglich, dass sie Forderungen gegen den Insolvenzschuldner begründen. Dies betrifft ferner auch Personen, denen der Insolvenzschuldner gegenüber unterhaltsverpflichtet ist, wobei für diese Gläubiger jedoch mit dem § 100 InsO ein Ausgleich für ihre strukturelle Benachteiligung geschaffen worden ist.[774] Den Neugläubigern hingegen ist es für eine erhebliche Dauer verwehrt, die ihnen zustehenden Ansprüche zu realisieren. Da die Dauer der Abtretungsfrist gemäß § 287 Abs. 2 S. 1 InsO mindestens drei Jahre[775] beträgt, wird diese Frist in den meisten Fällen als Orientierung dienen. Gleichzeitig droht allerdings die materiell-rechtliche Verjährung der Forderungen der Neugläubiger, deren regelmäßige Frist gemäß den §§ 195, 199 BGB ebenfalls drei Jahre beträgt. Zur Vermeidung der Verjährung wird es in aller Regel notwendig sein, verjährungshemmenden gerichtlichen Rechtsschutz im Rahmen des § 204 BGB zu beantragen. Dabei darf nicht verkannt werden, dass für die Erlangung gerichtlichen Rechtsschutzes Kostenvorschüsse in nicht unerheblicher Höhe zu entrichten sind.[776] Da eine außergerichtliche Realisierung ihrer Forderung – insbesondere durch Zahlung des Insolvenzschuldners – mangels vorhandenen Vermögens allerdings nicht in Betracht kommt, stehen die Neugläubiger alternativlos dar.

Die vom Gesetzgeber vorgenommene Abwägung zwischen den Interessen der Insolvenzgläubiger und dem Insolvenzschuldner mag zwar unter diesen beiden Gruppen ein tragbares Ergebnis darstellen. Allerdings wird dieser Ausgleich zum wesentlichen Teil zulasten der Neugläubiger vorgenommen, deren Interessen bei der Abwägung nicht berücksichtigt worden sind. Der Ausgleich gründet nämlich faktisch auf dem Entzug der Haftungsmasse zulasten der Neugläubiger, welche ihnen nach § 1 Abs. 1 KO noch zugewiesen worden war. Diese haben nunmehr keine Möglichkeit, ihre Forderungen innerhalb oder auch außerhalb des Insolvenzverfahrens wirtschaftlich zu realisieren. Mangels erkennbarer Einbeziehung ihrer Belange in die Abwägung dürfte eine Angemessenheit der Regelungen zur Ausweitung der Insolvenzmasse auf den Neuerwerb im Lichte des Art. 14 GG zu verneinen sein.[777] Der ersatzlose Entzug der Haftungsmasse zulasten der Neugläubiger führt schließlich auch in prozessualer Hinsicht dazu, dass sie ihre Forderungen im Zwangsvollstreckungsverfahren für die Dauer des Restschuldbefreiungsverfahrens nicht erfolgreich durchsetzen können. Die

774 *Peters*, in: MüKo, InsO, § 35 Rn. 75.

775 In der vom 1.7.2014 bis zum 1.10.2020 geltenden Fassung des § 287 Abs. 2 S. 1 InsO betrug die Wohlverhaltensperiode noch sechs Jahre.

776 *Henckel*, in: Jaeger, InsO, § 35 Rn. 123.

777 *Henckel*, in: Jaeger, InsO, § 35 Rn. 123.

Erlangung eines Vollstreckungstitels alleine steht dem nicht entgegen. Denn die Möglichkeit der Erlangung einer Befriedigung ist ebenfalls vom sachlichen Schutzbereich des allgemeinen Justizgewährungsanspruchs erfasst.[778] Infolge dieser legislativen Entscheidung werden wirtschaftliche Befriedigungsaussichten erheblich beeinträchtigt, sodass dem allgemeinen Justizgewährungsanspruch seine Effektivität genommen wird. Dies begründet schließlich eine Verletzung des allgemeinen Justizgewährungsanspruchs der Neugläubiger.

(b) Ausnahme

Hingegen ist die Möglichkeit für die Durchführung eines zweiten Insolvenzverfahrens im Rahmen der Ausnahme des § 35 Abs. 2 InsO anerkannt.[779] Gemäß dieser Vorschrift ist der Insolvenzverwalter befugt, eine Erklärung dergestalt abzugeben, dass das Vermögen, welches aus einer ausgeübten oder beabsichtigten selbstständigen Tätigkeit eines Insolvenzschuldners resultiert, nicht zur Insolvenzmasse gehört und Ansprüche aus dieser Tätigkeit nicht im Insolvenzverfahren geltend gemacht werden können. Hintergrund dieser Vorschrift ist es, dem Insolvenzschuldner als natürliche Person die Ausübung einer selbstständigen Tätigkeit außerhalb des Insolvenzverfahrens zu ermöglichen. Bei der Erklärung des Insolvenzverwalters gemäß § 35 Abs. 2 S. 1 InsO handelt es sich um eine Art „Freigabe" des Vermögens, welches der gewerblichen Tätigkeit zuzuordnen ist und die dazugehörigen Vertragsverhältnisse miteinschließt. Den Neugläubigern steht bei Vorliegen einer solchen Erklärung des Insolvenzverwalters die vom Insolvenzschuldner erwirtschaftete Vermögensmasse als Haftungsmasse zur Verfügung.[780] Dieses Vermögen haftet dann nicht den Altgläubigern aus dem ersten Insolvenzverfahren.[781] Wegen des Vorhandenseins einer verteilungsfähigen Masse besteht auch die Möglichkeit der Durchführung

---

778 Teil 1 II. 2. c) bb) (4).

779 BGH, Beschl. v. 9.6.2011 - IX ZB 175/10, NZI 2011, 633; Urt. v. 9.2.2012 - IX ZR 75/11, NJW 2012, 1361 (1364); AG Göttingen, Beschl. v. 12.10.2007 - 74 IN 304/07, juris; AG Hamburg, Beschl. v. 18.6.2008 - 67g IN 37/08, juris; AG Dresden, Beschl. v. 19.3.2009 - 531 IN 459/09, juris; AG Köln, Beschl. v. 7.6.2010 - 71 IN 509/09, juris; *Smid*, Handbuch Insolvenzrecht, § 24 Rn. 60 ff.; *Wegener*, in: Uhlenbruck, InsO, § 14 Rn. 95; *Hefermehl*, in: Wimmer/Dauernheim/Wagner/Gietl, HBFA, Insolvenzrecht, Kap. 1 Rn. 31; *Pape*, in: Kübler/Prütting/Bork/Jacoby, InsO, § 14 Rn. 156; *Pape*, in: Kübler/Prütting/Bork/Jacoby, InsO, § 14 Rn. 56.

780 BT-Drs. 16/3227, S. 17.

781 BGH, Urt. v. 9.2.2012 - IX ZR 75/11, NJW 2012, 1361 (1364); *Hefermehl*, in: Wimmer/Dauernheim/Wagner/Gietl, HBFA, Insolvenzrecht, Kap. 1 Rn. 31.

eines zweiten Insolvenzverfahrens. Es ist nicht erforderlich, dass der Antragsteller im Zuge der Antragstellung zusätzlich darlegt und glaubhaft macht, dass verteilungsfähige Masse für ein zweites Verfahren vorhanden ist. Für eine solche Erschwerung der Zulässigkeitsvoraussetzungen existiert nämlich keine gesetzliche Grundlage.[782] Diese Aufgabe hat das Insolvenzgericht im Rahmen seiner Amtsermittlungspflicht gemäß § 5 InsO wahrzunehmen.[783]

(2) Verfahrensaufhebung oder keine Verfahrenseröffnung

(a) Aufhebung des Insolvenzverfahrens

Nach der Aufhebung des Insolvenzverfahrens entfällt kraft Gesetzes der Insolvenzbeschlag. Der Insolvenzschuldner erhält die Verwaltungs- und Verfügungsbefugnis über sein Vermögen zurück.[784] Nach Aufhebung des Insolvenzbeschlags zugunsten der Altgläubiger existiert in der sich anschließenden Restschuldbefreiungsperiode im Insolvenzverfahren über das Vermögen einer natürlichen Person die Möglichkeit, dass der Insolvenzschuldner Einkünfte im Rahmen des § 295 Abs. 2 Nr. 2 InsO erwirtschaftet, welche von seiner Abtretungserklärung gemäß § 287 Abs. 2 InsO nicht erfasst werden. Demgemäß besteht Raum für die Anhäufung einer neuen Haftungsmasse, die Grundlage für ein zweites Insolvenzverfahren sein kann und nur den Neugläubigern haftet.[785]

Entgegen manchen Stimmen im Schrifttum[786] kommt es in diesem zweiten Insolvenzverfahren in der Wohlverhaltensperiode auch nicht darauf an, ob der Antragsteller im Zuge der Antragstellung glaubhaft macht, dass der Insolvenzschuldner über verteilungsfähiges Vermögen verfüge. In Anbetracht der Rechtsprechung des BGH[787] ist dies einem Antragsteller nämlich nicht zumutbar. Dieser wird keine Kenntnis über die Vermögenslage des Insolvenzschuldners haben, sodass ihm für eine zulässige Antragstellung faktisch Unmögliches

---

782 BGH, Beschl. v. 9.6.2011 – IX ZB 175/10, NZI 2011, 633 (634); *Wegener*, in: Uhlenbruck, InsO, § 14 Rn. 95.

783 AG Göttingen, Beschl. v. 12.10.2007 – 74 IN 304/07, juris; AG Hamburg, Beschl. v. 18.6.2008 – 67g IN 37/08, juris.

784 *Hintzen*, in: MüKo, InsO, § 200 Rn. 31; *Wegener*, in: Uhlenbruck, InsO, § 200 Rn. 17; *Westphal*, in: Nerlich/Römermann, InsO, § 200 Rn. 11.

785 *Pape*, in: Kübler/Prütting/Bork/Jacoby, InsO, § 14 Rn. 83.

786 AG Oldenburg, Beschl. v. 3.8.2004 – 60 IN 97/04, ZInsO 2004, 1154; Beschl. v. 9.2.2009 – 69 IN 3/09, juris; AG Köln, Beschl. v. 7.2.2008 – 72 IN 649/07, NZI 2008, 386 (387); *Kexel*, in: Graf-Schlicker, InsO, § 14 Rn. 5; *Vuia*, in: MüKo, InsO, § 13 Rn. 88.

787 BGH, Beschl. v. 9.6.2011 – IX ZB 175/10, NZI 2011, 633 (634).

abverlangt wird.[788] Ferner existiert für eine solche Erhöhung der Zulässigkeitsvoraussetzungen der Insolvenzantragstellung keine gesetzliche Grundlage.[789] Wie bei erstmaliger Insolvenzantragstellung müssen in dem zweiten Insolvenzverfahren allerdings die Verfahrenskosten gemäß § 26 InsO gedeckt sein.[790] Ob dies der Fall ist, hat das Insolvenzgericht nach Zulassung des Insolvenzantrags gemäß § 5 InsO von Amts wegen zu ermitteln.[791]

(b) Abweisung mangels Masse

Ist ein vorheriger Insolvenzantrag als unzulässig zurückgewiesen worden, so bestehen grundsätzlich keine Bedenken für die Zulässigkeit einer nochmaligen Antragstellung.[792] Dies ist von dem Fall zu unterscheiden, in dem eine vormalige Abweisung mangels Masse gemäß § 26 Abs. 1 S. 1 InsO ergeht. Denn bei der Abweisung mangels Masse handelt es sich nicht um eine Entscheidung des Insolvenzgerichts auf der Ebene der Zulässigkeit oder der Begründetheit.[793] Die Prüfung der verfahrenskostendeckenden Masse wird bei der Antragszulassung nicht geprüft, sodass es sich zwingend nicht um eine Zulässigkeitsfrage handeln kann. Auch kann ein Insolvenzgrund der §§ 17 ff. InsO vorliegen, ohne dass es auf die Frage der Deckung der Verfahrenskosten ankäme. Hierbei handelt es sich letztlich um eine objektive Bedingung der Verfahrenseröffnung.[794]

Bei der nochmaligen Antragstellung nach bereits erfolgter Abweisung mangels Masse gemäß § 26 Abs. 1 S. 1 InsO wird dem Antragsteller jedoch die zusätzliche schlüssige Darlegung und Glaubhaftmachung abverlangt, dass der Insolvenzschuldner seit der vormaligen Antragsabweisung verfahrenskostendeckendes Vermögen erworben hat oder der Antragsteller gemäß § 26 Abs. 1 S. 2 InsO den Verfahrenskostenvorschuss einzahlt.[795] Auf Grundlage des

788 AG Göttingen, Beschl. v. 5.10.2007 – 74 IN 295/07, juris.

789 BGH, Beschl. v. 9.6.2011 – IX ZB 175/10, NZI 2011, 633 (634); *Wegener*, in: Uhlenbruck, InsO, § 14 Rn. 95.

790 AG Göttingen, Beschl. v. 29.12.2011 – 74 IN 224/11, NZI 2012, 198; *Pape*, in: Kübler/Prütting/Bork/Jacoby, InsO, § 14 Rn. 83.

791 *Pape*, in: Kübler/Prütting/Bork/Jacoby, InsO, § 14 Rn. 83.

792 *Pape*, in: Kübler/Prütting/Bork/Jacoby, InsO, § 13 Rn. 159.

793 *Vallender*, in: Uhlenbruck, InsO, § 26 Rn. 33; *Schilken*, in: Jaeger, InsO, § 26 Rn. 36.

794 *Vuia*, in: MüKo, InsO, § 16 Rn. 10; *ders.*, in: Gottwald/Haas, § 12 Rn. 14.

795 BGH, Beschl. v. 5.8.2002 – IX ZB 51/02, NZI 2002, 601 (602); LG Kassel, Beschl. v. 22.11.2004 – 3 T 537/04, juris; LG München I, Beschl. v. 25.2.2009 – 14 T 19375/08, juris; *Pape*, in: Kübler/Prütting/Bork/Jacoby, InsO, § 13 Rn. 159; *Smid*, Handbuch Insolvenzrecht, § 24 Rn. 64; *ders.*, DZWiR 2007, 45, (53); *Vallender*, in: Uhlenbruck, InsO, § 26 Rn. 54.

vormaligen Insolvenzantrags wurde durch das Insolvenzgericht nämlich bereits festgestellt, dass ein Insolvenzverfahren bei identischer Sachlage nicht eröffnet werden kann. Sollte der Antragsteller, welcher positive Kenntnis von der vormaligen Antragsabweisung hat oder diesen Antrag gar selbst gestellt hat,[796] keine veränderte Sachlage mit verfahrenskostendeckendem Vermögenserwerb glaubhaft machen können, besteht für ihn kein wirtschaftlicher oder rechtlicher Vorteil. Das Insolvenzverfahren kann mangels Masse nicht eröffnet werden. Sein Insolvenzantrag ist demgemäß objektiv zwecklos.[797]

Diese Fallkonstellation unterscheidet sich von derjenigen im Rahmen des § 35 Abs. 2 InsO dadurch, dass das dortige zweite Insolvenzverfahren eine separierte Haftungsmasse zum Verfahrensgegenstand hat und demgemäß eine Darlegung zum Bestehen von verteilungsfähiger Masse nicht zumutbar ist. In der vorliegenden Konstellation sind die Haftungsmassen des ersten und des späteren Insolvenzantrags jedoch identisch. Erst deshalb besteht Raum für die Auferlegung einer zusätzlichen Glaubhaftmachungspflicht des Antragstellers in Bezug auf das nunmehrige Vorhandensein verfahrenskostendeckender Masse.

Die Auferlegung der zusätzlichen Glaubhaftmachung ist im Ausgangspunkt nicht zu beanstanden. Die Inanspruchnahme der Insolvenzgerichte ist nämlich dort zu verwehren, wo insolvenzgerichtlicher Rechtsschutz von vornherein objektiv ausgeschlossen ist. Dies trifft für die vormalige Feststellung fehlender Masse zur Verfahrenskostendeckung gemäß § 26 Abs. 1 S. 1 InsO zu. Hierbei ist jedoch zu berücksichtigen, dass der Insolvenzschuldner seit der vormaligen Antragsabweisung weitere Einkünfte erwirtschaftet haben könnte, sodass sich seine Vermögensverhältnisse entscheidend geändert haben könnten. Die Prüfung der verfahrenskostendeckenden Masse ist durch das Insolvenzgericht grundsätzlich von Amts wegen vorzunehmen. Das Insolvenzgericht dürfte die Erfüllung der ihm auferlegten Pflicht nur in engen Grenzen mit der Begründung ablehnen, dass sich die Sachlage nicht geändert habe. Insoweit ist der Ablehnung einer (nochmaligen) Prüfung der Kostendeckung eine zeitliche Grenze aufzuerlegen, die die Änderung der wirtschaftlichen Verhältnisse des Insolvenzschuldners berücksichtigt. Da sich die Verfahrenskosten in gewöhnlichen

---

796 Diese Einschränkung wird von *Pape* vorgenommen, gemäß dem die Auferlegung einer solchen zusätzlichen Darlegung jedenfalls zulasten eines dritten Antragstellers unter Beachtung der Rechtsprechung des BGH, Beschl. v. 9.6.2011 – IX ZB 175/10, NZI 2011, 633, gesetzlich nicht zulässig sei, vgl. *Pape*, in: Kübler/Prütting/Bork/Jacoby, InsO, § 14 Rn. 89.

797 LG Kassel, Beschl. v. 22.11.2004 – 3 T 537/04, juris.

Regelinsolvenzverfahren im mittleren vierstelligen Bereich und im Verbraucherinsolvenzverfahren im unteren vierstelligen Bereich ansiedeln,[798] ist die Erwirtschaftung entsprechenden Vermögens, welches diese Geldbeträge erreicht, realistisch. Die Verfahrenskosten sind nämlich grundsätzlich aus dem Schuldnervermögen zu entrichten, zu welchem auch insbesondere Rückgewähransprüche aus Insolvenzanfechtung zählen. Da für die Insolvenzanfechtung stets der erste zulässige und begründete – wenn auch mangels Masse abgewiesene – Insolvenzantrag in derselben materiellen Insolvenz maßgeblich ist,[799] sind sogar kongruente Deckungsgeschäfte gemäß § 130 InsO, welche nach der ersten Antragstellung erfolgen, insolvenzrechtlich anfechtbar. Letztlich dürften sich auch in kürzesten Zeiträumen erhebliche Erfolgsaussichten für die Erwirtschaftung verfahrenskostendeckender Masse ergeben. Vor diesem Hintergrund ist es auch nur geboten, die Frist, innerhalb welcher sich das Insolvenzgericht auf eine unveränderte Sachlage und der objektiven Zwecklosigkeit des Insolvenzantrags beruft, äußerst kurz zu bemessen. Dabei dürfte die von *Vuia*[800] vorgeschlagene Frist von sechs Monaten die Obergrenze darstellen.

(c) Keine Vollbeendigung der juristischen Person

Diese Erwägungen treffen auch für juristische Personen[801] und Gesellschaften ohne Rechtspersönlichkeit[802] als Insolvenzschuldnerinnen zu. Bis zum Zeitpunkt der Vollbeendigung kann das Insolvenzverfahren über das Vermögen dieser Rechtsträger eröffnet werden, selbst wenn zuvor bereits ein rechtskräftiger Abweisungsbeschluss ergangen ist. Voraussetzung für die Verfahrenseröffnung ist aber auch hier, dass der Antragsteller schlüssig darlegt und glaubhaft macht, dass der aufgelöste bzw. gelöschte aber noch nicht vollbeendete Rechtsträger noch über verteilbares Vermögen verfügt.[803] Der nochmaligen Abweisung

---

798 So *Vallender*, in: Uhlenbruck, InsO, § 26 Rn. 54, der die Höhen der Vorschussansprüche gemäß § 26 Abs. 1 S. 2 Alt. 1 InsO für Regelinsolvenzverfahren mit 3.000 Euro bis 5.000 Euro und für Verbraucherinsolvenzverfahren mit 2.000 Euro angibt.

799 BGH, Versäumnisurt. v. 15.11.2007 – IX ZR 212/06, NZI 2008, 184 (184 f.); *Ganter/Weinland*, in: Schmidt, InsO, § 130 Rn. 78.

800 *Vuia*, in: MüKo, InsO, § 14 Rn. 23.

801 Zu den einzelnen juristischen Personen i.S.d. § 11 Abs. 1 InsO, vgl. *Prütting*, in: Kübler/Prütting/Bork/Jacoby, InsO, § 11 Rn. 17.

802 Zu den einzelnen Gesellschaften ohne Rechtspersönlichkeit i.S.d. § 11 Abs. 2 Nr. 1 InsO, vgl. *Prütting*, in: Kübler/Prütting/Bork/Jacoby, InsO, § 11 Rn. 31 ff.

803 BGH, Beschl. v. 16.12.2004 – IX ZB 6/04, juris; LG Zweibrücken, Beschl. v. 20.1.2005 – 4 T 230/04, juris; *Sternal*, in: Kayser/Thole, InsO, § 11 Rn. 27; *Smid*, Handbuch

mangels Masse gemäß § 26 InsO kann er entgehen, indem der Massekostenvorschuss gemäß § 26 Abs. 1 S. 2 InsO eingezahlt wird.[804]

Zu beachten ist, dass der erneute Insolvenzantrag über das Vermögen des Rechtsträgers bis zur Beendigung seiner Insolvenzfähigkeit zulässig ist. Zwar führt der vormalige rechtskräftige Abweisungsbeschluss von Gesetzes wegen zur Auflösung des Rechtsträgers.[805] Allerdings begründet die Auflösung allein noch nicht das Ende der Insolvenzfähigkeit. Gemäß § 11 Abs. 3 InsO kann nämlich auch nach Auflösung einer juristischen Person oder einer Gesellschaft ohne Rechtspersönlichkeit das Insolvenzverfahren über ihr Vermögen durchgeführt werden. Die Insolvenzfähigkeit endet demgemäß erst mit Eintritt der Vollbeendigung dieser Rechtsträger.[806]

Bei einer juristischen Person tritt die Vollbeendigung nach der herrschenden Lehre vom sogenannten „Doppeltatbestand von Liquidation und Löschung" erst ein, wenn die Vermögensverteilung des Rechtsträgers tatsächlich vollzogen und die Löschung im Handelsregister bewirkt ist.[807] Die Vollbeendigung der Gesellschaft ohne Rechtspersönlichkeit tritt bereits mit vollständiger Vermögensverteilung ein, ohne dass es auf eine registerrechtliche Löschung ankommt.[808] Bis zum Zeitpunkt der Vollbeendigung des Rechtsträgers kann unter den vorgenannten Voraussetzungen das Insolvenzverfahren über dessen Vermögen eröffnet werden, § 11 Abs. 3 InsO.

c) *Sonstige objektiv zwecklose Insolvenzanträge*

Schließlich werden weitere Fallgruppen unter der Kategorie objektiv zweckloser Insolvenzanträge zusammengefasst, die nicht den vorgenannten Subkategorien zuzuordnen sind.

Insolvenzrecht, § 24 Rn. 64 ff.; *ders.*, DZWiR 2007, 45, (53 f.); *Ehricke*, in: Jaeger, InsO, § 11 Rn. 95 ff.; *Hirte*, in: Uhlenbruck, InsO, § 11 Rn. 45; *Wegener*, in: Uhlenbruck, InsO, § 14 Rn. 92; *Pape*, in: Kübler/Prütting/Bork/Jacoby, InsO, § 13 Rn. 160.

804 *Hirte*, in: Uhlenbruck, InsO, § 11 Rn. 45.

805 *Hirte*, in: Uhlenbruck, InsO, § 11 Rn. 110.

806 *Vuia*, in: MüKo, InsO, § 11 Rn. 71.

807 BGH, Beschl. v. 16.12.2004 – IX ZB 6/04, juris; *Vuia*, in: MüKo, InsO, § 11 Rn. 71a; *Prütting*, in: Kübler/Prütting/Bork/Jacoby, InsO, § 11 Rn. 16.

808 *Vuia*, in: MüKo, InsO, § 11 Rn. 71a.

aa) Durchsetzung zweifelhafter Forderungen

Zum Teil wird eingewendet, dass dem Insolvenzantrag eines Gläubigers, dem eine zweifelhafte Forderung zugrunde liegt, das Rechtsschutzinteresse fehle. Vertreten wird, dass es sich um Fälle sowohl objektiv zweckloser[809] als auch subjektiv zweckwidriger[810] Insolvenzanträge handele.[811] Es stellt sich jedoch bereits die vorgelagerte Frage, ob die Zuordnung zum fehlenden Rechtsschutzinteresse überhaupt zutreffend ist.

Hintergrund dieser Zuordnung in den Bereich des fehlenden Rechtsschutzinteresses ist, dass das Insolvenzgericht sich mit dem Bestand einer Forderung befassen müsste, welche ernsthaft bestritten oder rechtlich zweifelhaft ist. Demgemäß würden dem Insolvenzverfahren letztlich Aufgaben des Erkenntnisverfahrens aufgebürdet werden. Dies ist mit der Natur des Insolvenzverfahrens als (Gesamt-) Vollstreckungsverfahren jedoch nicht vereinbar.[812] Das Insolvenzverfahren ist als Eilverfahren grundsätzlich nicht dazu geeignet und bestimmt, Beweis über die Tatsachen zum Bestehen einer Forderung zu erheben oder über schwierige rechtliche Fragen zu entscheiden.[813] Diese Aufgaben sind dem Erkenntnisverfahren vorbehalten.[814]

Bereits im Eröffnungsverfahren prüft das Insolvenzgericht das Bestehen der Forderung lediglich summarisch auf der Grundlage des Vorbringens des antragstellenden Gläubigers. Gelingt dem Insolvenzschuldner im Rahmen seiner anschließenden Anhörung gemäß § 14 Abs. 2 InsO die Gegenglaubhaftmachung oder lassen die im Rahmen des Amtsermittlungsgrundsatzes vorhandenen Erkenntnisse des Sachverständigen bzw. vorläufigen Insolvenzverwalters den Bestand der Forderung nachträglich zweifelhaft erscheinen, so wird der

809 LG Meiningen, Beschl. v. 13.4.2000 – 4 T 13/00, ZIP 2000, 1451 (1452).

810 *Pape*, in: Kübler/Prütting/Bork/Jacoby, InsO, § 14 Rn. 168; *Lutz*, Der Vorwurf missbräuchlichen Verhaltens, S. 65.

811 Nähere Zuordnung offengelassen in AG Burgwedel, Beschl. v. 3.11.1983, ZIP 1984, 475 (476).

812 AG Köln, Beschl. v. 7.3.2007 – 71 IN 609/06, NZI 2007, 666.

813 BGH, Beschl. v. 5.8.2002 – IX ZB 51/02, NZI 2002, 601 (602); Beschl. v. 1.2.2007 – IX ZB 79/06, NZI 2007, 350; Beschl. v. 29.11.2007 – IX ZB 12/07, NZI 2008, 182 (183); Beschl. v. 15.9.2016 – IX ZB 32/16, NZI 2016, 950 (951); OLG Köln, Beschl. v. 18.5.1989 – 2 W 41/89, ZIP 1989, 789 (790); AG Köln, Beschl. v. 7.3.2007 – 71 IN 609/06, NZI 2007, 666.

814 AG Köln, Beschl. v. 7.3.2007 – 71 IN 609/06, NZI 2007, 666.

Gläubiger auf den ordentlichen Rechtsweg verwiesen. Sein Insolvenzantrag wird nachträglich unzulässig.[815]

Allerdings ist zu beachten, dass die Verweisung zu den ordentlichen Gerichten nur deshalb erfolgt, weil das Insolvenzgericht sich selbst nicht im Rahmen seiner Eilprüfungskompetenzen die erforderliche Gewissheit über den Bestand der Forderung verschaffen konnte. Demgemäß scheitert der Antragsteller mit der Glaubhaftmachung seiner Forderung gemäß § 14 Abs. 1 InsO.[816] Es besteht keine Notwendigkeit, die Zurückweisung auf ein fehlendes Rechtsschutzinteresse zu stützen.[817]

Die Verwehrung insolvenzgerichtlichen Rechtsschutzes führt dabei nicht zu ungerechtfertigten Beschränkungen des Justizgewährungsanspruchs. Der Gläubiger scheitert auf der Ebene der Zulässigkeit, ohne dass ihm der Rechtsschutz dauerhaft verwehrt wird. Er wird dazu angehalten, seine Forderung auf dem dafür vorgesehenen Rechtsweg überprüfen zu lassen. Der dortige Rechtsweg ist eröffnet. Nach Beseitigung der zuvor existierenden rechtlichen oder tatsächlichen Schwierigkeiten ist es dem Gläubiger nicht verwehrt, einen neuen Insolvenzantrag zu stellen.

bb) Eidesstattliche Versicherung des Insolvenzschuldners

Ferner steht der rechtlichen oder wirtschaftlichen Sinnhaftigkeit des Insolvenzantrags eines Gläubigers nicht entgegen, dass der Insolvenzschuldner bereits eine eidesstattliche Versicherung gemäß den §§ 802c, 807 ZPO, 284 AO abgegeben hat.[818] Ist die Abgabe der eidesstattlichen Versicherung durch den Insolvenzschuldner bereits erfolgt und ist der Gläubiger auf Grundlage des erstellten Vermögensverzeichnisses im Wege der Einzelzwangsvollstreckung nicht vollständig

---

815 *Wegener*, in: Uhlenbruck, InsO, § 14 Rn. 30; *Vuia*, in: MüKo, InsO, § 14 Rn. 83.

816 AG Burgwedel, Beschl. v. 3.11.1983, ZIP 1984, 475 (476); AG Wuppertal, Beschl. v. 5.4.2012 – 145 IN 163/11, juris; *Wegener*, in: Uhlenbruck, InsO, § 14 Rn. 30; *Vuia*, in: MüKo, InsO, § 14 Rn. 83.

817 AG Göttingen, Beschl. v. 3.5.2002 – 74 IN 134/02, BeckRS 2002, 3988; *Sternal*, in: Kayser/Thole, InsO, § 14 Rn. 40; *Schmerbach*, in: FK, InsO, § 14 Rn. 115; *ders.*, Anm. zu LG Meiningen, Beschl. v. 13.4.2000 – 4 T 13/00, EWiR 2000, 1063 (1064); *Pape*, NJW 1993, 297 (298); *Stürner/Stadler*, Anm. zu OLG Köln, Beschl. v. 29.2.1988 – 2 W 9/88, EWiR 1988, 603 (604).

818 OLG Frankfurt a.M., Beschl. v. 3.5.1971 – 6 W 145/71, KTS 1971, 285; *Vuia*, in: MüKo, InsO, § 14 Rn. 22; *Pape*, in: Kübler/Prütting/Bork/Jacoby, InsO, § 14 Rn. 181; *Wegener*, in: Uhlenbruck, InsO, § 14 Rn. 84; *Sternal*, in: Kayser/Thole, InsO, § 14 Rn. 43; *Gerhardt*, in: Jaeger, InsO, § 14 Rn. 10; *Lang*, Rechtsschutzinteresse, S. 103.

befriedigt worden, so rechtfertigt die ausgebliebene Befriedigung in der Einzelzwangsvollstreckung geradezu das Rechtsschutzinteresse des Gläubigers an der Insolvenzantragstellung.[819] Auch wenn sich aus dem Vermögensverzeichnis des Insolvenzschuldners seine völlige Vermögenslosigkeit ergeben und insolvenzrechtlich keine Masse vorhanden sein sollte, führt dies nicht zur wirtschaftlichen oder rechtlichen Sinnlosigkeit des Insolvenzantrags. Die völlige Vermögenslosigkeit des Insolvenzschuldners ist nämlich keine Frage des Rechtschutzinteresses, sondern der Antragsabweisung mangels Masse gemäß § 26 InsO.[820] Das Rechtsschutzinteresse des Gläubigers an der Insolvenzantragstellung wird durch völlige Masseunzulänglichkeit nicht berührt.[821]

cc) Gläubigeranzahl

(1) Unstatthaftigkeit des Insolvenzverfahrens

Schließlich wird nach einer in Teilen der Literatur und Rechtsprechung vertretenen Auffassung angenommen, das Insolvenzverfahren sei unter Beteiligung lediglich eines Gläubigers unstatthaft. Die Ziele des Insolvenzverfahrens könnten in dieser Konstellation von vornherein nicht erreicht werden, sodass Insolvenzanträge objektiv zwecklos seien.[822] Dem Antragsteller stehe das Einzelzwangsvollstreckungsverfahren zur Verfügung.

Diese Auffassung stützt sich im Wesentlichen auf den Wortlaut insolvenzrechtlicher Vorschriften und auf insolvenzrechtliche Grundbegriffe. Das Insolvenzverfahren setze das Vorhandensein mehrerer Gläubiger gegen denselben Insolvenzschuldner voraus. Nur so könne die in § 1 S. 1 InsO erwähnte „gemeinschaftliche" Befriedigung verwirklicht werden.[823] Auch der Begriff des „Konkurses" im Rahmen der KO als Vorgänger zur InsO ist auf das Lateinische „concurrere" zurückzuführen, was mit den Worten „zusammenlaufen" bzw.

---

819 OLG Frankfurt a.M., Beschl. v. 3.5.1971 – 6 W 145/71, KTS 1971, 285; *Gerhardt*, in: Jaeger, InsO, § 14 Rn. 10.

820 *Gerhardt*, in: Jaeger, InsO, § 14 Rn. 14; *Sternal*, in: Kayser/Thole, InsO, § 14 Rn. 43.

821 BGH, Beschl. v. 23.9.2010 – IX ZB 282/09, NZI 2011, 58 (59); OLG Frankfurt a.M., Beschl. v. 3.5.1971 – 6 W 145/71, KTS 1971, 285.

822 AG Tübingen, Beschl. v. 11.4.2003 – II 3 IN 272/02, juris; LG Koblenz, Beschl. v. 25.4.2004 – 2 T 91/03, juris; AG Koblenz, Beschl. v. 28.10.2003 – 21 IK 55/03, NZI 2004, 47; *Mönning*, in: Nerlich/Römermann, InsO, § 14 Rn. 22; *Jansen/Biebinger*, ZInsO 2006, 126 (129).

823 *Mönning*, in: Nerlich/Römermann, InsO, § 14 Rn. 22; *Jansen/Biebinger*, ZInsO 2006, 126 (127 f.).

„sich vereinigen" zu übersetzen ist.[824] Dies setzt ebenfalls eine Personenmehrheit voraus. Gleiches betreffe den Begriff des „Gesamtvollstreckungsverfahrens", dem das Insolvenzverfahren zuzuordnen ist.[825] Die fehlende Anwendbarkeit der Vorschriften der InsO auf Konstellationen mit nur einem Gläubiger eröffnete schließlich die Möglichkeit der analogen Anwendung insolvenzrechtlicher Vorschriften.[826]

Im Gesetzgebungsverfahren zur InsO hat sich der Bundestag zu einer Stellungnahme des Bundesrates[827] bezüglich eben dieser Konstellation nicht geäußert, sodass Vertreter dieser Auffassung davon ausgehen, dass eine planwidrige Regelungslücke vorliege.[828] Jedenfalls im Rahmen von Eigenanträgen läge ferner eine vergleichbare Interessenslage zum Insolvenzverfahren unter Beteiligung mehrerer Gläubiger vor.[829] Im Falle von Fremdanträgen habe der antragstellende Gläubiger zusätzlich darzulegen, dass das Insolvenzverfahren weitergehende Befriedigungsmöglichkeiten als das Einzelzwangsvollstreckungsverfahren biete.[830]

(2) Statthaftigkeit des Insolvenzverfahrens

Gemäß der herrschenden Meinung in Literatur und Rechtsprechung steht das Vorhandensein lediglich eines Gläubigers der Durchführung des Insolvenzverfahrens nicht entgegen.[831] Auch in dieser Konstellation ist es statthaft. Dies ergebe sich aus systematischen und teleologischen Gesichtspunkten.

---

824 *Smid*, Handbuch Insolvenzrecht, § 1 Rn. 20; *Ganter/Bruns*, in: MüKo, InsO, § 1 Rn. 99.

825 *Jansen/Biebinger*, ZInsO 2006, 126 (127 f.); a.A. *Smid*, Handbuch Insolvenzrecht, § 1 Rn. 82 ff.; *Roth*, Interessenswiderstreit im Insolvenzeröffnungsverfahren, S. 133.

826 *Jansen/Biebinger*, ZInsO 2006, 126 (128).

827 BT-Drs. 12/2443, S. 255.

828 *Jansen/Biebinger*, ZInsO 2006, 126 (127); a.A. AG Köln, Beschl. v. 18.8.2003 – 71 IK 161/03, NZI 2003, 560 (561).

829 *Jansen/Biebinger*, ZInsO 2006, 126 (128).

830 *Jansen/Biebinger*, ZInsO 2006, 126 (128).

831 BGH, Urt. v. 22.2.2001 – 4 StR 421/00, NZI 2001, 496 (497); Beschl. v. 17.6.2010 – IX ZB 250/09, BeckRS 2010, 16353; Beschl. v. 15.9.2016 – IX ZB 32/16, NZI 2016, 950 (951); RG, Urt. v. 11.1.1884 – Rep. III 217/83, RGZ 11, 40 (42); AG Köln, Beschl. v. 18.8.2003 – 71 IK 161/03, NZI 2003, 560 (561); LG Koblenz, Beschl. v. 27.11.2003 – 2 T 856/03, NZI 2004, 157; AG Göttingen, Beschl. v. 4.7.2012 – 74 IN 63/21, juris; *Pape*, in: Kübler/Prütting/Bork/Jacoby, InsO, § 14 Rn. 70 ff.; *Wegener*, in: Uhlenbruck, InsO, § 14 Rn. 83; *Heine/Schuster*, in: Schönke/Schröder, StGB, Vorb. zu den §§ 283 ff., Rn. 2; *Unger*, KTS 1962, 205 (213); *Antoni*, DZWiR 2009, 362 (364 f.); *Kexel*, Anm. zu BGH, Beschl. v. 15.9.2016 – IX ZB 32/16, EWiR 2017, 117 (118); *Keller*, GmbHR 2021, 701 (702).

Dass im Zeitpunkt der Entscheidung über die Antragstellung eine Gläubigermehrheit erforderlich sei, ergebe sich nicht aus den gesetzlichen Zulassungs- bzw. Eröffnungsvoraussetzungen.[832] Die Verfahrenseröffnung unterliegt einer ausdifferenzierten Gesetzessystematik. Bei Vorliegen der gesetzlichen Voraussetzungen sei das Insolvenzverfahren antragsgemäß zu eröffnen.

Ferner ist die Durchführung des Insolvenzverfahrens notwendige Voraussetzung für die Erteilung der Restschuldbefreiung zugunsten natürlicher Personen.[833] Dem Insolvenzschuldner mit nur einem Gläubiger, mag dieser aus wirtschaftlicher Betrachtung auch ein Großgläubiger sein, wäre die Durchführung des Insolvenzverfahrens mangels Gläubigermehrheit und demgemäß auch die Erlangung der Restschuldbefreiung a priori abgeschnitten,[834] während einem Insolvenzschuldner mit zwei oder mehreren Gläubigern und Gesamtverbindlichkeiten in identischer Höhe hingegen der Zugang zur Restschuldbefreiung eröffnet wäre.[835]

Schließlich sei die geforderte Gläubigermehrheit mit der strafbewehrten Antragstellungspflicht gemäß § 15a InsO und dem diesbezüglichen Bedürfnis der Rechtsklarheit zugunsten des Rechtsverkehrs und des antragspflichtigen Organs der juristischen Person nicht vereinbar. Das Vorhandensein mehrerer Gläubiger führte in den betroffenen Fällen zur Aufhebung der Insolvenzantragstellungspflicht, was den betroffenen Vorschriften nicht zu entnehmen sei.[836]

(3) Stellungnahme

Die gesetzessystematischen und teleologischen Argumente der letztgenannten Ansicht vermögen zu überzeugen. Die letztgenannte Ansicht ist vorzugswürdig.

(a) Systematik der Eröffnungsvoraussetzungen

Das Vorhandensein mehrerer Gläubiger ist der Systematik der Zulassungs- bzw. Eröffnungsvoraussetzungen fremd. Bereits das RG stellte im Jahr 1884 zur seinerzeitigen KO fest, dass die Antragszulassung lediglich die Glaubhaftmachung einer Forderung und der Zahlungsunfähigkeit des Konkursschuldners

---

832 RG, Urt. v. 11.1.1884 – Rep. III 217/83, RGZ 11, 40 (42); *Pape*, in: Kübler/Prütting/Bork/Jacoby, InsO, § 14 Rn. 70; *Keller*, GmbHR 2021, 701 (702).

833 OLG Köln, Beschl. v. 23.2.2000 – 2 W 21/00, NZI 2000, 217 (218); *Sternal*, in: Uhlenbruck, InsO, § 286 Rn. 9.

834 So das AG Koblenz, Beschl. v. 28.10.2003 – 21 IK 55/03, NZI 2004, 47.

835 *Jansen/Biebinger*, ZInsO 2006, 126 (128).

836 *Pape*, in: Kübler/Prütting/Bork/Jacoby, InsO, § 14 Rn. 72.

erforderte. Eine darüber hinausgehende Einschränkung der Antragstellung aus einer (vermeintlichen) Natur der Sache, welche keinen gesetzlichen Anklang gefunden habe, sei demgegenüber unstatthaft gewesen. Bei Vorliegen der vorgenannten Eröffnungsvoraussetzungen habe der Antragsteller grundsätzlich ein Rechtsschutzinteresse an der Verfahrenseröffnung gehabt. Diese habe ihm durch den schuldnerischen Dispositionsverlust und dem vollständigen Konkursbeschlag Sicherungen geboten, welche er sich auf andere Weise nicht zu verschaffen imstande gewesen sei.[837] Dies deckt sich mit der bereits festgestellten Erkenntnis, dass sich ein Rechtssuchender bei Vorliegen höherer Voraussetzungen nicht auf einen (vermeintlich) konkurrierenden aber schwächeren Rechtsbehelf verweisen lassen muss.[838]

(b) Zugang zum Restschuldbefreiungsverfahren

Auch im Hinblick auf den Zugang zum Restschuldbefreiungssystem steht die wortlautgetreue Anwendung der Verfahrensvorschriften vor erheblichen Wertungswidersprüchen. So lässt es selbst ein Teil der erstgenannten Ansicht grundsätzlich zu, Insolvenzverfahren auch mit nur einem Gläubiger durchzuführen, wenn das Vermögen einer natürlichen Person betroffen ist.[839]

In der Tat ist es im Lichte des allgemeinen Gleichheitsgrundsatzes gemäß Art. 3 Abs. 1 GG wenig einleuchtend, dass ein Insolvenzschuldner mit zwei oder mehreren Gläubigern und Gesamtverbindlichkeiten in Höhe von 100.000,00 Euro in den Genuss der Restschuldbefreiung kommen dürfte, während derjenige Insolvenzschuldner, der nur gegenüber einem Gläubiger Verbindlichkeiten in identischer Höhe aufweist, einer fortwährenden Inanspruchnahme mit sich anhäufenden Zinsen und Kosten aus Zwangsvollstreckungsmaßnahmen ausgesetzt sein soll.[840] Beide Insolvenzschuldner begehren einen wirtschaftlichen „fresh start", der ihnen ausschließlich mittels Restschuldbefreiung gewährt werden kann.

Diese Ausgangslage dürfte den Insolvenzschuldner mit nur einem Gläubiger in nicht wenigen Fällen dazu veranlassen, weitere Verbindlichkeiten einzugehen, um die Anzahl seiner Gläubiger auf die erforderliche Mindestanzahl anzuheben. Hierdurch würde er den hinzutretenden Gläubigern bewusst Vermögensschäden hinzufügen, um letztlich staatlichen Rechtsschutz zu erlangen. Der später

---

837 RG, Urt. v. 11.1.1884 – Rep. III 217/83, RGZ 11, 40 (42).
838 Teil 3 I. 1. a) bb) (2) (b) (aa).
839 AG Tübingen, Beschl. v. 11.4.2003 – II 3 IN 272/02, juris.
840 *Jansen/Biebinger*, ZInsO 2006, 126 (128).

hinzutretende Gläubiger wäre im Ergebnis das sprichwörtliche Bauernopfer des nicht vollständig freiwillig handelnden Insolvenzschuldners und des Staates. Der Insolvenzschuldner liefe Gefahr, sich mit dem Redlichkeitsgebot gemäß § 1 S. 2 InsO in Widerspruch zu setzen. Die InsO gewährt nämlich nur dem redlichen Insolvenzschuldner die Aussicht auf Restschuldbefreiung, nicht aber demjenigen, welcher bewusst finanzielle Risiken auf andere abwälzt.[841]

(c) Antragstellungspflichtige Insolvenzschuldner

Auch im Rahmen von antragspflichtigen Insolvenzschuldnern führt die wortlautorientierte Anwendung des § 1 S. 1 InsO zu Rechtsunsicherheiten. Im Rahmen der Einführung des MoMiG ist von gesetzgeberischer Seite noch ausdrücklich hervorgehoben worden, dass man den antragstellungspflichtigen Organen mit dem MoMiG gerade einen klaren Handlungsrahmen vorgeben und zu ihren Lasten gehende Unwägbarkeiten vermeiden wollte.[842] Bei Vorliegen der Insolvenzgründe der Zahlungsunfähigkeit oder der Überschuldung sollte innerhalb der ersten drei bzw. sechs Wochen ein Insolvenzantrag gestellt werden. Hierdurch sollte die Rechtssicherheit auch zugunsten des Gesamtrechtsverkehrs gestärkt werden.[843]

Indem für die Zulässigkeit eines Insolvenzantrags zusätzlich eine Gläubigermehrheit gefordert werde, müsste das antragstellungspflichtige Organ nunmehr nach weiteren Gläubigern suchen, sodass sich hieraus Verzögerungen ergeben könnten.[844] Das Fehlen von weiteren Gläubigern führte dazu, dass ein Insolvenzantrag mangels Statthaftigkeit des Insolvenzverfahrens nicht zu stellen wäre. Die juristische Person könnte daher ungehindert und trotz materieller Insolvenzreife zulasten des Gesamtrechtsverkehrs weitere werbende Tätigkeit ausüben. Wollte das betroffene Organ der juristischen Person wegen eben der bereits eingetretenen materiellen Insolvenzreife dennoch einen zulässigen Insolvenzantrag stellen, wäre dieses faktisch genötigt, weitere Verbindlichkeiten aufzunehmen, um den Zugang zum Insolvenzverfahren zu ermöglichen.

Der gesetzgeberisch beabsichtigte Schutz von Neugläubigern, die gerade nicht mit einer notleidenden juristischen Person kontrahieren sollten,[845] wäre

---

841 BT-Drs. 12/2443, S. 190; *Ganter/Bruns*, in: MüKo, InsO, § 1 Rn. 108.
842 BT-Drs. 16/6140, S. 56 in Bezug auf die Herstellung von Rechtssicherheit zugunsten der antragspflichtigen Organe bei der Passivierungspflicht i.R.d. § 19 Abs. 2 S. 2 InsO.
843 BT-Drs. 16/6140, S. 55.
844 *Pape*, in: Kübler/Prütting/Bork/Jacoby, InsO, § 14 Rn. 72.
845 BT-Drs. 16/6140, S. 55.

ad absurdum geführt. Sie würden nicht einmal über einen persönlichen deliktischen Schadensersatzanspruch gegen das antragspflichtige Organ gemäß den §§ 823 Abs. 2 BGB, 15a InsO verfügen, der grundsätzlich gegeben wäre, wenn ein Neugläubiger infolge der Verletzung der Antragstellungspflicht gemäß § 15a InsO einen Vertrag mit der juristischen Person geschlossen, ihr Leistungen gewährt und dadurch einen Schaden erlitten hätte.[846] Es hätte zum Zeitpunkt des Vertragsschlusses mit der notleidenden Gesellschaft mangels Gläubigermehrheit nämlich kein zulässiger Insolvenzantrag gestellt werden können, sodass an dessen Unterlassen keine nachteiligen Wirkungen geknüpft werden könnten.

(d) Keine Rechtsgrundlage für Darlegungen des Gläubigers

Soweit von der erstgenannten Ansicht erwogen wird, dem Gläubiger zusätzliche Darlegungslasten bezüglich besserer Befriedigungsaussichten im Insolvenzverfahren aufzuerlegen, ist dem entgegenzutreten. Es existiert keine Rechtsgrundlage für eine solche Verschärfung der Antragsvoraussetzungen.[847]

(e) Ergebnis

Die Handhabung der Insolvenzanträge auf Grundlage des Wortlauts des § 1 S. 1 InsO führte zu wirtschaftlich untragbaren Ergebnissen zulasten der Gläubigergemeinschaft und des Gesamtrechtsverkehrs. Zuzustimmen ist zwar, dass die Konstellation des Insolvenzverfahrens mit nur einem Gläubiger angesichts der historischen Begrifflichkeiten und dem Gesetzeswortlaut nicht die typische ist. Allerdings vermag diese Atypik die Verwehrung des Insolvenzrechtsschutzes nicht zu rechtfertigen. Sie verstieße gegen den allgemeinen Justizgewährungsanspruch der Antragsteller.

2. Objektiv unzweckmäßiger Insolvenzantrag

Unter dem Vorwurf des fehlenden objektiven Rechtsschutzinteresses werden ferner solche Fallkonstellationen behandelt, bei welchen die Insolvenzantragstellung objektiv unzweckmäßig sein soll. Dies soll der Fall sein, wenn die Durchführung eines Insolvenzverfahrens für die Erreichung des Rechtsschutzziels nicht erforderlich ist, da für die Forderungsdurchsetzung ein einfacherer oder billigerer Weg mit hinreichender Gewissheit offensteht.[848]

---

846 BGH, Urt. v. 6.6.1994 – II ZR 292/91, NJW 1994, 2220 (2222).
847 Teil 3 I. 1. b) bb) (2) (a).
848 *Wegener*, in: Uhlenbruck, InsO, § 14 Rn. 69, 85.

a) Rechtsbehelfe der Einzelzwangsvollstreckung

Gemäß einer in Teilen der Rechtsprechung vertretenen Auffassung hänge das für die Durchführung des Insolvenzverfahrens notwendige Rechtsschutzinteresse davon ab, dass ein antragstellender Gläubiger einschlägige Rechtsschutzmöglichkeiten der Einzelzwangsvollstreckung zuvor erfolglos durchgeführt habe[849] oder er zumindest darlege, weshalb deren Durchführung vor der Insolvenzantragstellung nicht erfolgsversprechend sei.[850] Das Verhältnis beider Vollstreckungsregime wird im Sinne eines Subsidiaritätsverhältnisses verstanden, in welchem die Durchführung des Insolvenzverfahrens die zumindest teilweise erfolglose Einzelzwangsvollstreckung erfordere. Ein solches Verständnis erscheint problematisch.[851]

Dem Gläubiger wird auferlegt, dass er von dem späteren Insolvenzschuldner im Stadium dessen materieller Insolvenzreife versucht, Sicherungen oder Befriedigungen im Wege der Einzelzwangsvollstreckung zu erlangen. Für die diesbezügliche Rechtsverfolgung vor den Gerichten entstehen denknotwendig Rechtsverfolgungskosten, welche vom rechtsschutzsuchenden Gläubiger gemäß §§ 12 Abs. 1 S. 1, 22 Abs. 1 S. 1 GKG vorzuschießen wären. Sollte die Zwangsvollstreckung der Kostenentscheidung zulasten des Schuldners nicht zweckmäßig sein, weil dieser bereits materiell insolvent ist, so trüge der Gläubiger wegen der Pflicht zur vorrangigen Ergreifung einzelzwangsvollstreckungsrechtlicher Rechtsbehelfe ein zusätzliches Kostenrisiko, bevor er seinem eigentlichen Rechtsschutzziel, nämlich der Erlangung insolvenzrechtlichen Rechtsschutzes, nachgehen könnte. Diese zusätzliche Belastung des Gläubigers mit der zumindest teilweisen Durchführung einzelzwangsvollstreckungsrechtlicher Rechtsbehelfe lässt sich nicht, insbesondere nicht vor der Konzeption der InsO, rechtfertigen.

aa) „Eingriffstrias“

Die Rechtsordnung gestattet es den (Insolvenz-)Gläubigern grundsätzlich, Vollstreckungsmaßnahmen der Einzelzwangsvollstreckung gegen den Schuldner durchzuführen. Bei Manifestierung der wirtschaftlichen Krise wird dieser

---

849 LG Hamburg, Beschl. v. 21.11.2001 – 326 T 171/01, NZI 2002, 164; AG Potsdam, Beschl. v. 13.12.2002 – 35 IN 1499/02, NZI 2003, 155.

850 OLG Hamm, Beschl. v. 27.4.1973 – 23 W 84/73, juris; OLG Köln, Beschl. v. 18.5.1989 – 2 W 41/89, ZIP 1989, 789 (791); LG Magdeburg, Beschl. v. 8.2.1995 – 3 T 27/95, ZIP 1995, 579 (580).

851 *Roth*, Interessenswiderstreit im Insolvenzeröffnungsverfahren, S. 107; *Keller*, Insolvenzrecht, Rn. 547.

Grundsatz zum Schutze der Gläubigergemeinschaft allerdings durch die „Eingriffstrias“[852] durchbrochen.[853] Das Prioritätsprinzip der Einzelzwangsvollstreckung wird zulasten des einzelnen Gläubigers und spiegelbildlich zugunsten des Grundsatzes par conditio creditorum im Insolvenzeröffnungsverfahren durch die Untersagung und Einstellung einzelzwangsvollstreckungsrechtlicher Maßnahmen gegen den Insolvenzschuldner gemäß § 21 Abs. 2 S. 1 Nr. 3 InsO, durch die Bestimmungen zur Insolvenzanfechtung gemäß den §§ 129 ff. InsO sowie die Rückschlagsperre gemäß § 88 InsO eingeschränkt.[854] Zwar setzen die Eingriffstrias im ersten Fall die Antragszulassung und in den letzteren beiden Fällen die Verfahrenseröffnung voraus. Allerdings greifen die beiden letztgenannten Fälle rückwirkend für den Zeitraum vor Verfahrenseröffnung ein, sodass die Gefahr dieses rückwirkenden Eingreifens auch bei der Entscheidung über die Auferlegung zusätzlicher Einzelzwangsvollstreckungsmaßnahmen zulasten des zur Insolvenzantragstellung bereiten Gläubigers zu berücksichtigen ist.[855]

bb) Insbesondere: Rückschlagsperre gemäß § 88 InsO

Gemäß § 88 Abs. 1 InsO werden Sicherungen, die ein Insolvenzgläubiger im letzten Monat vor dem Antrag auf Eröffnung des Insolvenzverfahrens oder nach diesem Antrag durch Zwangsvollstreckung an dem zur Insolvenzmasse gehörenden Vermögen erlangt hat, mit Verfahrenseröffnung unwirksam. Im Falle eines Verbraucherinsolvenzverfahrens beträgt diese Frist gemäß § 88 Abs. 2 InsO sogar drei Monate. Die Rückschlagsperre greift ipso iure und ohne das Vorhandensein weiterer subjektiver Elemente ein.[856]

Rechtsfolge der Rückschlagsperre ist die absolute Unwirksamkeit der erlangten Sicherungen im Wege der Einzelzwangsvollstreckung.[857] Wurde zugunsten eines späteren Insolvenzgläubigers im letzten Monat vor der Antragstellung im Wege der Einzelzwangsvollstreckung beispielsweise ein Pfändungs- und

852 *Grothe*, KTS 2001, 205 (206).
853 *Breuer/Flöther*, in: MüKo, InsO, § 88 Rn. 1.
854 *Breuer/Flöther*, in: MüKo, InsO, § 88 Rn. 1.
855 *Guski*, WM 2011, 103 (108).
856 BT-Drs. 12/2443, S. 137; *Breuer/Flöther*, in: MüKo, InsO, § 88 Rn. 2, 5; *Mock*, in: Uhlenbruck, InsO, § 88 Rn. 46; *Lüke*, in: Kübler/Prütting/Bork/Jacoby, InsO, § 88 Rn. 2; *Kayser*, in: Kayser/Thole, InsO, § 88 Rn. 5.
857 BGH, Urt. v. 19.1.2006 – IX ZR 232/04, NZI 2006, 224 (224 f.); Urt. v. 21.9.2017 – IX ZR 40/17, NZI 2017, 892 (893); *Mock*, in: Uhlenbruck, InsO, § 88 Rn. 41 f.; *Keller*, ZIP 2006, 1174 (1175).

Überweisungsbeschluss erlassen[858] oder eine Zwangshypothek im Grundbuch eingetragen,[859] werden diese Zwangssicherungen, nicht aber bereits erlangte Befriedigungen,[860] unwirksam. Für bereits erlangte Befriedigungen stehen die Vorschriften der Insolvenzanfechtung gemäß den §§ 129 ff. InsO zur Verfügung.[861] Daraus ergibt sich, dass der Gesetzgeber in diesen Konstellationen das Zurückweichen der Einzelzwangsvollstreckung zugunsten der insolvenzmäßigen Haftungsverwirklichung beabsichtigt.[862]

Ist das Erlöschen solcher Sicherungen bei Eingreifen der Rückschlagsperre geklärt, so leuchtet es nicht ein, weshalb ein potentieller Antragsteller versuchen sollte, für die Schaffung seines Rechtsschutzinteresses für die Insolvenzantragstellung noch eine solche Sicherung für sich durchzusetzen. Sie unterliegt nämlich einer Erlöschensgefahr.[863]

In der Konstellation, in welcher parallel zum ersten Gläubiger (Gläubiger A) noch ein weiterer Gläubiger (Gläubiger B) die Insolvenzantragstellung beabsichtigt und sogar Sicherungen zu seinen Gunsten erlangt hat, welche angesichts der wirtschaftlichen Krise des Schuldners nicht werthaltig sind, dürfte es zu einer zeitnahen Antragstellung durch Gläubiger B kommen. Dann würden Sicherungen des Gläubigers A, so sie denn schon erlangt worden sind, ipso iure erlöschen. Sollte es noch nicht zum Erhalt der Sicherungen gekommen sein, wären dennoch durch die Einleitung des Einzelzwangsvollstreckungsverfahrens Rechtsverfolgungskosten zulasten des Gläubigers A entstanden, ohne dass dessen Rechtsschutzziel noch nachhaltig zu erreichen wäre. In jedem Fall stellte sich die Durchführung der Einzelzwangsvollstreckung für den Gläubiger A als zwecklos dar.

Dies gilt gleichermaßen für den Fall, in welchem einer der beiden Gläubiger innerhalb des Monatszeitraums nach Erlangung der eigenen Sicherung einen

---

858 BGH, Urt. v. 21.9.2017 - IX ZR 40/17, NZI 2017, 892 (893).

859 BGH, Urt. v. 19.1.2006 - IX ZR 232/04, NZI 2006, 224 (225); Urt. v. 21.9.2017 - IX ZR 40/17, NZI 2017, 892 (894).

860 OLG Frankfurt a.M., Urt. v. 23.5.2002 - 16 U 182/01, NZI 2002, 491 (492); *Breuer/Flöther*, in: MüKo, InsO, § 88 Rn. 6, 15.

861 *Breuer/Flöther*, in: MüKo, InsO, § 88 Rn. 15; *Vallender*, ZIP 1997, 1993; *Keller*, ZIP 2018, 2156 (2157).

862 *Breuer/Flöther*, in: MüKo, InsO, § 88 Rn. 10.

863 *Vallender*, ZIP 1997, 1993. Dasselbe gilt für den Bereich der Insolvenzanfechtung, wobei dort eine Gefahr der Inanspruchnahme gemäß § 143 InsO durch den Insolvenzverwalter besteht, vgl. *Mönning*, in: Nerlich/Römermann, InsO, § 14 Rn. 22; ferner *Lang*, Rechtsschutzinteresse, S. 96.

Insolvenzantrag stellte. Dann würde diese Sicherung ebenfalls erlöschen. Zur Umgehung des Erlöschens wäre der betroffene Gläubiger gehalten, die Monatsfrist des § 88 Abs. 1 InsO bzw. die Dreimonatsfrist des § 88 Abs. 2 InsO verstreichen zu lassen, um die zu seinen Gunsten bestehende Sicherheit, die ihm im Falle der Verfahrenseröffnung in bestimmten Fällen sogar ein Absonderungsrecht einräumte,[864] nicht zu gefährden. Dessen strategische Entscheidung eröffnete dem materiell insolventen Schuldner die Gelegenheit, weiterhin uneingeschränkt am Wirtschaftsverkehr teilzunehmen. Es bestünde die Gefahr, dass sich seine wirtschaftliche Krise durch seine weitere Markttätigkeit vertiefte, sodass sich das Risiko einer späteren Antragsabweisung mangels Masse gemäß § 26 InsO erhöhte.[865] Diese Massearmutsgefahr sollte durch die Neuregelungen der InsO, so auch des § 88 InsO, jedoch gerade verhindert werden.[866] Hierfür sind rechtzeitige Verfahrenseröffnungen erforderlich. Die Verzögerung der Verfahrenseinleitung führt zur Gefährdung der Befriedigungsaussichten der späteren Gläubigergemeinschaft.[867]

Es ist nicht erkennbar, weshalb gegen den materiell insolventen Schuldner noch weitere Einzelzwangsvollstreckungsmaßnahmen zu ergreifen sein sollen, wenn der Erfolg dieser Verfahrensdurchführung einer späteren Gefahr begegnen wird, welche durch die Konzeption der InsO selbst gesetzt wird.[868] Wenn der Gesetzgeber die auch nur teilweise Durchführung der Einzelzwangsvollstreckung zur Zulässigkeitsvoraussetzung der Insolvenzantragstellung erhoben haben wollte, dann hätten zumindest (Ausnahme-)Regelungen zum langfristigen Verbleib der hierdurch erlangten Sicherungen und Befriedigungen getroffen werden müssen. So ist es dem Gläubiger jedoch nicht zumutbar, Ressourcen für die Durchführung der Einzelzwangsvollstreckung aufzuwenden und sich gleichzeitig der Gefahr ihres Misserfolges qua Rechtsordnung auszusetzen.

Bestehen tatsächliche Anzeichen für eine wirtschaftliche Krise des Schuldners, ist es für den Gläubiger vielmehr gerechtfertigt, sein Rechtsverfolgungs- und Kostenrisiko selbstständig zu kalkulieren. Zu dieser Freiheit gehört es auch, zwischen den hiernach zur Verfügung stehenden Rechtsbehelfen der Einzel- und Gesamtvollstreckung frei zu wählen.[869] Selbstverständlich hat er dabei zu

---

864 *Keller*, ZIP 2018, 2156.

865 Zum Versagen der KO aufgrund eben dieses Umstands, vgl. BT-Drs. 12/2443, S. 72.

866 *Breuer/Flöther*, in: MüKo, InsO, § 88 Rn. 11; *Lüke*, in: Kübler/Prütting/Bork/Jacoby, InsO, § 88 Rn. 2.

867 BT-Drs. 12/2443, S. 80 f.

868 *Guski*, WM 2011, 103 (108).

869 *Lang*, Rechtsschutzinteresse, S. 97.

berücksichtigen, dass einerseits die Durchführung des Insolvenzverfahrens im Falle der Verfahrenseröffnung die Einzelzwangsvollstreckung gemäß § 89 InsO sperrt, andererseits die Erlangung von Sicherungen und Befriedigungen aus der Einzelzwangsvollstreckung einem insolvenzmäßigen Risiko gemäß den §§ 88, 129 ff. InsO unterliegen. Eine gesetzliche Subsidiarität des Insolvenzverfahrens besteht im Ergebnis allerdings nicht. Dies entspricht der ganz herrschenden Auffassung im Schrifttum.[870] Mangels Subsidiarität des Insolvenzverfahrens hat der Antragsteller auch nicht zusätzlich darzulegen, weshalb die Durchführung der Einzelzwangsvollstreckung nicht erfolgreich verlaufen würde.

cc) Ergebnis

Im Lichte des Justizgewährungsanspruchs stellt sich die Auferlegung zusätzlicher Einzelzwangsvollstreckungsrechtsbehelfe vor der Erlangung insolvenzrechtlichen Rechtsschutzes als Eingriff in den allgemeinen Justizgewährungsanspruch dar. Eine solche zusätzliche Zulässigkeitsvoraussetzung für den Insolvenzantrag hebt die beiden Vollstreckungsregime der InsO und der ZPO letztlich in ein Subsidiaritätsverhältnis zulasten des Insolvenzverfahrens, welches als solches nicht existiert. Erlegte man dem insolvenzrechtsschutzsuchenden Antragsteller zusätzlich auf, zuvor den Weg der Einzelzwangsvollstreckung erfolglos gegangen zu sein und nähme ihm bei erfolgreichem Beschreiten dieses Weges sogar noch dessen dort erlangten Vorteile, so stellte sich diese Rechtswegbeschränkung endgültig als ungerechtfertigt dar. Dies begründet einen Verstoß gegen den allgemeinen Justizgewährungsanspruch der betroffenen Gläubiger.

870 BGH, Beschl. v. 5.2.2004 – IX ZB 29/03, NZI 2004, 587 (589); LG Göttingen, Beschl. v. 8.3.1993 – 6 T 37/93, NJW-RR 1993, 767; OLG Celle, Beschl. v. 9.2.2000 – 2 W 101/99, NJW-RR 2001, 702 (704); OLG Dresden, Beschl. v. 23.4.2001 – 13 W 172/01, NZI 2001, 472 (473); AG Göttingen, Beschl. v. 3.5.2002 – 74 IN 134/02, BeckRS 2002, 3988; *Bast*, in: Schmidt/Uhlenbruck, Die GmbH in Krise, § 15 Rn. 15.59; *Wegener*, in: Uhlenbruck, InsO, § 14 Rn. 70; *Sternal*, in: Kayser/Thole, InsO, § 14 Rn. 35; *Pape*, in: Kübler/Prütting/Bork/Jacoby, InsO, § 14 Rn. 154 f.; *Vuia*, in: MüKo, InsO, § 14 Rn. 27 f.; *Mönning*, in: Nerlich/Römermann, InsO, § 14 Rn. 22; *Gundlach*, in: Schmidt, InsO, § 14 Rn. 26; *Fuhst*, in: Gogger/Fuhst, § 2 Rn. 39; *Guski*, WM 2011, 103 (108); *Gerhardt*, Anm. zu OLG Köln, Beschl. v. 18.5.1989 – 2 W 41/89, EWiR 1989, 701 (702); *Lang*, Rechtsschutzinteresse, S. 93 ff.

b) *Akzessorische Haftung gemäß § 128 HGB*

Gemäß einer Entscheidung des AG Burgwedel fehle dem Gläubiger einer Personengesellschaft mit akzessorisch persönlich haftenden Gesellschaftern gemäß § 128 HGB[871] das Rechtsschutzinteresse an der Insolvenzantragstellung, wenn die Möglichkeit einer Direkthaftung gegenüber einem solchen Gesellschafter bestehe.[872] Dem ist in der gegebenen Absolutheit entgegenzutreten.[873]

Die akzessorische Haftung der Gesellschafter dient als Ausgleich zur fehlenden Pflicht zur Leistung einer festen Einlage und zur fehlenden Existenz von Kapitalerhaltungsregelungen.[874] Sie bezweckt die Erhöhung der Kreditfähigkeit der Personengesellschaften im Rechtsverkehr. Den Gläubigern der Gesellschaft werden weitere Schuldner zur Verfügung gestellt, welche für Verbindlichkeiten der Gesellschaft nicht subsidiär, sondern primär haften.[875] Die primäre Haftung des Gesellschafters hat zur Folge, dass er den ihn in Anspruch nehmenden Gläubiger nicht auf eine vorrangige Rechtsdurchsetzung gegenüber der Gesellschaft verweisen darf.[876] Fehlt es an einem solchen Leistungsverweigerungsrecht des Gesellschafters, so hat dies Auswirkungen für die konträre Betrachtung aus Sicht des Gesellschaftsgläubigers.

Der Gesellschaftsgläubiger ist befugt, zwischen einer Inanspruchnahme der zur Verfügung stehenden Schuldner frei zu entscheiden. Die Erweiterung des Schuldnerkreises ist grundsätzlich nicht mit der Pflicht zur parallelen oder vorrangigen Inanspruchnahme eines dieser Schuldner verbunden. Insoweit steht es dem Gläubiger frei, die Rechtsdurchsetzung ausschließlich gegen einen seiner Schuldner zu führen. Hierbei existiert allerdings eine Ausnahme.

Erklären sich ein oder mehrere persönlich haftende Gesellschafter gegenüber dem Gläubiger zur vollständigen Befriedigung bereit und ist der Erhalt der Leistung demnächst zu erwarten, so besteht ein einfacherer und schnellerer Weg zur

---

871 Die persönliche Haftung der Gesellschafter wird ab dem 1.1.2024 unter § 126 HGB geregelt werden.

872 AG Burgwedel, Beschl. v. 3.11.1983 – 5 N 14/83, ZIP 1984, 475 (476).

873 *Wegener*, in: Uhlenbruck, InsO, § 14 Rn. 85; *Sternal*, in: Kayser/Thole, InsO, § 14 Rn. 35; *Wertenbruch*, in: Westermann/Wertenbruch, HB Personengesellschaften, § 44 Rn. 1818.

874 BGH, Beschl. v. 7.4.2003 – II ZR 56/02, NJW 2003, 1803 (1804); *Boesche*, in: Oetker, HGB, § 128 Rn. 2.

875 *Boesche*, in: Oetker, HGB, § 128 Rn. 2; *Schmidt/Drescher*, in: MüKo, HGB, § 128 Rn. 21.

876 *Schmidt/Drescher*, in: MüKo, HGB, § 128 Rn. 21; *Klimke*, in: BeckOK, HGB, § 128 Rn. 24.

Erreichung des Rechtsschutzziels des Gläubigers. Hierbei ist den erklärenden Gesellschaftern zur Beschaffung der erforderlichen Mittel ein angemessener Zeitraum zu gewähren. Es muss allerdings sichergestellt sein, dass der Gläubiger im Wege der Direkthaftung durch die Gesellschafter vollständig befriedigt wird.[877] In diesem Fall wäre ein dennoch gestellter Insolvenzantrag gegen die Personengesellschaft mangels Rechtsschutzinteresses als unzulässig zurückzuweisen.

Es ist zu beachten, dass es sich in dieser Ausnahmekonstellation um eine Einschränkung des Wahlrechts des Gesellschaftsgläubigers zur Rechtsdurchsetzung gegen seine Schuldner handelt. Als Ausnahmekonstellation ist sie daher restriktiv zu behandeln. Demgemäß ist der Gläubiger nicht gehalten, vor der Inanspruchnahme der Personengesellschaft noch den Weg der Einzelzwangsvollstreckung gegen den persönlich haftenden Gesellschafter zu beschreiten und ihn gegebenenfalls wegen seiner akzessorischen Haftung gemäß § 128 HGB im streitigen Verfahren zu verklagen.[878] Auf Zweifel bei der Durchsetzbarkeit der Direkthaftung gegen den Gesellschafter braucht der Gläubiger sich nicht einzulassen,[879] diese Zweifel gehen zulasten der Gesellschaft.[880] Abgesehen von dieser Ausnahmekonstellation weisen entsprechende Insolvenzanträge gegen die Personengesellschaft das erforderliche Rechtsschutzinteresse auf.

c) Geringfügige Forderungshöhe

aa) Fehlendes Rechtsschutzinteresse

Schließlich wurde vornehmlich im älteren Schrifttum die Auffassung vertreten, dass dem Antragsteller das Rechtsschutzinteresse an der Durchführung des Insolvenzverfahrens fehle, wenn er eine nur geringfügige Antragsforderung vorweisen könne.[881]

---

877 *Wertenbruch*, in: Westermann/Wertenbruch, HB Personengesellschaften, § 44 Rn. 1818.

878 *Wertenbruch*, in: Westermann/Wertenbruch, HB Personengesellschaften, § 44 Rn. 1818.

879 *Wegener*, in: Uhlenbruck, InsO, § 14 Rn. 85; *Sternal*, in: Kayser/Thole, InsO, § 14 Rn. 35.

880 *Wertenbruch*, in: Westermann/Wertenbruch, HB Personengesellschaften, § 44 Rn. 1818.

881 OLG Hamburg, Beschl. v. 27.12.1972 – 6 W 74/72, juris; OLG Stuttgart, Beschl. v. 26.1.1973 – 2 W 4/73, juris; LG Braunschweig, Beschl. v. 23.1.1976 – 8 T 28/76, BeckRS 1976, 832; LG Mannheim, Beschl. v. 30.6.1976 – 4 T 166/76, juris; LG Heidelberg, Beschl. v. 8.2.1982 – 5 T 78/81, juris; *Linker*, in: HK, InsO, § 14 Rn. 51. Im Ergebnis verneint auch *Unger*, KTS 1962, 205 (213) die Möglichkeit der Verfahrenseröffnung

Diese Auffassung wurde damit begründet, dass nur eine gewisse Forderungshöhe die Auswirkungen des Insolvenzverfahrens zu rechtfertigen vermag.[882] Das Insolvenzverfahren ist mit tiefgehenden (Grundrechts-)Eingriffen in die schuldnerischen Dispositionsbefugnisse verbunden,[883] sodass das wirtschaftliche Interesse des Gläubigers ein bestimmtes Mindestgewicht erreichen müsse.[884] Dieses wird letztlich an der Höhe der Forderung gemessen. Insoweit weist dieser Argumentationsansatz eine strukturelle Nähe zur Frage des Rechtsschutzinteresses bei Bagatellforderungen im Einzelzwangsvollstreckungsrecht auf.[885]

bb) Vorhandenes Rechtsschutzinteresse

Dem tritt die herrschende Auffassung in Rechtsprechung und Literatur entgegen.[886] Die Durchführung des Insolvenzverfahrens hänge nicht von der Geltendmachung einer Mindestforderung ab.

Begründet wird diese Auffassung zunächst mit einem historischen Argument. Bereits der KO-Gesetzgeber habe eine Mindestgrenze bewusst nicht einführen wollen. Diese gelte auch heute noch. Eine betragsmäßige Mindestgrenze führe

---

auf Grundlage eines solchen Insolvenzantrags. Allerdings ordnet er dies der fehlenden Zahlungsunfähigkeit zu. Ob sich dies auf die Zulässigkeit oder Begründetheit des Insolvenzantrags auswirken soll, wird offengelassen.

882 LG Braunschweig, Beschl. v. 23.1.1976 – 8 T 28/76, BeckRS 1976, 832; *Lang*, Rechtsschutzinteresse, S. 56.

883 *Roth*, Interessenswiderstreit im Insolvenzeröffnungsverfahren, S. 71 ff.

884 *Lang*, Rechtsschutzinteresse, S. 57 ff.

885 *Lang*, Rechtsschutzinteresse, S. 58.

886 BGH, Beschl. v. 20.3.1986 – III ZR 55/85, NJW-RR 1986, 1188 (1188 f.); LG Dortmund, Beschl. v. 8.7.1980 – 9 T 340/80, ZIP 1980, 633 (633 f.); LG Stuttgart, Beschl. v. 2.2.1982 – 2 T 79/82, juris; LG Würzburg, Beschl. v. 8.12.1983 – 3 T 2045/83, juris; LG Gießen, Beschl. v. 8.2.1985 – 7 T 52/85, MDR 1985, 508; LG Bückeburg, Beschl. v. 18.6.1985 – 4 T 43/85, MDR 1985, 855 (855 f.); LG Mannheim, Beschl. v. 17.7.1985 – 4 T 79/85, MDR 1986, 246; LG Köln, Beschl. v. 3.2.1986 – 19 T 42/86, MDR 1986, 507; LG Kempten, Beschl. v. 3.4.1987 – 4 T 457/87, MDR 1987, 771 (772); LG Berlin, Beschl. v. 15.1.1992 – 81 T 890/91, NJW-RR 1992, 831; OLG Köln, Beschl. v. 29.12.1999 – 2 W 188/99, NJW-RR 2000, 427 (429); AG Lübeck, Beschl. v. 8.6.2001 – 43 a IN 81/01, DZWiR 2001, 308; LG Göttingen, Beschl. v. 23.8.2006 – 10 T 75/06, NZI 2006, 603; *Bast*, in: Schmidt/Uhlenbruck, Die GmbH in Krise, § 15 Rn. 15.59; *Schmerbach*, in: FK, InsO, § 14 Rn. 120 f.; *Mönning*, in: Nerlich/Römermann, InsO, § 14 Rn. 15 ff.; *Pape*, in: Kübler/Prütting/Bork/Jacoby, InsO, § 14 Rn. 166; *Gerhardt*, in: Jaeger, InsO, § 14 Rn. 9; *Wegener*, in: Uhlenbruck, InsO, § 14 Rn. 82; *Vuia*, in: MüKo, InsO, § 14 Rn. 39; *Lang*, Rechtsschutzinteresse, S. 58 ff.

faktisch zur Schlechterstellung von Kleingläubigern, wofür allerdings keine sachliche Rechtfertigung bestehe.[887] Auch existierten für diese Differenzierung keine einheitlichen Werte, sodass Aspekte der Rechtssicherheit nachteilig betroffen wären.[888] Schließlich wird angeführt, dass das Erfordernis einer Mindestforderung gegen den allgemeinen Justizgewährungsanspruch verstoße.[889]

cc) Stellungnahme

Die erstgenannte Ansicht stützt sich im Wesentlichen auf verfahrensökonomische Erwägungen. Mit der Antragszulassung werden regelmäßig vorläufige Sicherungsmaßnahmen gemäß den §§ 21 ff. InsO angeordnet und insbesondere die Erstellung eines Gutachtens in Auftrag gegeben. Der hierdurch entstehende Kostenapparat wäre im Rahmen der Schlussverteilung gemäß den §§ 53, 54 InsO vor dem antragstellenden Gläubiger auszugleichen.[890] Bereits die Verfahrenskosten des Insolvenzverfahrens überstiegen eine geringfügige Antragsforderung in Höhe von beispielsweise 100,00 Euro um ein Vielfaches. Die in einem hypothetischen Einzelzwangsvollstreckungsverfahren entstehenden Gerichtskosten fielen verhältnismäßig geringer aus, sodass sie sich betragsmäßig dem Wert der Antragsforderung annäherten. Dennoch vermögen diese wirtschaftlichen Aspekte das Rechtsschutzinteresse des antragstellenden Gläubigers nicht zu beseitigen.

Ausweislich der Gesetzesmaterialien zur KO vom 1.2.1877 hatte der Gesetzgeber die Durchführung des Konkursverfahrens nicht von einer betragsmäßigen Untergrenze der Antragsforderung abhängig machen wollen. Es wurde nämlich die Rückstufung von Kleingläubigern befürchtet.[891] In der Nichtbegleichung einer solchen geringen Forderung durch den Schuldner drückt sich nämlich gerade nicht ein nur marginales Rechtsschutzinteresse des Gläubigers, sondern vielmehr das besondere Bedürfnis der Durchführung eines Insolvenzverfahrens im Interesse der Gesamtwirtschaft aus. In der Nichtbegleichung der geringen

887 LG Würzburg, Beschl. v. 8.12.1983 – 3 T 2045/83; LG Gießen, Beschl. v. 8.2.1985 – 7 T 52/85, MDR 1985, 508; LG Bückeburg, Beschl. v. 18.6.1985 – 4 T 43/85, MDR 1985, 855 (855 f.); LG Mannheim, Beschl. v. 17.7.1985 – 4 T 79/85, MDR 1986, 246; LG Berlin, Beschl. v. 15.1.1992 – 81 T 890/91, NJW-RR 1992, 831; *Vuia*, in: MüKo, InsO, § 14 Rn. 39; *Lang*, Rechtsschutzinteresse, S. 58 ff.

888 *Lang*, Rechtsschutzinteresse, S. 60.

889 *Lang*, Rechtsschutzinteresse, S. 58 f.

890 *Lang*, Rechtsschutzinteresse, S. 57 f.

891 *Hahn*, KO, Materialien, S. 296.

Forderung offenbart sich die fortgeschrittene Insolvenz des Schuldners umso deutlicher.

Tatsächlich ist es so, dass die Rückstufung der Kleingläubiger gegenüber den Gläubigern mit einer höheren Insolvenzforderung im Lichte des allgemeinen Gleichbehandlungssatzes gemäß Art. 3 Abs. 1 GG nicht zu rechtfertigen ist. Für beide Gläubiger stellt das staatliche Insolvenzverfahren nämlich ein Korrelat für den Verzicht auf die Selbsthilfe dar. Sowohl der Klein- als auch der Großgläubiger verzichten auf ihre eigenmächtige Forderungsdurchsetzung. Als Ausgleich wird dem Großgläubiger der Zugang zu den staatlichen Gerichten gewährt, insoweit ist der Verzicht auf die Selbsthilfe unter gleichzeitiger Justizgewähr von Verfassungs wegen nicht zu beanstanden. Anders verhält es sich hingegen bei dem Kleingläubiger.

Auch dem Kleingläubiger wird das Verbot der Selbsthilfe auferlegt. Zeitgleich sei sein wirtschaftliches Interesse an der Anrufung der staatlichen Gerichte nicht ausreichend, sodass ihm eine Forderungsdurchsetzung auch auf dem staatlichen Rechtswege verwehrt wird. Dabei ist es nicht von Belang, dass ihm gegebenenfalls der Rechtsweg der Einzelzwangsvollstreckung zusteht. Denn die beiden Rechtsbehelfe der Einzelzwangsvollstreckung und der insolvenzmäßigen Gesamtvollstreckung stehen nicht in einem Konkurrenzverhältnis zueinander. Liegen die Voraussetzungen für die Durchführung eines Insolvenzverfahrens vor, ist der Rechtsschutzsuchende nicht auf ein Einzelzwangsvollstreckungsverfahren zu verweisen, da das Insolvenzverfahren weitergehende Schutzmechanismen bereitstellt.[892] Diese Verwehrung insolvenzmäßigen Rechtsschutzes begründet einen Verstoß gegen seinen Justizgewährungsanspruch.[893]

Ferner ist zu berücksichtigen, dass es dem antragstellenden Gläubiger selbst überlassen ist, den für sich wirtschaftlich zweckmäßigen Rechtsweg zu beschreiten. Dies ist Teil seiner Rechtsbehelfswahlfreiheit und letztlich seiner eigenverantwortlich vorzunehmenden Kostenkalkulation. Freilich ist der Staat in der Lage, auf diese Kostenkalkulation Einfluss auszuüben. Der Staat ist nicht dazu verpflichtet, den Rechtsweg kostenfrei zur Verfügung zu stellen, sondern vielmehr befugt, diesen von der Erhebung von Gerichtskosten abhängig zu machen. Die Gerichtskostenerhebung orientiert sich ihrerseits nach dem wirtschaftlichen Interesse des Rechtsschutzsuchenden.[894] Demgemäß kommt durch die Erhebung von Gerichtskosten zum Ausdruck, dass von staatlicher Seite bereits

---

892 Teil 3 I. 1. a) bb) (2) (b) (aa).

893 *Lang*, Rechtsschutzinteresse, S. 58 f.

894 Teil 2 II. 1.

eine Abwägung zwischen dem wirtschaftlichen Interesse des Rechtsschutzsuchenden und den von dem Verfahren ausgehenden Auswirkungen stattgefunden hat. Soweit das Bedürfnis weitergehender rechtsschutzeinschränkender Zulässigkeitsvoraussetzungen entstehen sollte, wäre der Staat nicht gehindert, dem Rechtsschutzsuchenden solche aufzuerlegen. Dies ist allerdings Sache der gesetzgebenden Gewalt. Die Rechtsprechung ist nicht – auch nicht im Wege der Rechtsfortbildung – die hierfür zuständige Gewalt.[895] Dies belegt die weite Streuung der in der Rechtsprechung festgelegten Mindestgrenzen,[896] die ein einheitliches Bild nicht zu zeichnen vermögen.

3. Zusammenfassung

Die Fallgruppen zum objektiv fehlenden Rechtsschutzinteresse wurden einer eingehenden Prüfung unterzogen. Dabei konnte festgestellt werden, dass die Subsumtion der aufgezeigten Sachverhalte unter dem prozessualen Institut des Rechtsschutzinteresses nicht immer zutreffend gewesen ist. Hierbei ist festzuhalten, dass sich letztlich nicht jede fehlerhafte Zuordnung rechtsschutzverweigernd ausgewirkt hat. In einigen Fällen waren die betroffenen Insolvenzanträge dennoch – wenn auch aus anderen prozessualen Gründen – als unzulässig zurückzuweisen. Soweit sich die Zurückweisung des Insolvenzantrags allerdings rechtsschutzverwehrend ausgewirkt hat, verletzte dies die Antragsteller in ihrem verfassungsrechtlichen Justizgewährungsanspruch.

Die Gründe für die fehlerhaften Zuordnungen sind verschieden. Zu erwähnen ist zunächst die unsaubere Abgrenzung zwischen den Zulässigkeitsvoraussetzungen der Glaubhaftmachung der Antragsforderung und des Rechtsschutzinteresses.[897] Die Glaubhaftmachung ist ein allgemein beweisrechtlicher Begriff und bezeichnet einen Grad der Beweisführung. In Bezug auf die Antragsforderung verlangt die InsO demnach, dass das Insolvenzgericht sich eine überwiegend wahrscheinliche Gewissheit vom Bestand der Forderung verschaffen können muss. Wird dieser Grad der Beweisführung nicht erreicht, scheitert die Glaubhaftmachung der Forderung und der Insolvenzantrag ist aus diesem Grund zurückzuweisen. Auf das subsidiäre Institut des Rechtsschutzinteresses kommt es nicht an.

---

895 LG Berlin, Beschl. v. 15.1.1992 – 81 T 890/91, *Lang*, Rechtsschutzinteresse, S. 60.

896 Mit einer Übersicht zu verschiedenen Gerichtsentscheidungen mit Forderungshöhen von 115,00 DM bis 1.000,00 DM, vgl. LG Dortmund, Beschl. v. 8.7.1980 – 9 T 340/80, ZIP 1980, 633.

897 Teil 3 I. 1. a) cc), ff), c) aa).

Gelingt die Glaubhaftmachung der Forderung hingegen, so dürfen Erwägungen zum Rechtsschutzinteresse die ausdifferenzierte Zulässigkeitssystematik grundsätzlich nicht überlagern. Das Rechtschutzinteresse dient als Korrektiv für Ausnahmekonstellationen. Im Regelfall ist es gegeben. Nur ausnahmsweise vermag es einzelne Sachverhalte auszuklammern. Zum Ausschluss gesamter Fallgruppen darf dies allerdings nicht führen. Diese Betrachtung rechtfertigt sich bereits aus verfassungsrechtlichen Gründen.

Zudem sind bei der Prüfung, ob mit einem konkreten Insolvenzantrag grundsätzlich die Verfahrenszwecke der InsO erreicht werden können, sämtliche Verfahrenszwecke zu berücksichtigen.[898] So umfasst die InsO im Rahmen ihres Befriedigungszwecks neben der Liquidationsmöglichkeit namentlich auch eine Sanierungsmöglichkeit. Werden Sanierungsziele im Zuge des Insolvenzverfahrens erreicht oder sind sie zumindest theoretisch erreichbar, so können die Ziele der InsO gerade doch realisiert werden.

II. Subjektiv fehlendes Rechtsschutzinteresse

1. Allgemeines

Die unter dem Vorwurf des subjektiv fehlenden Rechtsschutzinteresses vorzufindenden Fallgruppen zeichnen sich dadurch aus, dass der Antragsteller das Insolvenzverfahren zu verfahrensfremden Zwecken initiiert. Eine solche Insolvenzantragstellung erfolgt in missbräuchlicher Weise. Nach gesetzgeberischer Vorstellung ist es das Institut des Rechtsschutzinteresses, welches dieser missbräuchlichen Antragstellung Einhalt gebieten soll.[899] Ein subjektiver Missbrauch wird angenommen, wenn die abstrakten (Insolvenz-)Verfahrenszwecke nicht mit den konkreten Parteizwecken übereinstimmen, mithin eine Divergenz festzustellen ist.[900]

a) Rechtliche Divergenz der Verfahrens- und Parteizwecke

Nach gesetzgeberischer Vorstellung dient das Insolvenzverfahren gemäß § 1 S. 1 InsO in erster Linie der gemeinschaftlichen Gläubigerbefriedigung. Die Durchführung dieses Gesamtvollstreckungsverfahrens unterliegt im Insolvenzeröffnungsverfahren der Dispositionsmaxime und bedarf daher der

898 Teil 3 I. 1. a) bb).
899 BT-Drs. 12/2443, S. 113; *Gundlach*, in: Schmidt, InsO, § 14 Rn. 24.
900 *Lang*, Rechtsschutzinteresse, S. 128 f.

Antragstellung gemäß § 13 Abs. 1 InsO.[901] Zwischen der Berechtigung zur Verfahrenseinleitung und dem endlichen Vollstreckungszugriff besteht insoweit ein Finalitätszusammenhang. Die Insolvenzantragstellung dient der Durchführung des Insolvenzverfahrens.[902] Dieser Finalitätszusammenhang wird im Rahmen der subjektiv zweckwidrigen Insolvenzantragstellung durchbrochen. Dem Antragsteller geht es bei der Antragstellung nicht um eine gerichtliche Entscheidung über die Eröffnung des Insolvenzverfahrens und die anteilige Befriedigung seiner Antragsforderung im Rahmen dieses Verfahrens.[903] Dieser Verfahrenszweck der gemeinschaftlichen Gläubigerbefriedigung wird durch andere Zweckvorstellungen des Antragstellers ersetzt, die mit dem ursprünglichen gesetzgeberischen Verfahrenszweck nicht kompatibel, mithin verfahrensfremd, sind.

Vorwegzunehmen ist, dass die nachstehenden Darstellungen nicht abschließend sind, da die individuellen Zwecke der Antragsteller mannigfaltig sind und sogar damit zu rechnen ist, dass sich künftig weitere Fallgruppen einreihen werden, die mit dem Vorwurf des Antragsmissbrauchs konfrontiert sein werden. Allerdings ist die Ausrichtung des konkreten Parteizwecks im Einzelfall irrelevant, solange feststeht, dass zwischen diesem Parteizweck und dem Verfahrenszweck eine Divergenz gegeben ist.

Die rechtliche Feststellung der Divergenz erfolgt gegenwärtig wie künftig nach demselben Prüfungsmuster: Es bedarf einer Feststellung der abstrakten Verfahrenszwecke und der konkreten Parteizwecke. Anschließend ist ein Auseinanderfallen dieser beiden Zweckvorstellungen zu ermitteln. Erst wenn dies festgestellt werden kann, ist die Einordnung als Antragsmissbrauch zutreffend.

Zu berücksichtigen ist, dass ein Antragsmissbrauch nur dann angenommen werden kann, wenn die Zwecke des Antragstellers ausschließlich verfahrensfremd sind.[904] Liegt ein Motivbündel vor, welches zumindest auch das verfahrenskonforme Ziel der quotalen Befriedigung aufweist, so ist es nicht

---

901 Teil 3 I. 1. cc) (1) (c) (aa).

902 *Lang*, Rechtsschutzinteresse, S. 130.

903 BGH, Beschl. v. 21.6.2007 – IX ZB 51/06, NZI 2008, 121 (122); Beschl. v. 7.2.2008 – IX ZB 137/07, ZIP 2008, 565; *Gerhardt*, in: Jaeger, InsO, § 14 Rn. 4; *Wegener*, in: Uhlenbruck, InsO, § 14 Rn. 71; *Kexel*, in: Graf-Schlicker, InsO, § 14 Rn. 8; *Vuia*, in: MüKo, InsO, § 14 Rn. 29; *Unger*, KTS 1962, 205 (214).

904 BGH, Beschl. v. 19.5.2011 – IX ZB 214/10, ZIP 2011, 1161; *Pape*, in: Kübler/Prütting/Bork/Jacoby, InsO, § 14 Rn. 146; *Gerhardt*, in: Jaeger, InsO, § 14 Rn. 6; *Wegener*, in: Uhlenbruck, InsO, § 14 Rn. 74; *Kexel*, in: Graf-Schlicker, InsO, § 14 Rn. 8; *Lang*, Rechtsschutzinteresse, S. 129.

gerechtfertigt, den Antrag mangels Rechtsschutzinteresses zurückzuweisen.[905] Die Zurückweisung bewirkt nämlich eine vollständige Rechtsschutzsperre,[906] da im Falle der materiellen Insolvenz keine nachhaltigen alternativen Rechtsschutzmöglichkeiten existieren.[907] Die Ausdehnung auf Sachverhalte, in denen zumindest auch verfahrenskonforme Motive vorliegen, verstößt demnach gegen den allgemeinen Justizgewährungsanspruch des Antragstellers, da er die Verfahrensdurchführung in diesen Fällen tatsächlich beabsichtigt.

b) Tatsächliche Feststellung der verfahrensfremden Parteizwecke

Im Rahmen der nachstehenden Darstellungen wird auffallen, dass sich die zentralen Probleme der subjektiv zweckwidrigen Insolvenzantragstellung auf der Ebene der Tatsachenfeststellung durch die Gerichte befinden.[908] Zur Lösung dieser Probleme ist ein Blick auf die Darlegungs- und Beweislastverteilung sowie die zur Verfügung stehenden Beweisführungsmöglichkeiten unentbehrlich.

aa) Verteilung der Darlegungs- und Beweislast

Im maßgeblichen Verfahrensstadium des Insolvenzeröffnungsverfahrens ist der Antragsteller hinsichtlich des Vorliegens des Rechtsschutzinteresses im Ausgangspunkt darlegungs- und beweisbelastet.[909] Nach gefestigter höchstrichterlicher Rechtsprechung streitet für diesen eine tatsächliche Vermutung dahingehend, dass ein erforderliches Rechtsschutzinteresse aufgrund des Vorliegens einer Antragsforderung und der Glaubhaftmachung des Insolvenzgrundes gegeben ist.[910] Im kontradiktorischen Insolvenzeröffnungsverfahren obliegt es nunmehr dem Rechtsschutzgegner – in aller Regel dem Insolvenzschuldner – das Vorliegen eines atypischen Sachverhalts vorzutragen und diesen zu beweisen.[911] Insoweit hat er die tatsächliche Vermutung des Antragstellers zu

---

905 BGH, Beschl. v. 19.5.2011 – IX ZB 214/10, ZIP 2011, 1161; *Pape*, in: Kübler/Prütting/Bork/Jacoby, InsO, § 14 Rn. 169; *Gerhardt*, in: Jaeger, InsO, § 14 Rn. 5; *Wegener*, in: Uhlenbruck, InsO, § 14 Rn. 74; *Kexel*, in: Graf-Schlicker, InsO, § 14 Rn. 8; *Lang*, Rechtsschutzinteresse, S. 142.

906 *Gerhardt*, in: Jaeger, InsO, § 14 Rn. 5; *Lang*, Rechtsschutzinteresse, S. 129.

907 Teil 2 III. 3. c).

908 *Lang*, Rechtsschutzinteresse, S. 134; ferner am Beispiel von Druckanträgen, vgl. *Willmer/Berner*, NZI 2019, 255 (256).

909 Teil 3 I. 1. cc) (1) (c) (aa).

910 Teil 3.

911 BGH, Beschl. v. 29.6.2006 – IX ZB 245/05, NZI 2006, 588 (590); Beschl. v. 24.9.2020 – IX ZB 71/19, NZI 2020, 1043 (1044); LG Berlin, Beschl. v. 17.3.2021 – 84 T 45/21,

erschüttern. Rechtsfolge der erfolgreichen Erschütterung ist, dass der ursprünglich darlegungs- und beweisbelastete Antragsteller das Vorliegen seines Rechtsschutzinteresses zur Überzeugung des Gerichts – und diesmal ohne die für ihn günstige tatsächliche Vermutung – nachweisen können muss, da sein Insolvenzantrag anderenfalls als unzulässig zurückgewiesen wird.[912]

bb) Mittelbare Beweisführung

In einem Großteil der zu behandelnden Entscheidungen wird die Frage behandelt werden, ob dem Schuldner die Erschütterung der tatsächlichen Vermutung gelungen ist. Hierfür ist es notwendig, dass ein atypischer Sachverhalt zur Überzeugung des Insolvenzgerichts vorliegt. Von schuldnerischer Seite ist daher nachzuweisen, dass der Antragsteller subjektiv zweckwidrig gehandelt hat, weil er mit seiner Antragstellung ausschließlich verfahrensfremde Zwecke verfolgt hat.

Der Schuldner befindet sich dabei in aller Regel in Beweisnot.[913] Dies ist darauf zurückzuführen, dass der Schuldner die Vorstellung des Antragstellers und damit einen inneren Vorgang bzw. eine innere Tatsache zu beweisen hat. Solche inneren Tatsachen sind dem unmittelbaren Beweis naturgemäß nur schwer zugänglich. Es ist allerdings anerkannt, der insoweit beweisbelasteten Partei den Nachweis der Haupttatsache im Wege einer mittelbaren Beweisführung – dem sogenannten „Indizienbeweis“ – zu ermöglichen.[914]

Die Beweisführung mithilfe eines Indizienbeweises stellt eine empirische Beweiskonstruktion dar, bei der der Nachweis einer tatbestandsfremden Behauptung – der sogenannten „Hilfstatsache“ – geführt wird, von deren Vorliegen auf das Vorliegen bzw. Nichtvorliegen der zu beweisenden Haupttatsache geschlossen wird.[915] Das Gericht muss daher bereits vor Beweisaufnahme zur Hilfstatsache davon überzeugt sein, dass die Hilfstatsache – ihr erfolgreicher Nachweis unterstellt – die Annahme über das Vorliegen bzw. Nichtvorliegen der Haupttatsache rechtfertigt und dass andere Schlussfolgerungen nicht ernsthaft in

---

juris; *Laroche*, in: Vallender/Undritz, Praxis des Insolvenzrechts, § 2 Rn. 52; *Hefermehl*, in: Wimmer/Dauernheim/Wagner/Gietl, HBFA, Insolvenzrecht, Kap. 1 Rn. 94.

912 *Greger*, in: Zöller, ZPO, Vorb. zu § 284 Rn. 29.

913 *Gerhardt*, in: Jaeger, InsO, § 14 Rn. 6; *Willmer/Berner*, NZI 2019, 255 (256).

914 BGH, Urt. v. 13.7.1988 – IV a ZR 67/87, NJW-RR 1988, 1529 (1529 f.); Beschl. v. 1.8.2007 – III ZR 35/07, BeckRS 2007, 13340 Rn. 7; Urt. v. 5.3.2009 – III ZR 17/08, NZG 2009, 471 (473); Urt. v. 8.5.2012 – XI ZR 262/10, NJW 2012, 2427 (2431); *Greger*, in: Zöller, ZPO, Vorb. zu § 284 Rn. 5.

915 *Prütting*, in: MüKo, ZPO, § 284 Rn. 24.

Betracht kommen.[916] Diese Kontrollüberlegung hat dabei umfassend und widerspruchsfrei zu erfolgen und geltende Denk- und Erfahrungssätze zu berücksichtigen. Sie unterliegt einer revisionsrechtlichen Überprüfung.[917]

Insgesamt verhilft die Möglichkeit der mittelbaren Beweisführung zur Überwindung von Beweisnöten, indem auf Grundlage empirischer Grundsätze vom Vorliegen einer bestimmten Tatsache in verlässlicher Weise auf eine andere geschlossen wird. Sie erfolgt daher nicht lediglich zum Selbstzweck, sondern dient letztlich dem (mittelbaren) Beweis des Vorliegens der Haupttatsache. Damit hat sich das zu erreichende Beweismaß auch an dem für die Haupttatsache geltenden Beweismaßstab zu orientieren. Die mittelbare Beweisführung hat demgemäß keine Herabsenkung des Beweismaßes zur Folge.[918] Auch rechtfertigt es die Beweisnot nicht, geltende Denk- und Logikgrundsätze aufzuweichen, damit eine Beweisführung endlich gelingen kann. Es besteht nämlich kein Bedürfnis, dem Schuldner mit allen Kräften und außerhalb des geltenden Beweisrechts den Nachweis einer missbräuchlichen Antragstellung zu ermöglichen. Der Antragsmissbrauch stellt eine Ausnahmekonstellation dar, sodass es keiner extensiven Auslegung bedarf.

2. Druckanträge

Die sogenannten „Druckanträge“ dürften die prominenteste Fallgruppe des subjektiven Antragsmissbrauchs darstellen.[919] Zugleich weisen sie allerdings eine Eigenart auf, welche über den gewöhnlichen Antragsmissbrauch hinausgeht. Während der Antragsmissbrauch sich im Allgemeinen dadurch auszeichnet, dass der Antragsteller den vom Gesetzgeber intendierten Finalitätszusammenhang zwischen Antragstellung und Verfahrensdurchführung durchbricht, wird die Druckantragstellung um eine weitere Komponente ergänzt. Der Druckantragsteller beabsichtigt nämlich zusätzlich, sich bestimmte Wirkungen, die durch die Insolvenzantragstellung ausgelöst werden, für die Erreichung seiner verfahrensfremden Ziele zu eigen zu machen. Insoweit erfasst lediglich der Verweis auf die Divergenz der Partei- und Verfahrenszwecke die Fallgruppe der Druckantragstellung nicht vollständig. Um den Insolvenzschuldner zur Erreichung seiner

916 *Prütting*, in: MüKo, ZPO, § 284 Rn. 25.

917 BGH, Urt. v. 8.5.2012 – XI ZR 262/10, NJW 2012, 2427 (2431).

918 *Prütting*, in: MüKo, ZPO, § 286 Rn. 54; a.A. wohl *Foerste*, in: Musielak/Voit, ZPO, § 286 Rn. 21a.

919 *Fuhst*, in: Gogger/Fuhst, § 2 Rn. 38.

wirtschaftlichen Ziele außerhalb des Insolvenzverfahrens zu veranlassen,[920] pervertiert der Druckantragsteller nämlich zusätzlich die Wirkungen des Insolvenzverfahrens zur Erzeugung einer „Drohkulisse".[921] Eine solche Drohkulisse ergibt sich aus den Publizitätswirkungen, die aus dem Insolvenzeröffnungsverfahren resultieren.[922]

Die InsO gibt für das Insolvenzverfahren im Gegensatz zu vielen anderen staatlichen Verfahren vor, dass wesentliche Anordnungen des Insolvenzgerichts zur Kenntnis des gesamten Geschäftsverkehrs gelangen sollen.[923] Gemäß den Vorschriften der §§ 8, 9 InsO erfolgt dies für die Verfahrensbeteiligten im Wege der Zustellung und für unbeteiligte Dritte über die öffentliche Bekanntmachung.[924] Das Insolvenzgericht ist gemäß § 23 Abs. 1 S. 1 InsO verpflichtet, die Entscheidung über die Anordnung eines allgemeinen Verfügungsverbots gegenüber dem Schuldner oder eines Zustimmungsvorbehalts gemäß § 21 Abs. 2 S. 1 Nr. 2 InsO und die zusätzliche Bestellung des vorläufigen Insolvenzverwalters öffentlich bekanntzumachen. Dabei handelt es sich um eine gebundene Entscheidung des Insolvenzgerichts.[925] Zusätzlich verfügt das Insolvenzgericht bei der Entscheidung zur öffentlichen Bekanntmachung außerhalb des Anwendungsbereichs des § 23 Abs. 1 S. 1 InsO über einen Ermessensspielraum.[926] Im Schrifttum wird überwiegend befürwortet, in diesen Anwendungsbereichen eine großzügige Ermessensausübung zum Schutze des Geschäftsverkehrs zuzulassen.[927]

---

920 LG Köln, Beschl. v. 24.8.2016 – 13 T 87/16, BeckRS 2016, 17805; *Wegener*, in: Uhlenbruck, InsO, § 14 Rn. 74; *Brzoza*, NJW 2019, 335 (336).

921 AG Hamburg, Beschl. v. 11.2.2005 – 67c IN 6/05, juris; LG Berlin, Beschl. v. 17.3.2021 – 84 T 45/21, juris.

922 *Lang*, Rechtsschutzinteresse, S. 130.

923 BGH, Beschl. v. 25.3.2021 – IX AR (VZ) 1/19, NZI 2021, 598 (601); *Haarmeyer/Schildt*, in: MüKo, InsO, § 23 Rn. 1; *Ganter/Bruns*, in: MüKo, InsO, § 9 Rn. 5.

924 *Bußhardt*, in: Braun, InsO, § 9 Rn. 1. Die öffentliche Bekanntmachung gemäß § 9 InsO erfolgt dabei über die bundeseinheitliche Internetadresse www.insolvenzbekanntmachungen.de.

925 *Hölzle*, in: Schmidt, InsO, § 23 Rn. 3.

926 *Haarmeyer/Schildt*, in: MüKo, InsO, § 23 Rn. 6; *Laroche*, in: Kayser/Thole, InsO, § 23 Rn. 1 f.; *Gerhardt*, in: Jaeger, InsO, § 21 Rn. 101; § 23 Rn. 2 f., 5; a.A. *Hölzle*, in: Schmidt, InsO, § 23 Rn. 3.

927 AG Göttingen, Beschl. v. 17.5.1999 – 74 IN 24/99, NZI 1999, 330 (331); Beschl. v. 12.11.2012 – 74 IN 160/12, ZIP 2012, 2360 (2361); AG Düsseldorf, Beschl. v. 8.2.2011 – 503 IN 20/11, ZIP 2011, 443 (444); *Vallender*, GmbHR 2012, 450 (452); *ders*, in: Uhlenbruck, InsO, § 23 Rn. 1; a.A. *Hölzle*, in: Schmidt, InsO, § 23 Rn. 3.

Eine Zurückhaltung zum Schutze des Schuldners ist dabei nicht geboten,[928] die öffentliche Bekanntmachung der Anordnung von vorläufigen Maßnahmen im Insolvenzeröffnungsverfahren ist nämlich nicht als Sanktionsmittel gegenüber dem Schuldner aufzufassen.[929] Ihr wird zugunsten des Geschäftsverkehrs eine Warnfunktion zuteil.[930] Allerdings kann eine solche Publikation auf die wirtschaftliche Situation des Schuldners faktisch erhebliche Auswirkungen haben.

Mit der Antragszulassung attestiert das Insolvenzgericht dem betroffenen Schuldner die überwiegende Wahrscheinlichkeit der materiellen Insolvenz. Diese Einschätzung tut das Insolvenzgericht dem Geschäftsverkehr durch die öffentliche Bekanntmachung gemäß den §§ 23, 9 InsO kund. Den Verkehrsteilnehmern wird offenbart, dass bereits Anzeichen für einen Zweifel an der Zahlungsfähigkeit des Schuldners existieren. Dies veranlasst die Verkehrsteilnehmer in aller Regel dazu, keine Geschäftsbeziehung mit dem Schuldner einzugehen, da ein beachtliches Insolvenzrisiko des Schuldners befürchtet wird. Sofern bereits Geschäftsbeziehungen bestehen, werden Bestrebungen unternommen, diese zu unterbrechen bzw. zu beendigen oder aber zumindest nur noch gegen Vorleistungen des Schuldners aufrechtzuerhalten. In jedem Fall wird das Vertrauen in die Zahlungsfähigkeit des Schuldners durch die öffentliche Bekanntmachung nachteilig betroffen und lässt sich sogar bei anschließender Zurückweisung des Insolvenzantrags nicht immer vollständig wiederherstellen.[931] Die Publikation der Anordnung von vorläufigen Maßnahmen, welcher eine Antragszulassung denknotwendig vorausgeht, dient gerade dazu, die Verkehrsteilnehmer auf ein solches erhöhtes wirtschaftliches Risiko hinzuweisen. Dies ist Teil der insolvenzgerichtlichen Sorgepflicht.[932]

Diese Warnfunktion zugunsten des Geschäftsverkehrs ist dem Antragsteller bekannt. Sie wird missbraucht, indem sie zum Aufbau einer Drohkulisse gegenüber dem Schuldner pervertiert wird.[933] Dabei soll die drohende Publikation nicht dem Geschäftsverkehr, sondern dem Schuldner die ihm drohenden wirtschaftlichen Nachteile vor Augen zu führen und ihn dazu veranlassen, sich dem Willen des Antragstellers, nämlich der Erreichung seines (insolvenz-)

---

928 *Gerhardt*, in: Jaeger, InsO, § 21 Rn. 101; § 23 Rn. 2 f., 5.

929 *Frege/Keller/Riedel*, Insolvenzrecht, Teil 1 Rn. 169 ff.

930 *Vallender*, in: Uhlenbruck, InsO, § 23 Rn. 1.

931 *Lang*, Rechtsschutzinteresse, S. 24 f., 130 f.

932 *Frind*, ZIP 2012, 1591 (1592).

933 A.A. *Unger*, KTS 1962, 205 (215), der dem Antragsteller ein „schutzwürdiges Interesse an der Konkurseröffnung" zubilligt, wenn die öffentliche Bekanntmachung dazu dienen soll, die letzten schuldnerischen Mittel zu mobilisieren.

verfahrensfremden Ziels, zu unterwerfen. Innerhalb der Druckantragstellung wird im Schrifttum zwischen den jeweiligen Zielen der Antragsteller unterschieden, wobei sich die nachstehenden Fallgruppen herausgebildet haben.

a) Durchsetzung von (Teil- oder Raten-)Zahlungen

aa) Rechtliche Divergenz

Die Antragstellung zur Durchsetzung von Teil- oder Ratenzahlungen dient verfahrensfremden Zwecken.[934] Es handelt sich um ein Musterbeispiel des subjektiven Antragsmissbrauchs. Hier kommt die Divergenz zwischen Verfahrenszweck und Parteizweck am eindringlichsten zum Ausdruck.

Der primäre Verfahrenszweck des Insolvenzverfahrens liegt gemäß § 1 S. 1 InsO in der gemeinschaftlichen Gläubigerbefriedigung. Ob diese schließlich im Wege der Liquidation oder der Sanierung erfolgt, ist für den Befriedigungszweck irrelevant. Entscheidend ist das Optimum, welches aus der Sicht der Gläubigerschaft zu bestimmen ist. Die Befriedigung hat dabei gemeinschaftlich und innerhalb, mithin nach den gesetzlichen Bestimmungen, des Insolvenzverfahrens zu erfolgen.[935] Dieser Verfahrenszweck soll aus Sicht des Druckantragstellers nicht ernsthaft erreicht werden.[936]

Dem Antragsteller kommt es maßgeblich darauf an, dass seine Forderung vorrangig vor den anderen Gläubigern beglichen wird. Dies kann allerdings

---

934 AG Holzminden, Beschl. v. 9.7.1987 – 8 N 8/87, ZIP 1987, 1272 (1273); LG Münster, Beschl. v. 3.11.1992 – 5 T 722/92, ZIP 1993, 1103; AG Hamburg, Beschl. v. 12.5.2000 – 67g IN 44/99, ZIP 2000, 1019 (1019 f.); LG Meiningen, Beschl. v. 13.4.2000 – 4 T 13/00, ZIP 2000, 1451 (1452); AG Duisburg, Beschl. v. 28.12.2001 – 62 IK 99/01, NZI 2002, 211; Beschl. v. 18.11.2002 – 62 IN 171/02, NZI 2003, 161; AG Göttingen, Beschl. v. 28.9.2011 – 71 IN 85/11 NOM, ZIP 2012, 242 (243); LG Köln, Beschl. v. 24.8.2016 – 13 T 87/16, BeckRS 2016, 17805; Beschl. v. 5.3.2018 – 1 T 5/18, ZIP 2018, 1610; OVG Lüneburg, Beschl. v. 17.10.2018 – 9 ME 106/18, NZI 2019, 35 (36); AG Ludwigshafen, Beschl. v. 7.9.2021 – 3d IN 60/21, ZIP 2021, 2598 (2599); *Schmerbach*, in: FK, InsO, § 14 Rn. 126; *Mönning*, in: Nerlich/Römermann, InsO, § 14 Rn. 20 f.; *Pape*, in: Kübler/Prütting/Bork/Jacoby, InsO, § 14 Rn. 168; *Gerhardt*, in: Jaeger, InsO, § 14 Rn. 4; *Wegener*, in: Uhlenbruck, InsO, § 14 Rn. 72, 74; *Vuia*, in: MüKo, InsO, § 14 Rn. 30; *Hefermehl*, in: Wimmer/Dauernheim/Wagner/Gietl, HBFA, Insolvenzrecht, Kap. 1 Rn. 94 f.; *Linker*, in: HK, InsO, § 14 Rn. 50; *Lang*, Rechtsschutzinteresse, S. 132; *Unger*, KTS 1962, 205 (214 f.); *Schmahl*, NZI 2002, 177 (178 ff.); *Brzoza*, NJW 2019, 335 (335 f.); *ders.*, jurisPR-InsR 23/2020 Anm. 1.

935 AG Göttingen, Beschl. v. 28.9.2011 – 71 IN 85/11 NOM, ZIP 2012, 242 (243).

936 *Unger*, KTS 1962, 205 (215).

nicht innerhalb des Insolvenzverfahrens und unter Aufsicht des Insolvenzgerichts erfolgen, da eine individuelle Befriedigung einfacher Insolvenzgläubiger vor anderen gleichrangigen Gläubigern nicht mit den Intentionen des Insolvenzverfahrens vereinbar ist.[937] Insoweit ist einzig beabsichtigt, dass die Forderung in unzulässiger Weise außerhalb des Insolvenzverfahrens realisiert wird.[938] Diese außerverfahrensmäßige Zahlung durch den Schuldner hat dabei erhebliche Auswirkungen auf das Schicksal des nachfolgenden Insolvenzverfahrens. Dies ist dem Antragsteller bekannt.

Durch die außerverfahrensmäßige Zahlung des Schuldners wird die bestehende Insolvenzmasse verkürzt.[939] Damit werden die Befriedigungsaussichten sowohl im Rahmen einer Liquidation als auch einer Sanierung nachteilig beeinflusst.[940] Im ersteren Fall verkürzt eine geringere Insolvenzmasse nämlich die auf den einzelnen Gläubiger entfallende Ausschüttungsquote. Im letzteren Fall führt die Aufzehrung der Masse zur Verfestigung der materiellen Insolvenz, was wiederum die Sanierungsaussichten verschlechtert.[941] Dass die Druckzahlungen durch den späteren Insolvenzverwalter wegen inkongruenter Deckung und vorsätzlicher Benachteiligung gemäß den §§ 129, 131, 133, 143 InsO anfechtbar sind,[942] ist dabei irrelevant. Die Verfolgung der Rückgewähransprüche durch den Insolvenzverwalter kann sich nämlich in tatsächlicher Hinsicht als schwierig und kosten- und zeitintensiv darstellen,[943] sodass dieses Szenario gegenüber dem ursprünglichen Verbleib der entsprechenden Vermögenswerte das wirtschaftlich nachteiligere ist.

---

937 AG Holzminden, Beschl. v. 9.7.1987 – 8 N 8/87, ZIP 1987, 1272 (1273); LG Münster, Beschl. v. 3.11.1992 – 5 T 722/92, ZIP 1993; AG Duisburg, Beschl. v. 28.12.2001 – 62 IK 99/01, NZI 2002, 211; Beschl. v. 18.11.2002 – 62 IN 171/02, NZI 2003, 161; AG Göttingen, Beschl. v. 28.9.2011 – 71 IN 85/11 NOM, ZIP 2012, 242 (243); *Schmahl*, NZI 2002, 177 (182).

938 AG Hamburg, Beschl. v. 12.5.2000 – 67g IN 44/99, ZIP 2000, 1019 (1020).

939 *Fischer*, NZI 2004, 281 (289).

940 BGH, Urt. v. 18.12.2003 – IX ZR 199/02, NZI 2004, 201 (202).

941 *Lang*, Rechtsschutzinteresse, S. 132 f.

942 BGH, Urt. v. 18.12.2003 – IX ZR 199/02, ZIP 2004, 319 (320 ff.); Urt. v. 8.12.2005 – IX ZR 182/01, ZIP 2006, 290 (292 f.); Urt. v. 19.9.2013 – IX ZR 4/13, ZIP 2013, 2113 (2114 f.); *Fischer*, NZI 2004, 281 (289 f.); *Thole*, ZIP 2017, 401 (402); *Frind*, NZI 2018, 70 (70 f.).

943 AG Hamburg, Beschl. v. 11.12.2000 – ZIP 2001, 257.

bb) Tatsächliche Feststellung

Der Nachweis der Druckantragstellung zur Durchsetzung von Teil- oder Ratenzahlungen erfolgt regelmäßig auf Grundlage von Indizienbeweisen.

(1) Verzögerung des Insolvenzeröffnungsverfahrens

Als ein solches Indiz werden Bemühungen des Antragstellers aufgefasst, das Insolvenzeröffnungsverfahren zu verlangsamen. Typische Verhaltensweisen bei der Antragstellung sind dabei Äußerungen gegenüber dem Insolvenzgericht, das Verfahren (zunächst) nicht mit der gebotenen Beschleunigung durchzuführen,[944] indem es beispielsweise wegen schwebender Vergleichsverhandlungen ruhen oder der Insolvenzantrag dem Schuldner noch nicht zugestellt werden soll.[945]

Nach der gesetzlichen Konzeption des Insolvenzeröffnungsverfahrens stehen dem Antragsteller keine Einflussnahmemöglichkeiten auf eine Verfahrensverzögerung zu. Das Insolvenzeröffnungsverfahren ist ein Eilverfahren, in welchem der Beschleunigungsgrundsatz besonders zum Tragen kommt.[946] Es dient der alsbaldigen Feststellung des Vorliegens der Eröffnungsvoraussetzungen im Interesse der Gläubigergemeinschaft und der Sicherung der späteren Insolvenzmasse.[947] Für gewöhnlich steht dies auch im Interesse eines Antragstellers, da die Verfahrensverzögerung sich negativ auf dessen Befriedigungsaussichten auswirken kann. Die Interessenslage des Druckantragstellers ist allerdings derjenigen des redlichen Antragstellers entgegengesetzt. Er begehrt seine individuelle Befriedigung durch den Insolvenzschuldner.

Da der Schuldner in den meisten Fällen nicht in der Lage ist, die Forderungsrückstände mit einmaliger Zahlung zu begleichen, bedarf es oftmals einer ratierlichen Begleichung. Der Schuldner ist dabei gehalten, Teile seiner eigenen Einnahmen oder aber gewährte Kredite an den Antragsteller abzuführen.[948] Hierbei ist er auf das Wohlwollen des Antragstellers angewiesen, da dieser ihm

---

944 *Pape*, in: Kübler/Prütting/Bork/Jacoby, InsO, § 14 Rn. 170; *Sternal*, in: Kayser/Thole, InsO, § 14 Rn. 37; *Vuia*, in: MüKo, InsO, § 14 Rn. 30; *Guski*, WM 2011, 103 (108).

945 *Pape*, in: Kübler/Prütting/Bork/Jacoby, InsO, § 14 Rn. 170; *Vuia*, in: MüKo, InsO, § 14 Rn. 32; *Schmahl*, NZI 2002, 177 (183).

946 *Pape*, in: Kübler/Prütting/Bork/Jacoby, InsO, § 14 Rn. 57; *ders.*, in: Uhlenbruck, InsO, § 4 Rn. 41.

947 AG Duisburg, Beschl. v. 28.12.2001 – 62 IK 99/01, NZI 2002, 211; Beschl. v. 18.11.2002 – 62 IN 171/02, NZI 2003, 161; *Schmahl*, NZI 2002, 177 (182).

948 *Lang*, Rechtsschutzinteresse, S. 133.

ein Zeitfenster einräumen muss, innerhalb dessen die entsprechenden Vermögenswerte herbeigeschafft werden können. Da dieser wiederum nicht in der Lage ist, die Geschwindigkeit des Insolvenzeröffnungsverfahrens von sich aus zu drosseln, erfolgen schließlich gegenüber dem Insolvenzgericht Anregungen zur Verzögerung der Verfahrensdurchführung. Insoweit widersetzt der Druckantragsteller sich seiner eigenen Verfahrensförderungspflicht gemäß §§ 4 InsO, 282 Abs. 1 ZPO.[949] Der Verstoß gegen seine eigene Verfahrensförderungspflicht offenbart den wahren Parteizweck und indiziert den Antragsmissbrauch.

(2) Abschluss von (Raten-)Zahlungsvereinbarungen

(a) Indizienbeweis

Fraglich ist, ob der Abschluss von Verträgen gleich welcher Art – vornehmlich aber (Raten-)Zahlungsvereinbarungen oder Schuldanerkenntnissen – und die Entgegennahme erster Zahlungen des Schuldners ebenfalls ein Indiz für eine Druckantragstellung darstellt. Dies wird ohne erkennbare Begründung von weiten Teilen des Schrifttums bejaht.[950] Zuzugestehen ist, dass die Entgegennahme von Zahlungen und der Abschluss einer entsprechenden Zahlungsvereinbarung ein erhebliches wirtschaftliches Risiko für Gläubigergemeinschaft darstellt. Der Abschluss von Verträgen, welche dem Schuldner Zahlungserleichterungen gegenüber dem Antragsteller einräumen – man denke an Ratenzahlungsverträge –, führt nämlich in vielen Fällen in gläubigerbenachteiligender Weise zur Verschlechterung seiner Vermögenslage.

Die Einräumung einer Ratenzahlungsvereinbarung gibt Schuldnern in vielen Fällen die Hoffnung, ihre wirtschaftlichen Verhältnisse doch noch ordnen zu können. Die geringfügigere Inanspruchnahme verteilt über einen größeren Zeitraum lässt sich für sie leichter kompensieren als eine einmalige und vollständige Zahlung, bei welcher sich ihre wirtschaftliche Überforderung offenbaren

---

949 Zur Existenz einer solchen Verfahrensförderungspflicht im Insolvenzverfahren, vgl. *Lang*, Rechtsschutzinteresse, S. 136; *Schmahl*, NZI 2002, 177 (183).

950 AG Holzminden, Beschl. v. 9.7.1987 – 8 N 8/87, ZIP 1987, 1272 (1273 f.); AG Hamburg, Beschl. v. 12.5.2000 – 67g IN 44/99, ZIP 2000, 1019; Beschl. v. 22.4.2002 – 67c IN 115/01, NZI 2002, 561; Beschl. v. 17.9.2007 – 67c IN 242/07, juris; LG Hamburg, Beschl. v. 6.12.2001 – 326 T 144/01, NZI 2002, 164 (164 f.); AG Duisburg, Beschl. v. 18.11.2002 – 62 IN 171/02, NZI 2003, 161; *Wegener*, in: Uhlenbruck, InsO, § 14 Rn. 72, 74; *Vuia*, in: MüKo, InsO, § 14 Rn. 30; *Schmerbach*, in: FK, InsO, § 14 Rn. 132; *Sternal*, in: Kayser/Thole, InsO, § 14 Rn. 37; *Fuhst*, in: Gogger/Fuhst, § 2 Rn. 38; *Wolfer*, in: BeckOK, InsO, § 14 Rn. 5; *Lang*, Rechtsschutzinteresse, S. 138 f.; *Schmidt*, Anm. zu OLG Köln, Beschl. v. 29.12.1999 – 2 W 188/99, EWiR 2000, 401 (702).

würde. Hierdurch werden Schuldner regelrecht zum obstruktiven Forderungsausgleich „motiviert".[951] Gleichzeitig kommt der Antragsteller durch den Ratenzahlungsnachlass in den Genuss, dass seine Forderung vollständig – wenn auch sukzessiv – ausgeglichen werden kann. Durch seine Bereitschaft zur Annahme von Ratenzahlungen vermittelt er dem Schuldner den Eindruck, als sei die Durchführung des Insolvenzverfahrens einvernehmlich abgewendet worden. Der Schuldner, der an der Obstruktion teilnimmt, missachtet dabei förmliche Anordnungen des Insolvenzgerichts und unterwirft sich in gewisser Weise den Verhaltensbedingungen des Antragstellers.[952] Die hierdurch bewirkte Verkürzung der (künftigen) Insolvenzmasse wirft die berechtigte Frage auf, ob ein späteres Insolvenzverfahren überhaupt noch zur Eröffnung gelangen kann oder dessen Eröffnung sogar mangels vorhandener Masse gemäß § 26 InsO gefährdet ist.[953] Selbst im Falle der späteren Verfahrenseröffnung dürften die Befriedigungsaussichten der Gläubiger verkürzt und demnach wirtschaftlich nachteilig betroffen sein.[954]

(b) Kein Indizienbeweis

Dennoch darf diese wirtschaftliche Betrachtung nicht darüber hinwegtäuschen, dass die Einordnung des nachträglichen Abschlusses von Ratenzahlungsvereinbarungen und ersten Zahlungsentgegennahmen als Indiz für eine von vornherein beabsichtigte Druckantragstellung einer (beweis-)rechtlichen Betrachtung bedarf. Für die Annahme als Indizienbeweis ist es gemäß den vorstehenden Ausführungen[955] notwendig, dass die nachgewiesene Hilfstatsache der späteren Ratenzahlungsvereinbarung darauf schließen lässt, dass es dem Antragsteller im maßgeblichen Zeitpunkt seiner Antragstellung darum ging, individuell und vorrangig außerhalb des Insolvenzverfahrens befriedigt zu werden. Das Vorliegen der nachträglichen Hilfstatsache darf andere Schlussfolgerungen nicht ernsthaft in Betracht kommen lassen. Bei einer solchen Tatsachenlage kann ein zwingender Rückschluss auf eine Druckantragstellung jedoch nicht angenommen werden.

---

951 *Schmahl*, NZI 2002, 177 (182 f.).

952 *Schmahl*, NZI 2002, 177 (182 f.); *Frind*, Anm. zu AG Köln, Beschl. v. 20.10.2017 – 75 IN 309/17, NZI 2018, 70.

953 *Schmahl*, NZI 2002, 177 (178).

954 Weitergehend sogar *Schmahl*, NZI 2002, 177 (178), welcher bestenfalls eine Einstellung wegen Masseunzulänglichkeit annimmt.

955 Teil 3 II. 1. b) bb).

Objektiv betrachtet steht nämlich lediglich fest, dass zwischen dem Antragsteller und dem Insolvenzschuldner eine Vereinbarung zustande gekommen ist und auf Grundlage dieser Vereinbarung erste Zahlungen getätigt worden. Es kann nicht geschlussfolgert werden, dass es dem Antragsteller im zurückliegenden Zeitpunkt der Antragstellung gerade darauf angekommen ist, dass es zum Abschluss einer solchen Vereinbarung kommen wird.[956] Es darf nicht außer Acht gelassen werden, dass auch der Schuldner selbst ein Interesse daran hat, dessen Gläubiger zu befriedigen, um dessen wirtschaftliches Interesse an der Durchführung eines gerichtlichen (Insolvenz-)Verfahrens zu beseitigen. Somit lässt die nachträgliche Hilfstatsache zumindest auch den Schluss zu, dass der Schuldner selbst den Antragsteller ersucht hat[957] und der Antragsteller sich bis zu diesem Zeitpunkt mit einer lediglich quotalen Befriedigung im Rahmen des Insolvenzverfahrens abgefunden hatte.

(3) Vorsätzliche Missachtung vorläufiger Sicherungsmaßnahmen

Dieselben Erwägungen sind auf solche Konstellationen zu übertragen, in welchen die Entgegennahme der Zahlungen und der Abschluss einer entsprechenden Vereinbarung zu einem Zeitpunkt erfolgen, in dem das Insolvenzgericht bereits vorläufige Sicherungsmaßnahmen gemäß § 21 Abs. 2 S. 1 Nr. 2 InsO angeordnet hat. Entgegen einer teilweise vertretenen Auffassung im Schrifttum[958] vermag der zusätzliche Umstand der Anordnung der Sicherungsmaßnahmen und ein vorsätzlicher Verstoß des Antragstellers gegen diese keinen zuverlässigen Rückschluss auf den Zeitpunkt der Antragstellung zu rechtfertigen. Denn obwohl der die Leistung annehmende Antragsteller sich etwaigen Rückforderungsansprüchen durch den Insolvenzverwalter bzw. im Falle der Anordnung einer vorläufigen Insolvenzverwaltung bereits durch den vorläufigen Insolvenzverwalter aussetzt,[959] ist eine rückwärtige Kausalitätsbetrachtung erneut mit erheblichen Schwächen belastet, sodass der erforderliche zwingende Rückschluss auf das Vorliegen einer Druckmotivation nicht gezogen werden kann.[960] Es kann ohne

956 AG Göttingen, Beschl. v. 9.1.2018 – 74 IN 210/17, NZI 2018, 159 (160).

957 *Brzoza*, jurisPR-InsR 1/2019 Anm. 4; *Willmer/Berner*, NZI 2019, 255 (256).

958 AG Oldenburg, Beschl. v. 22.4.2002 – 60 IN 10/02, NZI 2002, 391; AG Hamburg, Beschl. v. 11.12.2000 – 67c IN 257/00, ZIP 2001, 257; Beschl. v. 22.4.2002 – 67c IN 115/01, NZI 2002, 561; Beschl. v. 27.9.2011 – 67c IN 74/11, ZIP 2012, 1044 (1045); *Vuia*, in: MüKo, InsO, § 14 Rn. 31; *Schmahl*, NZI 2002, 177 (183).

959 *Mock*, in: Uhlenbruck, InsO, § 81 Rn. 26; *Vallender*, in: Uhlenbruck, InsO, § 24 Rn. 4.

960 *Willmer/Berner*, NZI 2019, 255 (257).

Hinzutreten weiterer Indizien nicht ausgeschlossen werden, dass der Antragsteller ursprünglich die Durchführung des Insolvenzverfahrens beabsichtigt hatte und dieses Interesse erst nachträglich infolge der schuldnerischen Leistung entfallen ist. Die erforderliche Gewissheit über das Vorliegen einer ausschließlichen Druckmotivation im Zeitpunkt der Antragstellung ist insoweit nicht gegeben.

(4) „Erledigungspraxis" öffentlicher Gläubiger

Nachdem der Antragsteller von dem Schuldner Leistungen empfangen hat, stellt sich für diesen häufig die Frage, auf welche Weise das laufende Insolvenzverfahren beendet werden kann. Offensichtlich hat dieser infolge des Forderungsausgleichs kein wirtschaftliches Interesse an einer weiteren Verfahrensdurchführung.[961] Da das Verfahren weiterhin der Dispositionsmaxime unterliegt,[962] sind auch grundsätzlich Verfahrensbeendigungen durch die Erklärung der Antragsrücknahme oder der Erledigung des Insolvenzverfahrens denkbar.[963] Der Weg der Antragsrücknahme gemäß §§ 4 InsO, 269 Abs. 3 ZPO könnte eine nachteilige Kostenlast des Antragstellers zur Folge haben, sodass dieser in aller Regel die Erledigung des Insolvenzverfahrens erklärt, wobei der Schuldner sich einer solchen Erledigungserklärung anschließt oder zumeist in prozessualer Hinsicht nicht reagiert. Dies führt zu der Konsequenz, dass das Insolvenzgericht gemäß §§ 4 InsO, 91a Abs. 1 ZPO über die Kosten des Insolvenzverfahrens mittels Beschluss zu entscheiden hat und zwar „unter Berücksichtigung des bisherigen Sach- und Streitstandes nach billigem Ermessen".[964]

In diesem Zusammenhang war es im jüngeren Schrifttum heftig umstritten, ob die Abgabe einer solchen Erledigungserklärung durch den Antragsteller – insbesondere des Finanzamts oder eines Sozialversicherungsträgers als „Zwangsgläubiger"[965] – infolge der Annahme schuldnerischer Leistungen im Eröffnungsverfahren ein Indiz für eine Druckantragstellung darstellte. Dogmatischer Anknüpfungspunkt im Rahmen dieses Streitstands ist der zum 5.4.2017 in Kraft getretene § 14 Abs. 1 S. 2 InsO,[966] gemäß welchem der Insolvenzantrag nicht alleine dadurch unzulässig wird, dass die Antragsforderung erfüllt worden ist.

---

961 *Harder*, NJW-Spezial 2018, 277 (278).

962 BGH, Urt. v. 20.11.2001 – IX ZR 48/01, NZI 2002, 91 (92).

963 *Schmahl*, NZI 2002, 177 (178 ff.), gemäß welchem die Wahl der abzugebenden Prozesserklärung willkürlich erscheint.

964 *Willmer/Berner*, NZI 2019, 255 (257).

965 Zum Begriff des „Zwangsgläubigers", vgl. *Harder*, NJW-Spezial 2018, 277.

966 BGBl. I, S. 654.

(a) Indizienbeweis

Gemäß einer Auffassung stellt die Abgabe der Erledigungserklärung eines Zwangsgläubigers, dessen Antrag infolge einer auch vollständigen Zahlung des Schuldners gemäß § 14 Abs. 1 S. 2 InsO nicht unzulässig geworden ist, ein hinreichendes Indiz zur Einordnung als ursprünglichen Druckantrag dar.[967] Die aktuelle Fassung des § 14 Abs. 1 S. 2 InsO ermögliche es dem Schuldner, ungeachtet des Forderungsausgleichs weiterhin an seinem Insolvenzantrag festzuhalten, auf dessen Grundlage das Insolvenzverfahren eröffnet werden könne, ohne dass sich für ihn nachteilige Rechtsfolgen ergäben.[968] Macht der Antragsteller von dieser Möglichkeit keinen Gebrauch, so offenbare sich nachträglich, dass es ihm von vornherein nicht auf die ordnungsgemäße Verfahrensdurchführung angekommen sei.[969]

Eine solche Betrachtung sei auch gesetzgeberisch intendiert.[970] Die Neufassung des § 14 Abs. 1 S. 2 InsO diene nämlich der frühzeitigen Abklärung der Zahlungsunfähigkeit eines Schuldners. Während die Vorgängervorschrift des § 14 Abs. 1 S. 2 InsO a.F. aus dem Jahr 2011[971] für die Möglichkeit des „Weiterlaufenlassens“[972] nämlich noch vorausgesetzt hatte, dass innerhalb der letzten zwei Jahre gegen denselben Schuldner bereits ein vorheriger Insolvenzantrag gestellt worden war und es sich bei dem aufrechtzuerhaltenden Antrag demgemäß um einen Zweitantrag gehandelt hatte, hat der Gesetzgeber der aktuellen Fassung des § 14 Abs. 1 S. 2 InsO nunmehr auf eine solche doppelte Antragstellung innerhalb des Zweijahreszeitraumes verzichtet. Insoweit stehe das Aufrechterhalten des Insolvenzantrags im Dienste einer Marktbereinigung.[973]

---

967 AG Göttingen, Beschl. v. 14.7.2011 – 74 IN 106/11, NZI 2011, 594 (595); AG Hamburg, Beschl. v. 27.9.2011 – 67c IN 74/11, NZI 2011 859 (859 f.); AG Köln, Beschl. v. 18.11.2017 – 72 IN 171/17, BeckRS 2017, 144449 Rn. 16 ff.; Beschl. v. 30.1.2019 – 74 IN 238/18, NZI 2019, 617 (617 ff.); LG Köln, Beschl. v. 5.3.2018 – 1 T 5/18, ZIP 2018, 1610; LG Ulm, Beschl. v. 15.10.2018 – 2 T 21/18, BeckRS 2018, 26969 Rn. 11 ff.; LG Wuppertal, Beschl. v. 5.5.2020 – 16 T 94/20, ZIP 2020, 1528; *Wegener*, in: Uhlenbruck, InsO, § 14 Rn. 135a; *Hefermehl*, in: Wimmer/Dauernheim/Wagner/Gietl, HBFA, Insolvenzrecht, Kap. 1 Rn. 94 f.; *Frind*, NZI 2017, 417 (420).

968 AG Köln, Beschl. v. 18.11.2017 – 72 IN 171/17, BeckRS 2017, 144449 Rn. 16.

969 AG Köln, Beschl. v. 18.11.2017 – 72 IN 171/17, BeckRS 2017, 144449 Rn. 21.

970 AG Köln, Beschl. v. 18.11.2017 – 72 IN 171/17, BeckRS 2017, 144449 Rn. 17.

971 BGBl. I, S. 1885.

972 Zum Begriff des „Weiterlaufenlassens“, vgl. *Vuia*, in: Gottwald/Haas, § 9 Rn. 37; *Frind*, Anm. zu AG Köln, Beschl. v. 20.10.2017 – 75 IN 309/17, NZI 2018, 70.

973 *Willmer/Berner*, NZI 2019, 255.

(b) Kein Indizienbeweis

Die Gegenauffassung, welcher sich auch der BGH ausdrücklich angeschlossen hat, erblickt in der auf eine schuldnerische Zahlung erfolgten Erledigungserklärung durch den Zwangsgläubiger hingegen kein Indiz für eine Druckantragstellung.[974]

(c) Stellungnahme

(aa) Schutzwürdiges Interesse an Verfahrensbeendigung

Der Argumentationslinie der erstgenannten Auffassung wird von der Annahme getragen, dass für den Zwangsgläubiger kein schutzwürdiges Interesse an einer Verfahrensbeendigung bestehe.[975] Diese Annahme erweist sich bei genauerer Betrachtung allerdings als unzutreffend. Infolge des Forderungsausgleichs existieren nämlich sehr wohl schutzwürdige Motive, die den Antragsteller dazu veranlassen können, von der weiteren Verfahrensdurchführung Abstand zu nehmen, ohne dass diese Motive zu missbilligen wären.

Nimmt der Antragsteller in Kenntnis seiner eigenen Antragstellung von dem überwiegend wahrscheinlich materiell insolventen Schuldner Zahlungen entgegen, drängt sich für diesen eine spätere insolvenzanfechtungsrechtliche Inanspruchnahme durch den Insolvenzverwalter auf.[976] Eine solche Inanspruchnahme ließe sich abwenden, wenn der Antragsteller die weitere Verfahrensdurchführung verhindert, indem er dem Insolvenzgericht die weitere Prüfungskompetenz entzieht.[977] Zwar läuft der Zwangsgläubiger, der die Entstehung künftiger Forderungen gegen den Schuldner nicht verhindern kann, dabei

---

974 BGH, Beschl. v. 24.9.2020 – IX ZB 71/19, NZI 2020, 1043 (1045); Beschl. v. 23.9.2021 – ZIP 2021, 2399 (2400); AG Leipzig, Beschl. v. 5.9.2017 – 403 IN 1109/17, NZI 2017, 846 (847 f.); AG Göttingen, Beschl. v. 9.1.2018 – 74 IN 210/17, NZI 2018, 159 (160); AG Hannover, Beschl. v. 28.12.2018 – 908 IN 538/18, BeckRS 2018, 36169 Rn. 10 ff.; AG Ludwigshafen, Beschl. v. 7.9.2021 – 3d IN 60/21, ZIP 2021, 2598 (2599); *Linker*, in: HK, InsO, § 14 Rn. 73; *Pape*, in: Kübler/Prütting/Bork/Jacoby, InsO, § 14 Rn. 141 ff., 170 ff., 227 ff.; *Vuia*, in: MüKo, InsO, § 14 Rn. 29, 48; *ders*, in: Gottwald/Haas, § 9 Rn. 37; *Gundlach*, in: Schmidt, InsO, § 14 Rn. 25; *Brzoza*, jurisPR-InsR 1/2019 Anm. 4; *Deppenkemper*, Anm. zu BGH, Beschl. v. 24.9.2020 – IX ZB 71/19, EWiR 2020, 725 (726); *Gehrlein*, BB 2021, 2307 (2310); *Smid*, DZWiR 2022, 1 (3).

975 AG Köln, Beschl. v. 18.11.2017 – 72 IN 171/17, BeckRS 2017, 144449 Rn. 19.

976 *Hefermehl*, in: Wimmer/Dauernheim/Wagner/Gietl, HBFA, Insolvenzrecht, Kap. 1 Rn. 96 Fn. 388; *Pape*, in: Kübler/Prütting/Bork/Jacoby, InsO, § 14 Rn. 196; *Smid*, DZWiR 2011, 133 (136).

977 *Laroche/Meier/Pruskowski/Schöttler/Siebert/Vallender*, ZIP 2013, 1456 (1457).

Gefahr, in absehbarer Zukunft wieder neue und nicht erfüllbare Forderungen gegen den Schuldner zu erwerben. Allerdings handelt es sich bei der Wahl, sich dem Anfechtungsrisiko des Insolvenzverwalters bei weiterer Verfahrensdurchführung oder dem Anhäufungsrisiko weiterer Forderungen bei Verfahrensbeendigung aussetzen zu wollen, um eine solche, die vom Antragsteller alleine zu treffen ist.[978] Bei ihm liegt der sprichwörtliche „Schwarze Peter".[979]

Im Rahmen dieser Abwägung ist ferner zu berücksichtigen, dass der Antragsteller durch eine Verfahrensbeendigung im Wege der Abgabe einer Erledigungserklärung vermeiden kann, im Falle einer Abweisung des Antrags mangels Masse gemäß § 26 InsO im weiteren Verfahrensablauf als Zweitschuldner gemäß §§ 23 Abs. 1, 29 Nr. 1, 31 GKG in Anspruch genommen zu werden.[980] Bei Aufrechterhaltung des Insolvenzantrags im Rahmen des § 14 Abs. 1 S. 2 InsO wäre der Antragsteller weiterhin einer Zweitschuldnerhaftung ausgesetzt, da die Kostenfreiheit des § 23 Abs. 1 S. 4 GKG lediglich den Fall der Abweisung des Insolvenzantrags als unbegründet gemäß § 14 Abs. 3 S. 1 InsO erfasst und eine Antragsabweisung im Rahmen des § 26 InsO mangels Masse und nicht mangels Begründetheit des Insolvenzantrags erfolgt.[981]

Schließlich kann der Antragsteller deshalb von der weiteren Verfahrensdurchführung Abstand nehmen wollen, weil er kein Interesse an dem mit dem Insolvenzverfahren verbundenen administrativen Aufwand haben könnte[982] oder er im Rahmen des Insolvenzverfahrens über das Vermögen einer natürlichen Person bei geordnetem Verfahrensgang Forderungskürzungen durch die Erteilung einer Restschuldbefreiung zu besorgen hätte. Eine Forderungskürzung dürfte in aller Regel nicht im Interesse des Antragstellers sein.[983]

(bb) Keine Pflicht zum „Weiterlaufenlassen"

Ferner führte die pauschale Unterstellung einer Druckantragstellung bei gesetzlicher Möglichkeit des Weiterlaufenlassens dazu, dass der Antragsteller zur

---

978 BGH, Beschl. v. 24.9.2020 – IX ZB 71/19, NZI 2020, 1043 (1045); *Willmer/Berner*, NZI 2019, 255 (257).

979 *Pape*, in: Kübler/Prütting/Bork/Jacoby, InsO, § 14 Rn. 196.

980 *Frege/Keller/Riedel*, Insolvenzrecht, Teil 9 Rn. 136; *Willmer/Berner*, NZI 2019, 255 (259).

981 BGH, Beschl. v. 24.9.2020 – IX ZB 71/19, NZI 2020, 1043 (1045); *Willmer/Berner*, NZI 2019, 255 (259).

982 *Laroche/Meier/Pruskowski/Schöttler/Siebert/Vallender*, ZIP 2013, 1456 (1457).

983 BGH, Beschl. v. 24.9.2020 – IX ZB 71/19, NZI 2020, 1043 (1045); *Harder*, NJW-Spezial 2018, 277 (278).

Umgehung einer drohenden Kostenbelastung gemäß §§ 4 InsO, 91a ZPO dazu gedrängt wäre, den Insolvenzantrag aufrechtzuerhalten. Damit wäre ihm einerseits die Möglichkeit genommen, seine vorstehende Risikoabwägung autonom vorzunehmen. Zudem wäre er faktisch dazu verpflichtet, seinen Insolvenzantrag zur Vermeidung einer „Bestrafung“[984] durch Auferlegung der Kosten aufrechtzuerhalten. Eine Pflicht zur Aufrechterhaltung des Insolvenzantrags im Rahmen des § 14 Abs. 1 S. 2 InsO existiert allerdings nicht.[985]

Der Gesetzgeber hat mit der Schaffung des § 14 Abs. 1 S. 2 InsO beabsichtigt, die Handlungsmöglichkeiten des Antragstellers auszuweiten. Er sollte trotz Erfüllung seiner Forderung dennoch in der Lage sein, sich von der sicheren Entstehung künftiger Forderungen befreien können, indem sein Insolvenzantrag nicht unzulässig wird und demgemäß auf dieser Grundlage ein Insolvenzverfahren eröffnet werden kann. Die beabsichtigte Erweiterung der Handlungsmöglichkeiten wird gerade dann konterkariert, wenn dem Antragsteller faktisch die Option der Verfahrensbeendigung im Wege der Abgabe einer Erledigungserklärung entzogen wird. Dann wären die Zwangsgläubiger sogar schlechter gestellt als jeder andere Gläubiger, der als „Herr des Verfahrens“ ohne Konsequenzen eine Erledigungserklärung abgegeben könnte.[986]

Es hätte dem Gesetzgeber freigestanden, die als Recht konzeptionierte Möglichkeit des § 14 Abs. 1 S. 2 InsO als eine Pflicht auszugestalten.[987] Dabei liegt es auf der Hand, dass dies eine grundlegende Änderung des Insolvenzeröffnungsverfahrens zur Folge hätte. Die geltende Dispositionsmaxime verlangt es nämlich, dass die Parteien dem Insolvenzgericht den Verfahrensgegenstand im Wege der Antragsrücknahme gemäß § 13 Abs. 2 InsO oder der Erledigungserklärung[988] eigenverantwortlich entziehen können, bis eine verbindliche Entscheidung über die Verfahrenseröffnung getroffen worden ist. Eine Abschaffung

---

984 *Pape*, in: Kübler/Prütting/Bork/Jacoby, InsO, § 13 Rn. 244; *Schädlich*, Anm. zu AG Leipzig, Beschl. v. 5.9.2017 – 403 IN 1109/17, NZI 2017, 849 (850).

985 AG Hannover, Beschl. v. 28.12.2018 – 908 IN 538/18, BeckRS 2018, 36169 Rn. 15; *Schädlich*, Anm. zu AG Leipzig, Beschl. v. 5.9.2017 – 403 IN 1109/17, NZI 2017, 849 (850); *Laroche/Meier/Pruskowski/Schöttler/Siebert/Vallender*, ZIP 2013, 1456 (1457).

986 *Schädlich*, Anm. zu AG Leipzig, Beschl. v. 5.9.2017 – 403 IN 1109/17, NZI 2017, 849.

987 AG Hannover, Beschl. v. 28.12.2018 – 908 IN 538/18, BeckRS 2018, 36169 Rn. 15.

988 BGH, Beschl. v. 25.9.2008 – IX ZB 131/07, NZI 2008, 736 (737); AG Köln, Beschl. v. 30.1.2019 – 74 IN 238/18, NZI 2019, 617 (617 f.).

dieser Entziehungsmöglichkeit gliche einer Verfahrensfortführung von Amts wegen. Diese ist dem deutschen Recht fremd.[989]

(cc) „Motivbündel" im Zeitpunkt der Antragstellung

Insbesondere öffentliche Zwangsgläubiger verfolgen im Zeitpunkt der Antragstellung in aller Regel ein Motivbündel, dessen einzelne Bestandteile nicht sämtlich als verfahrensfremd bezeichnet werden können. Zu nennen ist beispielsweise das wirtschaftliche Interesse von Krankenkassen als Einzugsstelle am Erhalt der rückständigen Gesamtsozialversicherungsbeiträge für die letzten drei Monate durch die Agentur für Arbeit gemäß § 175 Abs. 1 SGB III. Die Absicht, die gesetzliche Folge des § 175 Abs. 1 SGB III auszulösen, lässt sich nicht a priori als verfahrensfremd bezeichnen.[990] Eine solche Absicht steht auch deshalb im Widerspruch zur unterstellten Verfolgung verfahrensfremder Zwecke, da die Erlangung der Zahlungen gemäß § 175 Abs. 1 SGB III verlangt, dass ein Insolvenzereignis gemäß § 165 Abs. 1 S. 2 SGB III vorliegt. Hierunter wird die Verfahrenseröffnung, die Antragsabweisung mangels Masse oder im Falle der fehlenden Antragstellung eine vollständige inländische Betriebseinstellung und eine offensichtlich unzureichende Masse verstanden. Insoweit kommt es der Krankenkasse als Antragstellerin im Zeitpunkt der Antragstellung in aller Regel sehr wohl darauf an, ein Insolvenzereignis gemäß § 165 Abs. 1 S. 2 InsO auszulösen und demgemäß die erforderliche gerichtliche Entscheidung über die Eröffnung des Insolvenzverfahrens herbeizuführen.

(dd) Ergebnis

Im Ergebnis kann aus dem zulässigen Prozessverhalten der Abgabe einer Erledigungserklärung nicht geschlussfolgert werden, dass es dem Antragsteller im maßgeblichen Zeitpunkt der Antragstellung darauf angekommen ist, ausschließlich verfahrensfremde Zwecke zu erreichen.[991] Im Rahmen der Indizienbeweiskonstruktion lassen sich einerseits aus der nachträglichen Erledigungserklärung keine verlässlichen Rückschlüsse auf eine vormalige Druckantragstellung ziehen. Andererseits kann insbesondere öffentlichen Zwangsgläubigern, welche ein

989 BGH, Beschl. v. 24.9.2020 – IX ZB 71/19, NZI 2020, 1043 (1045); Beschl. v. 23.9.2021 – ZIP 2021, 2399 (2400); *Pape*, in: Kübler/Prütting/Bork/Jacoby, InsO, § 13 Rn. 243.

990 AG Leipzig, Beschl. v. 5.9.2017 – 403 IN 1109/17, NZI 2017, 846 (848); *Pape*, in: Kübler/Prütting/Bork/Jacoby, InsO, § 14 Rn. 179.

991 BGH, Beschl. v. 24.9.2020 – IX ZB 71/19, NZI 2020, 1043 (1045).

Bündel an Motiven zur Antragstellung verfolgen, nicht unterstellt werden, dass diese Motive ausschließlich verfahrensfremd gewesen sind.

(5) Nachschieben und Auswechseln der Antragsforderung

Gemäß einer Entscheidung des AG Duisburg liege ein Druckantrag vor, wenn der Insolvenzantrag nachträglich mit einer anderen Antragsforderung belegt wird, mithin eine Antragsforderung nachgeschoben bzw. auswechselt wird. Der Antragsteller offenbare hierdurch seine Absicht, lediglich seine eigene Forderung und nicht etwa die Durchführung des Insolvenzverfahrens zu wollen.[992] Dieser Auffassung kann nicht beigetreten werden.

Das Auswechseln und Nachschieben der Antragsforderung indiziert keinen Antragsmissbrauch.[993] Es existiert kein Grundsatz, dass ein solches Vorgehen des Antragstellers verboten ist.[994] Hat der Schuldner die ursprüngliche Antragsforderung in voller Höhe getilgt und drohte der Insolvenzantrag nachträglich unzulässig zu werden,[995] wäre es bloßer Formalismus, den bereits rechtshängigen Insolvenzantrag erledigt zu erklären, um anschließend einen neuen Insolvenzantrag zu stellen, der nunmehr mit der weiteren Forderung belegt werden könnte.[996] Ein neuer Insolvenzantrag brachte sogar weitergehende Risiken für die spätere Insolvenzmasse mit sich, da eine spätere Insolvenzantragstellung auch zur Verschiebung der maßgeblichen Anfechtungsfristen der §§ 130 ff. InsO führte.[997]

Schiebt der Antragsteller in dem bereits rechtshängigen Insolvenzverfahren eine neue Forderung nach, so steigern sich zwar die Anforderungen an die Darlegungen zum Vorliegen des Rechtsschutzinteresses.[998] Diesen wird er allerdings ohne Weiteres damit genügen können, dass die fraglichen Forderungen erst nach der Antragstellung fällig geworden oder tituliert worden sind.[999] Eine

---

992 AG Duisburg, Beschl. v. 28.12.2001 – 62 IK 99/01, NZI 2002, 211.

993 *Wegener*, in: Uhlenbruck, InsO, § 14 Rn. 77; *Gerhardt*, in: Jaeger, InsO, § 13 Rn. 52.

994 LG Göttingen, Beschl. v. 8.3.1993 – 6 T 37/93, ZIP 1993, 446 (447); AG Köln, Beschl. v. 15.11.1999 – 71 IN 160/99, NZI 2000, 94 (95).

995 BT-Drs. 17/3030, S. 42, wobei dort dogmatisch unzutreffend auf das Entfallen des Rechtsschutzinteresses abgestellt wird. Tatsächlich entfällt nachträglich die Glaubhaftmachung der Antragsforderung gemäß § 14 Abs. 1 S. 1 InsO; ferner *Smid*, Handbuch Insolvenzrecht, § 24 Rn. 82.

996 BGH, Beschl. v. 5.2.2004 – IX ZB 29/03, NZI 2004, 587 (588); *Pape*, in: Kübler/Prütting/Bork/Jacoby, InsO, § 14 Rn. 117; *Wegener*, in: Uhlenbruck, InsO, § 14 Rn. 22.

997 *Pape*, in: Kübler/Prütting/Bork/Jacoby, InsO, § 14 Rn. 117.

998 BGH, Beschl. v. 5.2.2004 – IX ZB 29/03, NZI 2004, 587 (588).

999 *Vuia*, in: MüKo, InsO, § 14 Rn. 33.

dahingehende Einschränkung zulasten des Antragstellers, dass sich das sukzessive Nachschieben der Antragsforderung mit Grundsätzen einer sorgfältigen Verfahrensförderung gemäß §§ 4 InsO, 282 ZPO vereinbaren lassen müsste, ist nicht vorzunehmen.[1000] Zu berücksichtigen ist insoweit, dass der Schuldner bezüglich der nachgeschobenen Forderung in aller Regel noch nicht gemäß § 14 Abs. 2 InsO angehört worden ist, sodass ihm die Möglichkeit zur Stellungnahme nachträglich einzuräumen ist.[1001]

(6) Antragstellung mit Teilforderungen

In engem Zusammenhang mit dem Auswechseln bzw. Nachschieben von Forderungen steht die Frage, ob es einen Druckantrag indiziert, wenn der Antragsteller lediglich mit dem Teil einer ihm zustehenden Forderung einen Insolvenzantrag stellt, wenn auch die übrigen Teile derselben Forderung hätten geltend gemacht werden können. Dies wird im Schrifttum teilweise angenommen.[1002]

Im Wesentlichen wird diese Einordnung damit begründet, dass ein schutzwürdiges Interesse für ein solches Vorgehen nicht existiere. Insbesondere sei die Geltendmachung lediglich einer Teilforderung nicht mit einer Kostenersparnis verbunden und gefährde zudem die Verfahrensziele, sodass es aus Gesichtspunkten der Rechtssicherheit sogar ohne eine subjektive Missbrauchsabsicht des Antragstellers geboten sei, das Rechtsschutzinteresse zu versagen.[1003] Diese Argumente vermögen nicht zu überzeugen.

Zunächst ist festzuhalten, dass die Antragstellung mit lediglich einem Forderungsteil – analog zur Teilklageerhebung im zivilprozessualen Erkenntnisverfahren[1004] – zulässig ist. Dieses Vorgehen ermöglicht es dem Antragsteller entgegen der vorgenannten Auffassung gerade doch, die Gerichtskosten für die Einleitung des Insolvenzverfahrens zu reduzieren.[1005] Die Gerichtskosten für das Eröffnungsverfahren im Falle des Gläubigerantrags richten sich nämlich nach der Höhe der angemeldeten Forderung. Unerheblich ist dabei, in welcher Höhe

---

1000 BGH, Beschl. v. 5.2.2004 – IX ZB 29/03, NZI 2004, 587 (588); *Vuia*, in: MüKo, InsO, § 14 Rn. 33; *Pape*, in: Kübler/Prütting/Bork/Jacoby, InsO, § 14 Rn. 117; a.A. *Lang*, Rechtsschutzinteresse, S. 135 f.

1001 *Gundlach/Frenzel*, NZI 2004, 589; *Vuia*, in: MüKo, InsO, § 14 Rn. 33.

1002 *Vuia*, in: MüKo, InsO, § 14 Rn. 30; *Lang*, Rechtsschutzinteresse, S. 139 ff.

1003 *Lang*, Rechtsschutzinteresse, S. 140 f.

1004 *Bacher*, in: BeckOK, ZPO, § 253 Rn. 54.

1005 BGH, Beschl. v. 19.5.2011 – IX ZB 214/10, ZIP 2011, 1161; *Cranshaw*, jurisPR-InsR 16/2011, Anm. 2 B.

Forderungen gegen den Schuldner tatsächlich bestehen.[1006] Demnach ist gemäß § 58 Abs. 2 GKG im Falle der Antragstellung mit einer Teilforderung ausschließlich dessen Wert bei der Ermittlung der Gerichtskosten für das Eröffnungsverfahren maßgeblich, soweit der Wert der Insolvenzmasse nicht geringer ist.

Vor diesem Hintergrund lässt es sich auch schwerlich rechtfertigen, die Geltendmachung einer Teilforderung im Interesse der Rechtssicherheit auszuschließen. Es ist nicht die Aufgabe des einzelnen Gläubigers, sein eigenes Initiativrecht im Interesse der Gläubigergemeinschaft wahrzunehmen; jeder Gläubiger ist für seine eigene Rechtsverfolgung – wenn auch unter den modifizierten Bedingungen des Insolvenzverfahrens – selbst verantwortlich.[1007]

Nimmt ein Gläubiger bei der Ausübung seiner Berechtigung zur Insolvenzantragstellung in erster Linie eigene (Befriedigungs-)Interessen wahr,[1008] so muss es ihm auch zustehen, seine eigene Rechtsverfolgung nach eigenen Interessen zu kalkulieren. Maßgeblicher Kalkulationsfaktor ist analog zur Teilklage im allgemeinen Zivilprozess auch das Kostenrisiko. Nicht zumutbar ist es, dem Gläubiger im Interesse der Rechtssicherheit ein volles Kostenrisiko aufzuerlegen. Im Einzelfall könnte dies zu einer derart verzerrten Risikoabwägung führen, die den Gläubiger faktisch davon abhält, einen Insolvenzantrag zu stellen. Insoweit dürften die einschränkenden Zulassungsvoraussetzungen zur Justizgewährung[1009] derart überspannt sein, dass ein Verstoß gegen die Pflicht zur allgemeinen Justizgewährung anzunehmen ist.

Wird der Schuldner hingegen durch den Antragsteller mit mehreren Insolvenzanträgen belagert, mit denen jeweils nur Teilforderungen geltend gemacht werden, um ihn zur sukzessiven Forderungsbefriedigung zu motivieren,[1010] ist dieses schikanöse Vorgehen als Antragsmissbrauch einzuordnen.[1011] Eine solche Missbrauchsabsicht lässt sich jedoch bei dem ersten Insolvenzantrag, mit dem lediglich eine Teilforderung geltend gemacht wird, (noch) nicht feststellen.

1006 LG Freiburg i. B., Beschl. v. 4.11.1991 – 2 T 44/91, juris; *Dörndorfer*, in: Binz/Dörndorfer/Zimmermann, GKG, § 58 Rn. 3.

1007 *Schädlich*, Anm. zu AG Leipzig, Beschl. v. 5.9.2017 – 403 IN 1109/17, NZI 2017, 849 (850).

1008 AG Hannover, Beschl. v. 28.12.2018 – 908 IN 538/18, BeckRS 36169 Rn. 13.

1009 Teil 2 I., II.

1010 Teil 3 II. 2. a) bb) (2) (a).

1011 BGH, Beschl. v. 19.5.2011 – IX ZB 214/10, ZIP 2011, 1161; OLG Köln, Beschl. v. 29.12.1999 – 2 W 188/99, NZI 2000, 78 (79); *Sternal*, in: Kayser/Thole, InsO, § 14 Rn. 13.

b) (Kostengünstige) Durchsetzung zweifelhafter Forderungen

Im Schrifttum wird weiterhin ein Fall des Antragsmissbrauchs angenommen, wenn der Antragsteller mithilfe seines Insolvenzantrags eine zweifelhafte Forderung (kostengünstig) durchzusetzen versucht.[1012] Zunächst ist festzuhalten, dass das Bestreben des Antragstellers, einen kostengünstigen (Rechts-)Weg gegen den Schuldner einzuschlagen, keinen Anhaltspunkt für einen Antragsmissbrauch zu rechtfertigen vermag.[1013] Es ist nach den vorstehenden Feststellungen[1014] ausschließlich dem Antragsteller überlassen, bei Vorhandensein mehrerer gleichrangiger Rechtsschutzmöglichkeiten einen bestimmten (Rechts-)Weg einzuschlagen. Dabei erfolgt die vorzunehmende Abwägung nicht selten unter den Gesichtspunkten der Prozessökonomie, welche ihrerseits Kostengesichtspunkte beinhaltet. Entscheidet sich der Antragsteller in diesem Fall zur Durchführung des Insolvenzverfahrens, so strengt er im Ergebnis ein ihm zur Verfügung gestelltes rechtsstaatliches Verfahren gegen einen Dritten an. Dieser Entscheidung haftet nichts Anrüchiges an.[1015]

Ob darüber hinaus unabhängig von der Kostenfrage ein Fall der subjektiv zweckwidrigen Insolvenzantragstellung anzunehmen ist, wenn die Antragstellung der Durchsetzung einer zweifelhaften Forderung dient, kann auf Grundlage der Systematik der Zulässigkeitsvoraussetzungen für den Insolvenzantrag entschieden werden.

Die Antragszulassung und im Regelfall auch die spätere Verfahrenseröffnung[1016] verlangen die erfolgreiche Glaubhaftmachung der Antragsforderung. Zivilprozessual gesprochen bedeutet dies das überwiegend wahrscheinliche Vorliegen der Antragsforderung.[1017] Dem antragstellenden Gläubiger muss es demnach bereits im Rahmen der Glaubhaftmachung seiner Antragsforderung gemäß 14 Abs. 1 S. 1 InsO gelingen, das Insolvenzgericht von ihrem überwiegend

---

1012 AG Holzminden, Beschl. v. 9.7.1987 – ZIP 1987, 1272 (1273 f.); OLG Celle, Beschl. v. 24.3.1998 – 4 W 64/98, juris; LG Meiningen, Beschl. v. 13.4.2000 – 4 T 13/00, ZIP 2000, 1451 (1451 f.); *Wegener*, in: Uhlenbruck, InsO, § 14 Rn. 74; *Pape*, in: Kübler/Prütting/Bork/Jacoby, InsO, § 14 Rn. 168; *Vuia*, in: MüKo, InsO, § 14 Rn. 30; *Mönning*, in: Nerlich/Römermann, InsO, § 14 Rn. 21; *Leithaus*, in: Andres/Leithaus, InsO, § 14 Rn. 8; *Smid*, in: *ders.*, InsO, § 14 Rn. 13.

1013 *Lang*, Rechtsschutzinteresse, S. 150.

1014 Teil 3 I. 1. a) bb) (2) (b) (aa).

1015 BGH, Urt. v. 3.10.1961 – VI ZR 242/60, JZ 1962, 94.

1016 Teil 2 I. 1. a) cc) (1) (b) (aa).

1017 Teil 2 I. 1. a) cc) (1) (a).

wahrscheinlichen Bestehen zu überzeugen. Gelingt ihm dies nicht, weil die Forderung beispielweise aus Sicht des Insolvenzgerichts als zweifelhaft einzuordnen ist, scheitert der Antragsteller vorrangig mit der Zulassungsvoraussetzung der Glaubhaftmachung der Antragsforderung. Eines Rückgriffs auf das subsidiäre Institut des Rechtsschutzinteresses bedarf es insoweit nicht. Dies ist auch im Interesse einer präzisen Rechtsanwendung geboten, um die Zulässigkeitsvoraussetzung des Rechtsschutzinteresses nicht zum Auffangbecken[1018] ungeklärter prozessualer Fragen verkommen zu lassen. Insoweit besteht kein Raum für die Einordnung als eigenständige Fallgruppe im Rahmen der subjektiv zweckwidrigen Insolvenzantragstellung.[1019]

3. Eliminierung eines Konkurrenten aus dem Wettbewerb

Die weit überwiegende Auffassung im Schrifttum geht davon aus, dass der Insolvenzantrag, welcher zum Zwecke der Eliminierung eines Konkurrenten aus dem Wettbewerb gestellt wird, subjektiv zweckwidrig sei.[1020]

a) Rechtliche Divergenz

Eine solche Einordnung bedarf der Feststellung der Divergenz von Verfahrens- und Parteizwecken.

aa) Verfahrenszweck

Gemäß den vorstehenden Ausführungen dient das Insolvenzverfahren gemäß § 1 S. 1 InsO der gemeinschaftlichen Gläubigerbefriedigung.[1021] Daneben dient

---

1018 Teil 3 I. 1. a) cc) (1).

1019 In ähnlicher Weise, vgl. *Lang*, Rechtsschutzinteresse, S. 137.

1020 BGH, Beschl. v. 19.5.2011 - IX ZB 214/10, ZIP 2011, 1161; OLG Frankfurt a.M., Beschl. v. 29.12.1983 - 14 W 187/83, ZIP 1984, 195 (195 f.); *Gundlach*, in: Schmidt, InsO, § 14 Rn. 25; *Hefermehl*, in: Wimmer/Dauernheim/Wagner/Gietl, HBFA, Insolvenzrecht, Kap. 1 Rn. 94; *Linker*, in: HK, InsO, § 14 Rn. 50; *Schmerbach*, in: FK, InsO, § 14 Rn. 138; *Gerhardt*, in: Jaeger, InsO, § 14 Rn. 5; *Pape*, in: Kübler/Prütting/Bork/Jacoby, InsO, § 14 Rn. 168; *Sternal*, in: Kayser/Thole, InsO, § 14 Rn. 39; *Kexel*, in: Graf-Schlicker, InsO, § 14 Rn. 8; *Wegener*, in: Uhlenbruck, InsO, § 14 Rn. 76; *Vuia*, in: MüKo, InsO, § 14 Rn. 35; *Mönning*, in: Nerlich/Römermann, InsO, § 14 Rn. 19; *Leithaus*, in: Andres/Leithaus, InsO, § 14 Rn. 8; *Fuhst*, in: Gogger/Fuhst, § 2 Rn. 39; *Baur*, JZ 1951, 209 (210); *Unger*, KTS 1962, 205 (216); *Cranshaw*, jurisPR-InsR 16/2011, Anm. 2 C., D.; *Lang*, Rechtsschutzinteresse, S. 141; a.A. wohl *Frind*, EWiR 2011, 467 (467 f.); *Smid*, DZWiR 2012, 1 (4).

1021 Teil 3 II. 2. a) aa).

das Insolvenzverfahren über das Vermögen von juristischen Personen und Gesellschaften ohne Rechtspersönlichkeit der Vollabwicklung des schuldnerischen Rechtsträgers, mithin verfolgt das Insolvenzverfahren einen zusätzlichen Ordnungszweck.[1022]

bb) Parteizweck

Im Rahmen dieser Fallgruppe strebt der Antragsteller die Eliminierung des Konkurrenten im Wege der Zerschlagung seiner Vermögenswerte oder der teilweisen bzw. vollständigen Übernahme seines Unternehmens an.[1023]

cc) Divergenz

Auf dieser Grundlage geht das herrschende Schrifttum davon aus, dass die erforderliche rechtliche Divergenz vorliege. Um die Zurückweisung seines Insolvenzantrags zu vermeiden, wird im Schrifttum vom Antragsteller erwartet, dass er neben der erstrebten Eliminierung seines Konkurrenten zusätzlich eine Befriedigung begehre.[1024] An dieser Stelle sei angemerkt, dass eine solche Erklärung in jedem denkbaren Fall zum Schein abgegeben werden könnte,[1025] sodass dieser Fallgruppe ihr Anwendungsbereich in der Rechtspraxis faktisch entzogen wäre.[1026] Fraglich ist allerdings zunächst, ob die entsprechende Abgabe einer solchen Erklärung gegenüber dem Insolvenzgericht überhaupt nötig ist. Entscheidend hierfür ist, welches Verständnis dem Verhältnis zwischen dem Befriedigungszweck und dem „Eliminierungszweck" zugrunde gelegt wird.

Soweit das herrschende Schrifttum vom Antragsteller erwartet, dass er neben der Eliminierung des Konkurrenten *zusätzlich* die quotale Befriedigung erstrebe, werden diese beiden Intentionen als selbstständige Zwecke aufgefasst.[1027] Demgemäß stünden diese Zwecke plastisch ausgedrückt als Haupt- und Nebenzweck in einer „Zweck-Zweck-Relation" zueinander. Tatsächlich ist dem allerdings nicht so. Die Eliminierung eines Konkurrenten stellt sich nämlich in aller Regel nicht als Selbstzweck dar.[1028] Sie ist das Ergebnis einer insolvenzmäßigen

---

1022 Teil 2 III. 3. a) bb).

1023 *Cranshaw*, jurisPR-InsR 16/2011, Anm. 2.

1024 BGH, Beschl. v. 19.5.2011 – IX ZB 214/10, ZIP 2011, 1161.

1025 *Cranshaw*, jurisPR-InsR 16/2011, Anm. 2 C.

1026 *Frind*, EWiR 2011, 467 (467 f.).

1027 *Frind*, EWiR 2011, 467 (468).

1028 Am Beispiel des Erhaltes des schuldnerischen Unternehmens, vgl. *Sternal*, in: Kayser/Thole, InsO, § 1 Rn. 5.

Verwertung des schuldnerischen Unternehmens und der anschließenden Erlösverteilung an die Gläubigergemeinschaft, sodass die Eliminierung des Konkurrenten sich letztlich in den Dienst der insolvenzmäßigen Gläubigerbefriedigung einreiht. Richtigerweise stehen die quotale Befriedigung und die Eliminierung des Konkurrenten in einer Zweck-Mittel-Relation zueinander.

Ein solches Verständnis wird von der Vorschrift des § 1 S. 1 InsO getragen. Hiernach dient das Insolvenzverfahren dazu, „die Gläubiger eines Schuldners gemeinschaftlich zu befriedigen, *indem* das Vermögen des Schuldners verwertet und der Erlös verteilt [...] wird.“ Derjenige Antragsteller, der die (Teil-)Übernahme des schuldnerischen Unternehmens im Wege der übertragenden Sanierung oder der Zerschlagung seiner Vermögenswerte erstrebt, begibt sich nicht in Widerspruch zur quotalen Befriedigung. Aus beiden Verwertungsarten resultiert ein Erlös, welcher der Gläubigergemeinschaft zugute kommt. Damit wird gerade nicht die Befriedigungsaussicht anderer Gläubiger negiert, die sich als verfahrensfremde Intention dargestellt hätte, vielmehr führt die Verwertung des schuldnerischen Vermögens in aller Regel zu einem Massezuwachs und fördert die quotale Befriedigung.

Ergibt sich für das Insolvenzgericht aus dem Verhalten des Antragstellers das Bild, dass es ihm um die Eliminierung des Schuldners geht, so ist nach dem vorstehenden Verständnis nicht davon auszugehen, dass er sich zugunsten eines (divergierenden) Zwecks positioniert hat, vielmehr ist diesem Verhalten lediglich das Befürworten eines Mittels zur quotalen Befriedigung, nämlich das Mittel der Verwertung, zu entnehmen.[1029] Freilich ist das Befürworten eines bestimmten Mittels für den weiteren Verfahrensgang und demgemäß das Schicksal der Gläubigergemeinschaft nicht bindend. Die letztendliche Wahl des zu beschreitenden Weges richtet sich nach dem Interesse der Gläubigergesamtheit und nicht des einzelnen Gläubigers.[1030]

b) Ergebnis

Aufgrund der vorstehenden Ausführungen kann die erforderliche Divergenz zwischen den Partei- und Verfahrenszwecken bereits in rechtlicher Hinsicht nicht festgestellt werden. Anders verhält es sich lediglich in den Fällen, in denen das präferierte Mittel der Verwertung durch Eliminierung des Konkurrenten zugleich das Endziel des Antragstellers darstellt, mithin das Mittel zum

---

1029 *Sternal*, in: Kayser/Thole, InsO, § 1 Rn. 5; *Henckel*, in: Jaeger, InsO, § 1 Rn. 3; *Brinkmann/Zipperer*, ZIP 2011, 1337 (1338).

1030 *Cranshaw*, jurisPR-InsR 16/2011, Anm. 2 D.

(Selbst-)Zweck aufsteigt. Nur in einem solchen Fall dürfte die rechtliche Divergenz zwischen Verfahrens- und Parteizweck vorliegen, die die Einordnung als Antragsmissbrauch rechtfertigt.[1031] Dies dürfte allerdings die krasse Ausnahme darstellen, da der die Eliminierung des Konkurrenten befürwortende Antragsteller die quotale Befriedigung der weiteren Gläubiger nicht negiert.[1032] Insoweit dürfte es sich entgegen einem mancherorts anzutreffenden Hinweis[1033] nicht um den Hauptanwendungsfall des subjektiv fehlenden Rechtsschutzinteresses handeln.[1034]

4. Beendigung von (lästigen) Vertragsverhältnissen

Im Schrifttum wird vertreten, dass die Antragstellung zur Beendigung eines (lästigen) Vertragsverhältnisses rechtsmissbräuchlich erfolge.[1035] Diese Auffassung wird durch zwei Entscheidungen des BGH[1036] untermauert, welche einer näheren Darstellung bedürfen.

a) BGH, Beschl. v. 29.6.2006 – IX ZB 245/05

aa) Sachverhalt

In dieser Entscheidung hat der BGH eine Entscheidung des LG Düsseldorf aufgehoben, welches zuvor davon ausgegangen war, dass der Insolvenzantrag eines Gläubigers unzulässig gewesen war. Vereinfacht dargestellt bestand eine Kaufpreisforderung des antragstellenden Gläubigers gegenüber dem Schuldner in Höhe von ca. 175.000.000,00 DM, welche der Schuldner offensichtlich nicht

---

1031 A.A. wohl *Smid*, DZWiR 2012, 1 (4).

1032 AG Hannover, Beschl. v. 28.12.2018 – 908 IN 538/18, BeckRS 36169 Rn. 13.

1033 *Lang*, Rechtsschutzinteresse, S. 141.

1034 *Frind*, EWiR 2011, 467 (467 f.).

1035 BGH, Urt. v. 22.5.1962 – VI ZR 256/61, BeckRS 1962, 31184549; Beschl. v. 29.6.2006 – IX ZB 245/05, NZI 2005, 588 (589 f.); Beschl. v. 21.6.2007 – IX ZB 51/06, NZI 2008, 121 (122); *Gundlach*, in: Schmidt, InsO, § 14 Rn. 25; *Schmerbach*, in: FK, InsO, § 14 Rn. 138; *Gerhardt*, in: Jaeger, InsO, § 14 Rn. 4; *Pape*, in: Kübler/Prütting/Bork/Jacoby, InsO, § 14 Rn. 174; *Wegener*, in: Uhlenbruck, InsO, § 14 Rn. 76; *Vuia*, in: MüKo, InsO, § 14 Rn. 35; *Mönning*, in: Nerlich/Römermann, InsO, § 14 Rn. 20; *Fuhst*, in: Gogger/Fuhst, § 2 Rn. 39; *Wolfer*, in: BeckOK, InsO, § 14 Rn. 4a; *Neumaier/Hänel*, in: Beck'sches Rechtsanwalts-Handbuch, § 46 Rn. 112; *Smid*, in: *ders.*, InsO, § 14 Rn. 13; *Unger*, KTS 1962, 205 (216); differenzierend *Lang*, Rechtsschutzinteresse, S. 146 ff.

1036 BGH, Urt. v. 22.5.1962 – VI ZR 256/61, BeckRS 1962, 31184549; Beschl. v. 29.6.2006 – IX ZB 245/05, NZI 2006, 588.

bezahlen konnte. Ferner war davon auszugehen, dass auch der spätere Insolvenzverwalter im Rahmen seines Wahlrechts gemäß § 103 InsO die Vertragserfüllung ablehnen würde. Da eine Erfüllungsablehnung zu erwarten war, war die Insolvenzantragstellung gemäß Auffassung des LG Düsseldorf wirtschaftlich sinnlos.[1037]

bb) Entscheidung des BGH

Der BGH hob die Entscheidung auf und vertrat die Auffassung, dass bei der Antragstellung mit einer Forderung, die dem Erfüllungswahlrecht des Insolvenzverwalters unterliegt, eine wirtschaftliche Sinnlosigkeit und demgemäß eine objektive Zwecklosigkeit der Insolvenzantragstellung nicht angenommen werden kann.[1038]

cc) Segelanweisung des BGH

In einer anschließenden Segelanweisung konstatierte der BGH unter Bezugnahme auf eine vorherige Entscheidung zur KO, dass ein Insolvenzantrag zwar nicht objektiv zwecklos, allerdings subjektiv zweckwidrig sei, wenn er der Beendigung eines lästigen Vertragsverhältnisses dient.[1039] Diese Ausführungen begegnen in dem vom BGH entschiedenen Fall im Rahmen des § 103 InsO allerdings Bedenken.

(1) Verfahrenszweck

Das Erfüllungswahlrecht des Insolvenzverwalters gemäß § 103 InsO dient dem Befriedigungszweck des Insolvenzverfahrens. Dem Insolvenzverwalter wird eingeräumt, im Interesse der Gläubigergemeinschaft einen für die Insolvenzmasse vorteilhaften wechselseitigen Vertrag des Schuldners mit seinem Gläubiger durchzuführen, indem die vorteilhafte Gegenleistung zur Insolvenzmasse gezogen und demgemäß der Befriedigung der Gläubiger zur Verfügung gestellt wird.[1040]

1037 BGH, Beschl. v. 29.6.2006 – IX ZB 245/05, NZI 2006, 588 (589).

1038 Teil 3 I. 1. a) dd).

1039 BGH, Beschl. v. 29.6.2006 – IX ZB 245/05, NZI 2006, 588 (590).

1040 BGH, Urt. v. 29.12.1988 – IX ZR 50/88, NJW 1989, 1282 (1284); Urt. v. 21.11.1991 – IX ZR 290/90, NJW 1992, 507 (508); Urt. v. 4.5.1995 – IX ZR 256/93, NJW 1995, 1966 (1967 f.); Urt. v. 27.2.1997 – IX ZR 5/96, DtZ 1997, 196 (196 f.); Urt. v. 27.5.2003 – IX ZR 51/02, NJW 2003, 2744 (2747); Urt. v. 11.5.2006 – IX ZR 247/03, NJW 2006, 2485 (2487); *Huber*, in: MüKo, InsO, § 103 Rn. 2.

(2) Parteizweck

Im Rahmen der vorstehenden Fallgruppe kommt es dem Antragsteller darauf an, dass ein lästiges, weil aus seiner Sicht meist unwirtschaftliches Vertragsverhältnis zum Schuldner durch die Insolvenzantragstellung beendet wird. Dass es sich hierbei nicht um einen Fall der missbräuchlichen Druckantragstellung handelt, durch welche der Schuldner selbst zur (einvernehmlichen) Vertragsbeendigung gezwungen werden soll, liegt auf der Hand. Denn letztgenannte Fallkonstellation vollzieht sich zeitlich betrachtet im Rahmen des Eröffnungsverfahrens, in welchem die Verwaltungs- und Verfügungsbefugnis noch nicht auf den Insolvenzverwalter übergegangen ist. Hingegen betraf die vom BGH entschiedene Konstellation solche Verträge, welche dem Insolvenzverwalterwahlrecht gemäß § 103 InsO unterliegen. Es bedarf mithin der vorherigen Verfahrenseröffnung. Im Rahmen dieser Fallgruppe geht es dem Antragsteller daher darum, dass der für ihn lästige Vertrag im eröffneten Verfahren beendet wird.

(3) Divergenz

Fraglich ist, ob dieses Verlangen – sein Vorliegen unterstellt – eine subjektiv zweckwidrige Insolvenzantragstellung begründet. Vorwegzunehmen ist, dass die erstrebte Vertragsbeendigung lediglich in einem Szenario in Betracht kommt: Der Antragsteller müsste über eine Forderung aus einem gegenseitigen Vertrag verfügen, bei welchem keine Partei ihre Leistung vollständig erbracht hat. Der Insolvenzverwalter müsste sodann das ihm zukommende Wahlrecht dergestalt ausüben, dass eine Erfüllung abgelehnt wird, da es bei Erfüllungswahl wirtschaftlich betrachtet nicht zur angestrebten Vertragsbeendigung käme. Zwar führte die Erfüllungswahl zum (zwischenzeitlichen) Erlöschen der wechselseitigen Ansprüche aus dem lästigen Vertrag. Ein solcher Vertrag würde allerdings zwischen dem Gläubiger und Insolvenzverwalter ipso iure neu entstehen und zwar mit dem bisherigen Inhalt.[1041] Eine Vertragsbeendigung könnte daher von vornherein nur im Falle der Erfüllungsablehnung gemäß § 103 Abs. 2 S. 1 InsO eintreten.

Im Rahmen des § 103 Abs. 2 S. 1 InsO ist zu berücksichtigen, dass nach der nunmehr in gefestigter Rechtsprechung des BGH vertretenen Undurchsetzbarkeitstheorie durch die negative Ausübung des Erfüllungswahlrechts durch den Insolvenzverwalter ein Erlöschen der wechselseitigen Ansprüche des

1041 BGH, Urt. v. 4.5.1995 – IX ZR 256/93, NJW 1995, 1966 (1966 f.); *Huber*, in: MüKo, InsO, § 103 Rn. 3.

Antragstellers und des Schuldners nicht einträte.[1042] Der Schuldner und der Antragsteller wären vorbehaltlich der Erteilung der Restschuldbefreiung oder der Vereinbarung einer anderweitigen Regelung in einem Insolvenzplan weiterhin befugt, nach Aufhebung des Insolvenzverfahrens ihre restlichen Ansprüche gegeneinander geltend zu machen.[1043]

Vielmehr müsste der Antragsteller im hiesigen Szenario zur Vertragsbeendigung zusätzlich gemäß §§ 103 Abs. 2 S. 1, 174 Abs. 1 InsO einen Schadensersatzanspruch zur Insolvenztabelle anmelden. Lediglich dieser Weg führt endlich zum Erlöschen der wechselseitigen Ansprüche aus dem lästigen Vertragsverhältnis,[1044] wobei der Zeitpunkt des Erlöschens auf die erste Quotenausschüttung fällt.[1045] Damit steht fest, dass der Antragsteller sich zur Erreichung seines eigentlichen Ziels der Vertragsbeendigung vorschriftsmäßig am Insolvenzverfahren zu beteiligen hat. Unterstellt man ihm ernsthaft die Absicht, die Vertragsbeendigung herbeiführen zu wollen, so wird ihm konsequenterweise zugleich die Absicht unterstellt werden müssen, dass er im maßgeblichen Zeitpunkt der Antragstellung die Absicht gehabt hat, seine Nichterfüllungsforderung – deren quotale Befriedigung letztlich die Vertragsbeendigung herbeiführt – zur Insolvenztabelle anzumelden. Diese Forderungsanmeldung im eröffneten Verfahren ist die letzte wesentliche Verfahrenshandlung des Antragstellers zur Erreichung seines eigentlichen Ziels der Vertragsbeendigung. Wenn diese Verfahrenshandlung objektiv erforderlich ist, wird man dem Antragsteller auch unterstellen müssen, dass ihre Vornahme auch subjektiv gewollt ist. Damit dürfte feststehen, dass der Antragsteller die vollständige und vorschriftsmäßige Beteiligung am Insolvenzverfahren beabsichtigt. Das gesamte Verhalten ist auf eine quotale Befriedigung im Rahmen des Insolvenzverfahrens gerichtet, § 1 S. 1 InsO.

1042 BGH, Urt. v. 25.4.2002 – IX ZR 313/99, NZI 2002, 375 (376); Urt. v. 27.5.2003 – IX ZR 51/02, NZI 2003, 491; Urt. v. 17.11.2005 – IX ZR 162/04, NZI 2006, 229 (231); Urt. v. 1.3.2007 – IX ZR 81/05, NZI 2007, 335; Urt. v. 17.12.2009 – IX ZR 214/08, NZI 2010, 180; Urt. v. 1.12.2011 – IX ZR 79/11, NZI 2012, 76 (77); Urt. v. 19.11.2015 – IX ZR 198/14, NJW 2016, 711 (712); zur Begrifflichkeit der „Undurchsetzbarkeitstheorie“, vgl. *Berberich*, in: BeckOK, InsO, § 103 Rn. 8.

1043 *Wegener*, in: Uhlenbruck, InsO, § 103 Rn. 159; *Breitenbücher*, in: Graf-Schlicker, InsO, § 103 Rn. 64; *Andres*, in: Andres/Leithaus, InsO, § 103 Rn. 34; *Huber*, in: MüKo, InsO, § 103 Rn. 22; *ders.*, NZI 2002, 467 (469).

1044 BFH, Urt. v. 23.11.2006 – II R 38/05, ZIP 2007, 976 (977); *Jacoby*, in: Jaeger, InsO, § 103 Rn. 226; *Wegener*, in: Uhlenbruck, InsO, § 103 Rn. 161; *Huber*, in: MüKo, InsO, § 103 Rn. 176; *Tintelnot*, in: Kübler/Prütting/Bork/Jacoby, InsO, § 103 Rn. 330.

1045 *Jacoby*, in: Jaeger, InsO, § 103 Rn. 226.

Demgemäß liegt das Rechtsschutzinteresse an der Insolvenzantragstellung vor. Es wird durch das Ziel der Vertragsbeendigung nicht beseitigt. Die Vertragsbeendigung erfolgt erst im Anschluss einer ordnungsgemäßen Verfahrensteilnahme und setzt diese denknotwendig voraus.

dd) Ergebnis

Auf Grundlage der nunmehrigen Konzeption der InsO lässt sich die Fallgruppe der Antragstellung zur Beendigung eines lästigen Vertragsverhältnisses nicht mehr stützen. Sie findet ihren maßgeblichen Ursprung in einer älteren Entscheidung des BGH, welche nachstehend dargestellt werden wird. Allerdings ist zu berücksichtigen, dass die ältere Entscheidung des BGH zum Regime der KO erfolgte und übrigens ein Sachverhalt zugrunde gelegen hatte, welcher schwerlich einer Verallgemeinerung zugänglich sein dürfte.[1046]

b) BGH, Urt. v. 22.5.1962 – VI ZR 256/61

In diesem Fall hob der BGH[1047] eine Entscheidung des OLG Frankfurt a.M. als Berufungsgericht auf und erteilte unter Zurückverweisung des Rechtsstreits an einen anderen Zivilsenat des Berufungsgerichts ebendiesem eine Segelanweisung.

aa) Sachverhalt

In dem für diese Fallgruppe relevanten Teil des Sachverhalts hatte der klagende Insolvenzschuldner Schadensersatzansprüche aus vorsätzlicher sittenwidriger Schädigung gemäß § 826 BGB gegen das beklagte Land geltend gemacht, da dieses zuvor einen Konkursantrag über das Vermögen des Schuldners gestellt hatte. Das Berufungsgericht verweigerte dem Schuldner einen Schadensersatzanspruch gegen das Land. Der BGH hingegen ging davon aus, dass dem Schuldner unter Zugrundelegung seines bestrittenen und beweisbedürftigen Vorbringens ein solcher Schadensersatzanspruch womöglich zugestanden haben könnte.[1048]

Der Schuldner war Betreiber einer Mühle und Pächter eines Steinbruchs. Das Land gewährte dem Schuldner mehrere Darlehen, die in einer Resthöhe von ca. 25.000,00 DM valutierten. Der Schuldner war infolge einer titulierten Räumungsverpflichtung bezüglich des Mühlengrundstücks nicht mehr in der

---

1046 *Lang*, Rechtsschutzinteresse, S. 147.
1047 BGH, Urt. v. 22.5.1962 – VI ZR 256/61, BeckRS 1962, 31184549.
1048 BGH, Urt. v. 22.5.1962 – VI ZR 256/61, BeckRS 1962, 31184549.

Lage, diese Mühle zu betreiben. Das Land kündigte die ausstehenden Darlehensverträge, leitete wegen der ausstehenden Gesamtforderung in Höhe von 25.000,00 DM zunächst Einzelzwangsvollstreckungsmaßnahmen ein und stellte schließlich einen Konkursantrag. Das Konkursverfahren über das Vermögen des Schuldners wurde eröffnet. Nach Verfahrenseröffnung kündigte der Verpächter des Steinbruchs den Pachtvertrag gegenüber dem Konkursverwalter gemäß dem seinerzeitigen § 19 S. 1 KO. Der Steinbruch wurde anschließend neu verpachtet.

Der Schuldner trug vor, dass das Land mit einem seiner Konkurrenten eine Vereinbarung geschlossen hatte, gemäß welcher der Konkurrent die Pachtung des Steinbruchs, welche als solche wirtschaftlich vorteilhaft war, übernehmen sollte. Als Gegenleistung für den Abschluss eines solchen Pachtvertrags verpflichtete sich der Konkurrent gegenüber dem Land, dessen Antragsforderung in Höhe von 25.000,00 DM außerhalb des Konkursverfahrens vollständig zu befriedigen. Das Land bot seinerseits dem Verpächter des Steinbruchs die Rückgabe zuvor enteigneter Grundstücke und eine großzügige Handhabung naturschutzrechtlicher Vorschriften bei der Nutzung des Steinbruchs an. Auf Veranlassung des Landes wurden alternative Angebote, welche sich für die Konkursmasse vorteilhaft dargestellt und dem Schuldner im Ergebnis die Pachtung des Steinbruchs erhalten hätten, nicht angenommen. Nach Vorbringen des Schuldners hat das Land den Konkursantrag gestellt, da der betroffene Verpächter selbst keinen Konkursantrag stellen wollte. Zu einer Befriedigung der Antragsforderung des Landes durch den Konkurrenten ist es letztlich nur deshalb nicht gekommen, da der Verpächter den Pachtvertrag mit einem anderen Unternehmen abgeschlossen hatte.

bb) Entscheidung des BGH

Der BGH vertrat die Auffassung, dass der Konkursantrag des Landes bei Zugrundelegung des schuldnerischen Vorbringens subjektiv zweckwidrig und zusätzlich der schuldnerische Schadensersatzanspruch wegen vorsätzlicher sittenwidriger Schädigung gemäß § 826 BGB gegeben war.[1049]

Das Land verfolgte bei seiner Antragstellung ausschließlich verfahrensfremde Zwecke. Es degradierte sich selbst zum Werkzeug der Interessen eines Konkurrenten des Schuldners, welcher selbst nicht am Konkursverfahren beteiligt gewesen wäre, indem ihm durch konkursinterne Kündigungsmöglichkeiten die Gelegenheit gegeben werden sollte, anstelle des Schuldners einen wirtschaftlich vorteilhaften Pachtvertrag zu erhalten. Der Konkurrent hatte keine

1049 BGH, Urt. v. 22.5.1962 – VI ZR 256/61, BeckRS 1962, 31184549.

eigenen rechtlichen Gestaltungsmöglichkeiten, einen Vertragsabschluss über den Steinbruch herbeizuführen. Auch der Verpächter war nicht bereit, einen Konkursantrag zu stellen, um von seinem Kündigungsrecht im eröffneten Konkursverfahren Gebrauch zu machen. Das Land versprach dem Verpächter für die Ausübung seines Kündigungsrechts und dem anschließenden Abschluss eines neuen Pachtvertrags mit dem schuldnerischen Konkurrenten vermögenswerte Vorteile und ließ sich seinerseits ebenfalls durch die vollständige Befriedigung seiner Antragsforderung vermögenswerte Vorteile durch diesen Konkurrenten versprechen. Da die Befriedigung ohnehin außerhalb des Konkursverfahrens erfolgen sollte, stand demnach auch fest, dass eine konkursmäßige Befriedigung nicht herbeigeführt werden sollte. Der maßgebliche Massegegenstand, nämlich der Steinbruch, sollte nach Vorstellung des Landes der Masse gerade entzogen werden. Eine konkursmäßige Befriedigung war insoweit auch tatsächlich nicht mehr umzusetzen. Das Konkursverfahren wurde nach der Neuverpachtung mangels Masse eingestellt. Nach Vorstellung des Landes waren die wahren Begünstigten des Konkursantrags ausschließlich das Land selbst, welches außerhalb des Konkursverfahrens vollständig befriedigt werden sollte, sowie der Konkurrent, welcher ebenfalls außerhalb des Konkursverfahrens die Pachtung des Steinbruchs übernehmen sollte.

Der BGH ging davon aus, dass das Land im Lichte des verfassungsrechtlichen Sozialstaatsprinzips gemäß Art. 20 Abs. 1, 28 Abs. 1 GG jenes Maß an Rücksichtnahme, auf dessen Einhaltung jedermann – auch ein säumiger, um seine Existenz kämpfender Schuldner – einen Anspruch hatte, außer Acht gelassen hat, indem es seine eigenen Vollstreckungsmöglichkeiten dem Erwerbsinteresse Dritter dienstbar gemacht hat.[1050] Vor diesem Hintergrund sei der Konkursantrag des Landes bei Zugrundelegung des schuldnerischen Vorbringens subjektiv zweckwidrig gewesen. Zum Zwecke der Durchführung einer Beweisaufnahme wurde der Rechtsstreit an einen anderen Zivilsenat des Berufungsgerichts zurückverwiesen.[1051]

cc) Übertragbarkeit auf die InsO

Damit diese Entscheidung rechtlich nicht überholt ist, müsste für den Antragsteller weiterhin die rechtliche Möglichkeit bestehen, unter Geltung der InsO eine Vertragsbeendigung einseitig herbeiführen zu können. Dies verlangt die Existenz einer dem § 19 S. 1 KO entsprechenden Vorschrift in der InsO.

1050 BGH, Urt. v. 22.5.1962 – VI ZR 256/61, BeckRS 1962, 31184549.
1051 BGH, Urt. v. 22.5.1962 – VI ZR 256/61, BeckRS 1962, 31184549.

(1) Konzeption der KO

Gemäß § 19 S. 1 KO konnten im Rahmen von Miet- und Pachtverhältnissen sowohl der Konkursverwalter als auch der Vermieter bzw. Verpächter als anderer Teil das Vertragsverhältnis kündigen, wenn der Vertragsgegenstand dem Konkursschuldner bereits vor der Verfahrenseröffnung überlassen worden war. Die Vorschrift des § 19 KO diente zweierlei Zwecken.[1052] Einerseits sollte dem anderen Teil die Möglichkeit gegeben werden, die Vertragsbindung im Hinblick auf den schuldnerischen Vermögensverfall zu beenden,[1053] da insbesondere in der Person des Mieters bzw. Pächters eine zentrale Gefahr für die vermögenswerten Interessen des anderen Teils erblickt wurde.[1054] Andererseits sollte auch der Konkursverwalter nicht dazu genötigt sein, einen langfristigen Miet- oder Pachtvertrag bis zum vereinbarten Vertragsende zulasten der Konkursmasse aushalten zu müssen.[1055] Die Vorschriften der §§ 103 ff. InsO und insbesondere der für Miet- und Pachtverhältnisse einschlägige § 109 Abs. 1 InsO haben diesen zweigleisigen Normzweck grundsätzlich aufgegeben.[1056]

(2) Neuausrichtung der InsO

(a) Grundsatz der §§ 103 ff. InsO

Die Möglichkeit einer Vertragslösung zugunsten des anderen Teils im Rahmen von Miet- oder Pachtverträgen über Immobilien[1057] ist gestrichen[1058] und durch die Regelung des § 112 InsO zusätzlich beschränkt worden.[1059] Diese Einschränkung vormaliger besonderer Kündigungsrechte infolge der Einführung der InsO soll nach gesetzgeberischen Maßgaben verhindern, dass wirtschaftliche Einheiten zugunsten einzelner Gläubiger unmittelbar nach Verfahrenseröffnung auseinandergerissen werden. Im Sinne einer optimalen Gläubigerbefriedigung muss der Insolvenzverwalter vorrangig die Gelegenheit erhalten, die nach

---

1052 BGH, Urt. v. 22.5.1962 – VI ZR 256/61, BeckRS 1962, 31184549; *Jaeger*, KO, § 19 Anm. 8.

1053 BGH, Urt. v. 22.5.1962 – VI ZR 256/61, BeckRS 1962, 31184549.

1054 *Jaeger*, KO, § 19 Anm. 8.

1055 BGH, Urt. v. 22.5.1962 – VI ZR 256/61, BeckRS 1962, 31184549; *Jaeger*, KO, § 19 Anm. 8.

1056 BT-Drs. 12/2443, S. 147.

1057 *Eckert/Hoffmann*, in: MüKo, InsO, § 109 Rn. 1.

1058 *Tintelnot*, ZIP 1995, 616 (620); *Piekenbrock*, ZIP 2018, 1 (1 f.).

1059 BT-Drs. 12/2443, S. 148; *Schmidt*, in: Kayser/Thole, InsO, § 109 Rn. 42; *Lang*, Rechtsschutzinteresse, S. 147.

Verfahrenseröffnung in seinem Verfügungsbereich befindlichen Gegenstände zu Sanierungszwecken prüfen zu können.[1060] Insoweit dient die Abschaffung der Sonderkündigungsmöglichkeit des anderen Teils in der InsO, wie § 19 S. 1 KO sie seinerzeit noch vorgesehen hatte, dem Interesse der Gläubigergemeinschaft. Daher dürfte es auch grundsätzlich ausgeschlossen sein, dass unter dem Regime der InsO ein Insolvenzantrag zum Zwecke der Kündigung eines Vertragsverhältnisses durch einen anderen Verfahrensteilnehmer im Rahmen der §§ 103 ff. InsO gestellt wird. Dieser Zweck ist durch den Wegfall einer dem § 19 KO entsprechenden Vorschrift objektiv grundsätzlich nicht mehr zu erreichen.

(b) Ausnahme des § 109 Abs. 2 S. 1 InsO

Von vornherein ist eine Antragstellung zum Zwecke der einseitigen Vertragsbeendigung durch Ausübung eines Gestaltungsrechts lediglich im sachlich und zeitlich begrenzten Anwendungsbereich des § 109 Abs. 2 InsO denkbar. Nur in dessen Anwendungsbereich ist neben dem Insolvenzverwalter auch dem anderen Teil eine Möglichkeit zur Vertragsbeendigung in Gestalt eines Rücktrittsrechts eingeräumt. Dies setzt sachlich voraus, dass der Schuldner Mieter bzw. Pächter einer Immobilie ist und setzt ferner zeitlich voraus, dass der Vertragsgegenstand dem Schuldner bei Verfahrenseröffnung noch nicht überlassen worden war.

Damit dieses Rücktrittsrecht mit der Rechtsfolge der Vertragsbeendigung wirksam ausgeübt werden kann, bedarf es der vormaligen Verfahrenseröffnung. Da diese wiederum von einer erfolgreichen Antragstellung abhängt, ist die spätere Ausübung des Rücktrittsrechts mittelbar mit der Antragstellung verknüpft. Ist der rücktrittsberechtigte Teil in der Lage, einen Insolvenzantrag zu stellen und beabsichtigt er zugleich, im eröffneten Verfahren von seinem Rücktrittsrecht Gebrauch zu machen, so ist es nicht zu beanstanden, wenn er das ihm zustehende Initiativrecht zur Antragstellung wahrnimmt. Zur Gestaltung seiner Rechtslage ist der rücktrittsberechtigte Teil in erster Linie selbst verantwortlich. Es ist ihm nicht zuzumuten, auf ungewisse Dauer auf die Antragstellung durch einen Dritten abzuwarten und darauf zu spekulieren, dass das Insolvenzgericht auf Grundlage dieses Antrags das Insolvenzverfahren eröffnen werde, um im Anschluss sein Rücktrittsrecht gemäß § 109 Abs. 2 S. 1 InsO auszuüben. Der Koexistenz des Antragstellungsrechts gemäß § 13 Abs. 1 S. 1 InsO und des Rücktrittsrechts gemäß § 109 Abs. 2 S. 1 InsO sind insoweit keine rechtsmissbräuchlichen Aspekte zu entnehmen.

1060 BT-Drs. 12/2443, S. 148; *Eckert*, ZIP 1996, 897 (900).

Entschließt sich der Antragsteller zur Antragstellung und sind das Bestehen einer Antragsforderung und eines Eröffnungsgrundes glaubhaft gemacht, so wird ihm in aller Regel ein Rechtsschutzinteresse nicht abzusprechen sein.[1061] Dies leuchtet auch ein, denn der Entschluss zur Antragstellung offenbart gerade das Interesse des Antragstellers, im Rahmen des Insolvenzverfahrens zumindest anteilig befriedigt zu werden. Insoweit dient die Antragstellung einerseits der Befriedigung der vergangenen Forderungsrückstände. Andererseits gewährt § 109 Abs. 2 S. 1 InsO dem Antragsteller zusätzlich die Möglichkeit, sich durch Rücktritt von der Vertragsdurchführung loszulösen und dient aus wirtschaftlicher Sicht der Verhinderung künftiger Forderungsrückstände. Im Ergebnis wird der Antragsteller in aller Regel sowohl die Befriedigung seiner rückständigen Forderungen als auch die Verhinderung der Entstehung künftiger Forderungen beabsichtigen. Selbst für den Fall, dass die Antragstellung nachweislich der späteren Ausübung des Rücktrittsrechts gemäß § 109 Abs. 2 S. 1 InsO dienen soll, wird aus diesem Umstand im Rahmen einer Indizienbeweiskonstruktion zum Nachweis der Verfolgung ausschließlich verfahrensfremder Zwecke nichts Gegenteiliges zu entnehmen sein. Denn das Interesse des Antragstellers an der Verhinderung künftiger Forderungen verhält sich nicht zu seinem (tatsächlich vermuteten) Interesse an der Befriedigung vergangener Forderungen. Die erforderliche Divergenz der Verfahrens- und Parteizwecke wird lediglich dann anzunehmen sein, wenn eine Befriedigung der vergangenen Forderungen nicht beabsichtigt ist. Dies stellt angesichts der Glaubhaftmachung dieser Forderung und des Eröffnungsgrundes die Ausnahme dar. Die Widerlegung des vermuteten Rechtsschutzinteresses und damit die Feststellung der Verfolgung ausschließlich verfahrensfremder Zwecke wird dann allerdings auf anderem Wege unter Zugrundelegung anderer Indizien erfolgen müssen.

dd) Ergebnis

Die vom BGH entschiedene Fallkonstellation unter Geltung der KO dürfte überholt sein, da der maßgebliche § 19 S. 1 KO ersatzlos gestrichen worden ist. Lediglich im Rahmen des § 109 Abs. 2 S. 1 InsO, der auf den vormaligen § 20 Abs. 1 KO zurückzuführen ist, dürfte die Entscheidung des BGH zu berücksichtigen sein. Dies verlangt im Ergebnis, dass die Antragstellung nicht ausschließlich zum Zwecke der Erklärung des Rücktrittsrechts im eröffneten Verfahren gemäß § 109 Abs. 2 S. 1 InsO erfolgt. Die praktische Relevanz eines solchen Falls, in welchem die Antragstellung ausschließlich aus dieser Motivation

---

1061 BGH, Beschl. v. 29.6.2006 – IX ZB 245/05, NZI 2006, 588 (589).

erfolgt, dürfte äußerst gering sein. Denn die wirksame Rücktrittsausübung dient lediglich der Verhinderung künftiger Forderungsrückstände. Da der Antragsteller auch unbefriedigte Forderungen gegen den Schuldner aufweist, wird es ihm in aller Regel zusätzlich darauf ankommen, dass diese rückständigen Forderungen – ungeachtet des zusätzlichen Interesses an der Vertragslösung – anteilig befriedigt werden. Demnach ist eine ausschließliche Divergenz der Verfahrens- und Parteizwecke nicht festzustellen.

5. Insolvenzgeldschutz

Mit gleichläufiger Begründung lässt sich auch die Frage beantworten, ob ein Rechtsschutzinteresse an der Insolvenzantragstellung anzunehmen ist, wenn der Insolvenzantrag durch einen Sozialversicherungsträger oder einen Arbeitnehmer zum Zwecke der Erlangung von Insolvenzgeld gemäß den §§ 165, 175 SGB III gestellt wird und der Antragsteller sogar darauf abzielt, dass das Insolvenzgericht den Insolvenzantrag mangels Masse gemäß § 26 InsO abweist. Ein Antragsmissbrauch könnte nur dann angenommen werden, wenn diese Absicht des Antragstellers – nämlich die Erlangung von Insolvenzgeld – einen verfahrensfremden Zweck darstellt.

Der Gesetzgeber hat die Gewährung von Insolvenzgeld – gleich ob zugunsten von Arbeitnehmern oder Sozialversicherungsträgern – davon abhängig gemacht, dass ein Insolvenzereignis gemäß § 165 Abs. 1 S. 2 SGB III vorliegt. Ein solches Insolvenzereignis stellt nach den vorstehenden Ausführungen[1062] neben der Eröffnung des Insolvenzverfahrens gemäß § 165 Abs. 1 S. 2 Nr. 2 SGB III u.a. auch die Abweisung des Antrags mangels Masse gemäß § 26 InsO dar. Diese beiden Entscheidungen ergehen durch das Insolvenzgericht, sodass der Antragsteller im Rahmen des § 165 Abs. 1 S. 2 Nr. 1, 2 SGB III darauf angewiesen ist, zur Erlangung von Insolvenzgeldschutz eine (insolvenz-)gerichtliche Entscheidung über seinen Insolvenzantrag herbeizuführen.[1063] Stellt er nunmehr einen Insolvenzantrag, um die gesetzlichen Tatbestandsvoraussetzungen der §§ 165, 175 SGB III herbeizuführen, verfolgt der Antragsteller geradezu gesetzeskonforme Zwecke, die denknotwendig nicht zugleich einen subjektiven Antragsmissbrauch rechtfertigen können.[1064] Die Intention, mit der Antragstellung

1062 Teil 3 II. 2. a) bb) (4) (c) (cc).
1063 *Lang*, Rechtsschutzinteresse, S. 152.
1064 *Pape*, in: Kübler/Prütting/Bork/Jacoby, InsO, § 14 Rn. 179.

Insolvenzgeldschutz zu erhalten, ist daher nicht zu missbilligen.[1065] Dies gilt selbst für den Fall, wenn ausschließlich eine Antragsabweisung gemäß § 26 InsO beabsichtigt ist.[1066] Das Rechtsschutzinteresse an der Insolvenzantragstellung ist in diesen Fällen gegeben.

6. Ausforschungsanträge

Gemäß einhelliger Auffassung im Schrifttum[1067] liegt ein Antragsmissbrauch vor, wenn die Insolvenzantragstellung ausschließlich deshalb erfolgt, um innerhalb des Insolvenzverfahrens schuldnerische Vermögensgegenstände zu ermitteln, in welche anschließend außerhalb des Insolvenzverfahrens einzelzwangsvollstreckt werden soll. Im Rahmen dieser Fallgruppe tritt die Durchbrechung des Finalitätszusammenhangs zwischen der Berechtigung zur Antragstellung und der endlichen insolvenzmäßigen Befriedigung besonders zutage.

Die Berechtigung zur Antragstellung wird dazu genutzt, den Schuldner im Wege der Anhörung gemäß § 14 Abs. 2 InsO zur Preisgabe noch vorhandener Vermögenswerte zu veranlassen. Die Anhörung des Schuldners gemäß § 14 Abs. 2 InsO wird in der Rechtspraxis häufig gemeinsam mit der Auskunftserteilung gemäß § 20 Abs. 1 InsO verbunden, indem ihm zum Zwecke der Sachverhaltsaufklärung ein Fragebogen zur Angabe seiner Vermögenswerte übersendet

---

1065 BGH, Beschl. v. 24.9.2020 – IX ZB 71/19, NZI 2020, 1043 (1045); LG Bonn, Beschl. v. 7.5.1985 – 4 T 155/85, ZIP 1985, 1342 (1343); *Willmer/Berner*, Anm. zu BGH, Beschl. v. 24.9.2020 – IX ZB 71/19, NZI 2020, 1045 (1045 f.).

1066 LG Frankenthal, Beschl. v. 10.10.1983 – 1 T 277/83, juris; OLG Köln, Beschl. v. 22.5.2002 – 2 W 15/02, NZI 2003, 99 (100); *Pape*, in: Kübler/Prütting/Bork/Jacoby, InsO, § 14 Rn. 179; *Vuia*, in: MüKo, InsO, § 13 Rn. 44; *Lang*, Rechtsschutzinteresse, S. 152, 174 f.

1067 BGH, Beschl. v. 15.7.2004 – IX ZB 280/03, juris; Beschl. v. 7.2.2008 – IX ZB 137/07, ZIP 2008, 565; *Gundlach*, in: Schmidt, InsO, § 14 Rn. 25; *Hefermehl*, in: Wimmer/Dauernheim/Wagner/Gietl, HBFA, Insolvenzrecht, Kap. 1 Rn. 94; *Schmerbach*, in: FK, InsO, § 14 Rn. 129; *Gerhardt*, in: Jaeger, InsO, § 14 Rn. 4; *Pape*, in: Kübler/Prütting/Bork/Jacoby, InsO, § 14 Rn. 168; *Sternal*, in: Kayser/Thole, InsO, § 14 Rn. 39; *Kexel*, in: Graf-Schlicker, InsO, § 14 Rn. 8; *Wegener*, in: Uhlenbruck, InsO, § 14 Rn. 76; *Vuia*, in: MüKo, InsO, § 14 Rn. 34; *Mönning*, in: Nerlich/Römermann, InsO, § 14 Rn. 24; *Fuhst*, in: Gogger/Fuhst, § 2 Rn. 39; *Unger*, KTS 1962, 205 (215); *Guski*, WM 2011, 103 (109); *Lang*, Rechtsschutzinteresse, S. 148; *Lutz*, Der Vorwurf missbräuchlichen Verhaltens, S. 67.

wird.[1068] Letztere Auskunfts- und Mitwirkungspflicht ist mit der Amtsermittlungspflicht gemäß § 5 Abs. 1 InsO eng verbunden, nach welcher sämtliche Umstände, welche für die Durchführung des Insolvenzverfahrens relevant sind, zu ermitteln sind. Die Mitwirkung des Schuldners dient der Ermöglichung einer frühzeitigen Entscheidung über die Verfahrenseröffnung[1069] und einem umfassenden insolvenzmäßigen Vollstreckungszugriff zugunsten der Gläubigergemeinschaft.[1070] Diese Zwecke will der Antragsteller des Ausforschungsantrags von vornherein nicht erreichen. Die Erfüllung der schuldnerischen Auskunftspflicht gemäß § 20 Abs. 1 InsO dient dem Parteizweck der individuellen Befriedigung im Wege der Einzelzwangsvollstreckung außerhalb des Insolvenzverfahrens.

In der Praxis offenbaren sich Ausforschungsanträge regelmäßig durch Erklärungen des Antragstellers, dass das Insolvenzgericht den Schuldner zu seinen Vermögensverhältnissen vernehmen möge, bevor (kostenpflichtige) Sicherungsmaßnahmen gemäß den §§ 21 ff. InsO angeordnet werden.[1071] Ein weiteres aussagekräftiges Indiz stellt die Aufforderung des Antragstellers an das Insolvenzgericht dar, ihm den vom Schuldner ausgefüllten Fragebogen zu seinen Vermögensverhältnissen zu übersenden, damit geprüft werden kann, ob die Aufrechterhaltung des Insolvenzantrags zweckmäßig ist.[1072]

7. Zusammenfassung

In diesem Teil sind die verschiedenen Konstellationen der subjektiv zweckwidrigen Fremdantragstellung behandelt worden. Diese zeichnen sich in erster Linie durch eine dahingehende Intention des Antragstellers aus, verfahrensinterne Mechanismen von ihren originären Verfahrenszwecken zu trennen und diese Zwecke durch eigene Zielvorstellungen zu ersetzen, die ihrerseits nicht mit

---

1068 AG Duisburg, Beschl. v. 18.10.1993 – 7 N 213/92, juris; *Schmerbach*, in: FK, InsO, § 14 Rn. 251; *Wegener*, in: Uhlenbruck, InsO, § 14 Rn. 155; *Vuia*, in: MüKo, InsO, § 14 Rn. 122; *Pape*, in: Kübler/Prütting/Bork/Jacoby, InsO, § 14 Rn. 279.

1069 *Zipperer*, in: Uhlenbruck, InsO, § 20 Rn. 1.

1070 *Vuia*, in: MüKo, InsO, § 20 Rn. 2.

1071 AG Göttingen, Beschl. v. 28.9.2011 – 71 IN 85/11 NOM, ZIP 2012, 242 (243); *Pape*, in: Kübler/Prütting/Bork/Jacoby, InsO, § 14 Rn. 171; *Vuia*, in: MüKo, InsO, § 14 Rn. 30; *Wegener*, in: Uhlenbruck, InsO, § 14 Rn. 72; *Lang*, Rechtsschutzinteresse, S. 148; *Lutz*, Der Vorwurf missbräuchlichen Verhaltens, S. 67.

1072 *Gerhardt*, in: Jaeger, InsO, § 14 Rn. 4; *Lang*, Rechtsschutzinteresse, S. 148; *Lutz*, Der Vorwurf missbräuchlichen Verhaltens, S. 67.

den Verfahrenszwecken kompatibel sind. In rechtlicher Hinsicht muss für den Antragsmissbrauch deshalb eine Divergenz der Verfahrens- und Parteizwecke festgestellt werden können.

Nach einhelliger Auffassung im Schrifttum muss der Antragsteller im maßgeblichen Zeitpunkt der Antragstellung ausschließlich verfahrensfremde Zwecke verfolgt haben, um das Fehlen des Rechtsschutzinteresses zu begründen. Das Erfordernis der Ausschließlichkeit wird dabei regelmäßig bekräftigt und argumentativ auf die staatliche Justizgewährungspflicht zurückgeführt.[1073] Liegt diese Ausschließlichkeit nicht vor, so verfolgt der Antragsteller denknotwendig nicht ausschließlich verfahrensfremde Zwecke, sodass dessen Insolvenzantrag jedenfalls nicht wegen einer subjektiv zweckwidrigen Antragstellung zurückgewiesen werden darf. Insoweit ist ein Rückgriff auf das Regel-Ausnahme-Verhältnis zwischen der staatlichen Justizgewährungspflicht und dem prozessualen Institut des Rechtsschutzinteresses zielführend. Verfolgt der Antragsteller (auch) verfahrenskonforme Motive, so berechtigt ihn diese Motivation zur Einleitung des staatlich bereitgestellten Verfahrens. Es existiert kein Bedürfnis für eine übermäßig restriktive Auslegung des Rechtsschutzinteresses. So ist es auch im Rahmen der tatsächlichen Feststellung der verfahrensfremden Motive aus staatlicher Sicht nicht erforderlich, dem Schuldner als Antragsgegner die Beweisführung des Antragsmissbrauchs durch großzügige Handhabung beweisrechtlicher Vorschriften zu begünstigen. Auch bei der Anwendung von Beweiskonstruktionen zur mittelbaren Beweisführung sind empirische Beweisgrundsätze zu beachten. Sind entweder die Parteizwecke in tatsächlicher Hinsicht nicht nachweisbar oder eine Divergenz der Verfahrens- und Parteizwecke in rechtlicher Hinsicht nicht feststellbar, so sind die Voraussetzungen für die Einordnung als subjektiv zweckwidrige Insolvenzantragstellung nicht gegeben. Der Insolvenzantrag weist in diesem Fall das erforderliche Rechtsschutzinteresse auf.

1073 Teil 3.

Teil 4: Rechtsschutzinteresse bei Eigenanträgen

Wie bei jedem Rechtsschutzgesuch wird auch für schuldnerische Eigenanträge gemäß § 13 InsO verlangt, dass ein Rechtsschutzinteresse an der Insolvenzantragstellung gegeben ist.[1074] Da bei der Feststellung des Rechtsschutzinteresses im Falle der Eigenantragstellung dieselben Prüfungsmaßstäbe wie im Rahmen der Fremdantragstellung angelegt werden,[1075] gelten die vorstehenden Ausführungen zur Fremdantragstellung[1076] entsprechend.

I. Objektiv fehlendes Rechtsschutzinteresse

1. Objektiv zwecklose Insolvenzantragstellung

a) Antrag auf Restschuldbefreiung unzulässig

Die Insolvenzantragstellung wird als objektiv zwecklos erachtet, wenn der Schuldner mit seinem Insolvenzantrag das Ziel verfolgt, Restschuldbefreiung zu erhalten, und die Erteilung der Restschuldbefreiung von vornherein ausgeschlossen ist.[1077] Hierbei handelt es sich deshalb um einen Fall der objektiv zwecklosen und nicht der subjektiv zweckwidrigen Insolvenzantragstellung, da das Ziel des Schuldners, nämlich die Erlangung der Restschuldbefreiung, ein legitimes Verfahrensziel gemäß § 1 S. 2 InsO darstellt.[1078] Eine Divergenz zwischen Verfahrens- und Parteizwecken ist demnach nicht feststellbar.

Die Erteilung der Restschuldbefreiung stellt ein Privileg zugunsten des unverschuldet in wirtschaftliche Not geratenen Schuldners dar.[1079] Nach den

---

1074 *Gerhardt*, in: Jaeger, InsO, § 13 Rn. 27; *Wegener*, in: Uhlenbruck, InsO, § 13 Rn. 81; *Vuia*, in: MüKo, InsO, § 13 Rn. 86.

1075 *Lang*, Rechtsschutzinteresse, S. 189 f.

1076 Teil 3.

1077 BGH, Beschl. v. 4.2.2016 – IX ZB 71/15, NZI 2016, 316; *Sternal*, in: Kayser/Thole, InsO, § 13 Rn. 29; *Wegener*, in: Uhlenbruck, InsO, § 13 Rn. 81; *Wolfer*, in: BeckOK, InsO, § 13 Rn. 6; *Buck/Bruch*, Anm. zu BGH, Beschl. v. 4.2.2016 – IX ZB 71/15, FD-InsR 2016, 376811.

1078 BGH, Beschl. v. 4.2.2016 – IX ZB 71/15, NZI 2016, 316 (317); *Wegener*, in: Uhlenbruck, InsO, § 13 Rn. 81; *Buck/Bruch*, Anm. zu BGH, Beschl. v. 4.2.2016 – IX ZB 71/15, FD-InsR 2016, 376811.

1079 BT-Drs. 12/2443, S. 190.

vorstehenden Ausführungen handelt es sich bei dem Restschuldbefreiungssystem um das Ergebnis einer Abwägung zwischen dem Interesse des Schuldners an einem wirtschaftlichen „fresh start“ und seinen Altgläubigern am Erhalt ihrer Forderungen.[1080] Um zu vermeiden, dass das System der Restschuldbefreiung als Zuflucht für diejenigen verkommt, welche wirtschaftliche Risiken bewusst auf ihre Gläubiger abwälzen, ist für die Erteilung einer (nochmaligen) Restschuldbefreiung mit dem seinerzeitigen § 290 Abs. 1 Nr. 3 InsO a.F. eine Sperrfrist eingeführt worden,[1081] nach welcher auf Antrag eines Insolvenzgläubigers die Erteilung der Restschuldbefreiung durch Beschluss des Insolvenzgerichts zu versagen war, wenn dem Schuldner innerhalb der letzten zehn Jahre vor seinem Insolvenzantrag oder danach bereits in einem vormaligen Insolvenzverfahren Restschuldbefreiung erteilt oder nach den §§ 296 f. InsO versagt worden war.[1082]

Mit Inkrafttreten des Gesetzes zur Verkürzung des Restschuldbefreiungsverfahrens und zur Stärkung der Gläubigerrechte zum 1.7.2014[1083] wurde die Regelung des § 290 Abs. 1 Nr. 3 InsO durch die Nachfolgervorschrift des § 287a Abs. 2 S. 1 Nr. 1 InsO abgelöst.[1084] Hiernach ist die zehnjährige Sperrfrist zunächst übernommen und eine vormalige Versagung der Restschuldbefreiung auf den Versagungsgrund des § 297 InsO beschränkt worden, ehe die Sperrfrist schließlich durch weitere Gesetzesänderung[1085] auf elf Jahre erhöht worden ist. Nunmehr hat das Insolvenzgericht das Vorliegen der Sperrfrist auch ohne Antrag eines Insolvenzgläubigers von Amts wegen zu prüfen.[1086] Bei der Prüfung dieses Versagungstatbestandes kommt es nicht darauf an, ob die erneute wirtschaftliche Not des Schuldners unverschuldet erfolgt ist und demgemäß eine Ausnahme von der Sperrfrist gerechtfertigt sein könnte.[1087] Der Versagungsgrund

---

1080 Teil 2 III. 3. b).

1081 BT-Drs. 12/2443, S. 190; BGH, Beschl. v. 11.5.2010 – IX ZB 167/09, NZI 2010, 655 (656 f.); Beschl. v. 4.2.2016 – IX ZB 71/15, NZI 2016, 316 (317); *Stephan*, in: MüKo, InsO, § 287a Rn. 51.

1082 In der Fassung vom 1.1.1999 bis einschließlich zum 30.6.2014.

1083 BGBl. I, S. 2379.

1084 *Buck/Bruch*, Anm. zu BGH, Beschl. v. 4.2.2016 – IX ZB 71/15, FD-InsR 2016, 376811.

1085 Das Gesetz zur weiteren Verkürzung des Restschuldbefreiungsverfahrens und zur Anpassung pandemiebedingter Vorschriften im Gesellschafts-, Genossenschafts-, Vereins- und Stiftungsrecht sowie im Miet- und Pachtrecht vom 22.12.2020, BGBl. I, S. 67.

1086 BT-Drs. 17/11268, S. 24; *Buck/Bruch*, Anm. zu BGH, Beschl. v. 4.2.2016 – IX ZB 71/15, FD-InsR 2016, 376811.

1087 *Riedel*, in: BeckOK, InsO, § 287a Rn. 15.

des § 287a Abs. 2 S. 1 Nr. 1 InsO sieht solche Ausnahmen nicht vor.[1088] Stellt das Insolvenzgericht bei seiner Prüfung fest, dass der Versagungsgrund des § 287a Abs. 2 S. 1 Nr. 1 InsO vorliegt, so hat es den schuldnerischen Restschuldbefreiungsantrag als unzulässig zu verwerfen.[1089] Handelt es sich bei der Erlangung der Restschuldbefreiung um das erklärte Verfahrensziel des Insolvenzschuldners, ist bereits im Zeitpunkt der Antragstellung mangels Zeitablaufes erkennbar, dass dieses Ziel im Rahmen des Insolvenzverfahrens objektiv nicht erreicht werden kann. Ein Rechtsschutzinteresse an der Insolvenzantragstellung ist folglich zu verneinen.

b) *Weitere Insolvenzantragstellung*

Ist das Insolvenzverfahren über das Vermögen des Schuldners bereits eröffnet worden, so sind ausweislich der vorstehenden Ausführungen weitere Insolvenzanträge, die dasselbe Vermögen zum Gegenstand haben, mangels Rechtsschutzinteresses unzulässig.[1090] Dies betrifft auch den Fall, dass der spätere Antrag durch den Schuldner selbst gestellt wird, es sich mithin um einen nachgelagerten Eigenantrag handelt.[1091] Hintergrund der objektiven Zwecklosigkeit ist, dass für die Durchführung eines weiteren Insolvenzverfahrens keine verteilungsfähige Insolvenzmasse zur Verfügung steht, da diese der Gläubigergemeinschaft im bereits eröffneten Insolvenzverfahren haftungsrechtlich zugewiesen ist.[1092] Etwas anderes ergibt sich in den Ausnahmefällen, in welchen parallel zum eröffneten ersten Insolvenzverfahren für ein nachgelagertes Insolvenzverfahren Vermögensgegenstände existieren, welche theoretisch in dieses neue Verfahren einbezogen werden könnten.[1093] In diesen Fällen ist die Durchführung eines Insolvenzverfahrens nicht objektiv zwecklos, sodass das Rechtsschutzinteresse

---

1088 BGH, Beschl. v. 11.5.2010 – IX ZB 167/09, NZI 2010, 655 (657); Beschl. v. 4.2.2016 – IX ZB 71/15, NZI 2016, 316 (317); *Buck/Bruch*, Anm. zu BGH, Beschl. v. 4.2.2016 – IX ZB 71/15, FD-InsR 2016, 376811.

1089 *Stephan*, in: MüKo, InsO, § 287a Rn. 34.

1090 Teil 3 I. 1. b) (1) (a) (aa).

1091 BGH, Beschl. v. 17.2.2005 – IX ZB 176/03, NZI 2005, 271 (272); Beschl. v. 3.7.2008 – IX ZB 182/07, NZI 2008, 609 (610); Beschl. v. 4.2.2016 – IX ZB 71/15, NZI 2016, 316 (317); AG Duisburg, Beschl. v. 5.12.2002 – 60 IN 255/02, NZI 2003, 159; *Sternal*, in: Kayser/Thole, InsO, § 13 Rn. 29; *Wegener*, in: Uhlenbruck, InsO, § 13 Rn. 81; *Pape*, in: Kübler/Prütting/Bork/Jacoby, InsO, § 13 Rn. 113; *Vuia*, in: MüKo, InsO, § 13 Rn. 87.

1092 Teil 3 I. 1. b) (1) (a) (aa).

1093 Teil 3 I. 1. b) (1) (b).

in diesem Ausnahmefall auch bei einem nachgelagerten Eigenantrag grundsätzlich anzunehmen ist.

2. Objektiv unzweckmäßige Insolvenzantragstellung

Dem Bereich der objektiv unzweckmäßigen Eigenanträge ist die Insolvenzantragstellung bei lediglich geringfügigen Gesamtverbindlichkeiten zuzuordnen. Diese Fallgruppe weist wesentliche strukturelle Überschneidungen mit der Fallgruppe der objektiv unzweckmäßigen Insolvenzantragstellung durch den Gläubiger bei einer nur geringfügigen Antragsforderung auf.[1094]

Es existiert keine Notwendigkeit einer Mindesthöhe an Gesamtverbindlichkeiten, um einen zulässigen Eigenantrag stellen zu können.[1095] Dabei ist es nicht einmal zu beanstanden, wenn die entstehenden Verfahrenskosten die Höhe der Gesamtverbindlichkeiten übersteigen. Der Zugang zum Insolvenzverfahren soll nach gesetzgeberischer Vorstellung insbesondere auch zugunsten der mittellosen Schuldner gewährleistet sein.[1096] Diese dürften nicht selten auf Grundlage ihrer persönlichen Vermögensverhältnisse auch bei verhältnismäßig geringfügigen Verbindlichkeiten nicht in der Lage sein, 90% ihrer innerhalb von drei Wochen fällig werdenden Verbindlichkeiten zu bedienen, sodass auch in solchen Fällen Zahlungsunfähigkeit gemäß § 17 InsO anzunehmen wäre.[1097] Die Verwehrung des Insolvenzrechtsschutzes wegen geringfügiger Forderungen bedeutete in diesen Fällen zugleich, die Schuldner den wiederkehrenden Vollstreckungsversuchen ihrer Gläubiger auf unbestimmbare Zeit auszusetzen.[1098] Dies verkennt das schuldnerische Interesse an der Erlangung insolvenzverfahrensrechtlichen Rechtsschutzes und demgemäß an der Erlangung verfahrensmäßiger Restschuldbefreiung. Die ersatzlose Verwehrung dieses Rechtsschutzes stellte einen Verstoß gegen den allgemeinen Justizgewährungsanspruch des antragstellenden

---

1094 Teil 3 I. 2. c) aa).

1095 LG Dresden, Beschl. v. 11.10.2005 – 5 T 118/05, BeckRS 2011, 9919; LG Göttingen, Beschl. v. 23.8.2006 – 10 T 75/06, NZI 2006, 603; *Wegener*, in: Uhlenbruck, InsO, § 13 Rn. 81; *Pape*, in: Kübler/Prütting/Bork/Jacoby, InsO, § 13 Rn. 114; *Vuia*, in: MüKo, InsO, § 13 Rn. 86.

1096 LG Dresden, Beschl. v. 11.10.2005 – 5 T 118/05, BeckRS 2011, 9919.

1097 In dem vom LG Göttingen, Beschl. v. 23.8.2006 – 10 T 75/06, NZI 2006, 603, entschiedenen Sachverhalt existierten Gesamtverbindlichkeiten in Höhe von 1.472,00 Euro, wobei die dortige Antragstellerin darlegte, dass dieser Geldbetrag der Summe ihrer Einkünfte aus einem Zeitraum von drei Monaten entsprach.

1098 LG Dresden, Beschl. v. 11.10.2005 – 5 T 118/05, BeckRS 2011, 9919.

Schuldners dar.[1099] Das Rechtsschutzinteresse an der Insolvenzantragstellung besteht auch in Fällen von lediglich geringfügigen Verbindlichkeiten.

II. Subjektiv fehlendes Rechtsschutzinteresse

Auch im Rahmen der Eigenantragstellung existieren Fallgruppen zum subjektiven Antragsmissbrauch. Diese zeichnen sich analog zur Fremdantragstellung dadurch aus, dass es dem Schuldner als Antragsteller darauf ankommt, die durch das Insolvenzverfahren intendierten Verfahrenszwecke durch eigene Zwecke zu überlagern und ebendiese Parteizwecke zu erreichen. Wie auch im Rahmen der subjektiv zweckwidrigen Fremdantragstellung ist bei der Eigenantragstellung für die Annahme eines Antragsmissbrauchs die Divergenz zwischen den Verfahrens- und Parteizwecken entscheidend.[1100]

1. Abweisung mangels Masse

Ist der schuldnerische Eigenantrag ausschließlich darauf gerichtet, mangels einer die Kosten des Insolvenzverfahrens deckenden Masse gemäß § 26 InsO abgewiesen zu werden, so liegt ein Antragsmissbrauch vor.[1101] Eine Divergenz zwischen Verfahrens- und Parteizwecken ist gegeben. Der schuldnerische Eigenantrag muss nämlich ernsthaft auf eine Verfahrenseröffnung gerichtet sein.[1102] Diese Motivation des Eigenantragstellers ist notwendig, da die Erreichung des nach § 1 S. 1 InsO primären Befriedigungszwecks des Insolvenzverfahrens von der vormaligen Verfahrenseröffnung abhängt. Beabsichtigt der Antragsteller nicht, dass seinem Antrag durch Eröffnungsbeschluss gemäß § 27 InsO stattgegeben, sondern er durch Entscheidung gemäß § 26 InsO abgewiesen wird, so zielt sein Antrag nicht auf die Erreichung des Befriedigungszwecks des

1099 Am Beispiel des Kleingläubigers, vgl. Teil 3 I. 2. c) aa).

1100 *Lang*, Rechtsschutzinteresse, S. 189.

1101 BGH, Beschl. v. 7.5.2020 – IX ZB 84/19, NZI 2020, 679 (680); AG Duisburg, Beschl. v. 2.1.2007 – 64 IN 107/06, NZI 2007, 354 (355); *Wegener*, in: Uhlenbruck, InsO, § 13 Rn. 81; *Pape*, in: Kübler/Prütting/Bork/Jacoby, InsO, § 13 Rn. 112; *Sternal*, in: Kayser/Thole, InsO, § 13 Rn. 30; *Kexel*, in: Graf-Schlicker, InsO, § 13 Rn. 31; *Lang*, Rechtsschutzinteresse, S. 190.

1102 BGH, Beschl. v. 12.12.2002 – IX ZB 426/02, NZI 2003, 147; Beschl. v. 4.2.2016 – IX ZB 71/15, NZI 2016, 316 (317); AG Dresden, 13.2.2002 – 530 IN 2190/01, ZIP 2002, 862; AG Duisburg, Beschl. v. 2.1.2007 – 64 IN 107/06, NZI 2007, 354 (355); *Wegener*, in: Uhlenbruck, InsO, § 13 Rn. 81; *Pape*, in: Kübler/Prütting/Bork/Jacoby, InsO, § 13 Rn. 112; *Sternal*, in: Kayser/Thole, InsO, § 13 Rn. 28.

Insolvenzverfahrens ab. In Wahrheit geht es dem Antragsteller nicht darum, die Befriedigung der Gläubigergemeinschaft zu erreichen, vielmehr geht es ihm gerade um die Verhinderung einer solchen Befriedigung.

In engem Zusammenhang mit Entscheidungen gemäß § 26 InsO steht die Praxis der gewerbsmäßigen Firmenbestattung. Auch hierbei zielt die Antragstellung darauf ab, gemäß § 26 InsO abgewiesen zu werden.[1103] Der Abweisungsbeschluss ist hierbei lediglich ein herbeigesehntes Zwischenziel, da der schuldnerischen Gesellschaft hierdurch gerichtlich attestiert wird, dass das vorhandene Vermögen nicht ausreicht, um ein Insolvenzverfahren unter der Aufsicht des Insolvenzgerichts und einem von ihm bestellten Insolvenzverwalter zu eröffnen.[1104] Zugleich bewirkt die Abweisung mangels Masse die grundsätzliche Erfüllung der Insolvenzantragstellungspflicht gemäß § 15a Abs. 1, 4 InsO. Dieser Pflicht ist nämlich genügt, wenn der Insolvenzantrag lediglich zulässig ist.[1105] Bei einem mangels Masse abgewiesenen Insolvenzantrag handelt es sich um einen solchen zulässigen und sogar begründeten Antrag, denn eine Abweisung mangels Masse darf nur in diesem Fall ergehen.[1106]

Das Ziel einer solchen manipulativen[1107] Firmenbestattung ist es zwar auch, die Gesellschaft abzuwickeln. Die Abwicklung soll allerdings nach der Vorstellung der beteiligten Akteure außerhalb des staatlichen Insolvenzverfahrens in einem gesellschaftsrechtlichen Liquidationsverfahren[1108] erfolgen, um die Unternehmungen eines hypothetischen Insolvenzverwalters zu unterbinden, die wirtschaftliche Entwicklung der schuldnerischen Gesellschaft zu rekonstruieren und hierbei gegebenenfalls Schadensersatz- und sonstige Zahlungsansprüche gegen Gesellschafter und Geschäftsführer geltend zu machen.[1109]

1103 *Laroche*, Anm. zu BGH, Beschl. v. 7.5.2020 – IX ZB 84/19, NZI 2020, 681.

1104 *Haarmeyer/Schildt*, in: MüKo, InsO, § 26 Rn. 11, 47.

1105 BGH, Beschl. v. 7.5.2020 – IX ZB 84/19, NZI 2020, 679 (681).

1106 BGH, Beschl. v. 13.4.2006 – IX ZB 118/04, NZI 2006, 405; Beschl. v. 7.4.2011 – IX ZB 254/09, VuR 2011, 306; *Haarmeyer/Schildt*, in: MüKo, InsO, § 26 Rn. 40; *Vallender*, in: Uhlenbruck, InsO, § 26 Rn. 33.

1107 BGH, Beschl. v. 7.5.2020 – IX ZB 84/19, NZI 2020, 679 (680). Insoweit wird das Konzept der gewerbsmäßigen Firmenbestattung als solches zum Teil als nicht rechtsmissbräuchlich dargestellt, vgl. *Wegener*, in: Uhlenbruck, InsO, § 13 Rn. 86; *Sternal*, in: Kayser/Thole, InsO, § 13 Rn. 30.

1108 Abhängig von der jeweiligen Gesellschaftsform sind die §§ 145 ff. HGB, §§ 264 ff. AktG, §§ 66 ff. GmbHG oder §§ 83 ff. GenG einschlägig.

1109 BGH, Beschl. v. 7.5.2020 – IX ZB 84/19, NZI 2020, 679 (680); AG Duisburg, Beschl. v. 23.6.2004 – 63 IN 139/04, NZI 2005, 415 (416); *Ganter/Bruns*, in: MüKo, InsO, § 3 Rn. 40; *Pape*, ZIP 2006, 877 (878 f.). Nicht selten wird sogar von gewerbsmäßigen

Letztlich erfolgt die Antragstellung lediglich vor dem Hintergrund, sich von einer drohenden Insolvenzverschleppung gemäß § 15a InsO zu entledigen. Ferner sollen so auf scheinbar gesetzeskonformem Weg die Voraussetzungen für eine Auflösung und anschließende Liquidation mit dem Ziel der handelsregisterrechtlichen Löschung gemäß § 394 Abs. 1 FamFG herbeigeführt werden.[1110] Die Durchführung eines rechtsförmigen Insolvenzverfahrens ist von vornherein nicht beabsichtigt. Ein Rechtsschutzinteresse an der Insolvenzantragstellung ist folgerichtig zu verneinen.[1111]

In tatsächlicher Hinsicht offenbart sich die Praktik einer gewerbsmäßigen Firmenbestattung dadurch, dass unmittelbar vor Antragstellung diverse Maßnahmen ergriffen werden, welche auf eine Unaufklärbarkeit der schuldnerischen Vermögensverhältnisse durch das Insolvenzgericht abzielen.[1112] Dabei werden schuldnerische Vermögensgegenstände planmäßig weitestgehend an nahestehende Personen, Unternehmensnachfolger oder sonstige verbundene Dritte übertragen und Verbindlichkeiten der Gläubiger nicht mehr bedient.[1113] Im engen zeitlichen Zusammenhang werden dabei die bisherige Geschäftsführung ausgetauscht, Gesellschaftsanteile veräußert und vorhandene Geschäftsunterlagen vernichtet.[1114] Oftmals wird im Anschluss des Geschäftsführungswechsels zusätzlich der Gesellschaftssitz in ein anderes Bundesland verlegt und schließlich ein Insolvenzantrag an diesem neuen Gesellschaftssitz gestellt. Dabei stehen in der Regel keine auskunftspflichtigen und -willigen Personen zur Verfügung, auch laufen vorgeschriebene Bekanntmachungen ins Leere, da Publizität in

---

Firmenbestattern öffentlich damit geworben, Haftungsprobleme zu beseitigen und die Geschäftsführer und Gesellschafter zu entlasten, vgl. *Pape*, ZIP 2006, 877 (879).

1110 AG Duisburg, Beschl. v. 2.1.2007 – 64 IN 107/06, NZI 2007, 354 (355).

1111 BGH, Urt. v. 8.2.2018 – IX ZR 103/17, NZI 2018, 721 (725 f.); Beschl. v. 7.5.2020 – IX ZB 84/19, NZI 2020, 679 (680); AG Dresden, 13.2.2002 – 530 IN 2190/01, ZIP 2002, 862; AG Duisburg, Beschl. v. 23.6.2004 – 63 IN 139/04, NZI 2005, 415 (416); Beschl. v. 2.1.2007 – 64 IN 107/06, NZI 2007, 354 (355); *Wegener*, in: Uhlenbruck, InsO, § 13 Rn. 86; *Sternal*, in: Kayser/Thole, InsO, § 13 Rn. 30; *Kexel*, in: Graf-Schlicker, InsO, § 13 Rn. 31.

1112 AG Duisburg, Beschl. v. 23.6.2004 – 63 IN 139/04, NZI 2005, 415 (416); *Schmittmann*, Anm. zu AG Duisburg, Beschl. v. 2.1.2007 – 64 IN 107/06, NZI 2007, 354 (356).

1113 BGH, Urt. v. 8.2.2018 – IX ZR 103/17, NZI 2018, 721 (725 f.); Beschl. v. 7.5.2020 – IX ZB 84/19, NZI 2020, 679 (680).

1114 BGH, Beschl. v. 7.5.2020 – IX ZB 84/19, NZI 2020, 679 (680); *Schmittmann*, Anm. zu AG Duisburg, Beschl. v. 2.1.2007 – 64 IN 107/06, NZI 2007, 354 (356); *Hey/Regel*, GmbHR 2000, 115 (118).

erster Linie am neuen Gesellschaftssitz und damit dort entfaltet wird, wo faktisch keine werbende Tätigkeit ausgeübt worden war. Infolge der Sitzverlegung erlangt der ursprüngliche Gläubigerkreis von der Einleitung des Insolvenzverfahrens nicht oder nicht rechtzeitig Kenntnis. Aus dieser Gerichtsstanderschleichung resultieren weitere Gläubigerbenachteiligungen.[1115] Diese werden vom Antragsteller zum Zwecke der Firmenbestattung billigend in Kauf genommen.

2. Erlangung insolvenzmäßigen Vollstreckungsschutzes

Dient die Eigenantragstellung ausschließlich dem Zweck, dass das Insolvenzgericht vorläufige Sicherungsmaßnahmen in Gestalt einer Einstellung von Zwangsvollstreckungsmaßnahmen in das bewegliche Vermögen gemäß § 21 Abs. 2 S. 1 Nr. 3 InsO anordnet, um ohne Vollstreckungsdruck einzelner Gläubiger weiterhin und selbstbestimmt werbend am Markt tätig zu sein,[1116] ohne dass die Durchführung des Insolvenzverfahrens ernsthaft beabsichtigt ist, so stellt sich auch eine solche Insolvenzantragstellung als subjektiv zweckwidrig dar.[1117] Die Anordnung von Sicherungsmaßnahmen gemäß § 21 Abs. 2 S. 1 Nr. 3 InsO steht nämlich wie sämtliche Maßnahmen der §§ 21 ff. InsO im funktionalen Zusammenhang mit dem Erhalt der späteren Insolvenzmasse.[1118] Ist die Verfahrensdurchführung von vornherein nicht beabsichtigt, so entspricht es der Vorstellung des Antragstellers, das verfahrensmäßige Sicherungsmittel von seinem gesetzgeberisch intendierten Sicherungszweck, nämlich der gemeinschaftlichen Gläubigerbefriedigung, zu entkoppeln. Die Verfahrens- und Parteizwecke divergieren insoweit.

3. Eliminierung eines Mitgesellschafters

Eine solche Entkopplung insolvenzverfahrensmäßiger Mechanismen vom Zweck der gemeinschaftlichen Befriedigung gemäß § 1 S. 1 InsO liegt auch nahe, wenn die Eigenantragstellung zum Zwecke der Eliminierung eines Mitgesellschafters erfolgt. Weitgehende Prominenz erlangte diese Fallgruppe durch das Insolvenzverfahren über das Vermögen der Suhrkamp Verlag GmbH & Co.

1115 *Ganter/Bruns*, in: MüKo, InsO, § 3 Rn. 40.

1116 *Zipperer*, NZI 2010, 281 (282).

1117 AG Göttingen, Beschl. v. 6.12.2002 – 74 IN 337/02, BeckRS 2002, 12423 Rn. 7; *Wegener*, in: Uhlenbruck, InsO, § 13 Rn. 81; *Pape*, in: Kübler/Prütting/Bork/Jacoby, InsO, § 13 Rn. 112; *Sternal*, in: Kayser/Thole, InsO, § 13 Rn. 30; *Kexel*, in: Graf-Schlicker, InsO, § 13 Rn. 31; *Vuia*, in: MüKo, InsO, § 13 Rn. 89.

1118 Teil 2 III. 3. aa); *Haarmeyer/Schildt*, in: MüKo, InsO, § 21 Rn. 70.

KG.[1119] Im Rahmen dieses Insolvenzverfahrens[1120] wurde die schuldnerische Gesellschaft auf Grundlage eines Insolvenzplans in die Rechtsform einer AG umgewandelt. Dabei führte die Umwandlung zu einer faktischen Entmachtung der bisherigen Minderheitsgesellschafterin.[1121] Vor diesem Hintergrund wird eine auf die Eliminierung eines Mitgesellschafters gerichtete Insolvenzantragstellung teilweise als subjektiv zweckwidrig eingeordnet.[1122] Es müsste in rechtlicher Hinsicht festgestellt werden können, dass ein anvisierter Ausschluss eines Mitgesellschafters einen Parteizweck darstellt, welcher von den Verfahrenszwecken, insbesondere dem Befriedigungszweck, abweicht und diese Zwecke keine Kongruenz aufweisen.

Rechtlicher Ausgangspunkt einer Umwandlung im Rahmen des Insolvenzverfahrens ist die Vorschrift des § 225a Abs. 3 InsO, wonach im Insolvenzplan sämtliche Regelungen getroffen werden dürfen, welche gesellschaftsrechtlich zulässig sind. Hierunter fallen auch Umwandlungen.[1123] Umwandlungen – gleich ob in Gestalt von Verschmelzungen, Spaltungen oder Formwechseln – haben in der Rechtspraxis eine erhebliche Bedeutung im Rahmen der Sanierung notleidender Unternehmen.[1124] So kann die Durchführung in Gestalt eines Formwechsels zielführend sein, wenn die beabsichtigte Rechtsform steuerliche oder sonstige Vorteile für die schuldnerische Gesellschaft mit sich bringt, welche die bisherige Rechtsform nicht gewährt und das wirtschaftliche Potential der Gesellschaft insoweit nicht vollständig ausgeschöpft wird.[1125] Eine Umwandlung kann aber auch dann wirtschaftlich vorteilhaft sein, wenn die bisherigen Gesellschafter

1119 *Pape*, in: Kübler/Prütting/Bork/Jacoby, InsO, § 14 Rn. 176; *Brünkmans/Uebele*, ZInsO 2014, 265.

1120 BGH, Beschl. v. 17.7.2014 – IX ZB, 13/14, NZG 2014, 1309; zuvor AG Berlin-Charlottenburg, Beschl. v. 15.1.2014 – 36s IN 2196/13, BeckRS 2014, 14998; LG Berlin, Beschl. v. 24.2.2014 – 51 T 107/14, BeckRS 2014, 9404.

1121 *Lutz*, Der Vorwurf missbräuchlichen Verhaltens, S. 118 f.

1122 *Wegener*, in: Uhlenbruck, InsO, § 13 Rn. 81; *Pape*, in: Kübler/Prütting/Bork/Jacoby, InsO, § 14 Rn. 176; *Brinkmann*, ZIP 2014, 197 (200); *Westermann*, NZG 2015, 134 (142); *Zipperer*, ZIP 2015, 2002 (2005).

1123 *Spahlinger*, in: Kübler/Prütting/Bork/Jacoby, InsO, § 225a Rn. 74; *Hirte*, in: Uhlenbruck, InsO, § 225a Rn. 44; *Eidenmüller*, in: MüKo, InsO, § 225a Rn. 97; *Spliedt*, in: Schmidt, InsO, § 225a Rn. 48; *Lang/Maschulle*, NZI 2013, 953 (955); *Brünkmans/Uebele*, ZInsO 2014, 265 (266).

1124 *Spahlinger*, in: Kübler/Prütting/Bork/Jacoby, InsO, § 225a Rn. 74; *Eidenmüller*, in: MüKo, InsO, § 225a Rn. 97.

1125 *Spahlinger*, in: Kübler/Prütting/Bork/Jacoby, InsO, § 225a Rn. 75.

aufgrund von gesellschaftsinternen Konflikten eine sinnvolle Zusammenarbeit behindern.[1126] Nicht selten führen solche internen Konflikte zu Hemmnissen im operativen Geschäft und sind damit – wie auch im Suhrkamp-Verfahren – eine (Mit-)Ursache der wirtschaftlichen Schieflage.[1127]

In einer solchen Konstellation entspricht es dem Interesse der Gläubigergemeinschaft, die identifizierte Krisenursache präzise zu beseitigen.[1128] Auch der Antragsteller dürfte in aller Regel ein Interesse an der wirtschaftlichen Gesundung der schuldnerischen Gesellschaft haben. Das Interesse der Gläubigergemeinschaft und das individuelle Interesse des Antragstellers hinsichtlich einer Krisenüberwindung und schließlich der wirtschaftlichen Befriedigung der Gläubigergemeinschaft stimmen überein. Zur Erreichung dieses Ziels bedarf es der Beseitigung der anhaltenden Gesellschafterkonflikte.[1129] Insoweit ist die Gesellschaftereliminierung regelmäßig nicht (Selbst-)Zweck der Antragstellung, vielmehr stellt sie sich als (wesentliche) Sanierungsmaßnahme dar, deren Durchführung zur Gesundung der schuldnerischen Gesellschaft notwendig ist. Damit kann die verfolgte Eliminierung des Mitgesellschafters nicht als verfahrensfremder Zweck bezeichnet werden.[1130] Im Lichte der Divergenzprüfung ist nämlich festzustellen, dass sich der Parteizweck der (faktischen) Eliminierung des Mitgesellschafters positiv auf die Gläubigerbefriedigung im Zuge des Insolvenzverfahrens auswirken kann. Mangels rechtlicher Divergenz der Verfahrens- und Parteizwecke kann vor diesem Hintergrund eine subjektiv zweckwidrige Antragstellung nicht angenommen werden.[1131] Lediglich in denjenigen Ausnahmefällen, in denen die Eliminierung den isolierten Selbstzweck der Insolvenzantragstellung darstellt und nicht als Sanierungsmaßnahme zur Optimierung der Gläubigerbefriedigung aufgefasst werden kann, wird ein Antragsmissbrauch anzunehmen sein.[1132] Insoweit weist diese Fallgruppe inhaltliche Überschneidungen zur Fremdantragstellung zum Zwecke der Eliminierung eines

---

1126 *Spahlinger*, in: Kübler/Prütting/Bork/Jacoby, InsO, § 225a Rn. 75.

1127 *Lutz*, Der Vorwurf missbräuchlichen Verhaltens, S. 118; *Brünkmans/Uebele*, ZInsO 2014, 265.

1128 *Spahlinger*, in: Kübler/Prütting/Bork/Jacoby, InsO, § 225a Rn. 75.

1129 *Lutz*, Der Vorwurf missbräuchlichen Verhaltens, S. 143; *Thole*, ZIP 2013, 1937 (1943 f.); *Lang/Maschulle*, NZI 2013, 953 (957); *Madaus*, ZIP 2014, 500 (501).

1130 *Lutz*, Der Vorwurf missbräuchlichen Verhaltens, S. 142 f.; *Thole*, ZIP 2013, 1937 (1943 f.); *Lang/Maschulle*, NZI 2013, 953 (956 f.); *Madaus*, ZIP 2014, 500 (501).

1131 *Lutz*, Der Vorwurf missbräuchlichen Verhaltens, S. 142 f.; *Thole*, ZIP 2013, 1937 (1943 f.); *Lang/Maschulle*, NZI 2013, 953 (956 f.); *Madaus*, ZIP 2014, 500 (501).

1132 *Lutz*, Der Vorwurf missbräuchlichen Verhaltens, S. 143.

Konkurrenten auf,[1133] denn auch dort ist die herbeigesehnte Eliminierung des Konkurrenten regelmäßig nicht als Selbstzweck der Antragstellung aufzufassen. Die Eliminierung eines Akteurs kann sich nämlich als wirtschaftlich vorteilhafte (Sanierungs-)Maßnahme zum Zwecke der Gläubigerbefriedigung darstellen und insoweit ein Mittel zur Erreichung dieses Verfahrenszwecks sein.[1134]

4. Zusammenfassung

Im Rahmen der Eigenantragstellung durch den Schuldner existieren Fallgruppen, welche wesentliche Überschneidungen zu vorstehenden Fallgruppen der Fremdantragstellung aufweisen, sodass wesentlich gleichläufige Feststellungen zum Vorliegen des Rechtsschutzinteresses getroffen werden konnten. So ist es analog zur geringfügigen Antragsforderung im Rahmen der Fremdantragstellung[1135] auch aus schuldnerischer Sicht nicht zu beanstanden, wenn die Durchführung des Insolvenzverfahrens wegen einer nur geringfügigen Gesamthöhe der bestehenden Verbindlichkeiten beabsichtigt wird. Ferner ist es auch denkbar, dass der Schuldner ein Insolvenzverfahren nicht mit dem Ziel der Befriedigung seiner Gläubiger vornimmt, sondern dieses zu eigenen Zwecken initiiert und sich demgemäß über die Verfahrenszwecke hinwegsetzt, sodass seine Antragstellung im Ergebnis in subjektiv zweckwidriger Hinsicht erfolgt. Erkennbar ist jedoch, dass die im Schrifttum behandelten Fälle des fehlenden Rechtsschutzinteresses weit überwiegend dem Bereich der Fremdantragstellung zuzuordnen sind.

1133 Teil 3 II. 3.
1134 Teil 3 II. 3.
1135 Teil 3 I. 2. c).

Teil 5: Wesentliche Ergebnisse und Ausblick

In Teil 1 der Ausarbeitung ist der Justizgewährungsanspruch aus verfassungsrechtlicher Sicht und im Verbund der ihn flankierenden Rechtsschutzverbürgungen dargestellt worden. Dabei ist das Bestreben in der Rechtsprechung zur sukzessiven Erweiterung seines sachlichen Anwendungsbereichs aufgezeigt worden, welches die Bedeutung des Justizgewährungsanspruchs im Rechtsstaat und insbesondere in rechtsförmigen Verfahren vor den staatlichen Gerichten unterstreicht.

Gemeinsam mit den weiteren Rechtsschutzverbürgungen besteht ein einheitlicher Anspruch auf optimalen Rechtsschutz.[1136] Zur Konkretisierung des Justizgewährungsanspruchs ist es dem Gesetzgeber gestattet, aus sachlichen Gründen erforderliche und für den Grundrechtsträger zumutbare Einschränkungen des Justizgewährungsanspruchs vorzunehmen. So ist es nicht zu beanstanden, dass der Zugang zu den staatlichen Gerichten neben weiteren formellen Zulässigkeitsvoraussetzungen auch vom Vorliegen eines Rechtsschutzinteresses abhängig gemacht wird.[1137] Dabei ist nicht zuletzt anhand dieses verfassungsrechtlichen Musters des Schutzbereiches und der Einschränkungsmöglichkeit durch den Gesetzgeber zu erkennen, dass zwischen dem Justizgewährungsanspruch und der einschränkenden Zulässigkeitsvoraussetzung des Rechtsschutzinteresses ein Regel-Ausnahme-Verhältnis besteht. Dem Rechtsschutzinteresse kommt in diesem Gefüge lediglich eine Regulativfunktion zu, um einzelne Ausnahmekonstellationen herauszufiltern, in denen die Rechtsverfolgung objektiv zwecklos ist, sie ausschließlich prozessfremden Zwecken dient oder das Rechtschutzziel auf einfacherem Wege als durch Anrufung der Gerichte erlangt werden kann.[1138]

Während die Bedeutung anderer formeller Zulässigkeitsvoraussetzungen wie des Anwaltszwangs[1139] oder der Erhebung von Gerichtskosten[1140] aus sich heraus verständlich ist, musste die Bedeutung der Zulässigkeitsvoraussetzung des

1136 Teil 1 II.
1137 Teil 2 I.
1138 Teil 2 III. 2. b).
1139 Teil 2 II. 3.
1140 Teil 2 II. 1.

Rechtsschutzinteresses anhand der Verfahrenszwecke der jeweiligen Verfahrensordnung ermittelt werden.[1141]

Vor diesem Hintergrund wurden im Teil 2 die Verfahrenszwecke des Insolvenzverfahrens untersucht und das Rechtsschutzinteresse für die folgende Ausarbeitung an diesen Verfahrenszwecken ausgerichtet.[1142] Dabei gelangte die Ausarbeitung zu der Feststellung, dass das Insolvenzverfahren primär der Haftungsverwirklichung zugunsten der Gläubigergemeinschaft dient und insoweit einen Befriedigungszweck verfolgt.[1143] Weiter werden durch das Insolvenzverfahren Entschuldungs[1144]- und Ordnungszwecke[1145] verfolgt. Auf die hiesigen Feststellungen konnte im Rahmen der anschließenden Prüfung der Fallgruppen zurückgegriffen werden.

In den Teilen 3 und 4 wurde das Rechtsschutzinteresse bei der Fremd- und Eigenantragstellung untersucht. Im Rahmen der objektiv zwecklosen und unzweckmäßigen Antragstellung konnte im Wesentlichen festgestellt werden, dass weite Teile des Schrifttums das Rechtsschutzinteresse zu einengend auffassen. So wird u.a. die Antragstellung durch einen absonderungsberechtigten Gläubiger mit nur dinglicher Rechtsstellung[1146] als objektiv zwecklos erachtet, da dieser im Falle der Liquidation des schuldnerischen Vermögens an einer insolvenzmäßigen Befriedigung in objektiver Hinsicht nicht teilnehme.

Es ist festgestellt worden, dass die Teilnahme an einer insolvenzmäßigen Befriedigung durch Vertreter dieser Auffassung auf die Haftungsverwirklichung im Wege der Liquidation beschränkt wird. Das Interesse des nur absonderungsberechtigten Gläubigers kann allerdings auch auf die gleichwertige Alternative der Sanierung innerhalb des Insolvenzverfahrens gerichtet sein, bei welcher er ein Interesse am Erhalt seiner Sicherungsrechte hat, um seine Befriedigungsaussichten innerhalb des Insolvenzverfahrens im Rahmen eines Insolvenzplans nicht zu schmälern.

Auch war vornehmlich im Zuge der Prüfung der objektiven Fallgruppen erkennbar, dass das Institut des Rechtsschutzinteresses in der Rechtspraxis noch immer häufig als Auffangbecken für ungeklärte Fragen herangezogen wird, wodurch eine sachgerechte Aufarbeitung auch weiterhin vermieden wird.

1141 Teil 2 III.
1142 Teil 2 III. 3.
1143 Teil 2 III. 3. a).
1144 Teil 2 III. 3. b).
1145 Teil 2 III. 3. a) bb).
1146 Teil 3 I. 3. a) bb) (3).

Oftmals stehen bei diesen Fragen richtigerweise forderungsbezogene Aspekte im Vordergrund, sodass eine Beurteilung der Zulässigkeit vorrangig über die Frage der Glaubhaftmachung der Antragsforderung gemäß § 14 Abs. 1 S. 1 InsO zu erfolgen hat. Der Gesetzgeber hat die InsO mit einer ausdifferenzierten Systematik bezüglich der Zulässigkeitsvoraussetzungen ausgestattet, die auch von der Rechtsprechung zu berücksichtigen ist. Mithilfe dieser Differenzierung dürfte auch die bislang uneinheitlich beantwortete Frage zur Fremdantragstellung mit einer im Rang qualifiziert zurückgetretenen Antragsforderung entschieden werden,[1147] mit welcher nach hier vertretener Auffassung eine Glaubhaftmachung nicht gelingen kann.

Trotz dogmatischer Unsauberkeiten ist im Rahmen der objektiv zwecklosen und unzweckmäßigen Antragstellung jedoch festzuhalten, dass sich nicht jede Fallgruppe als ungerechtfertigt rechtsschutzbeeinträchtigend erwiesen hat, da die entsprechenden Insolvenzanträge teilweise auch aus anderen prozessualen Gründen als unzulässig zurückzuweisen waren.

Sodann wurden die subjektiv zweckwidrigen Eigen- und Fremdantragstellungen untersucht. Eine diesbezügliche Zuordnung erfolgte dabei sowohl bei der Fremd- als auch bei der Eigenantragstellung nach demselben Prüfungsmuster, gemäß welchem eine rechtliche Divergenz der Verfahrens- und Parteizwecke zu ermitteln war. Hierfür wurden zunächst die Parteizwecke herausgearbeitet, wobei in der Rechtspraxis häufig im Wege der mittelbaren Beweisführung auf Indizienbeweise zurückgegriffen wird, um Beweisschwierigkeiten zu kompensieren. Insoweit treten im Rahmen der subjektiv zweckwidrigen Antragstellung neben das Erfordernis der Feststellung einer rechtlichen Divergenz auch noch Aspekte auf der Tatsachenebene, die in der Rechtspraxis weiteren Raum für fehlerhafte Rechtsanwendungen bieten.

So hat der BGH[1148] aus einer Hilfstatsache, mit welcher der Nachweis der Druckantragstellung durch einen Gläubiger geführt werden sollte, keinen eindeutigen Rückschluss zur Haupttatsache ziehen können, sodass der Vorwurf der subjektiv zweckwidrigen Insolvenzantragstellung nicht aufrechterhalten werden konnte.[1149] In anderen Fallgruppen, in welchen Insolvenzanträge zur Eliminierung eines Konkurrenten aus dem Wettbewerb[1150] oder eines Mitgesellschafters[1151] gestellt wurden, konnte entgegen einer weitverbreiteten Auffassung

1147 Teil 3 I. 1. a) ff) (6).

1148 BGH, Beschl. v. 24.9.2020 – IX ZB 71/19, NZI 2020, 1043 (1045).

1149 Teil 3 II. 2. a) bb) (4) (b).

1150 Teil 3 II. 3.

1151 Teil 4 II. 3.

im Schrifttum anhand der Verfahrenszwecke festgestellt werden, dass sich das Bestreben nach einer Eliminierung als probates Mittel zur Sanierung und demgemäß zugunsten der Gläubigergemeinschaft auswirken kann, sodass in beiden Fällen richtigerweise keine Divergenz, sondern eine Kongruenz der Verfahrens- und Parteizwecke anzunehmen war. Insgesamt ist im Rahmen der subjektiv zweckwidrigen Antragstellungen zu vernehmen, dass die Insolvenzgerichte ein zu enges Verständnis vom Befriedigungszweck des Insolvenzverfahrens zugrunde legen und vor diesem eingeengten Spielraum Insolvenzanträge mangels Rechtsschutzinteresses aussondern, obwohl die zugrundeliegenden Partei- und Verfahrenszwecke kongruent sind.

Infolge der vorstehenden Ausarbeitung konnte festgestellt werden, dass sich in der Rechtsprechung vorgenommene Zurückweisungen von Insolvenzanträgen mangels Rechtsschutzinteresses als rechtsschutzbeeinträchtigend darstellen, die sachlich nicht gerechtfertigt sind. Für den betroffenen Antragsteller wirkt sich diese Rechtsschutzbeeinträchtigung mangels nachhaltiger Alternativen als vollständige Rechtsschutzsperre aus. Der diese Rechtsschutzsperre verursachende Staat kommt insoweit seiner Justizgewährungspflicht nicht hinreichend nach. Die unzureichende Erfüllung der Justizgewährungspflicht durch den Staat bedeutet zugleich eine Verletzung des Justizgewährungsanspruchs des betroffenen Antragstellers. Dabei ist eine präzise Rechtsanwendung durch die Insolvenzgerichte allerdings nicht ausschließlich im Interesse des Antragstellers geboten, der auf die staatliche Justizgewähr angewiesen ist. Vielmehr dürfte es auch im eigenen (öffentlichen) Interesse des Staates liegen, durch eine sachgerechte Rechtsprechungslinie die Akzeptanz seines eigenen Gewaltmonopols in der Bevölkerung zu stärken.

Literaturverzeichnis

Ahrens, Martin/Gehrlein, Markus/Ringstmeier, Andreas (Hrsg.): Insolvenzrecht, Kommentar, 3. Auflage, Köln, 2017 (zitiert: *Bearbeiter*, in: A/G/R, InsO).

Althammer, Christoph/Schäuble, Daniel: Effektiver Rechtsschutz bei überlanger Verfahrensdauer: Das neue Gesetz aus zivilrechtlicher Perspektive, in: NJW 2012, S. 1–7.

Altmeppen, Holger: Gesetz betreffend die Gesellschaften mit beschränkter Haftung, Kommentar, 10. Auflage, München, 2021 (zitiert: *Altmeppen*, GmbHG).

Anders, Monika/Gehle, Burkhard: Das Assessorexamen im Zivilrecht, 14. Auflage, München, 2020.

Anders, Monika/Gehle, Burkhard (Hrsg.): Zivilprozessordnung mit GVG und anderen Nebengesetzen, 81. Auflage, München, 2023 (zitiert: *Bearbeiter*, in: Anders/Gehle, ZPO).

Andres, Dirk/Leithaus, Rolf/Dahl, Michael: Insolvenzordnung, Kommentar, 4. Auflage, München, 2018 (zitiert: *Bearbeiter*, in: Andres/Leithaus, InsO).

Antoni, Peter: Insolvenzverfahren mit nur einem Gläubiger?, in: DZWiR 2009, S. 362–365.

Artz, Markus/Ball, Wolfgang/Benecke, Martina/Geibel, Stefan J./Gsell, Beate/Hager, Johannes/Harke, Jan Dirk/Kessen, Martin/Köndgen, Johannes/Krafka, Alexander/Krüger, Wolfgang/Lobinger, Thomas/Looschelders, Dirk/Lorenz, Stephan/Maurer, Hans-Ulrich/Müller-Engels, Gabriele/Reymann, Christoph/Schindler, Wulf/Schmidt, Hubert/Segna, Ulrich/Spickhoff, Andreas/Wellenhofer, Marina (Hrsg.): Beck-online.GROSSKOMMENTAR, BGB, München, 65. Edition, Stand: 1.2.2023 (zitiert: *Bearbeiter*, in: BeckOGK, BGB).

Baumbach, Hendrik: Ewiger Landfrieden 1495, in: Handbuch Frieden im Europa der Frühen Neuzeit / Handbook of Peace in Early Modern Europe, herausgegeben von Irene Dingel, Michael Rohrschneider, Inken Schmidt-Voges, Siegrid Westphal und Joachim Whaley, 1. Auflage, Berlin/Boston, 2020, S. 799–816.

Baumert, Andreas: Strukturfragen der Anfechtung wegen unentgeltlicher Leistung – Insolvenzrecht trifft auf Bereicherungsrecht, in: ZIP 2010, S. 212–215.

Baur, Fritz: Der Anspruch auf rechtliches Gehör, in: AcP 1954, S. 393–412.

Baur, Fritz: Zur gegenwärtigen Lage des Insolvenzrechts, in: JZ 1951, S. 209–211.

Baur, Fritz/Stürner, Rolf: Insolvenzrecht, 3. Auflage, Heidelberg, 1991.

Beck, Siegfried/Depré, Peter/Ampferl, Hubert (Hrsg.): Praxis der Insolvenz, 4. Auflage, München, 2023 (zitiert: *Bearbeiter*, in: Beck/Depré/Ampferl).

Becker, Hans-Jürgen: Das Gewaltmonopol des Staates und die Sicherheit des Bürgers. Der Ewige Landfriede – vor 500 Jahren, in: NJW 1995, S. 2077–2081.

Becker, Oskar: Insolvenzrechtliche und bankaufsichtsrechtliche Anforderungen an Sicherheiten für qualifizierte Nachrangdarlehen, in: NZI 2020, S. 819–822.

Beth, Stephan: Amtsermittlung des Insolvenzgerichts im Eröffnungsverfahren, in: NZI 2014, S. 487–491.

Binz, Karl Josef/Dörndorfer, Josef/Zimmermann, Walter (Hrsg.): Gerichtskostengesetz, Gesetz über Gerichtskosten in Familiensachen, Justizvergütungs- und Entschädigungsgesetz und weitere kostenrechtliche Vorschriften, Kommentar, 5. Auflage, München, 2021 (zitiert: *Bearbeiter*, in: Binz/Dörndorfer/Zimmermann, GKG).

Bitter, Georg: Insolvenzvorsorge durch Rangrücktritt und Patronatsvereinbarung, in: ZHR 2017, S. 428–481.

Bitter, Georg: Nicht fällige, bedingte und betragsmäßig unbestimmte Forderungen in der Insolvenz – Systematische Grundlagen der insolvenzmäßigen Berücksichtigung unverfallbarer Versorgungsanwartschaften, in: NZI 2000, S. 399–405.

Bitter, Georg/Heim, Sebastian: Anforderungen an einen qualifizierten Rangrücktritt zur Vermeidung der Überschuldung, Anmerkung zu BGH, Urt. v. 5.3.2015 – IX ZR 133/14, in: ZIP 2015, S. 638–648.

Bitter, Georg/Heim, Sebastian: Schenkungsanfechtung bei Auszahlungen im verdeckten Schneeballsystem – Der Fall Phoenix, in: ZIP 2010, S. 1569–1576.

Bitter, Georg/Rauhut Tilman: Zahlungsunfähigkeit wegen nachrangiger Forderungen, insbesondere aus Genussrechten, in: ZIP 2014, S. 1005–1016.

Bochmann, Christian/Scheller, Johannes/Prütting, Jens: Münchener Handbuch des Gesellschaftsrechts, in: Bd. IX, Recht der Familienunternehmen, 6. Auflage, München, 2021 (zitiert: *Bearbeiter*, in: Münchener Handbuch des Gesellschaftsrechts IX).

Bork, Reinhard: Genussrechte und Zahlungsunfähigkeit, in: ZIP 2014, S. 997–1005.

Bork, Reinhard: Prozesskostenhilfe für den Schuldner des Insolvenzverfahrens?, in: ZIP 1998, S. 1209–1218.

Bork, Reinhard: Zur Rechtsnatur eines qualifizierten Rangrücktritts, Anmerkung zu BGH, Urt. v. 5.3.2015 – IX ZR 133/14, in: EWiR 2015, S. 219–220.

Born, Manfred/Ghassemi-Tabar, Nima/Gehle, Burkhard (Hrsg.): Münchener Handbuch des Gesellschaftsrechts, Gesellschaftsrechtliche Streitigkeiten (Corporate Litigation), Bd. VII, 6. Auflage, München, 2020 (zitiert: *Bearbeiter*, in: Münchener Handbuch des Gesellschaftsrechts VII).

Böttcher, Roland/Keller, Ulrich (Hrsg.): Gesetz über die Zwangsversteigerung und Zwangsverwaltung, Kommentar, 7. Auflage, München, 2022 (zitiert: *Bearbeiter*, in: Böttcher, ZVG).

Braun, Eberhard (Hrsg.): Insolvenzordnung, Kommentar, 9. Auflage, München, 2022 (zitiert: *Bearbeiter*, in: Braun, InsO).

Brinkmann, Moritz: Der strategische Eigenantrag – Missbrauch oder kunstgerechte Handhabung des Insolvenzverfahrens?, in: ZIP 2014, S. 197–207.

Brinkmann, Moritz/Zipperer, Helmut: Die Eigenverwaltung nach dem ESUG aus Sicht von Wissenschaft und Praxis, in: ZIP 2011, S. 1337–1347.

Brünkmans, Christian/Uebele, Sebastian: Rechtsschutz gegen missbräuchliche Insolvenzanträge und insolvenzzweckwidrige Insolvenzpläne?, in: ZInsO 2014, S. 265–275.

Bruns, Patrick: Anmerkung zu BGH v. 27.7.2006 – IX ZB 204/04, Notwendiges Vorliegen eines Insolvenzgrundes im Zeitpunkt der Eröffnungsentscheidung, in: EWiR 2007, S. 17–18.

Brzoza, Daniel: Anwendbarkeit der Grundsätze eines unzulässigen Druckantrags sowie Kostentragungspflicht des Gläubigers bei Erledigungserklärung im Rahmen des § 14 Abs. 1 S. 2 InsO, Anmerkung zu LG Ulm 2. Zivilkammer, Beschl. v. 15.10.2018 – 2 T 21/18, in: jurisPR-InsR 2019, S. 1/2019 Anm. 4.

Brzoza, Daniel: Die Grundsätze des (insolvenzrechtlich) unzulässigen Druckantrags, in: NJW 2019, S. 335–337.

Brzoza, Daniel: Fortführungsmöglichkeit des § 14 Abs. 1 S. 2 InsO begründet ein Wahlrecht des (öffentlichen) Gläubigers, Anmerkung zu BGH 9. Zivilsenat, Beschl. v. 24.9.2020 – IX ZB 71/19, in: jurisPR-InsR 2019, S. 23/2020 Anm. 1.

Buck, Stefano/Bruch, Hanna: BGH: Kein Rechtsschutzbedürfnis für erneuten Restschuldbefreiungsantrag innerhalb der Zehnjahresfrist nach altem Recht, Anmerkung zu BGH, Beschl. v. 4.2.2016 – IX ZB 71/15, in: FD-InsR, 2016, S. 376811.

Buß, Thomas: De minimis non curat lex, in: NJW 1998, S. 337–344.

Cranshaw, Friedrich: Rechtsschutzinteresse bei rechtsmissbräuchlicher Nutzung eines Insolvenzantrags zur Übernahme eines Konkurrenten, Anmerkung zu BGH, Beschl. v. 19.5.2011 – IX ZB 214/10, in: jurisPR-InsR 16/2011 Anm. 2.

Deckenbrock, Christian/Jordans, Roman: Neue Entwicklungen bei der obligatorischen Streitschlichtung nach § 15a EGZPO, in: MDR 2009, S. 1202–1208.

Degenhart, Christoph: § 61 Grundrechtsausgestaltung und Grundrechtsbeschränkung, in: Detlef Merten/Hans-Jürgen Papier (Hrsg.), Handbuch der Grundrechte in Deutschland und Europa, Bd. III – Grundrechte in Deutschland – Allgemeine Lehren II, 1. Auflage, Heidelberg, 2009, S. 257–300 (zitiert: *Degenhart*, in: HGR Bd. III, § 61).

Degenhart, Christoph: § 114 Gerichtsorganisation, in: Josef Isensee/Paul Kirchhof (Hrsg.), Handbuch des Staatsrechts, Bd. V – Rechtsquellen, Organisation, Finanzen, 3. Auflage, Heidelberg, 2007, S. 725–759 (zitiert: *Degenhart*, in: HStR Bd. V, § 114).

Degenhart, Christoph: § 115 Gerichtsverfahren, in: Josef Isensee/Paul Kirchhof (Hrsg.), Handbuch des Staatsrechts, Bd. V – Rechtsquellen, Organisation, Finanzen, 3. Auflage, Heidelberg, 2007, S. 761–810 (zitiert: *Degenhart*, in: HStR Bd. V, § 115).

Deppenkemper, Gunter: Erledigungserklärung durch „Zwangsgläubiger“ nach Erfüllung der Antragsforderung trotz Möglichkeit des Weiterlaufenlassens kein hinreichendes Indiz für Druckantrag, Anmerkung zu BGH, Beschl. v. 24.9.2020 – IX ZB 71/19, in: EWiR 2020, S. 725–726.

Dürig, Günter/Herzog, Roman/Scholz, Rupert (Hrsg.): Grundgesetz-Kommentar, 99. Ergänzungslieferung, München, Stand: September 2022 (zitiert: *Bearbeiter*, in: Dürig/Herzog/Scholz, GG).

Eckert, Hans-Georg: Miete, Pacht und Leasing im neuen Insolvenzrecht, in: ZIP 1996, S. 897–909.

Epping, Volker/Hillgruber, Christian (Hrsg.): BeckOK Grundgesetz, 54. Edition, München, Stand: 15.2.2023 (zitiert: *Bearbeiter*, in: BeckOK, GG).

Fischer, Gero: Die Rechtsprechung des Bundesgerichtshofs zum Insolvenzrecht im Jahre 2003, in: NZI 2004, S. 281–300.

Flessner, Axel: Insolvenzverfahren ohne Insolvenz? Vorteile und Nachteile eines vorinsolvenzlichen Reorganisationsverfahrens nach französischem Vorbild, in: KTS 2010, S. 127–147.

Foerste, Ulrich: Insolvenzrecht, 8. Auflage, München, 2022.

Foerste, Ulrich: Kostenhaftung von Störern einer Marktbereinigung nach § 14 Abs. 1 S. 2 InsO, in: ZinsO 2017, S. 1263–1268.

Foerste, Ulrich/Helte, Christian: Nochmals: Doch Kostenhaftung nach § 14 Abs. 1 S. 2 InsO?, in: ZinsO 2017, S. 2722–2725.

Frege, Michael/Keller, Ulrich/Riedel, Ernst: Handbuch Insolvenzrecht, 9. Auflage, München, 2022 (zitiert: *Frege/Keller/Riedel*, Insolvenzrecht).

Fridgen, Alexander/Geiwitz, Arndt/Göpfert, Burkard (Hrsg.): BeckOK Insolvenzrecht, InsO, EGInsO, COVInsAG, InsVV, EuInsVO, Spezialthemen und Länderberichte, 30. Edition, München, Stand: 15.1.2023 (zitiert: *Bearbeiter*, in: BeckOK, InsO).

Frind, Frank: Hinweise zur praxisgerechten Anwendung des neugefassten § 14 I InsO, in: NZI 2017, S. 417–421.

Frind, Frank: Insolvenzgerichtliche Veröffentlichungsnotwendigkeiten bei der vorläufigen Sachwalterschaft, in: ZIP 2012, S. 1591–1595.

Frind, Frank: Keine Unzulässigkeit des Insolvenzantrags durch Erfüllung der zugrundeliegenden Forderung nach § 14 I 2 InsO, Anmerkung zu AG Köln, Beschl. v. 20.10.2017 - 75 IN 309/17, in: NZI 2018, S. 70–71.

Frind, Frank: Rechtsmissbräuchlichkeit eines Insolvenzantrags allein zur Ausschaltung eines Wettbewerbers, Anmerkung zu BGH, Beschl. v. 19.5.2011 - IX ZB 214/10, in: EWiR 2011, S. 467–468.

Frystatzki, Christian: Insolvenzrechtliche Anforderungen an Rangrücktrittsvereinbarungen, in: NZI 2013, S. 609–614.

Funke, Rainer: Restschuldbefreiung und Prozesskostenhilfe, in: ZIP 1998, S. 1708–1711.

Ganter, Hans Gerhard: Die Rechtsprechung des BGH zum Insolvenzrecht im Jahr 2010, in: NZI 2011, S. 209–237.

Ganter, Hans Gerhard: Die Rechtsprechung des Bundesgerichtshofs zum Insolvenzrecht im Jahre 2004, in: NZI 2005, S. 241–255.

Gaul, Hans Friedhelm: Zur Frage nach dem Zweck des Zivilprozesses, in: AcP 1968, S. 27–62.

Gehrlein, Markus: BB-Rechtsprechungsreport zur Unternehmensinsolvenz 2020/2021 - Teil I, in: BB 2021, S. 2307–2320.

Gerhardt, Walter: Anmerkung zu OLG Köln, Beschl. v. 18.5.1989 - 2 W 41/89, § 102 KO 1/89, in: EWiR 1989, S. 701–702.

Gerhardt, Walter/Eckardt, Diederich/Windel, Peter (Hrsg.): Jaeger, Ernst (Begr.), Insolvenzordnung, Großkommentar, Bd. IV, §§ 103–128 InsO, 2. Auflage, Berlin/Boston, Stand: April 2021 (zitiert: *Bearbeiter*, in: Jaeger, InsO).

Glaßer, Heinrich: Die durch Grundschuld gesicherte Gesellschafterforderung und der Konkurs der Gesellschaft, in: BB 1996, S. 1229–1233.

Goette, Wulf: GmbH: Passivierungspflicht der Verbindlichkeiten aus eigenkapitalersetzenden Gesellschafterhilfen im Überschuldungsstatus, in: DStR 2001, S. 175–179.

Gogger, Martin/Fuhst, Christian (Hrsg.): Insolvenzgläubiger-Handbuch - Optimale Rechtsdurchsetzung bei Insolvenz des Schuldners, 4. Auflage, München, 2020 (zitiert: *Bearbeiter*, in: Gogger/Fuhst).

Gottwald, Peter/Haas, Ulrich (Hrsg.): Insolvenzrechts-Handbuch, 6. Auflage, München, 2020 (zitiert: *Bearbeiter*, in: Gottwald/Haas).

Grabenwarter, Christoph/Pabel, Katharina: Europäische Menschenrechtskonvention, ein Studienbuch, 7. Auflage, München, 2021 (zitiert: *Bearbeiter*, in: Grabenwarter/Pabel, EMRK).

Graf, Jürgen (Hrsg.): BeckOK StPO mit RiStBV und MiStra, 47. Edition, München, Stand: 1.4.2023 (zitiert: *Bearbeiter*, in: BeckOK, StPO).

Graf-Schlicker, Marie Luise (Hrsg.): InsO, Kommentar zur Insolvenzordnung, 6. Auflage, Köln, 2022 (zitiert: *Bearbeiter*, in: Graf-Schlicker, InsO).

Graßhof, Karin: § 133 Rechtliches Gehör, in: Detlef Merten/Hans-Jürgen Papier (Hrsg.), Handbuch der Grundrechte in Deutschland und Europa, Bd. V – Grundrechte in Deutschland – Einzelgrundrechte II, 1. Auflage, Heidelberg, 2013, S. 1325–1372 (zitiert: *Graßhof*, in: HGR Bd. V, § 133).

Graßhof, Karin (Hrsg.): Graßhof, Nachschlagewerk zur Rechtsprechung des Bundesverfassungsgerichts, 220. Lieferung, Heidelberg, Stand: April 2023 (zitiert: *Bearbeiter*, in: Graßhof, Nachschlagewerk BVerfG).

Grothe, Helmut: Die vollstreckungsrechtliche „Rückschlagsperre" des § 88 InsO, in: KTS, 2001, S. 205–239.

Gundlach, Ulf/Frenzel, Volkhard: Glaubhaftmachung der Forderung bei Insolvenzantrag des Sozialversicherungsträgers, Anmerkung zu BGH, Beschl. v. 5.2.2004 – IX ZB 29/03, in: NZI 2004, S. 589.

Gundlach, Ulf/Müller, Udo: Das Insolvenzantragsrecht eines nachrangigen Insolvenzgläubigers im Fall des qualifizierten Rangrücktritts, in: ZInsO 2011, S. 84–87.

Gundlach, Ulf/Müller, Udo: Zulässigkeit des Insolvenzantrags eines nachrangigen Gläubigers auch ohne Befriedigungsaussichten, in: EWiR 2008, S. 819–820.

Guski, Roman: Das rechtliche Interesse beim Insolvenzantrag, in: WM 2011, S. 103–110.

Haarmeyer, Hans/Frind, Frank: Insolvenzrecht, 1. Auflage, Stuttgart, 2010.

Haas, Ulrich/Scholl, Stefanie: Drohverlustrückstellungen in der Überschuldungsbilanz und deren Neutralisation durch Rangrücktrittsvereinbarungen, in: ZInsO 2002, S. 645–651.

Habersack, Mathias (Hrsg.): Münchener Kommentar zum Bürgerlichen Gesetzbuch, Bd. VII, Schuldrecht – Besonderer Teil IV, §§ 705–853, Partnerschaftsgesellschaftsgesetz, Produkthaftungsgesetz, 8. Auflage, München, 2020 (zitiert: *Bearbeiter*, in: MüKo, BGB).

Habersack, Mathias: Rechtsfolgen des insolvenzbedingten Erlöschens des Kautionsversicherungsvertrags, Anmerkung zu BGH, Urt. v. 6.7.2006, IX ZR 121/05, in: BKR 2007, S. 77–79.

Hahne, Meo-Micaela/Schlögel, Jürgen/Schlünder, Rolf (Hrsg.): BeckOK FamFG, 46. Edition, München, Stand: 2.4.2023 (zitiert: *Bearbeiter*, in: BeckOK, FamFG).

Hamm, Christoph (Hrsg.): Beck'sches Rechtsanwalts-Handbuch, 12. Auflage, München, 2022 (zitiert: *Bearbeiter*, in: Beck'sches Rechtsanwalts-Handbuch).

Hannich, Rolf (Hrsg.): Karlsruher Kommentar zur Strafprozessordnung mit GVG, EGGVG und EMRK, 9. Auflage, München, 2023 (zitiert: *Bearbeiter*, in: KK, StPO).

Harder, Sebastian: Begleichung der Forderung des Antragstellers im Eröffnungsverfahren, in: NJW-Spezial 2018, S. 277–278.

Harder, Sebastian: Insolvenzplan für alle? – Die Reform der außergerichtlichen und gerichtlichen Schuldenbereinigung, in: NZI 2013, S. 70–76.

Hau, Wolfgang/Poseck, Roman (Hrsg.): BeckOK Bürgerliches Gesetzbuch, 65. Edition, München, Stand: 1.2.2023 (zitiert: *Bearbeiter*, in: BeckOK, BGB).

Häublein, Martin/Hoffmann-Theinert, Roland (Hrsg.): BeckOK, HGB, 39. Edition, München, Stand: 15.1.2023 (zitiert: *Bearbeiter*, in: BeckOK, HGB).

Henckel, Andreas/Wentzler, Jochen: Die rechtssichere Gestaltung des Rangrücktritts, in: GmbHR 2013, S. 239–243.

Henckel, Wolfram: Fehler bei der Eröffnung des Insolvenzverfahrens – Abhilfe und Rechtsmittel, in: ZIP 1998, S. 2045–2053.

Henckel, Wolfram/Gerhardt, Walter (Hrsg.): Jaeger, Ernst (Begr.), Insolvenzordnung, Großkommentar, Bd. I, §§ 1–55 InsO, 1. Auflage, Berlin, 2004 (zitiert: *Bearbeiter*, in: Jaeger, InsO).

Gerhardt, Walter/Eckardt, Diederich/Windel, Peter (Hrsg.): Jaeger, Ernst (Begr.), Insolvenzordnung, Großkommentar, Bd. II, §§ 35–55 InsO, 2. Auflage, Berlin/Boston, 2023 (zitiert: *Bearbeiter*, in: Jaeger, InsO).

Henckel, Wolfram/Gerhardt, Walter (Hrsg.): Jaeger, Ernst (Begr.), Insolvenzordnung, Großkommentar, Bd. II, §§ 56–102 InsO, 1. Auflage, Berlin, 2007 (zitiert: *Bearbeiter*, in: Jaeger, InsO).

Herdegen, Matthias/Masing, Johannes/Poscher, Ralf/Gäditz, Klaus Ferdinand (Hrsg.): Handbuch des Verfassungsrechts, Darstellung in transnationaler Perspektive, 1. Auflage, München, 2021 (zitiert: *Bearbeiter*, in: Herdegen/Masing/Poscher/Gärditz, Handbuch des Verfassungsrechts).

Hey, Andreas/Regel, Gerd: Firmenbestatter – Strafrechtliche Würdigung eines neuen Phänomens, in: GmbHR 2000, S. 115–125.

Heyer, Hans-Ulrich: Die qualifizierte Abschlussbescheinigung nach der Insolvenzrechtsreform 2013/2014, in: ZVI 2013, S. 214–217.

Holzer, Johannes: Die Verbindung von Insolvenzverfahren, in: NZI 2007, S. 432–438.

Holzer, Johannes: Redaktionsversehen in der Insolvenzordnung?, in: NZI 1999, S. 44–47.

Hölzle, Gerrit: Unzulässigkeit des Insolvenzantrags eines ausreichend dinglich gesicherten Gläubigers, in: EWiR 2008, S. 407–408.

Hoos, Jan-Philipp/Köhler, Oliver: Überschuldungsverhindernde Rangrücktrittsvereinbarungen in der Finanzierungs- und Restrukturierungspraxis, in: GmbHR 2015, S. 729–734.

Huber, Michael: Gegenseitige Verträge und Teilbarkeit von Leistungen in der Insolvenz, in: NZI 2002, S. 467–471.

Huber, Michael: Grundwissen – Zivilprozess- und Strafprozessrecht: Indizienbeweis, in: JuS 2016, S. 218–221.

Huber/Peter, Voßkuhle, Andreas (Hrsg.): von Mangoldt, Hermann (Begr.), Grundgesetz, Kommentar, Bd. I, Präambel, Art. 1–19, 7. Auflage, München, 2018 (zitiert: *Bearbeiter*, in: v. Mangoldt/Klein/Starck, GG).

Huber/Peter, Voßkuhle, Andreas (Hrsg.): von Mangoldt, Hermann (Begr.), Grundgesetz, Kommentar, Bd. III, Art. 83–146, 7. Auflage, München, 2018 (zitiert: *Bearbeiter*, in: v. Mangoldt/Klein/Starck, GG).

Jaeger, Ernst (Hrsg.): Kommentar zur Konkursordnung und den Einführungsgesetzen mit einem Anhang, enthaltend das Anfechtungsgesetz, Auszüge aus den Kostengesetzen, Ausführungsgesetze und Geschäftsordnungen, 4. Auflage, Berlin, 1913 (zitiert: *Bearbeiter*, in: Jaeger, KO).

Jansen, Claudia/Biebinger, Gerd: (Un-)Zulässigkeit eines Insolvenzverfahrens mit nur einem Gläubiger, in: ZInsO 2006, S. 126–130.

Jarass, Hans: § 38 Funktionen und Dimensionen der Grundrechte, in: Detlef Merten/Hans-Jürgen Papier (Hrsg.), Handbuch der Grundrechte in Deutschland und Europa, Bd. II – Grundrechte in Deutschland – Allgemeine Lehren I, 1. Auflage, Heidelberg, 2006, S. 625–654.

Jarass, Hans/Pieroth, Bodo (Hrsg.): Grundgesetz für die Bundesrepublik Deutschland, 17. Auflage, München, 2022 (zitiert: *Bearbeiter*, in: Jarass/Pieroth, GG).

Jauernig, Othmar/Berger, Christian/Thole, Christoph: Insolvenzrecht – Ein Studienbuch, 24. Auflage, München, 2022 (zitiert: *Bearbeiter*, in: Jauernig/Berger/Thole, Insolvenzrecht).

Kahlert, Günter/Gehrke, Dieter: Der Rangrücktritt nach MoMiG im GmbH-Recht: Insolvenz- und steuerrechtliche Aspekte, in: DStR, 2005, S. 227–233.

Kaiser, Nicolas/Hölken, Helge: Gefährdung von Gläubigergleichbehandlung und Ordnungsfunktion des Insolvenzrechts: Gefährdung durch den (unterstellten) anfechtungsrechtlich unbedenklichen Willen des Schuldners, in: NZI 2021, S. 11–17.

Kämmerer, Jörn-Axel/Kotzur, Markus (Hrsg.): v. Münch, Ingo/Kunig, Philip (Hrsg.), Grundgesetz, Kommentar, Bd. I, Präambel bis Art. 69, 7. Auflage, München, 2021 (zitiert: *Bearbeiter*, in: v. Münch/Kunig, GG).

Kayser, Godehard/Thole, Christoph (Hrsg.): Heidelberger Kommentar zur Insolvenzordnung, 11. Auflage, Heidelberg, 2023 (zitiert: *Bearbeiter*, in: Kayser/Thole, InsO).

Keller, Christoph: Insolvenzferne Beendigung der Liquidation trotz bestehender Verbindlichkeiten?, in: GmbHR 2021, S. 701–704.

Keller, Ulrich: Die Rückschlagsperre nach § 88 InsO – eine überflüssige Vorschrift, in: ZIP 2018, S. 2156–2162.

Keller, Ulrich: Die Wirkungen der Rückschlagsperre des § 88 InsO auf die Sicherungshypothek nach §§ 866, 867 ZPO, in: ZIP 2006, S. 1174–1181.

Keller, Ulrich: Handbuch Zwangsvollstreckungsrecht, Berlin, 2013.

Keller, Ulrich: Insolvenzrecht, 2. Auflage, München, 2020.

Kexel, Thomas: Zur Zulässigkeit des unter Vorlage eines vollstreckbaren Titels gegen den Schuldner gerichteten Insolvenzantrags trotz Rechtskraft einer vorausgehenden Anfechtungsklage des Gläubigers, Anmerkung zu BGH v. 15.9.2016 – IX ZB 32/16, in: EWiR 2017, S. 117–118.

Kindler, Peter/Nachmann, Josef/Bitzer, Fabian: Handbuch Insolvenzrecht in Europa, 11. Auflage, München, 2022 (zitiert: *Bearbeiter*, in: Kindler/Nachmann/Bitzer, Handbuch Insolvenzrecht in Europa).

Kloepfer, Michael: Verfahrensdauer und Verfassungsrecht: Verfassungsrechtliche Grenzen der Dauer von Gerichtsverfahren, in: JZ 1979, S. 209–2016.

Knauer, Christoph (Hrsg.): Münchener Kommentar zur Strafprozessordnung, Bd. III/I §§ 333–499 StPO, 1. Auflage, München, 2019 (zitiert: *Bearbeiter*, in: MüKo, StPO).

Knemeyer, Franz-Ludwig: § 178 Rechtliches Gehör im Gerichtsverfahren, in: Josef Isensee/Paul Kirchhof (Hrsg.), Handbuch des Staatsrechts, 3. Auflage, Heidelberg, 2010, S. 555–584.

Knodel, Hermann/Winkler, Tilman: Obligatorische Streitschlichtung – hilfreich oder lästig?, in: ZRP 2008, S. 183–186.

Köhler, Helmut: BGB Allgemeiner Teil, ein Studienbuch, 46. Auflage, München, 2022 (zitiert: *Köhler*, BGB AT).

Krüger, Wolfgang (Hrsg.): Münchener Kommentar zum Bürgerlichen Gesetzbuch, Bd. II, Schuldrecht – Allgemeiner Teil I, 9. Auflage, München, 2022 (zitiert: *Bearbeiter*, in: MüKo, BGB).

Krüger, Wolfgang (Hrsg.): Münchener Kommentar zum Bürgerlichen Gesetzbuch, Bd. III, Schuldrecht – Allgemeiner Teil II, 9. Auflage, München, 2022 (zitiert: *Bearbeiter*, in: MüKo, BGB).

Krüger, Wolfgang/Rauscher, Thomas (Hrsg.): Münchener Kommentar zur Zivilprozessordnung mit Gerichtsverfassungsgesetz und Nebengesetzen, Bd. I, §§ 1–354 ZPO, 6. Auflage, München, 2020 (zitiert: *Bearbeiter*, in: MüKo, ZPO).

Krüger, Wolfang/Rauscher, Thomas (Hrsg.): Münchener Kommentar zur Zivilprozessordnung mit Gerichtsverfassungsgesetz und Nebengesetzen, Bd. II, §§ 355–945b, 6. Auflage, München, 2020 (zitiert: *Bearbeiter*, in: MüKo, ZPO).

Krüger, Wolfgang/Rauscher, Thomas (Hrsg.): Münchener Kommentar zur Zivilprozessordnung mit Gerichtsverfassungsgesetz und Nebengesetzen, Bd. III, §§ 946–1120 ZPO, EGZPO, GVG, EGGVG, UKlaG, Internationales und Europäisches Prozessrecht, 6. Auflage, München, 2022 (zitiert: *Bearbeiter*, in: MüKo, ZPO).

Kübler, Bruno/Prütting, Hanns/Bork, Reinhard/Jacoby, Florian (Hrsg.): Kommentar zur Insolvenzordnung, 95. Lieferung, Köln, Stand: März 2023 (zitiert: *Bearbeiter*, in: Kübler/Prütting/Bork/Jacoby, InsO).

Lang, Andreas: Das Rechtsschutzinteresse beim Antrag auf Eröffnung des Insolvenzverfahrens, Frankfurt am Main, 2003.

Lang, Dennis/Maschulle, Volker: Suhrkamp-Verlag – Rechtsmissbräuchlichkeit eines rechtmäßig eingeleiteten Insolvenzverfahrens?, in: NZI 2013, S. 953–957.

Laroche, Peter: Unzulässigkeit eines auf Abweisung wegen Masseunzulänglichkeit gerichteten Eröffnungsantrags – Firmenbestattung, Anmerkung zu BGH, Beschl. v. 7.5.2020 – IX ZB 84/19, in: NZI 2020, S. 681–682.

Laroche, Peter/Meier, Mareike/Pruskowski, Wolfgang/Schöttler, Alexandra/Siebert, Volker/Vallender, Heinz: Unsicherheitsquelle § 14 Abs. 1 S. 2 und 3 InsO – Anwendungsprobleme nach Zahlung der Insolvenzforderung und Aufrechterhaltung des Insolvenzantrags, in: ZIP 2013, S. 1456–1463.

Lauer, Jürgen: Erfahrungen mit der außergerichtlichen Streitbeilegung in Ausführung des § 15a EGZPO, in: NJW 2004, S. 1280–1282.

Lechner, Hans/Zuck, Rüdiger (Hrsg.): Bundesverfassungsgerichtsgesetz, Kommentar, 8. Auflage, München, 2019 (zitiert: *Bearbeiter*, in: Lechner/Zuck, BVerfGG).

Leisner, Walter: Demokratie – eine „friedliche" Staatsform? Zu Friedenspflicht und Gewaltmonopol im Inneren, in: JZ 2005, 809.

Leithaus, Rolf/Schaefer, Thiemo: Rangrücktrittsvereinbarungen zur Vermeidung der Überschuldung anno 2010 – Unter welchen Voraussetzungen lässt sich eine Rangrücktrittsvereinbarung aufheben?, in: NZI 2010, S. 844–849.

Lutz, Christopher: Der Vorwurf missbräuchlichen Verhaltens im Insolvenzrecht, Berlin, 2020.

Madaus, Stephan: Schutzschirme für streitende Gesellschafter? Die Lehren aus dem Suhrkamp-Verfahren für die Auslegung des neuen Insolvenzrechts, in: ZIP 2014, S. 500–508.

Medicus, Dieter/Lorenz, Stephan: Schuldrecht I Allgemeiner Teil – Ein Studienbuch, 22. Auflage, München, 2021 (zitiert: *Medicus/Lorenz*, Schuldrecht I AT).

Meyer-Ladewig, Jens/Nettesheim, Martin/v. Raumer, Stefan (Hrsg.), Europäische Menschenrechtskonvention, Handkommentar, 4. Auflage, Baden-Baden, 2017 (zitiert: *Bearbeiter*, in: Meyer-Ladewig/Nettesheim/v. Raumer, HK, EMRK).

Mock, Sebastian: BGH, 5.3.2015 – IX ZR 133/14. Rechtsnatur und Auswirkungen der Rangrücktrittsvereinbarung, in: JZ 2015, S. 520–528.

Müller-Glöge, Rudi/Preis, Ulrich/Schmidt, Ingrid (Hrsg.): Erfurter Kommentar zum Arbeitsrecht, Beck'sche Kurzkommentare, Bd. LI, 23. Auflage, München, 2023 (zitiert: in: EK, ArbR).

Musielak, Hans-Joachim/Voit, Wolfgang (Hrsg.): Musielak/Voit, Zivilprozessordnung mit Gerichtsverfassungsgesetz, Kommentar, 20. Auflage, München, 2023 (zitiert: *Bearbeiter*, in: Musielak/Voit, ZPO).

Nassall, Wendt: Rechtsfolgen einer qualifizierten Rangrücktrittsvereinbarung, Anmerkung zu BGH 9. Zivilsenat, Urt. v. 5.3.2015 – IX ZR 133/14, in: jurisPR-BGHZivilR Nr. 9/2015 Anm. 3.

Nerlich, Jörg/Römermann, Volker (Hrsg.): Insolvenzordnung (InsO), Kommentar, 46. Ergänzungslieferung, München, Stand: November 2022 (zitiert: *Bearbeiter*, in: Nerlich/Römermann, InsO).

Oetker, Hartmut (Hrsg.): Handelsgesetzbuch, Kommentar, 7. Auflage, München, 2021 (zitiert: *Bearbeiter*, in: Oetker, HGB).

Pape, Gerhard: Ein Jahr Verbraucherinsolvenz – eine Zwischenbilanz, in: ZIP 1999, S. 2037–2047.

Pape, Gerhard: Gesetzwidrigkeit der Verweisung des Insolvenzverfahrens bei gewerbsmäßiger Firmenbestattung, in: ZIP 2006, S. 877–883.

Pape, Gerhard: Unzulässige Konkursanträge aufgrund vorläufig vollstreckbarer Schuldtitel? Ein Beitrag zu den Anforderungen an die Glaubhaftmachung und den Nachweis des Konkursgrundes, in: NJW 1993, S. 297–302.

Papier, Hans-Jürgen: § 176 Justizgewährungsanspruch, in: Josef Isensee/Paul Kirchhof (Hrsg.), Handbuch des Staatsrechts, Bd. VIII – Grundrechte: Wirtschaft, Verfahren, Gleichheit, 3. Auflage, Heidelberg, 2010, S. 491–504 (zitiert: *Papier*, in: HStR Bd. VIII, § 176).

Papier, Hans-Jürgen: § 177 Rechtsschutz gegen die öffentliche Gewalt, in: Josef Isensee/Paul Kirchhof (Hrsg.), Handbuch des Staatsrechts, Bd. VIII – Grundrechte: Wirtschaft, Verfahren, Gleichheit, 3. Auflage, Heidelberg, 2010, S. 507–552 (zitiert: *Papier*, in: HStR Bd. VIII, § 177).

Paulus, Christoph: § 1 InsO und sein Insolvenzmodell, in: NZI 2015, S. 1001–1006.

Piekenbrock, Andreas: Insolvenzbedingte Lösungsklauseln aus deutscher und internationaler Sicht, in: ZIP 2018, S. 1–8.

Pohle, Rudolf: Zur Lehre vom Rechtsschutzbedürfnis, in: Leo Rosenberg/Karl Heinz Schwab (Hrsg.), Festschrift für Friedrich Lent, München, 1957, S. 195–235.

Prütting, Hanns: Ist die Gesellschaft bürgerlichen Rechts insolvenzfähig?, in: ZIP 1997, S. 1725–1734.

Rattunde, Rolf/Smid, Stefan/Zeuner, Mark (Hrsg.): Insolvenzordnung (InsO), Kommentar, Bd. I, §§ 1–147 InsO, 4. Auflage, Stuttgart, 2018 (zitiert: *Bearbeiter*, in: Rattunde/Smid/Zeuner, InsO).

Rauscher, Thomas (Hrsg.): Münchener Kommentar zum FamFG, Gesetz über das Verfahren in Familiensachen und in den Angelegenheiten der freiwilligen Gerichtsbarkeit (FamFG) mit Internationalem und Europäischem Zivilverfahrensrecht in Familiensachen (IZVR, EuZVR), Bd. II, §§ 271–493, Internationales und Europäisches Zivilverfahrensrecht in Familiensachen, 3. Auflage, 2019 (zitiert: *Bearbeiter*, in: MüKo, FamFG).

Regh, Thomas/Fanselow, Dana/Jakubowski, Peter/Kreplin, Georg (Hrsg.): Beck'sches Mandatshandbuch, Arbeitsrecht in der Insolvenz, 3. Auflage, München, 2022 (zitiert: *Bearbeiter*, in: Beck'sches Mandatshandbuch, Arbeitsrecht in der Insolvenz).

Reischl, Klaus: Insolvenzrecht, 6. Auflage, Heidelberg, 2022.

Reul, Adolf/Heckschen, Heribert/Wienberg, Rüdiger (Hrsg.): Insolvenzrecht in der Gestaltungspraxis, Immobilien-, Gesellschafts-, Erb- und Familienrecht, 3. Auflage, München, 2022 (zitiert: in: Reul/Heckschen/Wienberg, Insolvenzrecht in der Gestaltungspraxis).

Roellenbleg, Rainer: Verfassungswidrigkeit der InsO?, in: NZI 2004, S. 176–184.

Rosenberg, Leo/Schwab, Karl Heinz/Gottwald, Peter: Zivilprozessrecht, 18. Auflage, München, 2018 (zitiert: *Gottwald*, in: Rosenberg/Schwab/Gottwald, ZPR).

Roth, Jan: Interessenswiderstreit im Insolvenzeröffnungsverfahren – Eine Untersuchung des Insolvenzeröffnungsverfahrens unter verfahrens- und verfassungsrechtlichen Gesichtspunkten, Frankfurt am Main, 2004.

Sachs, Michael (Hrsg.): Grundgesetz, Kommentar, 9. Auflage, München, 2021 (zitiert: *Bearbeiter*, in: Sachs, GG).

Saenger, Ingo (Hrsg.): Zivilprozessordnung, Familienverfahren, Gerichtsverfassung, Europäisches Verfahrensrecht, Handkommentar, 9. Auflage, Baden-Baden, 2021 (zitiert: *Saenger*, in: Saenger, ZPO).

Schädlich, Jörg: Keine Fortführung des Insolvenzantragsverfahrens von Amts wegen trotz § 14 I 2 InsO n.F., Anmerkung zu AG Leipzig, Beschl. v. 5.9.2017 – 403 IN 1109/17, in: NZI 2017, S. 849–850.

Schenke, Wolf-Rüdiger: § 78 Justizgewähr und Grundrechtsschutz, in: Detlef Merten/Hans-Jürgen Papier (Hrsg.), Handbuch der Grundrechte in Deutschland und Europa, Bd. III – Grundrechte in Deutschland – Allgemeine Lehren II, 1. Auflage, Heidelberg, 2009, S. 923–976 (zitiert: *Schenke*, in: HGR Bd. III, § 78).

Schmahl, Hermannjosef: Zur Praxis öffentlich-rechtlicher Gläubiger bei der Stellung und Rücknahme von Eröffnungsanträgen – Tatsachen und Anmerkungen am Beispiel des AG Duisburg, in: NZI 2002, S. 177–185.

Schmerbach, Ulrich: Erledigung bei Begleichung der Forderung eines Sozialversicherungsträgers, Anmerkung zu AG Fulda, Beschl. v. 13.10.2017 – 92 IN 69/17, in: VIA 2018, S. 21.

Schmerbach, Ulrich: Gesetz zur Verkürzung des Restschuldbefreiungsverfahrens und zur Stärkung der Gläubigerrechte verabschiedet – Ende gut, alles gut?, in: NZI 2013, S. 566–573.

Schmerbach, Ulrich: Missbräuchlicher Gläubigerantrag auf Eröffnung des Insolvenzverfahrens zur Durchsetzung bestrittener Forderungen, Anmerkung zu LG Meiningen v. 13.4.2000 – 4 T 13/00, in: EWiR 2000, S. 1063–1064.

Schmidt, Andreas: Erleichterte Glaubhaftmachung einer Forderung durch Einzugsstelle der Sozialversicherungsträger bei Antrag auf Insolvenzeröffnung, Anmerkung zu OLG Köln, Beschl. v. 29.12.1999 – 2 W 188/99, in: EWiR 2000, S. 401–402.

Schmidt, Andreas (Hrsg.): Hamburger Kommentar zum Insolvenzrecht, InsO, InsVV, SchVG, Haftungsrecht, Steuerrecht, Strafrecht, 9. Auflage, Köln, 2022 (zitiert: *Bearbeiter*, in: HK, InsO).

Schmidt, Andreas: Privatinsolvenz, Schuldenbereinigung, Restschuldbefreiung, Insolvenzplan, 4. Auflage, München, 2014 (zitiert: *Schmidt*, Privatinsolvenz).

Schmidt, Karsten: Das Urteil des BGH v. 5.3.2015 – IX ZR 133/14 – ein großer Wurf des IX. Zivilsenats! ... auch ein Treffer??, in: ZIP 2015, S. 901–911.

Schmidt, Karsten (Hrsg.): Insolvenzordnung, InsO mit EuInsVO, Beck'sche Kurzkommentare, Bd. XXVII, 20. Auflage, München, 2023 (zitiert: *Bearbeiter*, in: Schmidt, InsO).

Schmidt, Karsten (Hrsg.): Münchener Kommentar zum Handelsgesetzbuch, Bd. II, Zweites Buch. Handelsgesellschaften und stille Gesellschaft, Erster Abschnitt. Offene Handelsgesellschaft, §§ 105–160, Zweiter Abschnitt. Kommanditgesellschaft, §§ 161–177a, Konzernrecht der Personengesellschaften, 5. Auflage, 2022 (zitiert: *Bearbeiter*, in: MüKo, HGB).

Schmidt, Karsten/Uhlenbruck, Wilhelm: Die GmbH in Krise, Restrukturierung und Insolvenz – Gesellschaftsrecht, Insolvenzrecht, Restrukturierungsrecht, Steuerrecht, Arbeitsrecht, Bankrecht und Organisation bei Krisenvermeidung, Krisenbewältigung und Abwicklung, 6. Auflage, Köln, 2023 (zitiert: *Bearbeiter*, in: Schmidt/Uhlenbruck, Die GmbH in Krise).

Schmidt-Aßmann, Eberhard: § 45, Grundrechte als Organisations- und Verfahrensgarantien, in: Detlef Merten/Hans-Jürgen Papier (Hrsg.), Handbuch der Grundrechte in Deutschland und Europa, Bd. II – Grundrechte in Deutschland – Allgemeine Lehren I, 1. Auflage, Heidelberg, 2006, S. 993–1030 (zitiert: *Schmidt-Aßmann*, in: HGR Bd. II, § 45).

Schmidt-Aßmann, Eberhard: § 26 Der Rechtsstaat, in: Josef Isensee/Jan Kirchhof (Hrsg.), Handbuch des Staatsrechts, Bd. II – Verfassungsstaat, 3. Auflage, Heidelberg, 2004, S. 541–612 (zitiert: *Schmidt-Aßmann*, in: HStR Bd. II, § 26).

Schmidt-Bleibtreu, Bruno/Klein, Franz/Ulsamer, Gerhard/Bethge, Herbert/v.Coelln, Christian/Graßhof, Karin/Haratsch, Andreas/Hömig, Andreas/Mellinghoff, Rudolf/Müller-Terpitz, Ralf/Niesler, Andre/Rozek, Jochen (Hrsg.): Maunz, Theodor (Begr.), Bundesverfassungsgerichtsgesetz, Kommentar, Bd. I, 62. Ergänzungslieferung, München, 2022 (zitiert: *Bearbeiter*, in: Schmidt-Bleibtreu/Klein/Bethge, BVerfGG).

Schmidt-Jortzig, Edzard: Effektiver Rechtsschutz als Kernstück des Rechtsstaatsprinzips nach dem Grundgesetz, in: NJW 1994, S. 2569–2573.

Schmittmann, Jens: Unzulässigkeit des Insolvenzeröffnungsantrags einer Kapitalgesellschaft wegen Vortäuschung der Vermögenslosigkeit – Firmenbestattung, Anmerkung zu AG Duisburg, Beschl. v. 2.1.2007 – 64 IN 107/06, in: NZI 2007, S. 356–357.

Schoch, Friedrich/Schneider, Jens-Peter (Hrsg.): Verwaltungsrecht, 41. Auflage, München, 2021 (zitiert: *Schoch/Schneider*, Verwaltungsrecht).

Scholz, Franz (Hrsg.): GmbHG, 13. Auflage, Köln, Bd. III, §§ 53–88, 2022 (zitiert: *Bearbeiter*, in: Scholz, GmbHG).

Schönke, Adolf: Das Rechtsschutzbedürfnis – Studien zu einem zivilprozessualen Grundbegriff, Berlin, 1950.

Schönke, Adolf: Das Rechtsschutzbedürfnis: Ein zivilprozessualer Grundbegriff, in: AcP 1949, S. 216–234.

Schönke, Adolf/Schröder, Horst (Hrsg.): Strafgesetzbuch, 30. Auflage, München, 2019 (zitiert: *Bearbeiter*, in: Schönke/Schröder, StGB).

Schulze, Götz: Nicht erzwingbare Leistungsforderungen im Zivilrecht, in: JuS 2011, S. 193–199.

Schumann, Ekkehard: Die Wahrung des Grundsatzes des rechtlichen Gehörs – Dauerauftrag für das BVerfG?, in: NJW 1985, S. 1134–1140.

Serick, Rolf: Überschuldete Gesellschaft und konkursabwendender Forderungsrücktritt eines Nichtgesellschafters, in: ZIP 1980, S. 9–16.

Smid, Stefan: Auswahl und Bestellung des Insolvenzverwalters durch das Insolvenzgericht als Rechtsfrage betrachtet, in: DZWIR 2001, S. 485–497.

Smid, Stefan: Grund und Grenzen der Rechtsmittelbefugnis des Konkursverwalters, in: ZIP 1995, S. 1137–1146.

Smid, Stefan: Handbuch Insolvenzrecht, 7. Auflage, Berlin/Boston, 2018.

Smid, Stefan (Hrsg.): Insolvenzordnung (InsO) mit insolvenzrechtlicher Vergütungsordnung (InsVV), 2. Auflage, Stuttgart, 2001 (zitiert: *Bearbeiter*, in: Smid, InsO).

Smid, Stefan: Kurze kritische Anmerkungen zu den Änderungen der Insolvenzordnung durch Art. 3 und 4 Haushaltsbegleitgesetz 2011, in: DZWiR 2011, S. 133–136.

Smid, Stefan: Leugnender Anfechtungsprozess und Streitverkündung – Entscheidungslagen des Insolvenzverwalters zwischen Anfechtung und § 93 InsO, in: NZI 2013, S. 817–823.

Smid, Stefan: Prozesskostenhilfe für den Eigenantrag des Gemeinschuldners im Insolvenzverfahren nach geltendem Recht?, in: NJW 1994, S. 2678–2680.

Smid, Stefan: Struktur und systematischer Gehalt des deutschen Insolvenzrechts in der Judikatur des IX. Zivilsenats des Bundesgerichtshofs (V), in: DZWiR 2007, S. 45–71.

Smid, Stefan: Struktur und systematischer Gehalt des deutschen Insolvenzrechts in der Judikatur des IX. Zivilsenats des Bundesgerichtshofs (X, Teil 1), in: DZWiR 2012, S. 1–25.

Smid, Stefan: Struktur und systematischer Gehalt des deutschen Insolvenzrechts in der Judikatur des IX. Zivilsenats des Bundesgerichtshofs (XX), in: DZWiR 2022, S. 1–37.

Smid, Stefan: Zur verfahrensrechtlichen Lage nach der Zession der vom Zedenten zur Tabelle angemeldeten Insolvenzforderung: Zugleich zu Voraussetzungen und Grenzen der Rücknahme der angemeldeten Insolvenzforderung, in: ZinsO 2016, S. 1838–1847.

Spiekermann, Olaf: Die Erfüllung im Insolvenzantragsverfahren – zur Anwendung des § 14 Abs. 1 S. 2 InsO, in: ZIP 2019, S. 749–755.

Stackmann, Nikolaus: Die Rolle der Partei im Anwaltsprozess, in: JuS 2008, S. 509–512.

v. Staudinger, Julius (Hrsg.): Kommentar zum Bürgerlichen Gesetzbuch mit Einführungsgesetz und Nebengesetzen, §§ 139–163 (Teilnichtigkeit, Anfechtung,

Vertrag, Bedingung und Zeitbestimmung), Berlin/Boston, Neubearbeitung 2020, Stand: 30.4.2022 (zitiert: *Bearbeiter*, in: Staudinger, BGB).

v. Staudinger, Julius (Hrsg.): Kommentar zum Bürgerlichen Gesetzbuch mit Einführungsgesetz und Nebengesetzen, Recht der Schuldverhältnisse, Einleitung zum Schuldrecht §§ 241–243 (Treu und Glauben), Berlin/Boston, Neubearbeitung 2019, Stand: 3.12.2021 (zitiert: *Bearbeiter*, in: Staudinger, BGB).

v. Staudinger, Julius (Hrsg.): Kommentar zum Bürgerlichen Gesetzbuch mit Einführungsgesetz und Nebengesetzen, §§ 255–304 (Leistungsstörungsrecht I), Berlin/Boston, Neubearbeitung 2019, Stand: 3.3.2023 (zitiert: *Bearbeiter*, in: Staudinger, BGB).

Stein, Friedrich/Jonas, Martin (Hrsg.): Kommentar zur Zivilprozessordnung: Bd. III, §§ 148–270 ZPO, 23. Auflage, Tübingen, 2016.

Stein, Friedrich/Jonas, Martin (Hrsg.): Kommentar zur Zivilprozessordnung: Bd. III, §§ 253–299a ZPO, 21. Auflage, Tübingen, 1997.

Stephan, Bodo: Das Rechtsschutzbedürfnis, Berlin, 1967.

Stern, Klaus/Sachs, Michael/Dietlein, Johannes (Hrsg.): Das Staatsrecht der Bundesrepublik Deutschland, Die einzelnen Grundrechte, Bd. IV/II, 1. Auflage, München, 2011 (zitiert: *Bearbeiter*, in: Stern, Staatsrecht).

Stürner, Rolf (Hrsg.): Jauernig, Bürgerliches Gesetzbuch mit Rom-I-VO, Rom-II-VO, Rom-III-VO, EG-UnthVO, HUntProt und EuErbVO, Kommentar, 18. Auflage, München, 2021 (zitiert: *Bearbeiter*, in: Jauernig, BGB).

Stürner, Rolf/Eidenmüller, Horst/Schoppmeyer, Heinrich (Hrsg.): Münchener Kommentar zur Insolvenzordnung, Bd. I, §§ 1–79 InsO, Insolvenzrechtliche Vergütungsordnung (InsVV), 4. Auflage, München, 2019 (zitiert: *Bearbeiter*, in: MüKo, InsO).

Stürner, Rolf/Eidenmüller, Horst/Schoppmeyer, Heinrich (Hrsg.): Münchener Kommentar zur Insolvenzordnung, Bd. II, §§ 80–216, 4. Auflage, München, 2019 (zitiert: *Bearbeiter*, in: MüKo, InsO).

Stürner, Rolf/Stadler, Astrid: Anmerkung zu OLG Köln, Beschl. v. 29.2.1988 – 2 W 9/88, § 105 1/88, in: EWiR 1988, S. 603–604.

Thole, Christoph: Das Reformgesetz zur Insolvenzanfechtung, in: ZIP 2017, S. 401–410.

Thole, Christoph: Treuepflicht-Torpedo? Die gesellschaftsrechtliche Treuepflicht im Insolvenzverfahren, in: ZIP 2013, S. 1937–1945.

Thomas, Heinz/Putzo, Hans (Hrsg.): Zivilprozessordnung, Kommentar, 44. Auflage, München, 2023 (zitiert: *Bearbeiter*, in: Thomas/Putzo, ZPO).

Tintelnot, Albrecht: Die gegenseitigen Verträge im neuen Insolvenzverfahren, in: ZIP 1995, S. 616–623.

Uhle, Arndt: § 129 Rechtsstaatliche Prozessgrundrechte und -grundsätze, in: Detlef Merten/Hans-Jürgen Papier (Hrsg.), Handbuch der Grundrechte in Deutschland und Europa, Bd. V – Grundrechte in Deutschland – Einzelgrundrechte II, 1. Auflage, Heidelberg, 2013, S. 1087–1160 (zitiert: *Uhle*, in: HGR Bd. V, § 129).

Uhlenbruck, Wilhelm: Unterhaltsansprüche in einem Restschuldbefreiungsverfahren nach dem Entwurf einer Insolvenzordnung, in: FamRZ 1993, S. 1026–1029.

Uhlenbruck, Wilhelm/Hirte, Heribert/Vallender, Heinz (Hrsg.): Insolvenzordnung, Kommentar, 15. Auflage, München, 2019 (zitiert: *Bearbeiter*, in: Uhlenbruck, InsO).

Ulber, Daniel/Bischof, Felix: Zivilprozessrecht – Grundlagen in Kürze: Erkenntnisverfahren, in: JuS 2021, S. 12–17.

Unger, Klaus: Das Rechtsschutzbedürfnis beim Konkursantrag, in: KTS, 1962, S. 205–219.

Vallender, Heinz: Allgemeine Anforderungen an Anträge im Insolvenzverfahren, in: MDR 1999, S. 280–284.

Vallender, Heinz: Das neue Schutzschirmverfahren nach dem ESUG, in: GmbHR 2012, S. 450–455.

Vallender, Heinz: Die Anordnung der vorläufigen Insolvenzverwaltung, in: DZWIR 1999, S. 265–276.

Vallender, Heinz: Einzelzwangsvollstreckung im neuen Insolvenzrecht, in: ZIP 1997, S. 1993–2002.

Vallender, Heinz/Fuchs, Karlhans/Rey, Andreas: Der Gläubigerantrag und seine Behandlung bis zur Eröffnungsentscheidung, in: NZI 1999, S. 181–184.

Vallender, Heinz/Undritz, Sven-Holger (Hrsg.): Praxis des Insolvenzrechts, 3. Auflage, Berlin/Boston, 2021 (zitiert: *Bearbeiter*, in: Vallender/Undritz, Praxis des Insolvenzrechts).

Vorwerk, Volkert/Wolf, Christian (Hrsg.): BeckOK ZPO, 48. Edition, München, Stand: 1.3.2023 (zitiert: *Bearbeiter*, in: BeckOK, ZPO).

Voßkuhle, Andreas: Bruch mit einem Dogma: Die Verfassung garantiert Rechtsschutz gegen den Richter, in: NJW 2003, S. 2193–2200.

Voßkuhle, Andreas: Der Anspruch auf gerichtliche Entscheidung in angemessener Frist, Verfassungsrechtliche Grundlagen und praktische Durchsetzung von Volker Schlette (Buchbesprechung), in: JZ 2000, S. 197–198.

Voßkuhle, Andreas/Kaiser, Anna-Bettina: Grundwissen – Öffentliches Recht: Der allgemeine Justizgewährungsanspruch, in: JuS 2014, S. 312–314.

Voßkuhle, Andreas/Kaiser, Anna-Bettina: Grundwissen – Öffentliches Recht: Funktionen der Grundrechte, in: JuS 2011, S. 411–413.

Voßkuhle, Andreas/Kaufhold, Ann-Katrin: Grundwissen – Öffentliches Recht: Das Rechtsstaatsprinzip, in: JuS 2010, S. 116–119.

Waltenberger, Jochen: Die Kosten des „erledigten" Gläubigerantrags: Zugleich eine Anmerkung zu AG Köln, Beschl. v. 20.10.2017 - 75 IN 309/17, in: ZInsO 2017, S. 2690–2692.

Weber, Hermann: Staatliche und kirchliche Gerichtsbarkeit, in: NJW 1989, S. 2217–2227.

Weitnauer, Wolfgang: Der Rangrücktritt – Welche Anforderungen gelten nach aktueller Rechtsprechung?, in: GWR, 2009, S. 193–198.

Wenzel, Frank: Die Verfassungsmäßigkeit der Restschuldbefreiung, in: DGVZ 1993, S. 81–85.

Westermann, Harm Peter: Der „Suhrkamp"-Gesellschafter unter dem Schutzschirm der Gesellschaftsinsolvenz, in: NZG, 2015, S. 134–144.

Westermann, Harm Peter/Wertenbruch, Johannes: Handbuch Personengesellschaften – Gesellschaftsrecht, Steuerrecht, Sozialversicherungsrecht, Verträge und Formulare, 85. Lieferung, Köln, Stand: April 2023 (zitiert: *Bearbeiter*, in: Westermann/Wertenbruch, HB Personengesellschaften).

Wieczorek, Bernhard/Schütze, Rolf (Hrsg.): Zivilprozessordnung und Nebengesetze, Großkommentar, Bd. IV, §§ 253–299a, 5. Auflage, Berlin/Boston, 2022 (zitiert: *Bearbeiter*, in: Wieczorek/Schütze, ZPO).

Wieser, Eberhard: Das Rechtsschutzinteresse des Klägers im Zivilprozess, Bielefeld, 1971.

Willmer, Christian/Berner, Hans-Joachim: Erledigterklärung eines Gläubigerantrags nach Forderungserfüllung – Druckantrag, Anmerkung zu BGH, Beschl. v. 24.9.2020 - IX ZB 71/19, in: NZI 2020, S. 1045–1046.

Willmer, Christian/Berner, Hans-Joachim: Erledigung nach Zahlung auf einen Gläubigerantrag – Zulässigkeit und Kostentragung im Lichte neuerer Instanzrechtsprechung, in: NZI 2019, S. 255–259.

Wimmer, Klaus (Hrsg.): Frankfurter Kommentar zur Insolvenzordnung mit EuInsVO, InsVV und weiteren Nebengesetzen, 9. Auflage, Köln, 2018 (zitiert: *Bearbeiter*, in: FK, InsO).

Wimmer, Klaus/Dauernheim, Jörg/Wagner, Martin/Gietl, Josef (Hrsg.): Handbuch des Fachanwalts, Insolvenzrecht, 8. Auflage, 2018 (zitiert: *Bearbeiter*, in: Wimmer/Dauernheim/Wagner/Gietl, HBFA, Insolvenzrecht).

Würdinger, Markus: Rechtsschutzbedürfnis für Vollstreckungsabwehrklage – Verjährte Grundschuldzinsen: Urteil des BGH vom 21.10.2016 – V ZR 230/15, in: NJW 2017, S. 674–677.

Zipperer, Helmut: Rechtsschutzmöglichkeiten des Gesellschafters im Insolvenzeröffnungs- und eröffneten Verfahren, in: ZIP 2015, S. 2002–2010.

Zipperer, Helmut: Treuepflichten im Insolvenzeröffnungsverfahren, in: NZI 2010, S. 281–285.

Zöller, Richard (Hrsg.): Zivilprozessordnung mit FamFG (§§ 1–185, 200–270) und Gerichtsverfassungsgesetz, den Einführungsgesetzen, mit Internationalem Zivilprozessrecht, EuGVVO und weiteren EU-Verordnungen, Kostenanmerkungen, 34. Auflage, Köln, 2022 (zitiert: *Bearbeiter*, in: Zöller, ZPO).

Zuck, Rüdiger: Die Gewährleistung effektiven Rechtsschutzes im Zivilprozess, in: NJW 2013, S. 1132–1135.

Zuck, Rüdiger: Postulationsfähigkeit und Anwaltszwang: Die Rolle des Anwalts in einer sich wandelnden Welt, in: JZ 1993, S. 500–508.

Hinsichtlich der in der vorstehenden Arbeit verwendeten Abkürzungen wird auf *Kirchner*, Abkürzungsverzeichnis der Rechtssprache, 10. Auflage, Berlin/Boston, 2021, verwiesen.

www.ingramcontent.com/pod-product-compliance
Ingram Content Group UK Ltd.
Pitfield, Milton Keynes, MK11 3LW, UK
UKHW021847290926
8980IPUK00005B/701